수능 영어를 향한 가벼운 발걸음

맨처음 수능 영어

실전 모의고사
완성편

이건희
현) 쥬기스(http://jugis.co.kr) 대표
내공 중학영문법, 내공 중학영어구문, 내공 중학영단어 (다락원),
체크체크 (천재교육), Grammar In (비상) 외 집필

김한나
현) (주)이은재 어학원 강사
현) (주) 비상 교육 온라인 그래머 강사
이화여대졸, 모자이크 EBS 변형문제 출제위원
E정표 수능특강 영어/영어독해 (쎄듀), 내공 중학영어구문 (다락원) 외 집필

김현우
현) 껌학원 원장
현) 영어 입시교재 집필진 B2Basics
서울대졸, EBS 영어지문 3초 써머리 (쏠티북스),
내공 중학영어구문 (다락원) 외 집필

맨처음 수능영어

실전 모의고사
완성편

지은이 이건희 김한나 김현우
펴낸이 정규도
펴낸곳 (주)다락원

초판 1쇄 인쇄 2018년 7월 31일
초판 5쇄 발행 2024년 1월 26일

편집 김민아, 이동호
디자인 김나경, 포레스트
영문 감수 Michael A. Putlack

다락원 경기도 파주시 문발로 211
내용문의 (02)736-2031 내선 504
구입문의 (02)736-2031 내선 250~252
Fax (02)732-2037
출판등록 1977년 9월 16일 제 406-2008-000007호

ISBN 978-89-277-0831-5 54740
       978-89-277-0828-5 54740 (set)

http://www.darakwon.co.kr
다락원 홈페이지를 방문하시면 상세한 출판정보와 함께
동영상강좌, MP3자료 등 다양한 어학 정보를 얻으실 수 있습니다.

수능 영어를 향한 가벼운 발걸음

맨처음 수능 영어

이건희 김한나 김현우

실전 모의고사
완성편

DARAKWON

맨처음 수능 영어 실전 모의고사 완성편!

✿ 실제 시험을 보는 듯한 구성으로, 수능 실전 감각을 키워줍니다!

✿ 정답률 높은 기출 문제만을 모아 실전 모의고사 문제를 구성했습니다!

✿ 모든 지문에 해당하는 받아쓰기와 워크북 문제를 제공합니다!

■ **듣기 영역** [01-17] 듣기 문제를 실제 시험과 같이 집중해서 듣고 문제를 풀어봅니다.

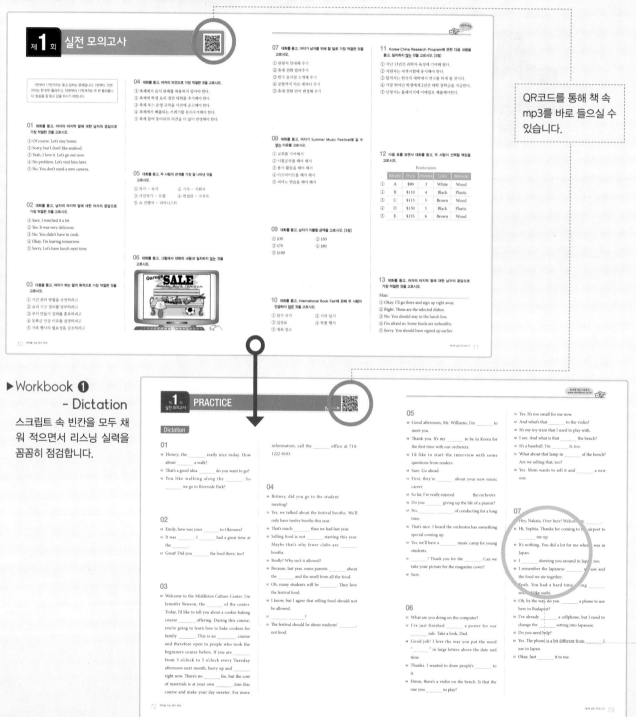

QR코드를 통해 책 속 mp3를 바로 들으실 수 있습니다.

▶ **Workbook ❶**
- **Dictation**
스크립트 속 빈칸을 모두 채워 적으면서 리스닝 실력을 꼼꼼히 점검합니다.

■ 읽기 영역 [18-45] 난이도에 맞게 변형된 기출 지문을 읽고 다양한 유형의 문제를 풀면서 수능 실전 감각을 키웁니다.

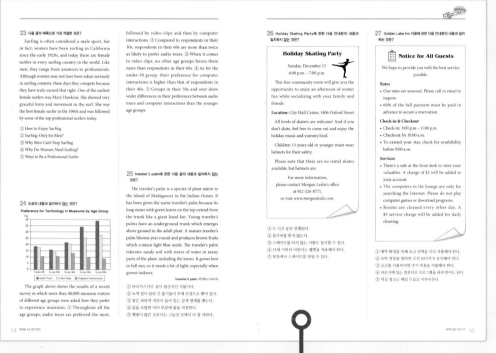

▶ Workbook ❷
   - Review

모든 읽기 지문에 해당하는
1:1 워크북 문제를 통해 단
어에서 문장 학습까지 복습
및 응용할 수 있습니다.

Workbook 정답

정답과 해설에서 Dictation 빈칸에 해당하는
정답을 별색으로 표시했습니다. 또한 홈페이지
(www.darakwon.co.kr)에서 워크북 정답을
다운로드 받으실 수 있습니다.

목차

Workbook – PRACTICE

책 속의 책 정답 & 해설 제공

수능 영어 (절대평가)란 무엇인가요?

수능 영어 절대평가는 기존의 상대평가와 달리 다른 학생의 성적과 비교하여
등급을 결정하지 않고, 본인의 성취 수준에 따라 등급을 결정합니다.

1 수능 영어 문항과 시험 시간

수능 영어는 듣기와 읽기를 포함한 총 45문항으로
구성되어 있으며, 내용의 중요도나 난이도를 고려하여
문항별로 2점 또는 3점이 배정됩니다. 듣기 영역은 총
17문항으로서 듣기 12문항과 간접 말하기 5문항으로
구성되어 있습니다. 읽기 영역은 총 28문항으로서 읽기
21문항과 간접 쓰기 7문항으로 구성되어 있습니다. 시험
시간은 70분으로 듣기는 약 25분, 읽기는 약 45분이
배당되어 있습니다.

평가영역	문항수	시험시간
듣기	17문항	25분
읽기	28문항	45분
합계	45문항	70분

2 수능 영어 절대평가의 점수와 등급

수능 영어 절대평가는 원점수에 따른 등급만 제공합니다.
수능 영어 절대평가의 등급은 원점수 100점 만점을
기준으로 10점 간격의 9개 등급으로 구분됩니다. 예를
들어, 수험생이 90~100점 사이의 점수를 받으면 1등급,
80~89점 사이의 점수를 받으면 2등급을 받습니다.

성취등급	원점수
1등급	100~90점
2등급	89~80점
3등급	79~70점
4등급	69~60점
5등급	59~50전
6등급	49~40점
7등급	39~30점
8등급	29~20점
9등급	19~0점

3 수능 영어 평가 사항

수능 영어는 고등학교 영어 교육과정 성취기준의 달성
정도와 대학에서 수학하는 데 필요한 영어 능력을
평가하기 위한 시험입니다. 어법과 어휘, 글의 중심내용과
세부내용에 대한 문항, 논리적 관계 파악과 맥락 파악과
같은 글의 내용에 대한 이해력과 사고력 그리고 영어
표현을 상황에 맞게 사용하는 능력을 평가합니다.

실전 모의고사

1번부터 17번까지는 듣고 답하는 문제입니다. 1번부터 15번까지는 한 번만 들려주고, 16번부터 17번까지는 두 번 들려줍니다. 방송을 잘 듣고 답을 하시기 바랍니다.

01 대화를 듣고, 여자의 마지막 말에 대한 남자의 응답으로 가장 적절한 것을 고르시오.

① Of course. Let's stay home.
② Sorry, but I don't like seafood.
③ Yeah, I love it. Let's go out now.
④ No problem. Let's visit him later.
⑤ No. You don't need a new camera.

02 대화를 듣고, 남자의 마지막 말에 대한 여자의 응답으로 가장 적절한 것을 고르시오.

① Sure. I watched it a lot.
② Yes. It was very delicious.
③ No. You didn't have to cook.
④ Okay. I'm leaving tomorrow.
⑤ Sorry. Let's have lunch next time.

03 다음을 듣고, 여자가 하는 말의 목적으로 가장 적절한 것을 고르시오.

① 시간 관리 방법을 조언하려고
② 요리 기구 정리를 당부하려고
③ 쿠키 만들기 강좌를 홍보하려고
④ 등록금 인상 이유를 설명하려고
⑤ 가족 행사의 필요성을 강조하려고

04 대화를 듣고, 여자의 의견으로 가장 적절한 것을 고르시오.

① 축제에서 음식 판매를 허용하지 말아야 한다.
② 축제에 학생 요리 경연 대회를 추가해야 한다.
③ 축제 부스 운영 규칙을 사전에 공고해야 한다.
④ 축제에서 배출되는 쓰레기를 분리수거해야 한다.
⑤ 축제 참여 동아리의 의견을 더 많이 반영해야 한다.

05 대화를 듣고, 두 사람의 관계를 가장 잘 나타낸 것을 고르시오.

① 작가 – 독자
② 기자 – 지휘자
③ 사진작가 – 모델
④ 면접관 – 구직자
⑤ 쇼 진행자 – 피아니스트

06 대화를 듣고, 그림에서 대화의 내용과 일치하지 않는 것을 고르시오.

07 대화를 듣고, 여자가 남자를 위해 할 일로 가장 적절한 것을 고르시오.

① 관광지 안내해 주기
② 휴대 전화 빌려주기
③ 한국 음식점 소개해 주기
④ 공항까지 차로 데려다 주기
⑤ 휴대 전화 언어 변경해 주기

08 대화를 듣고, 여자가 Summer Music Festival에 갈 수 없는 이유를 고르시오.

① 교회를 가야해서
② 시험공부를 해야 해서
③ 봉사 활동을 해야 해서
④ 아르바이트를 해야 해서
⑤ 피아노 연습을 해야 해서

09 대화를 듣고, 남자가 지불할 금액을 고르시오. [3점]

① $30
② $50
③ $70
④ $80
⑤ $100

10 대화를 듣고, International Book Fair에 관해 두 사람이 언급하지 않은 것을 고르시오.

① 참가 국가
② 시작 일시
③ 입장료
④ 특별 행사
⑤ 개최 장소

11 Korea-China Research Program에 관한 다음 내용을 듣고, 일치하지 않는 것을 고르시오. [3점]

① 지난 13년간 과학자 육성에 기여해 왔다.
② 지원자는 자격시험에 응시해야 한다.
③ 합격자는 한국의 대학에서 연구를 하게 될 것이다.
④ 가장 뛰어난 학생에게 2년간 대학 장학금을 지급한다.
⑤ 신청서는 홈페이지에 이메일로 제출해야한다.

12 다음 표를 보면서 대화를 듣고, 두 사람이 선택할 책장을 고르시오.

Bookcases

	Model	Price	Shelves	Color	Material
①	A	$90	3	White	Wood
②	B	$110	4	Black	Plastic
③	C	$115	5	Brown	Wood
④	D	$130	5	Black	Plastic
⑤	E	$155	6	Brown	Wood

13 대화를 듣고, 여자의 마지막 말에 대한 남자의 응답으로 가장 적절한 것을 고르시오.

Man: _____

① Okay. I'll go there and sign up right away.
② Right. These are the selected dishes.
③ No. You should stay in the lunch line.
④ I'm afraid so. Some foods are unhealthy.
⑤ Sorry. You should have signed up earlier.

14 대화를 듣고, 남자의 마지막 말에 대한 여자의 응답으로 가장 적절한 것을 고르시오. [3점]

Woman: _____

① My tennis training session starts in two days.
② Your behavior is crossing the line as a student.
③ Try to memorize new words with their images.
④ Keep imagining hitting the ball inside the lines.
⑤ I'm going to exchange my tennis racket for a new one.

15 다음 상황 설명을 듣고, Cathy가 Lucas에게 할 말로 가장 적절한 것을 고르시오. [3점]

Cathy: Lucas, _____

① you should put some effort in to this project.
② sorry for not attending our last meeting.
③ you have to behave yourself in the library.
④ developing the ability to do research is hard.
⑤ don't give up this assignment.

[16~17] 다음을 듣고, 물음에 답하시오.

16 남자가 하는 말의 주제로 가장 적절한 것은?

① safety guidelines for exercise
② ways to exercise in everyday life
③ the roles of exercise in dealing with stress
④ the disadvantages of working out at a gym
⑤ the effects of listening to music while exercising

17 언급된 장소가 <u>아닌</u> 곳은?

① 거실   ② 사무실
③ 지하철역   ④ 공원
⑤ 쇼핑몰

이제 듣기 문제는 끝났습니다. 18번부터는 문제지의 지시에 따라 답을 하시기 바랍니다.

18 다음 글의 목적으로 가장 적절한 것은?

I've been a career woman for the past five years. For a couple of years after giving birth to my first daughter, it was really tough for me to work and to take care of her at the same time. So I really need the babysitting service you're providing. Of course, I feel really grateful for the service, too. There is, however, one thing I'd like you to consider. Recently, a babysitter has been taking care of my second daughter for eight hours from 8 a.m. to 4 p.m. For me, it would be much more useful if the service were available from 9 a.m. to 5 p.m. Could you be more flexible with your service? I'd really appreciate it.

① 육아 휴직 기간의 연장을 신청하려고
② 육아 시설 확충 및 시간 연장에 감사하려고
③ 육아 서비스 자원봉사자 모집에 참여하려고
④ 육아 서비스 제공 시간의 변경을 알려주려고
⑤ 육아 서비스의 탄력적인 시간 운영을 요청하려고

19 다음 글에 드러난 'I'의 심경으로 가장 적절한 것은?

I'm not sure which one of us did the talking, but it must have been kind of convincing because Mr. Montague agreed to let us have an audition the very next day. We were so shocked that we couldn't believe it. Rehearsal was over for the day. After we stopped screaming and hugging and dancing around Jean's basement, I ran all the way home to tell Mom about our lucky break. She was pleased, and she insisted on going with us to the audition to support us so that everything would go smoothly. I felt like a little kid on Christmas Eve. I didn't sleep even an hour that night. That was probably why the next day seemed like a dream.

① excited and happy
② sad and depressed
③ scared and frightened
④ relieved and sympathetic
⑤ ashamed and embarrassed

20 다음 글에서 필자가 주장하는 바로 가장 적절한 것은?

If children were asked to excel only in certain areas, they might be better able to cope with their parents' expectations. Psychologist Michael Thompson says that we make unfair "genetic" demands on our teens: "It is the only period in your life when you're expected to do all things well. Adults can't adjust themselves to those standards. We don't interview the dentist about whether he can throw a baseball or quiz our accountant on physics before we let him do our taxes. In elementary and middle school, we celebrate the generalist, but in the real world, there is no room for the generalist except on a quiz show." We should not expect too much from our children.

① 자녀에게 다양한 경험을 쌓게 해주어야 한다.
② 자녀에게 직업 선택의 중요성을 일깨워주어야 한다.
③ 자녀의 생각이 부모와 다를 수 있음을 인정해야 한다.
④ 자녀가 여러 방면에서 뛰어나기를 기대해서는 안 된다.
⑤ 지나친 조기교육은 자녀의 창의성 계발에 바람직하지 않다.

21 다음 글의 요지로 가장 적절한 것은?

On the airplane, the woman sitting next to me had both arms in casts. She reminded me of my friend Jane, who was suffering after a car accident. When the snacks and juice arrived, I considered offering to feed the woman next to me, but it seemed too close a service to offer to a stranger. In spite of such a thought, I decided to help her eat, and she accepted my kindness. The experience was fantastic. This led us to an intimate friendship in a short time. By the end of the five hour trip, my heart was filled with joy. I was very pleased with my courage. Love always flows beyond human borders and dissolves the fears that keep us separate. When I give love to another, I feed my own soul.

① 여행을 통해 사색할 시간이 필요하다.
② 낯선 사람의 접근은 조심할 필요가 있다.
③ 고객의 마음을 읽는 것이 진정한 봉사이다.
④ 기내 음식은 철저한 위생 관리가 중요하다.
⑤ 남을 도와주면 자신의 마음도 풍요로워진다.

22 다음 글의 주제로 가장 적절한 것은?

Sports require your brain as much as your body; you have to understand plays and rules, see the field and know your next move, block out the crowd, and focus on your performance. You also need to control anxiety and negative thoughts. It takes practice to develop these mental skills, which is not different from the development of physical skills. Dr. Alan Goldberg, a sports psychologist, says that most performance problems that athletes struggle with are not a result of inadequate coaching or a lack of physical skills or technical ability. When the heat of competition is turned up, the individual performer or team often falls apart because of mental factors like poor concentration, negativity, a lack of confidence, or an inability to let go of mistakes.

① the effects of physical training on team sports
② the characteristics of the best performing athletes
③ the necessity of encouraging others during games
④ the importance of controlling mental factors in sports
⑤ how to build strong teamwork to win a sports competition

23 다음 글의 제목으로 가장 적절한 것은?

Surfing is often considered a male sport, but in fact, women have been surfing in California since the early 1920s, and today there are female surfers in every surfing country in the world. Like men, they range from amateurs to professionals. Although women may not have been taken seriously in surfing contests, these days they compete because they have truly earned that right. One of the earliest female surfers was Mary Hawkins. She showed very graceful form and movement in the surf. She was the best female surfer in the 1960s and was followed by some of the top professional surfers today.

① How to Enjoy Surfing
② Surfing: Only for Men?
③ Why Men Can't Stop Surfing
④ Why Do Women Need Surfing?
⑤ Ways to Be a Professional Surfer

24 도표의 내용과 일치하지 않는 것은?

Preference for Technology in Museums by Age Group

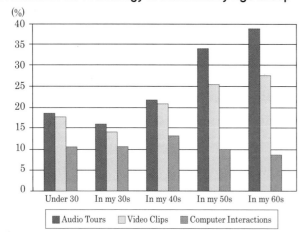

The graph above shows the results of a recent survey in which more than 40,000 museum visitors of different age groups were asked how they prefer to experience museums. ① Throughout all the age groups, audio tours are preferred the most, followed by video clips and then by computer interactions. ② Compared to respondents in their 30s, respondents in their 60s are more than twice as likely to prefer audio tours. ③ When it comes to video clips, no other age groups favors them more than respondents in their 60s. ④ As for the under-30 group, their preference for computer interactions is higher than that of respondents in their 40s. ⑤ Groups in their 50s and over show wider differences in their preferences between audio tours and computer interactions than the younger age groups.

25 traveler's palm에 관한 다음 글의 내용과 일치하지 않는 것은?

The traveler's palm is a species of plant native to the island of Madagascar in the Indian Ocean. It has been given the name traveler's palm because its long stems with green leaves on the top extend from the trunk like a giant hand fan. Young traveler's palms have an underground trunk which emerges above ground in the adult plant. A mature traveler's palm blooms year round and produces brown fruits which contain light blue seeds. The traveler's palm tolerates sandy soil with stores of water in many parts of the plant, including the leaves. It grows best in full sun, so it needs a lot of light, especially when grown indoors.

*traveler's palm 여인목[나그네나무]

① 마다가스카르 섬이 원산지인 식물이다.
② 녹색 잎이 달린 긴 줄기들이 부채 모양으로 뻗어 있다.
③ 옅은 파란색 씨앗이 들어 있는 갈색 열매를 맺는다.
④ 잎을 포함한 여러 부분에 물을 저장한다.
⑤ 햇빛이 많은 곳보다는 그늘진 곳에서 더 잘 자란다.

26 Holiday Skating Party에 관한 다음 안내문의 내용과 일치하지 <u>않는</u> 것은?

Holiday Skating Party

Sunday, December 13
4:00 p.m. – 7:00 p.m.

This free community event will give you the opportunity to enjoy an afternoon of winter fun while socializing with your family and friends.

Location: City Hall Center, 1406 Oxford Street

All levels of skaters are welcome! And if you don't skate, feel free to come out and enjoy the holiday music and yummy food.

Children 13 years old or younger must wear helmets for their safety.

Please note that there are no rental skates available, but helmets are.

For more information,
please contact Morgan Leslie's office
at 912-526-8771,
or visit *www.morganleslie.com*.

---

① 세 시간 동안 진행된다.
② 참가비를 받지 않는다.
③ 스케이트를 타지 않는 사람도 참가할 수 있다.
④ 13세 이하의 어린이는 헬멧을 착용해야 한다.
⑤ 현장에서 스케이트를 빌릴 수 있다.

27 Golden Lake Inn 이용에 관한 다음 안내문의 내용과 일치하는 것은?

 Notice for All Guests

We hope to provide you with the best service possible.

Rates
- Our rates are seasonal. Please call or email to inquire.
- 60% of the full payment must be paid in advance to secure a reservation.

Check-in & Checkout
- Check-in: 3:00 p.m. – 11:00 p.m.
- Checkout: by 10:00 a.m.
- To extend your stay, check for availability before 9:00 a.m.

Services
- There's a safe at the front desk to store your valuables. A charge of $2 will be added to your account.
- The computers in the lounge are only for searching the Internet. Please do not play computer games or download programs.
- Rooms are cleaned every other day. A $5 service charge will be added for daily cleaning.

---

① 예약 확정을 위해 요금 전액을 미리 지불해야 한다.
② 숙박 연장을 원하면 오전 10시까지 문의해야 한다.
③ 금고를 사용하려면 추가 비용을 지불해야 한다.
④ 라운지에 있는 컴퓨터로 프로그램을 내려 받아도 된다.
⑤ 객실 청소는 매일 무료로 이루어진다.

28 다음 글의 밑줄 친 부분 중, 어법상 **틀린** 것은? [3점]

When we talk about Roman women in general, everything breaks down by time periods and by classes. It's quite important whether a woman was a slave or ① came from a wealthier class. It also made a difference ② which period you're talking about. Rome's conquests meant ③ that men were often away for long periods of time and might not come back at all. Women were ④ left in charge of getting things surely done. After the conquests, the enormous wealth ⑤ bringing back to Italy enabled middle- and upper-class women to run things with more independence and power.

29 (A), (B), (C)의 각 네모 안에서 문맥에 맞는 낱말로 가장 적절한 것은?

When it comes to business, openness is important. For example, the Charity Water website includes a Google Map location and photographs of every well. When you look at the site, you can see what Charity Water is doing. Many people are (A) willing / hesitant to give to nonprofits because they don't know where or how their money is actually going to be used. If you show this clearly, they will underwrite your operational costs. This way, all the donations you collect go straight to the people you are working to help, and it makes your donors feel (B) certain / uncertain their dollars are doing good things. Being open also (C) discourages / encourages you to be responsible with the money you take in. If people are aware of where their money goes, you'll be less likely to spend it on a fancy office or high salaries.

	(A)	(B)	(C)
①	willing	certain	discourages
②	willing	uncertain	discourages
③	hesitant	certain	discourages
④	hesitant	uncertain	encourages
⑤	hesitant	certain	encourages

30 다음 글의 밑줄 친 부분이 가리키는 대상이 나머지 넷과 **다른** 것은?

Some time ago, a 17-year-old patient came and said, "I'm so tired of my father telling me that I don't live up to my potential. ① He says it about once a month." This young man is a typical product of a high-achieving father. His father is a physician who has a terrible time with both his employees and his children because ② he expects the same sort of drive in everyone else. ③ He is trying to inspire his son, but the result is defiance. Here is why. If the father says, "You have great potential," it is a compliment to ④ his talent, but it is quickly spoiled with the remark, "You don't live up to your potential." In the process, ⑤ he has attacked his son's character.

*defiance 반항, 저항

[31~33] 다음 빈칸에 들어갈 말로 가장 적절한 것을 고르시오.

31 It's not a real vacation if you're reading email or checking messages. When Jay and I went on our honeymoon, we wanted to be left alone. My boss, however, felt I needed to provide a way for people to contact me. So I came up with the perfect phone message: "Hi. This is Randy. My wife and I are going away for a month. I hope you don't have a problem with that, but my boss does." I then gave the names of Jay's parents and their number. "If you can convince my new in-laws that your emergency merits interrupting their only daughter's honeymoon, they will give you our number." We didn't get any _____. **[3점]**

① calls   ② gifts
③ relatives   ④ contracts
⑤ promotions

32 According to field researchers, chimpanzees eat some plants for _____. Chimps sometimes eat Aspilia, which is not part of chimps' usual diet because its leaves are rough and sharp to eat. They usually eat it first thing in the morning and in a very different way. They do not chew the leaves but roll them around in their mouth before swallowing. It looks just as if they are taking old-fashioned medicine. Some African people use Aspilia to relieve stomach problems or to remove intestinal worms. It also has antibiotic properties. It is thought that chimps use Aspilia for the same purposes. **[3점]**

*intestinal 내장의

① mood changes   ② social interaction
③ nutritional balance   ④ medicinal purposes
⑤ additional moisture

33 Originally, a Dutch auction referred to a type of auction that starts with a high price that keeps going down until the item sells. This is the opposite process from regular auctions, which means that an item starts at a minimum price, and bidders compete to win it by increasing their offers. In a Dutch auction, however, the auctioneer offers the item at a certain price and waits for somebody to agree. If nobody does, then he _____. This continues until a participant says "yes" and thus wins the item. There are no battles over items in a Dutch auction. **[3점]**

*bidder 입찰자

① donates the item to charity
② suggests a temporary break
③ lowers the price and asks again
④ shows another item to participants
⑤ extends the deadline to the next day

34 다음 글의 빈칸 (A), (B)에 들어갈 말로 가장 적절한 것은?

An animal's hunting behavior is innate and further refined through learning. Each species has a characteristic strategy. _____(A)_____, wolves and jackals are chasing predators; they run after their prey until the victim gets tired, then they surround the exhausted prey, and several members attack it at the same time. Wolves organize their hunting through body movements, ear positioning, and vocalization, and the leader of the group has the privilege of eating first. Cats are, _____(B)_____, sneaky hunters. Whether they are small cats or large lions, felines approach their prey with quiet steps and then suddenly attack using their claws. A bite to the throat or the back of the neck usually kills the victim.

*feline 고양이과 동물

	(A)		(B)
①	For example	······	in contrast
②	For example	······	therefore
③	In addition	······	however
④	Above all	······	consequently
⑤	Above all	······	similarly

35 다음 글에서 전체 흐름과 관계 <u>없는</u> 문장은?

There are several advantages to a partnership, which is an agreement between two or more people to finance and operate a business. ① With more than one owner, the ability to raise funds may be increased because two or more partners can contribute more funds. ② As a partnership may benefit from the combination of complementary skills of two or more people, there is a wider pool of knowledge and contacts. ③ Partnerships can be cost effective as each partner specializes in certain aspects of the business. ④ In addition, partnerships may have a limited life; they may end up with the withdrawal or death of a partner. ⑤ Partnerships will provide mental support and allow more creative brainstorming. [3점]

[36~37] 주어진 글 다음에 이어질 글의 순서로 가장 적절한 것을 고르시오.

36

One interesting way to start conversations in your SNS is to post something controversial.

(A) This is nothing personal against your content; it is human nature. What you can do in this situation is to ask a close friend to be the first to make a comment.

(B) People respond more often to controversial topics. However, remember that people don't want to be the first to comment on a controversial post.

(C) Then you can respond to the comments, and visitors to your SNS will see that you are indeed there and are responding to the comments.

*controversial 논란의 여지가 있는

① (A) – (C) – (B)　　② (B) – (A) – (C)
③ (B) – (C) – (A)　　④ (C) – (A) – (B)
⑤ (C) – (B) – (A)

37

In general, there are two major styles of practice when it comes to medicine. In the past, the relationship between the doctors and patients was mostly paternalistic. In other words, doctors acted in a "father knows best" style.

(A) The doctor's task in this case is not to tell what to do but to educate the patient about various treatment options. Ultimately, the doctor allows his patients to make informed decisions about their own health conditions.

(B) The other style of medical practice can be described as informative. As the general public doesn't prefer the paternalistic style, the informative style is gradually taking hold as the more common type of doctor-patient relationship.

(C) In this type of relationship, the doctor said what he should do, and the patient followed those instructions without asking a lot of questions. [3점]

*practice 진료 **paternalistic 가부장적인

① (A) – (C) – (B) ② (B) – (A) – (C)
③ (B) – (C) – (A) ④ (C) – (A) – (B)
⑤ (C) – (B) – (A)

[38~39] 글의 흐름으로 보아, 주어진 문장이 들어가기에 가장 적절한 곳을 고르시오.

38

Instead of putting more armed police on the street, they chose to play classical music.

A great experiment took place in a small Australian village. (①) For the past two years, the number of street crimes had rapidly increased in the village. (②) Local residents, alarmed by the increase in street crime, got together and decided that the best way to confront the problem was to remove the offenders from the main street after nightfall. (③) Every single block began playing the sounds of Mozart, Bach, Beethoven, and Brahms. (④) In less than a week, the town reported a dramatic decrease in crime. (⑤) The experiment was so successful that the main train station in Copenhagen, Denmark, adopted the same approach — with similar results, too.

39

Their concern is valid, but a study shows there's some good news regarding the graying of our nation.

It is predicted that there will be more people over 60 than under 15 in 20 years. (①) It is an aging society, which means an increasing number of old people and fewer youngsters. (②) In reality, some youngsters worry about caring for the old while also keeping the country's productivity going. (③) Over the years, the older subjects proved to have fewer negative emotions and more positive ones compared with their younger days. (④) It means as people age, they're more emotionally balanced and better able to solve highly emotional problems. (⑤) After all, that may lead to a more stable world as well.

40 다음 글의 내용을 한 문장으로 요약하고자 한다. 빈칸 (A)와 (B)에 들어갈 말로 가장 적절한 것은?

We often spend our childhood years testing our physical limits by doing all kinds of team sports. When we become high school students, we are likely to engage in two or three team sports. The reason is that we have enough physical strength. By the time we reach adulthood, however, very few of us can compete at an elite level even though some still enjoy playing sports. That is, we're finding we're not as physically strong as we used to be. Naturally, we move away from team sports requiring collisions such as football, soccer, and basketball and turn to sports for individuals. Thus, team sports become more difficult to organize in an adult world.

↓

Adults tend to _____(A)_____ team sports as their level of _____(B)_____ changes with age.

	(A)		(B)
①	avoid	……	physical fitness
②	value	……	physical fitness
③	avoid	……	emotional experience
④	value	……	communication ability
⑤	organize	……	emotional experience

[41~42] 다음 글을 읽고, 물음에 답하시오.

One of the greatest annoyances in today's gadget-filled world is that we continuously misplace them. Finding a misplaced remote control or smartphone is not only an annoyance but also a time-consuming effort, right? A brilliant new invention called StickNFind will change the way forgetful people live their lives.

A StickNFind is about the size of a U.S. quarter. It can be stuck to items that are frequently lost. When the object is lost, accessing a custom app on a smartphone will display how far away the object is (up to 100 feet). Then, the user can find the missing item by moving in different directions to identify its _____. It will also sound a buzzer or illuminate its LED lights, aiding in the search. For luggage, pets, and maybe your kids if you want to make sure they don't wander off too far from home, this thing is absolutely perfect.

*custom app 사용자 지정 응용 프로그램

41 윗글의 제목으로 가장 적절한 것은?

① Annoying Smartphone Applications
② How to Manage Your Gadgets Online
③ Emergency Services for Mobile Users
④ Sticky Smart Tags Can Change Your Life
⑤ Living on the Run Makes You So Forgetful

42 윗글의 빈칸에 들어갈 말로 가장 적절한 것은? [3점]

① size
② thief
③ location
④ obstacle
⑤ function

[43~45] 다음 글을 읽고, 물음에 답하시오.

(A)

When I was seven, I went to the hospital for asthma. The treatment involved swallowing pills. My parents both worked and couldn't stay with me. I was alone and terrified, and I remember crying myself to sleep.

(B)

She soon left, and I never saw her again. I was too young to remember to ask (a) her name. That stranger's brief visit shines as the only bright spot in a memory that was the loneliest and most terrifying experience of my childhood. How I wish I could tell (b) her that her kindness has never been forgotten, even twenty-five years later.

(C)

The worst part of the day was when the nurses brought my pills. I would turn my head and resist taking them. I ended up sobbing and couldn't get the pills down. On the second day of my stay, a stranger entered the room quietly. (c) She brought me a coloring book and some markers and told me she was a client at my father's office. She worked in the hospital where I was, so she dropped in to say hello.

(D)

Before long, my pills were brought to me. I started to sob. She introduced herself to the nurse and sat with me while I took them. The nurse was obviously relieved when (d) she left us to it. The woman explained in great detail, but with no hurry, about how to swallow a pill. (e) She waited for more than half an hour.

Finally, I gathered up the courage to take those pills and swallowed them.

43 윗글 (A)에 이어질 내용을 순서에 맞게 배열한 것으로 가장 적절한 것은?

① (B) − (C) − (D) ② (C) − (B) − (D)
③ (C) − (D) − (B) ④ (D) − (B) − (C)
⑤ (D) − (C) − (B)

44 윗글의 밑줄 친 (a)~(e) 중에서 가리키는 대상이 나머지 넷과 다른 것은?

① (a) ② (b) ③ (c) ④ (d) ⑤ (e)

45 윗글의 'I'에 관한 내용과 일치하지 않는 것은?

① 병원에서 낮에 부모님의 보살핌을 받지 못했다.
② 병실에 들렀던 낯선 사람과 아버지와의 관계에 대해 말했다.
③ 낯선 사람의 친절을 서른 살이 넘어서도 기억하고 있다.
④ 낯선 사람으로부터 색칠하기 그림책을 받았다.
⑤ 낯선 사람의 설명을 들었지만 약을 먹을 수 없었다.

※ 확인 사항
○ 답안지의 해당란에 필요한 내용을 정확히 기입(표기) 했는지 확인하시오.

01 대화를 듣고, 여자의 마지막 말에 대한 남자의 응답으로 가장 적절한 것을 고르시오.

① I've been playing it for five years.
② My aunt taught me how to play it.
③ Let's practice this song together.
④ My guitar is really expensive.
⑤ You should practice it more.

02 대화를 듣고, 남자의 마지막 말에 대한 여자의 응답으로 가장 적절한 것을 고르시오.

① I think I last had it with me in the taxi.
② It was very kind of you to carry the bag.
③ The lost and found is around the corner.
④ Our brand-new handbags are on the other side.
⑤ My cell phone and credit cards are in the bag.

03 다음을 듣고, 여자가 하는 말의 목적으로 가장 적절한 것을 고르시오.

① 교통 신호 준수를 촉구하려고
② 자전거 헬멧 착용을 당부하려고
③ 등교 시 질서 유지를 강조하려고
④ 에너지 절약 방법을 안내해 주려고
⑤ 개인 위생 관리의 중요성을 알리려고

04 대화를 듣고, 여자의 의견으로 가장 적절한 것을 고르시오.

① 음악 감상은 심신의 긴장감을 풀어준다.
② 피아노 연습은 많은 인내를 필요로 한다.
③ 피아노 연주를 배우면 학습에 도움이 된다.
④ 음악을 들으며 공부하면 집중에 방해가 된다.
⑤ 정규 교과에서 음악 수업 시간을 더 늘려야 한다.

05 대화를 듣고, 두 사람의 관계를 가장 잘 나타낸 것을 고르시오.

① 독자 – 작가   ② 환자 – 의사
③ 고객 – 서점 직원   ④ 학생 – 대학 교수
⑤ 여행객 – 관광가이드

06 대화를 듣고, 그림에서 대화의 내용과 일치하지 <u>않는</u> 것을 고르시오.

07 대화를 듣고, 남자가 할 일로 가장 적절한 것을 고르시오.

① 케이크 주문하기 ② 예식장 예약하기
③ 축하 카드 작성하기 ④ 사진 액자 구입하기
⑤ 저녁 식사 준비하기

08 대화를 듣고, 여자가 수영장에 갈 수 <u>없는</u> 이유를 고르시오.

① 눈병에 걸려서
② 이사를 가야 해서
③ 조카를 돌봐야 해서
④ 회의에 참석해야 해서
⑤ 점심 식사 약속이 있어서

09 대화를 듣고, 남자가 지불할 금액을 고르시오. [3점]

① $75 ② $80
③ $100 ④ $105
⑤ $125

10 대화를 듣고, 여자의 USB 램프에 관해 두 사람이 언급하지 <u>않은</u> 것을 고르시오.

① 구입처 ② 무게
③ 가격 ④ 전구
⑤ 디자인

11 Annapurna Adventure Bike Ride에 관한 다음 내용을 듣고, 일치하지 <u>않는</u> 것을 고르시오.

① 1년에 16번 출발한다.
② 히말라야 산맥의 계곡을 따라 이동한다.
③ 전 구간을 자전거를 타고 간다.
④ 산악자전거와 헬멧을 제공한다.
⑤ 자전거 수리공과 여행 가이드가 동행한다.

12 다음 표를 보면서 대화를 듣고, 두 사람이 주문할 고무보트를 고르시오.

Rubber Rafts at GT Market

	Rubber Raft	Capacity People	Price	Color
①	Jaws	2	$30	black
②	Dolphin	2	$35	yellow
③	Zeus	3	$45	blue
④	Speedo	3	$55	yellow
⑤	Jumbo	5	$70	blue

13 대화를 듣고, 여자의 마지막 말에 대한 남자의 응답으로 가장 적절한 것을 고르시오.

Man: _____

① I'll ask them to remove the paint.
② I'll write a thank-you note to her.
③ I'll have them change the curtains.
④ White is better for our living room.
⑤ This sofa is too big for the living room.

14 대화를 듣고, 남자의 마지막 말에 대한 여자의 응답으로 가장 적절한 것을 고르시오. [3점]

Woman: _____

① Okay, I'll keep that in mind.

② I can't believe I lost my camera.

③ I bought a picture frame last week.

④ Sorry, but you have red eye in this photo.

⑤ We should continue taking this photo class.

15 다음 상황 설명을 듣고, Cameron이 이웃에게 할 말로 가장 적절한 것을 고르시오.

Cameron: Excuse me. _____

① Haven't we met before?

② Could you be quieter at night, please?

③ I'd like to borrow your vacuum cleaner.

④ Do you mind helping me with this furniture?

⑤ Would you teach me how to play the drum?

[16~17] 다음을 듣고, 물음에 답하시오.

16 남자가 하는 말의 주제로 가장 적절한 것은? [3점]

① ways to choose a safe campsite

② tips for packing items for a camping trip

③ the advantages of outdoor activities for children

④ the necessity of learning to use camping tools

⑤ the increasing popularity of family camping trips

17 언급된 물건이 아닌 것은?

① 칼   ② 침낭

③ 텐트   ④ 라이터

⑤ 손전등

이제 듣기 문제는 끝났습니다. 18번부터는 문제지의 지시에 따라 답을 하시기 바랍니다.

18 다음 글의 목적으로 가장 적절한 것은?

To the Student Council,

We are the members of the 11th grade band. Currently, since there is no practice room for us, we have to practice in the multipurpose room twice a week. For the last two weeks, band practice has been canceled because other groups needed to use the room. Since the band tournament is only one month away, we are asking to be the only group that gets to use the multipurpose room after school for this month. Principal Cooper has said that the entire student council must vote on our proposal. We hope that you understand our situation and vote for us.

Sincerely,

The 11th Grade Band

① 다목적실 사용 규정에 대해 문의하려고

② 밴드 경연 대회 참가 승인을 요청하려고

③ 밴드부 연습실 장비의 추가 구입을 건의하려고

④ 밴드 연습 시간 연장에 대한 반대 의사를 밝히려고

⑤ 다목적실 단독 사용에 대한 학생회의 협조를 구하려고

19 다음 글의 상황에 나타난 분위기로 가장 적절한 것은?

Granddaddy said, "Viola, won't you have a glass?" Viola looked at Mother and said, "No, no, Mr. Tate, I couldn't —." He ignored her and put a glass into her hands and then another into SanJuanna's. They all stood and raised their glasses in celebration. We copied them with glasses of milk, laughing. Father spoke. "To our good health, to our continuing prosperity, and to Grandfather and his scientific accomplishment. I must say that there were times when I wondered about the way you spend your time, but you have proven it to be worthwhile. We are a proud family tonight!" After saying cheers, Harry started singing "For He's a Jolly Good Fellow."

① calm and peaceful   ② festive and exciting

③ sad and sorrowful   ④ dangerous and urgent

⑤ solemn and sacred

20 다음 글에서 필자가 주장하는 바로 가장 적절한 것은?

Do you remember the time when you were a kid? How did you play? How did using your imagination make you feel? Being imaginative gives us feelings of happiness and adds excitement to our lives. It's time to get back to those emotions. Return to the joyful feelings that you had through play, and you'll find that you feel happier about yourself. You can use your imagination to write books or to invent something. There is no end to how creative you can be when you move into your imagination. It will keep you focused on finishing your tasks because imagination makes everyday tasks more interesting.

① 다양한 취미 활동을 통해 경험의 폭을 넓혀라.
② 어린 시절처럼 생활 속에서 상상력을 발휘하라.
③ 생활 속에서 즐거움을 찾는 방법을 이웃과 나눠라.
④ 아이들의 눈높이에 맞추어 아이들의 행동을 이해하라.
⑤ 아이들이 상상력을 통해 스스로 문제를 해결하게 하라.

21 다음 글의 요지로 가장 적절한 것은?

I have often noticed coaches and parents choose the wrong time to explain concepts to children. An example of this is while the children are playing a game. As a coach, I would talk strategy only during a timeout or after the game. The reason is that it is really difficult for children to play and listen at the same time. You might have seen a father watching his son playing a game and yelling at him to point out his errors. The game continues while the child is trying to pay attention to his father. Children need to be able to concentrate on the task at hand. Children can play, or they can listen, but like adults, it's almost impossible for them to do both at once.

① 칭찬은 아이가 운동을 더 좋아하게 만든다.
② 지나친 운동은 아이의 집중력을 저하시킨다.
③ 아이와 대화할 때는 온전히 아이에게 집중해야 한다.
④ 구체적인 예를 들어 경기 규칙을 설명하는 것이 좋다.
⑤ 경기 중인 아이에게 설명을 하는 것은 효과적이지 않다.

22 다음 글의 주제로 가장 적절한 것은?

Advertising experts have learned that the commercials that we remember will bring us into a story. Think about some of the most memorable advertisements of all time, whether in the form of a printed page or 30-second spot on television. They included an impressive storyline. Apple Computer's classic "Think Different" campaign is considered the best ad of all time because it so dramatically told a powerful story. Coca Cola's "Mean Joe Green" commercial is another example of a story, in which a little boy meets his hero. The goal in all these scenarios is to move people, emotionally and personally, by creating a close association with the product that is positive and familiar.

*spot 방송 프로그램 사이에 끼워 넣는 광고

① the various lengths of commercials
② the roles of ads in increasing sales
③ the differences between ads and campaigns
④ the uses of personal storytelling in education
⑤ the powerful effects of storytelling in advertising

23 다음 글의 제목으로 가장 적절한 것은?

Anxiety has been around for thousands of years. According to evolutionary psychologists, it is adaptive to the extent that it helped our ancestors avoid dangerous situations. Anxiety warned people when their lives were in danger: not only from wild tigers, cave bears, hungry hyenas, and other animals stalking the landscape but also from hostile, competing tribes. Being on alert helped ancient people fight predators, flee from enemies, or freeze, blending in, as if camouflaged, so they wouldn't be noticed. It made them react to real threats to their survival. It pushed them into keeping their children out of harm's way. Anxiety thus lasted through evolution in a majority of the population because it was an advantageous, lifesaving trait.

*camouflaged 위장한

① Don't Be Anxious; Just Be Ready!
② How Anxiety Helped Us Survive
③ Living Simply in an Anxious World
④ Humans and Animals: Friends or Enemies?
⑤ Various Emotions: The Products of Evolution

24 다음 도표의 내용과 일치하지 않는 것은?

Who 11 Year Old Australians Consulted If They Had Problems

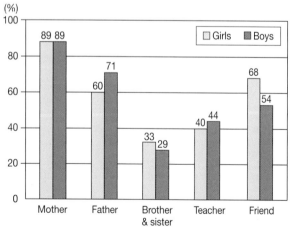

The above graph shows who Australian girls and boys aged eleven consulted if they had problems. ① Mothers were the most consulted source if girls and boys had problems. ② For boys, fathers were the second most consulted source, followed by friends. ③ The percentage of girls who consulted teachers was 20 percentage points higher than that of girls who consulted fathers. ④ The percentage of boys who consulted teachers was higher than that of girls who consulted teachers by 4 percentage points. ⑤ More girls went to their friends than to their brothers or sisters if they had problems.

25 Lydecker 형제에 관한 다음 글의 내용과 일치하지 않는 것은?

The brothers Howard and Theodore Lydecker were responsible for the special effects in movie serials made by Republic Pictures from the 1930s to the 1950s. They specialized in creating extremely realistic effects on very low budgets. Among the qualities that made their effects so believable were carefully built models and an insistence that their effects be created "in camera." This means that they were achieved during the original filming. Because the effects were shot simultaneously on the same film stock, the image quality was very high. The Lydeckers developed a technique for flying model aircraft that produced very realistic results. It gave them complete control over the movement of the aircraft and is still used today.

*insistence 고집 **film stock (사용하지 않은) 영화 촬영용 필름

① Republic Pictures가 만든 연작 영화의 특수 효과를 담당했다.
② 적은 예산으로 매우 사실적인 효과를 만들어냈다.
③ 세심하게 제작된 모형들을 촬영에 사용했다.
④ 영화 촬영 후 특수 효과를 별도로 추가했다.
⑤ 모형 비행기를 사용하는 기법을 개발했다.

26 Zookeeper Experience at Dudley Zoo에 관한 다음 안내문의 내용과 일치하지 <u>않는</u> 것은?

Zookeeper Experience at Dudley Zoo

During Zookeeper Experience, you will learn what it takes to work in an animal care career by participating in the following activities:

- Preparing animal diets
- Helping weigh and care for animals
- Taking part in animal training

WHO: Animal lovers aged 9-18
TIME: 9:30 a.m. – 11:30 a.m.
- We schedule one Zookeeper Experience per day.
COST: $50
- Zoo admission is included.
WHAT TO BRING:
A water bottle and a camera
- Photo opportunities are provided.

Please visit our website at www.dudleyzoo .com to make a reservation.

① 동물의 먹이를 준비하는 활동을 포함한다.
② 9세부터 18세까지의 동물 애호가를 대상으로 한다.
③ 하루에 한 번 운영된다.
④ 동물원 입장료는 참가비와 별도이다.
⑤ 사진 촬영 기회가 제공된다.

27 Map Reading and Navigation Course에 관한 다음 안내문의 내용과 일치하는 것은?

Map Reading and Navigation Course

Are you new to hill walking?
Find your way around the hills with our one-day basic navigation course.

Days in November: Every Saturday

- The course starts with an indoor lesson, followed by a walk through fields and hills.
- We cover reading map symbols, using a compass, planning a route, and estimating distance.
- Don't forget to bring a lunch and wear walking boots.
- All participants under 18 must be accompanied by an adult.
- We provide a compass for every participant!

For more information, visit www.hillwalking. com.

① 중급 이상의 산행 과정이다.
② 11월에는 격주로 토요일에 실시된다.
③ 수업은 야외에서 시작한다.
④ 참가자 전원에게 점심이 제공된다.
⑤ 18세 미만의 참가자는 성인을 동반해야 한다.

28 다음 글의 밑줄 친 부분 중, 어법상 틀린 것은? [3점]

The old method which fish samplers use ① is to watch fish near a dam and push a button each time a fish swims up the ladder. They also measure fish, which includes capturing the fish in a tank without oxygen and holding it ② captive until it stops moving. Once it's still, they put a tape measure against it before returning it to a recuperation tank. Finally, the fish gets tagged and released to continue ③ its journey. More and more samplers are using electrofishing, which involves pulling an electric wire ④ attaches to a portable generator. The fish are stunned and almost magically drawn to the wire. Samplers catch them in a net and take them to a holding place for measuring and ⑤ weighing before returning them to the stream.

*ladder 수로 **recuperation 회복

29 (A), (B), (C)의 각 네모 안에서 문맥에 맞는 낱말로 가장 적절한 것은?

It was once considered an amazing achievement to reach the summit of Mount Everest. It was even a national (A) disgrace / honor to have a climber waving a national flag there. But now that almost 4,000 people have reached its summit, the achievement means less than it used to. In 1963, six people reached the top, but in the spring of 2012, the summit was crowded with more than 500 people. So what makes it (B) difficult / possible for so many people to reach the summit? One important factor is improved weather forecasting.

In the past, a (C) lack / presence of information led expeditions to attempt the summit whenever they were ready. Today, with hyper-accurate satellite forecasts, all teams know exactly when the weather will be perfect for climbing.

*hyper-accurate 초정밀의

	(A)	(B)	(C)
①	disgrace	difficult	presence
②	disgrace	possible	lack
③	honor	difficult	lack
④	honor	possible	presence
⑤	honor	possible	lack

30 밑줄 친 부분이 가리키는 대상이 나머지 넷과 다른 것은?

Henri Matisse and Auguste Renoir were dear friends. When Renoir was confined to his home during the last decade of his life, Matisse visited ① him daily. Renoir, almost paralyzed by arthritis, continued to paint despite his illness. One day, as Matisse watched ② the painter working in his studio, fighting pain with each brush stroke, ③ he said, "Why do you continue to paint when you are in such pain?" Renoir answered simply, "The beauty remains; the pain passes." And so, almost to ④ his dying day, Renoir put paint to canvas. One of his most famous paintings, The Bathers, was completed just two years before his death, 14 years after ⑤ he was stricken by the disabling disease.

*paralyzed 마비가 된 **arthritis 관절염

[31~33] 다음 빈칸에 들어갈 말로 가장 적절한 것을 고르시오.

31 Many of the biggest stars in sports are tough to deal with, and rarely does an agent develop a relationship with them during the first meeting. The most important lesson I learned as a sports agent is that it isn't just about signing a million-dollar contract. When I am working with a client, there are hundreds of little things that take place before we are ready to sit down and negotiate. Small stuff plays a big part in how satisfied and comfortable my clients are with me and my services. I often express interest in their recent vacation or how their children are doing in school. Paying attention to _____ is a huge sign of respect to today's top athletes. [3점]

① details
② deals
③ results
④ rewards
⑤ schedules

32 Cellphones seem to have achieved the status of _____ of all electronic products. The average person in the United States and Britain throws away his or her cellphone within eighteen months of purchase even though cellphones will last for ten years on average. Every year, more than 130 million still-working cellphones in the United States and 15 million in Britain are retired. Only a small number of them are reassembled for reuse or exported to foreign countries. This trend isn't limited to both countries. Many other advanced countries have also seen new types of cellphones replacing old ones almost annually.

① being the least expensive
② insuring the longest warranty
③ having the shortest life cycle
④ becoming the most traditional
⑤ getting the worst quality reputation

33 Anyone who has ever accomplished any degree of success knows that _____. Success is made on the shoulders of commitment, discipline, and persistence. Yet our popular culture conveys a very different message to children: success doesn't have to be difficult or time consuming. Popular culture is full of stories about overnight successes, pills to lose weight fast, and "breakthrough" products to look ten years younger. Children see young actors such as Hilary Duff and Haley Joel Osment and musical geniuses like the violinist Sarah Chang, but they don't see the many years of determination, practice, and sacrifice that got them to the top of their professions. Children don't realize that overnight success takes a long time. [3점]

① one person can make a big difference
② nothing in life worth having comes easily
③ people have to accept their children as they are
④ there's always another way to get something done
⑤ successful people are talented in many different fields

34 다음 글의 빈칸 (A), (B)에 들어갈 말로 가장 적절한 것은?

One of the basic principles of investing is based on the relationship between risk and return. The risk associated with an investment can be defined as the probability of earning an expected profit. _____(A)_____, if you deposit $1,000 into a savings account at your bank, you would expect this to be a low-risk investment. Banks are generally conservative, and savings accounts are guaranteed by the federal government up to a certain dollar amount. If the bank promises to pay you a 2 percent annual interest rate, the chances are great that at the end of one year, you will have $1,020. _____(B)_____, there is a high probability that you will earn a 2 percent annual profit, and this would be considered a low-risk investment. [3점]

*return 수익 **interest rate 이율

(A)		(B)
① For example	……	Thus
② For example	……	However
③ In addition	……	As a result
④ Nevertheless	……	Similarly
⑤ Nevertheless	……	In contrast

35 다음 글에서 전체 흐름과 관계 <u>없는</u> 문장은?

"To name is to call into existence — to call out of nothingness," wrote French philosopher Georges Gusdorf. Words give you a tool to create how you understand the world by naming and labeling what you experience. ① You undoubtedly learned in your elementary science class that Sir Isaac Newton discovered gravity. ② It would be more correct to say that he labeled rather than discovered it. ③ Some scientific discoveries often led to terrible disasters in human history. ④ His use of the word gravity gave us a cognitive category; we now talk about the pull of the Earth's forces that keeps us from flying into space. ⑤ Words give us the symbolic means to communicate our creations and discoveries to others.

*cognitive 인식의

[36~37] 주어진 글 다음에 이어질 글의 순서로 가장 적절한 것을 고르시오.

36

Every day in my class, I randomly select two students who are given the title of "official questioners." These students have to ask at least one question during that class.

(A) She answered that she'd been really nervous when picked up at the beginning of class. But then, during that class, she felt differently from how she'd felt during other lectures.

(B) After being the day's official questioner, one of my students, Carrie, visited me in my office. I asked, "Did you feel honored to be named one of the first 'official questioners'?"

(C) It was a lecture just like the others, but this time, she said, she had to have a higher level of consciousness; she was more aware of the content of the lecture and discussion. She also admitted that as a result, she got more out of that class.

① (A) − (C) − (B)   ② (B) − (A) − (C)
③ (B) − (C) − (A)   ④ (C) − (A) − (B)
⑤ (C) − (B) − (A)

37

Keith Chen, a professor at Yale, wondered what would happen if he could teach monkeys to use money. Chen went to work with seven male monkeys at a lab.

(A) Once they learned how to use the coins, the monkeys had strong preferences for different treats. Each monkey would exchange his coins for the food he preferred.

(B) So Chen gave the monkey a coin and then showed a treat. Whenever the monkey gave the coin back to Chen, he got the treat. After a few months, the monkeys eventually learned that the coins could buy the treats.

(C) When Chen gave a monkey a coin, he sniffed it and, after determining he couldn't eat it, he tossed it away. When Chen repeated this, the monkey started tossing the coin at him. [3점]

*sniff 킁킁 냄새를 맡다

① (A) – (C) – (B)   ② (B) – (A) – (C)
③ (B) – (C) – (A)   ④ (C) – (A) – (B)
⑤ (C) – (B) – (A)

[38~39] 글의 흐름으로 보아, 주어진 문장이 들어가기에 가장 적절한 곳을 고르시오.

38

For example, your boss suddenly asks you for a key fact or number during an important meeting.

When you are stressed out, you may not even realize the way your mind and body are affected. (①) However, you can easily recognize this link between tension and memory if you think about a time when your memory failed because you were overly worried. (②) You freeze up and can't remember it even though you knew it well the night before. (③) But if a co-worker asks you the same question, you easily recall the information and answer it. (④) Reducing stress and tension will help you improve your memory dramatically. (⑤) Just by maintaining a calm, focused attitude, you will be able to reduce the negative effects of intense anxiety. [3점]

39

Then one doctor suggested that the babies be held several times daily.

The need for touch may seem like common sense. (①) However, in the early 1900s, people in Europe believed that touching newborns was not good for them, and they thought that it would spread germs and make the babies weak. (②) In the orphanages at that time, it was not permitted to cuddle newborn babies. (③) The babies were well fed and cared for, but many of them became ill. (④) The sick babies began to get better gradually. (⑤) Recent research that has confirmed the importance of touch for babies encourages parents and nurses to touch and pat babies as much as possible.

40 다음 글의 내용을 한 문장으로 요약하고자 한다. 빈칸 (A)와 (B)에 들어갈 말로 가장 적절한 것은? [3점]

In an experiment at Harvard Medical School in 1982, some physicians were asked to decide to recommend either surgery or radiation for their patients with lung cancer. Half of the physicians were told, "The one-month survival rate for surgery is 90%." Given this information, 84% of the physicians chose to recommend surgery over radiation. The other physicians were provided with this information about surgery outcomes: "There is a 10% mortality rate in the first month." Given this latter information, only 50% of the physicians recommended surgery. The two statements describe the same outcome.

However, when the same outcome statistics are framed in terms of 'survival,' considerably more physicians choose the surgery. But when the outcomes are framed in terms of 'mortality,' the percentage of physicians who choose surgery drops greatly.

*radiation 방사선 치료 **mortality 사망

↓

Different ways of _____(A)_____ the same information can influence the _____(B)_____ that are based on the information.

	(A)		(B)
①	presenting	……	decisions
②	storing	……	judgments
③	delivering	……	systems
④	presenting	……	innovations
⑤	storing	……	skills

[41~42] 다음 글을 읽고, 물음에 답하시오.

From the moment instant baking mixes of all kinds were introduced in the late 1940s, they had a strong presence in American grocery carts, and ultimately at the dinner table. However, not all mixes were greeted with equal enthusiasm. Housewives were peculiarly unwilling to use instant cake mixes. Some marketers wondered whether the cake mixes were too sweet or artificial-tasting. But no one could explain why the mixes used to make biscuits were so popular while cake mixes didn't sell.

One explanation was that the cake mixes simplified the process too much, so the women did not feel as though the cakes they made were "theirs." Normally, biscuits are not a dish by themselves. A housewife could happily receive a compliment on a dish that included a purchased ingredient without feeling guilty. A cake, on the other hand, is often served by itself and represents a complete dish. On top of that, cakes often carry great _____ significance, symbolizing special occasions. A would-be baker would hardly be willing to consider herself someone who makes birthday cakes from "just a mix." Not only would she feel ashamed or guilty, but she might also disappoint her guests. They would feel that they were not being treated to something special.

41 윗글의 제목으로 가장 적절한 것은?

① What Makes Cake Mixes Unpopular?
② Thrilling Moments in Making Biscuits
③ Enjoy the Convenience of Cake Mixes!
④ Biscuits and Cakes: Ill-Matched Friends
⑤ Make Better Biscuits; Respect Your Guests

42 윗글의 빈칸에 들어갈 말로 가장 적절한 것은? [3점]

① emotional   ② regional
③ commercial   ④ statistical
⑤ educational

[43~45] 다음 글을 읽고, 물음에 답하시오.

(A)

Henry's father was a house painter. In his lifetime, he must have painted hundreds of houses. He was a happy, outgoing man who made friends easily. It wasn't hard to tell that he loved his work as well as his life. He was also an excellent painter. No one could paint a wall like him, so (a) his services were always in demand.

(B)

Finally, his father advised, "Don't worry about spills and messes. They can always be cleaned up. Treat a wall the way you treat people. Be generous; have fun. Always put enough paint on the brush." With that, (b) he turned and applied a thick coat of paint to the wall, restarting his conversation with the homeowner. His father did spill a few drops but made a better-looking wall while having fun.

(C)

Once, while in college, Henry went to help his father paint a house. Henry was working inside and noticed how skilled his father was. As a matter of fact, while talking with the homeowner, laughing the whole time, his father applied generous amounts of paint to the wall. (c) He painted three walls compared to Henry's one.

(D)

At one point, Henry's father stopped working and watched him. (d) He noticed how Henry carefully wiped off both sides of the brush as he pulled it out in order not to waste any paint. Henry then spread a thin coat of paint on the wall without spilling a drop. It was a slow, tedious process, but (e) he dared not laugh or "kid around" for fear of making a mess and embarrassing his father.

43 주어진 글 (A)에 이어질 내용을 순서에 맞게 배열한 것으로 가장 적절한 것은?

① (B) – (D) – (C)   ② (C) – (B) – (D)
③ (C) – (D) – (B)   ④ (D) – (B) – (C)
⑤ (D) – (C) – (B)

44 밑줄 친 (a)~(e) 중에서 가리키는 대상이 나머지 넷과 다른 것은?

① (a)   ② (b)   ③ (c)   ④ (d)   ⑤ (e)

45 윗글의 Henry의 아버지에 관한 내용과 일치하지 않는 것은?

① 친구를 쉽게 사귀는 외향적인 사람이었다.
② Henry에게 페인트를 붓에 충분히 묻히라고 조언했다.
③ 페인트를 벽에 칠할 때 한 방울도 흘리지 않았다.
④ 집주인과 대화를 나누면서 페인트칠을 했다.
⑤ 하던 일을 멈추고 Henry를 쳐다보았다.

※ 확인 사항
○ 답안지의 해당란에 필요한 내용을 정확히 기입(표기) 했는지 확인하시오.

1번부터 17번까지는 듣고 답하는 문제입니다. 1번부터 15번까지는 한 번만 들려주고, 16번부터 17번까지는 두 번 들려줍니다. 방송을 잘 듣고 답을 하시기 바랍니다.

01 대화를 듣고, 여자의 마지막 말에 대한 남자의 응답으로 가장 적절한 것을 고르시오.

① No. The game starts at 7 p.m.
② Actually, I'm a huge fan of baseball.
③ Well, I usually get sleepy at this hour.
④ You should take part in the next game.
⑤ A lack of sleep is a serious problem these days.

02 대화를 듣고, 남자의 마지막 말에 대한 여자의 응답으로 가장 적절한 것을 고르시오.

① That's true. I've grown them for years.
② I learned how to grow plants from my parents.
③ Good. You must have a talent for growing plants.
④ Having plants in your room will help you feel good.
⑤ Maybe that's why. Too much water can be harmful to the roots.

03 다음을 듣고, 여자가 하는 말의 목적으로 가장 적절한 것을 고르시오.

① 학생회 개최를 안내하려고
② 학교 식당 이용을 권장하려고
③ 위생 관리의 중요성을 강조하려고
④ 불우 이웃돕기 모금활동을 장려하려고
⑤ 음식물 쓰레기 줄이기 행사를 홍보하려고

04 대화를 듣고, 여자의 의견으로 가장 적절한 것을 고르시오.

① 온라인 언어 학습은 이점이 있다.
② 중국어를 독학으로 배우기는 어렵다.
③ 듣기 능력 향상을 위해 반복 훈련이 필요하다.
④ 해외 여행 전에 여행 에티켓을 숙지해야 한다.
⑤ 외국어 습득을 위해 해외 여행이 필요하다.

05 대화를 듣고, 두 사람의 관계를 가장 잘 나타낸 것을 고르시오.

① 의사 − 환자
② 경찰 − 행인
③ 사육사 − 동물원 관람객
④ 수의사 − 동물 보호소 직원
⑤ 애완견 미용사 − 애완견 주인

06 대화를 듣고, 그림에서 대화의 내용과 일치하지 <u>않는</u> 것을 고르시오.

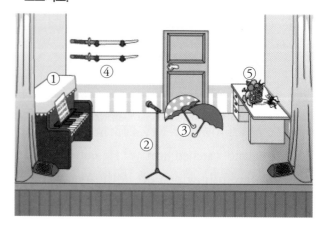

07 대화를 듣고, 남자가 할 일로 가장 적절한 것을 고르시오.

① 꽃다발 주문하기
② 생일 선물 숨기기
③ 케이크 찾으러 가기
④ 거실에 풍선 장식하기
⑤ 친척에게 초대장 보내기

08 대화를 듣고, 여자가 회사에 출근한 이유를 고르시오.

① 휴가를 신청하기 위해서
② 발표 준비를 하기 위해서
③ 신제품을 개발하기 위해서
④ 광고 포스터를 만들기 위해서
⑤ 홍보 전략 회의를 하기 위해서

09 대화를 듣고, 남자가 지불할 금액을 고르시오. [3점]

① $90   ② $100
③ $160   ④ $180
⑤ $200

10 대화를 듣고, Sand Art Creations에 관해 두 사람이 언급하지 <u>않은</u> 것을 고르시오.

① 장소   ② 대상 연령
③ 준비물   ④ 시작 시간
⑤ 참가비

11 Puppies Photo Contest에 관한 다음 내용을 듣고, 일치하지 <u>않는</u> 것을 고르시오. [3점]

① 중·고등학생이 참가할 수 있다.
② 두 가지 주제가 있다.
③ 사진에 사람이 있으면 안 된다.
④ 사진 출력물을 제출해야 한다.
⑤ 제출 마감일은 5월 10일이다.

12 다음 표를 보면서 대화를 듣고, 여자가 선택한 라켓을 고르시오.

Badminton Rackets

	Model	Type	Frame	Price
①	SS-101	Offensive	Aluminum	$30
②	SS-102	Defensive	Carbon Fiber	$50
③	PW-501	All-around	Aluminum	$60
④	PW-502	All-around	Carbon Fiber	$90
⑤	OS-800	All-around	Carbon Fiber	$120

13 대화를 듣고, 남자의 마지막 말에 대한 여자의 응답으로 가장 적절한 것을 고르시오.

Woman: _____

① Right. I like using pencils when I draw.
② This pencil writes well. I like it very much.
③ No way. We can still use those short pencils.
④ In that case, I can teach you. It's not difficult.
⑤ Yeah. I've used this sharpener since I was a kid.

14 대화를 듣고, 남자의 마지막 말에 대한 여자의 응답으로 가장 적절한 것을 고르시오.

Woman: _____

① Great! I have to ask him if he can help me.

② Well, I'd like to major in piano in college, too.

③ All right. I'll change the schedule for him.

④ Then I'm going to practice the piano now.

⑤ Why don't you take part in the audition with me?

15 다음 상황 설명을 듣고, Julie가 남자에게 할 말로 가장 적절한 것을 고르시오. [3점]

Julie: _____

① I wish you could join the bike tour.

② I'm sorry, but I can't buy your bike.

③ You won't regret it if you buy this bike.

④ I'm really upset that you didn't show up.

⑤ You should've searched the websites carefully.

[16~17] 다음을 듣고, 물음에 답하시오.

16 남자가 하는 말의 목적으로 가장 적절한 것은?

① to give tips for effective studying

② to explain how to improve memory

③ to help students reduce exam anxiety

④ to introduce how to use digital devices

⑤ to emphasize the importance of notetaking

17 언급된 물건이 아닌 것은?

① study planner   ② notebook

③ pencil   ④ textbook

⑤ smartphone

이제 듣기 문제는 끝났습니다. 18번부터는 문제지의 지시에 따라 답을 하시기 바랍니다.

18 다음 글의 목적으로 가장 적절한 것은?

I have an idea for your station to fill in. Ask yourself, "What is more widely found in homes and offices than even computers or TVs?" Answer: the potted plant. But are these plants healthy and growing well? Many times, they are not. I think a weekly evening program on basic indoor plant care would be a big hit with your listeners. Rather than overwhelm your audience with agricultural information, take a light approach to the subject. Put some fun into describing plants and plant care. The program could touch on little-known topics like the effects of office music or electromagnetic fields on plants. You could even have a call-in segment for people to ask questions and to share their experiences. Doesn't this sound like a big hit? I think so.

① 화분 관리에 관한 프로그램 편성을 제안하려고

② 식물의 공기 정화 효과에 대해 설명하려고

③ 화초 재배를 다루는 웹 사이트를 홍보하려고

④ 새로 개장한 식물원에 관람객을 유치하려고

⑤ 공익 프로그램의 폐지에 대해 항의하려고

19 다음 글에 드러난 'I'의 심경 변화로 가장 적절한 것은?

By the tenth frame, my heart began to race. Cory, Laura, and Gray were ahead of me, but only by a few points. The other kids were way behind us. I studied the score sheet. If I could bowl a strike in this frame, I would win the game. My hands were sweaty. I dried them off on a towel. I stepped onto the lane. I took a deep breath. Raised the ball. Sent it rolling down the center of the lane. And knocked down all ten pins. I had bowled a strike on my last turn. I pumped my fist in the air and came back to the bench victoriously.

① scared → annoyed

② frustrated → envious

③ nervous → triumphant

④ delighted → disappointed

⑤ indifferent → excited

20 다음 글에서 필자가 주장하는 바로 가장 적절한 것은?

Whenever you find yourself reacting differently than you would if you had unlimited time, you're acting out of neediness and won't be reading people clearly. Stop and consider alternative courses of action before you go forward. It's often best to find a temporary solution to begin with and decide on a permanent one later. The parents urgently seeking child care could put their immediate efforts into convincing a friend or family member to help out for a week or two, buying them time to look for permanent help. If they can afford it, they can hire a professional nanny for a while. Temporary solutions may be more expensive or inconvenient in the short run, but they'll give you the time you need to make a wise choice about your long-term selection.

① 시급한 상황일수록 원칙에 따라 행동하라.
② 집단의 성공을 위해 개인의 불편을 감수하라.
③ 자신의 능력에 맞는 단기적 목표를 수립하라.
④ 의사 결정 시 시간과 비용을 최우선으로 고려하라.
⑤ 임시방편을 통해 현명한 선택을 할 시간을 확보하라.

21 다음 글의 요지로 가장 적절한 것은?

Ironically, it's usually when we try to do everything right that we end up doing something wrong. The reason is that the more balls you try to juggle, the more likely you are to drop one. You hope many extracurricular activities will get you into your first choice college, so you spend hours working out with the football club, run for student government, and volunteer for hours on afternoons during your free time. Meanwhile, you make time to try to keep your grades up. With that kind of pressure, you can misread an assignment, double-book your schedule, or let people down, but it's not your parents' fault or your friends'. They aren't expecting too much of you by asking for one spot in your really busy schedule. It's up to you to recognize your limits, not to sign up for too many extracurricular activities, and to admit when you've dropped the ball.

① 대학의 과외 활동이 이전보다 다양해졌다.
② 전공과 관련된 과외 활동을 할 필요가 있다.
③ 더 높은 학점을 받기 위해 수업에 집중해야 한다.
④ 자신의 능력 범위 내에서 과외 활동을 설계해야 한다.
⑤ 동아리 활동이 대학 생활의 즐거움을 더해 줄 수 있다.

22 다음 주제로 가장 적절한 것은?

The first humans who figured out how to write things down around 5,000 years ago were in essence trying to increase the capacity of their memory. They effectively extended the natural limits of human memory by preserving some of their memories on clay tablets and cave walls and later, papyrus and parchment. Later, we developed other mechanisms — such as calendars, filing cabinets, computers, and smartphones — to help us organize and store the information we've written down. When our computer or smartphone starts to run slowly, we might buy a larger memory card. That memory is both a metaphor and a physical reality. We are moving a lot of the processing that our neurons would normally do to an external device. Then it becomes an extension of our own brains, a neural enhancer.

*parchment 양피지

① ways of preserving written documents
② human efforts to extend memory capacity
③ reasons to be independent of smart technology
④ the necessity of brain exercises for mental strength
⑤ the rapid enhancement of the brain's multitasking ability

23 다음 글의 제목으로 가장 적절한 것은?

Each time a patient removes a wound dressing to check for infection, germs can get in. Now, a new dressing allows staff members to tell if an infection is developing without even touching the patient. They only need to check a color strip on the outside of the dressing. The secret lies in a dye used in the dressing, which reacts to changing pH levels in the skin. Dr. Sabine Trupp, the developer of the color strip says, "Healthy skin and healed wounds usually show a pH value of below 5." "If the pH value is between 6.5 and 8.5, there is an infection, and the indicator color strip turns purple."

① How to Keep Skin Healthy
② A New Color-Changing Dye
③ A Treatment to Remove Scars
④ The Need to Change Dressings Frequently
⑤ A Dressing Showing Infections by Color

24 다음 도표의 내용과 일치하지 <u>않는</u> 것은?

Schools with the Most Extra-Inning Games in College World Series Games

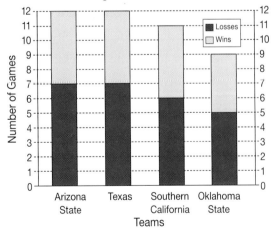

The graph above shows four schools with the most extra-inning games in College World Series games and their numbers of wins and losses.

① All the teams had more losses than wins in the extra-inning games at the College World Series. ② Three of the four schools played more than ten extra-inning games. ③ Arizona State and Texas had exactly the same record with seven wins and five losses. ④ Of the four teams, Southern California had the largest number of extra-inning games as well as the most wins. ⑤ Oklahoma State played fewer than ten extra-inning games.

*extra-inning game (야구의) 연장전 경기

25 다음 글의 Paul Klee에 관한 내용과 일치하지 <u>않는</u> 것은?

Paul Klee was born in Bern, Switzerland, on December 18, 1879. His father was a music teacher, and his mother was a singer and amateur painter. As a child, Paul drew constantly. His favorite subject was cats. Then, at the age of seven, he learned to play the violin, and he continued playing throughout his adult life. In fact, he even played with the Berlin Municipal Orchestra for a while. Although music was important to Paul, he became an artist. In 1898, he began his art career by studying at the Munich Academy. Later, from January 1921 to April 1931, he taught painting at the Bauhaus. Paul also kept a notebook of his artistic insights and ideas and published a number of books about art. By his death in 1940, he had created an impressive amount of work: over ten thousand drawings and nearly five thousand paintings during his lifetime.

① 어머니가 가수이자 아마추어 화가였다.
② 어렸을 때 고양이를 그리는 것을 좋아했다.
③ Berlin Municipal Orchestra와 함께 연주한 적이 있다.
④ 1898년에 Munich Academy에서 회화를 가르쳤다.
⑤ 미술에 관한 많은 책을 출판했다.

26 다음 안내문의 Bognar Library에 관한 내용과 일치하지 않는 것은?

Bognar Library

We are very happy to let you know that we have finally built a public library in our community. It opens next month (Dec. 19). Visit and enjoy various books and facilities.

☞ **Checkout**
- Checkout period: 10 days
- Checkout limit: maximum 5 books
* Those who return books late cannot check out books again for the same number of days they were late.

☞ **Hours**
- Monday through Friday: 9 a.m. – 9 p.m.
- Saturdays and Sundays: 9 a.m. – 5 p.m.
- Closed on national holidays
* Please note that the library will be cleared out 10 minutes before closing.

☞ **Library rules**
1. Ensure that your mobile phone is on silent.
2. All calls are prohibited inside the reading room.
3. No food or drinks (except water) are allowed in the library.

① 다음 달에 개관한다.
② 대출 권수는 최대 5권이다.
③ 국경일에는 휴관한다.
④ 열람실 내에서는 전화 통화를 할 수 없다.
⑤ 물을 포함한 음식물 반입이 금지된다.

27 다음 안내문의 Summer Youth Projects에 관한 내용과 일치하는 것은?

Summer Youth Projects

  at the Crescent Theater
Act! Learn! Grow!

This summer, young people can have a chance to become actors as the Crescent Theater hosts 3 fun-packed youth theater projects. Each project lasts for 5 days (Monday to Friday) and finishes with a performance for the family and friends of those taking part.

Dates & Ages

Project 1	August 8-12	7-11 year olds
Project 2	August 15-19	12-14 year olds
Project 3	August 22-26	15 years and up

Fees: $150 per project

Additional Information
- To book a place, download an application form from our website, complete it, and return it to us by email at application@crescent.com.
- Cancelations will be subject to a $30 cancelation fee.

Have fun at the Crescent this summer vacation.

① 각 프로젝트는 3일 동안 진행된다.
② 15세 이상은 8월 15일부터 참가할 수 있다.
③ 프로젝트마다 참가비가 다르다.
④ 신청서는 이메일로 제출한다.
⑤ 참가 취소에 대한 별도의 비용은 없다.

28 다음 글의 밑줄 친 부분 중, 어법상 틀린 것은? [3점]

When I was young, my parents worshipped medical doctors as if they were exceptional beings ① possessing godlike talents. But I never dreamed of becoming a doctor until I entered the hospital for a rare disease. I became a medical curiosity, attracting some of the area's top specialists to visit me and ② review my case. As a patient and teenager ③ eager to return to college, I asked each doctor who examined me, "What caused my disease?" "How will you make me better?" The typical response was nonverbal. They shook their heads and walked out of my room. I remember ④ thinking to myself, "Well, I could do that." When it became clear to me ⑤ what no doctor could answer my basic questions, I walked out of the hospital against medical advice. Returning to college, I pursued medicine with a great passion.

	(A)		(B)		(C)
①	same	……	persist	……	ignored
②	same	……	restrain	……	ignored
③	opposite	……	persist	……	ignored
④	opposite	……	restrain	……	accepted
⑤	opposite	……	persist	……	accepted

29 (A), (B), (C)의 각 네모 안에서 문맥에 맞는 낱말로 가장 적절한 것은?

In prehistoric times, any attempt to use nature meant forcing nature against her will. Nature had to be challenged, usually with some form of magic or by means that were above nature—that is, supernatural. Science does just the (A) same / opposite , and it works within nature's laws. The methods of science have largely removed reliance on the supernatural—but not entirely. The old ways (B) persist / restrain full force in primitive cultures. They even survive in technologically advanced cultures too, sometimes disguised as science. This is fake science—pseudoscience. The characteristic of pseudoscience is that it lacks the key ingredients of science: evidence and having a test for wrongness. In pseudoscience, doubts and tests for possible wrongness are firmly (C) ignored / accepted .

30 다음 글의 밑줄 친 부분이 가리키는 대상이 나머지 넷과 다른 것은?

When I was young, I played a game, power of observation, with my father. At first, I was terrible, but I'd get better. After 20 minutes, I felt like I was taking snapshots with my mind. ① He taught me that memory, or at least observation, is a muscle. I've been using it every day since then, or at least trying to. Whenever I miss ② him, I play the same game with my own son, who's named after my father, Solomon. ③ He is better at it than I was. He is nearly ten years old, the age I was when ④ my father died. I doubt Solomon will grow up to be a writer. But it comforts me to know that whatever he does, he'll live in the world with something handed down from my father even though ⑤ he wasn't around to give it to Solomon directly.

[31~33] 다음 빈칸에 들어갈 말로 가장 적절한 것을 고르시오.

31 Many family gardeners fall into the trap of creating a garden that is too large. Even though you may have good intentions, over time, a garden that is too large will become a maintenance nightmare. My family, like many others, eagerly planted large gardens only to cut back slowly on the time devoted to gardening. Sometime in September, we ended up with a garden full of overripened fruit and out-of-control, overgrown plants. This situation is not enjoyable for adult gardeners, let alone for children. Most children (and many adults) won't enjoy spending warm sunny days tending an overgrown garden plot. When you think about the size of your family garden, be _____. Plan the size according to the time your family can devote to the garden. [3점]

① diligent
② ambitious
③ realistic
④ challenging
⑤ cooperative

32 Mathematical models of flocks of birds and schools of fish and swarms of insects that move in unison show the same point: there is no central control of the movement of the group, but the group shows a kind of _____ that helps all within it to run away or stop predators. This behavior does not exist within individual creatures but, rather, is a property of groups. Examinations of flocks of birds "deciding" where to fly show that they move in a way that accounts for the intentions of all the birds. In addition, the direction of movement is usually the best choice for the flock. Each bird contributes a bit, and the whole flock's choice is better than an individual bird's one. [3점]

① warning call
② social pressure
③ moral leadership
④ absolute authority
⑤ group intelligence

33 A human system of regulating flow is almost always more responsive than a mechanical one. Have you ever had to wait in a car at a red light when there was a lot of traffic on your street and none on the cross street? A policeman would immediately see the situation and change the traffic light to regulate the directional flow at the moment. The same applies to rigid rules in a meeting. It is hard to get a constructive dialogue going when the participants are only allowed to speak in a fixed order. A human system — a sensitive leader — could change the order and keep anyone from speaking too long. Clearly, every meeting of more than four or five people needs a leader who will _____. [3점]

① sacrifice his or her own needs
② serve as a source of information
③ keep a balanced conversational flow
④ stick to the fixed rules of the group
⑤ appreciate the hard work of the members

34 다음 글의 빈칸 (A), (B)에 들어갈 말로 가장 적절한 것은?

If you ask someone to name three sports, he or she will most likely be able to answer with ease. After all, nearly everyone has an idea about what types of activities are regarded as sports and which are not. Most of us think we know what sports are. _____(A)_____, the line drawn between examples of sports, leisure, and play is not always clear. In fact, deciding on clear and clean parameters that define those activities is a relatively difficult thing to do. Activities that are regarded as play today may become a sport in the future. _____(B)_____, many people once played badminton in their backyards, but it was hardly considered a sport. Since 1992, however, badminton has been an Olympic sport!

*parameter 규정 요소

	(A)		(B)
①	However	……	For example
②	However	……	In conclusion
③	Moreover	……	In conclusion
④	Similarly	……	For example
⑤	Similarly	……	In other words

35 다음 글에서 전체 흐름과 관계 <u>없는</u> 문장은?

Have you ever done something absentminded like throwing a peeled potato into the bin and the peelings into the pot? ① How about sending an email saying there is a document attached without actually attaching it? ② Everyday mistakes like these happen all the time because our brains have to check hundreds of different responses to thousands of different potential stimuli. ③ Although a second earlier we wrote, "document attached," in the email, the very next second, the brain orders the fingers to send the attachmentless email. ④ It is wise not to open email attachments from an unknown or untrustworthy source. ⑤ Sometimes we don't even realize our mistake until we get an email from the addressee pointing it out.

[36~37] 주어진 글 다음에 이어질 글의 순서로 가장 적절한 것을 고르시오.

36

When you purchase an item, you are paying not just for the item but also for the costs to get that item to you.

(A) When you buy that tomato at a supermarket, however, there are a number of costs that make you pay much more than you would pay the farmer.

(B) Let's say you visit a farm and buy a tomato. It might cost the farmer very little to grow a tomato, so the farmer might be able to sell you a tomato for much less than it would cost at the supermarket, and the farmer would still make a nice profit.

(C) That tomato has to be transported to the store; the store must pay rent, electric bills, and employee wages; and the store advertises tomatoes in its weekly newspaper ad.

① (A) – (C) – (B) ② (B) – (A) – (C)
③ (B) – (C) – (A) ④ (C) – (A) – (B)
⑤ (C) – (B) – (A)

37

Evolution did not give humans the ability to play soccer. While it produced legs for kicking and elbows for fouling, all that this enables us to do is perhaps practice penalty kicks alone.

(A) Other animals that engage strangers in ritualized aggression do so largely by instinct. Puppies throughout the world have the rules for rough-and-tumble play built into their genes.

(B) But human teenagers have no such genes for soccer. Nevertheless, they can play the game with complete strangers because they have all learned an identical set of ideas about soccer. These ideas are entirely imaginary, but if everyone shares them, we can all play the game.

(C) To get into a game with the strangers we find in the schoolyard on an afternoon, we not only have to work in concert with ten teammates we may never have met before, but we also need to know that the eleven players on the opposing team are playing by the same rules. [3점]

① (A) – (C) – (B)   ② (B) – (A) – (C)
③ (B) – (C) – (A)   ④ (C) – (A) – (B)
⑤ (C) – (B) – (A)

[38~39] 글의 흐름으로 보아, 주어진 문장이 들어가기에 적절한 곳을 고르시오.

38

Today, such delays between ideas and application are almost unthinkable.

Scientific discoveries are becoming reality at a faster rate than ever before. (①) For example, in 1836, a machine was invented that mowed, threshed, and tied straw into bundles and poured grain into sacks. (②) The machine was based on technology that even then was twenty years old, but such a machine wasn't actually marketed until 1930. (③) The first English patent for a typewriter was issued in 1714, but another 150 years passed before typewriters were commercially available. (④) It is not because we are more eager or more ambitious than our ancestors but because we have, over time, invented all sorts of social devices to hasten the process. (⑤) Thus, we find that the time between the first and second stages of the innovative cycle — between idea and application — has been cut radically. [3점]

*thresh 타작하다

39

To avoid such symptoms, you need to consider the type and density of the book.

Reading resembles driving on the road. You learn not to speed in cities because it's dangerous. You also learn that driving slowly on the highway is as dangerous as racing in cities. Reading operates in the same way. (①) It is harmful to use the same reading speed to handle different types of books. (②) In reading, crashes happen when your reading speed is not appropriate for the type of book you're reading. (③) When you experience a reading crash, you feel sleepy after a short time, get lost in the big picture, or cannot link the information together. (④) Different types of books demand different gears and speeds. (⑤) Applying the right gear for the right type of book keeps you safe on your reading trip.

40 다음 글을 한 문장으로 요약하고자 한다. 빈칸 (A)와 (B)에 들어갈 말로 가장 적절한 것은?

In today's world full of marketing and advertising, people cannot escape brands. The younger they are when they start using a brand or product, the more likely they are to keep using it in the future. But that's not the only reason companies are aiming their marketing and advertising at younger consumers. As professor James U. McNeal says, "Seventy-five percent of food purchases can be traced to a nagging child. And one out of two mothers will buy a food simply because her child requests it. To trigger desire in a child is to trigger desire in the whole family." In other words, kids have power over spending in their households, they have power over their grandparents, and they have power over their babysitters. That's why companies use tricks to manipulate their minds.

↓

Children can be _____(A)_____ in marketing in and of themselves due to their ability to _____(B)_____ their parents' purchases.

	(A)		(B)
①	influential	......	predict
②	influential	......	direct
③	analyzed	......	calculate
④	analyzed	......	overestimate
⑤	worthless	......	underestimate

[41~42] 다음 글을 읽고, 물음에 답하시오.

Eye-blocking is a nonverbal behavior that can occur when we feel threatened or don't like what we see. Squinting and closing or shielding our eyes are actions that have evolved to protect the brain from seeing undesirable images. As an investigator, I used eye-blocking behaviors to assist in the arson investigation of a tragic hotel fire in Puerto Rico. A security guard came under immediate suspicion because the blaze broke out in an area where he was assigned. One of the ways we determined he had nothing to do with starting the fire was by asking him some specific questions as to where he was before the fire, at the time of the fire, and whether or not he set the fire. After each question, I observed his face for any telltale signs of eye-blocking behavior. He blocked his eyes only when he was questioned about where he was when the fire started. Strangely, in contrast, he did not seem troubled by the question, "Did you set the fire?" This told me that the real issue was his _____ at the time of the fire. He was questioned further by the investigators and eventually admitted that he had left his assigned location to visit his girlfriend. Unfortunately, while he was gone, the arsonists entered the area he should have been guarding and started the fire. In this case, the guard's eye-blocking behavior gave us the insight that we needed to solve the case.

*arson 방화(죄)

41 윗글의 제목으로 가장 적절한 것은?

① Why Did the Man Set the Fire?
② Factors Interrupting Eye-blocking
③ Eye-blocking Reveals Hidden Information
④ Strategies to Hide Eye-blocking Behaviors
⑤ Hiring a Security Guard to Protect a Building

42 윗글의 빈칸에 들어갈 말로 가장 적절한 것은? [3점]

① emotion   ② judgment
③ location   ④ safety
⑤ reaction

[43~45] 다음 글을 읽고, 물음에 답하시오.

(A)

R H Bing was a famous American mathematician. His full name, as recorded on his birth certificate, was R H Bing. (These were not initials, and there were no periods.) William Jaco was one of (a) his students at the University of Wisconsin in the 1960s. In those days, Bing had a great many students, and he once organized a trip to a mathematical event in Michigan.

(B)

Jaco was overwhelmed. He knew that the famous R H Bing was a great mathematician, but this was just too much. He told Bing how impressed he was. "Well," said Bing, "I, too, heard the problem yesterday. And I, too, skipped dinner and the reception and stayed up all night thinking about it. (b) I just solved it half an hour ago."

(C)

The only other person he found in the dining room was Bing himself, and Jaco sat down next to (c) him with an air of defeat. Bing asked him why he was up so early. Jaco confessed that he had attacked this math question, and on the spot, he told the question to Bing. Bing stared off into space for a while, scratched (d) his head, and then grabbed up a napkin and wrote out a beautiful and elegant solution.

(D)

When they got there, someone posed a math question that he had been saving up for the visiting mathematicians. Jaco was really interested in the question. He skipped the reception, skipped dinner, and stayed up all night thinking about the problem. He was determined to solve it and to make Wisconsin proud. At 6:00 a.m. the following morning, he had not solved it, and (e) he went somewhat disappointedly off to breakfast.

43 윗글 (A)에 이어질 내용을 순서에 맞게 배열한 것으로 가장 적절한 것은?

① (B) − (D) − (C)　　② (C) − (B) − (D)
③ (C) − (D) − (B)　　④ (D) − (B) − (C)
⑤ (D) − (C) − (B)

44 윗글의 밑줄 친 (a)~(e) 중 가리키는 대상이 나머지 넷과 다른 것은?

① (a)　　② (b)　　③ (c)　　④ (d)　　⑤ (e)

45 윗글의 내용과 일치하지 않는 것은?

① Bing은 Michigan에서 열린 수학 행사에 참가했다.
② Bing은 수학 문제를 듣고 나서 30분 만에 해답을 알아냈다.
③ Jaco와 Bing은 저녁 식사를 하지 않았다.
④ Bing은 냅킨에 수학 문제 풀이를 썼다.
⑤ Jaco는 수학 문제를 풀지 못한 채 아침 식사를 하러 갔다.

※ 확인 사항
○ 답안지의 해당란에 필요한 내용을 정확히 기입(표기) 했는지 확인하시오.

1번부터 17번까지는 듣고 답하는 문제입니다. 1번부터 15번까지는 한 번만 들려주고, 16번부터 17번까지는 두 번 들려줍니다. 방송을 잘 듣고 답을 하시기 바랍니다.

01 대화를 듣고, 남자의 마지막 말에 대한 여자의 응답으로 가장 적절한 것을 고르시오.

① I called her, but she didn't answer.
② I know. I'm glad that I won first place.
③ I need to practice more for the contest.
④ I totally agree. She's an excellent speaker.
⑤ Thanks for your kind advice. It really helped.

02 대화를 듣고, 여자의 마지막 말에 대한 남자의 응답으로 가장 적절한 것을 고르시오.

① No, you can't change the due date.
② Sure, there's a new service for that.
③ Why not? I'll lend the books to you.
④ Of course. You should pay the late fee.
⑤ Yes. I booked a meeting room in the library.

03 다음을 듣고, 여자가 하는 말의 목적으로 가장 적절한 것을 고르시오.

① 도서관 건의함 활용을 권장하려고
② 도서관 임시 휴관 계획을 안내하려고
③ 하계 독서 프로그램 일정을 공지하려고
④ 새로운 도서 대출 시스템을 홍보하려고
⑤ 도서관 시설 개선의 필요성을 설명하려고

04 대화를 듣고, 여자의 의견으로 가장 적절한 것을 고르시오.

① 운동은 성적 향상에 긍정적인 영향을 준다.
② 사람마다 성격에 맞는 학습 방법이 따로 있다.
③ 꾸준한 암기 훈련은 기억력 향상에 도움이 된다.
④ 방과 후 프로그램 강좌를 다양하게 개설해야 한다.
⑤ 학생들의 건강을 위해 체육 수업 시간을 늘려야 한다.

05 대화를 듣고, 두 사람의 관계를 가장 잘 나타낸 것을 고르시오.

① 감독 – 배우
② 의사 – 간호사
③ 출판업자 – 소설가
④ 심리 상담가 – 내담자
⑤ 기자 – 오디션 참가자

06 대화를 듣고, 그림에서 대화의 내용과 일치하지 <u>않는</u> 것을 고르시오.

07 대화를 듣고, 여자가 남자를 위해 할 일로 가장 적절한 것을 고르시오.

① to analyze the survey results
② to make the survey questions
③ to review his newspaper article
④ to fasten the survey sheets together
⑤ to print the questionnaire sheets

08 대화를 듣고, 여자가 번지점프를 하러 갈 수 없는 이유를 고르시오.

① 요금이 비싸서   ② 출장을 가야 해서
③ 거리가 멀어서   ④ 폭우 예보가 있어서
⑤ 고소 공포증이 있어서

09 대화를 듣고, 남자가 여자에게 송금할 금액을 고르시오. [3점]

① $70   ② $75   ③ $80   ④ $85   ⑤ $105

10 대화를 듣고, Richfield Sewing Program에 관해 두 사람이 언급하지 <u>않은</u> 것을 고르시오.

① 참가 비용   ② 참가 대상
③ 활동 시간   ④ 활동 내용
⑤ 신청 방법

11 Amazona Zoo에 관한 다음 내용을 듣고, 일치하지 <u>않는</u> 것을 고르시오.

① 800종이 넘는 동물을 보유하고 있다.
② 1년 중 하루를 제외하고 매일 개장한다.
③ 입장은 폐장 시간 30분 전까지 가능하다.
④ 10세 미만의 아동은 성인과 동반해야 입장할 수 있다.
⑤ 온라인으로 입장권 구매 시 할인을 받을 수 있다.

12 다음 표를 보면서 대화를 듣고, 두 사람이 구입할 자전거를 고르시오.

Top 5 Bicycles for Kids

	Model	Rider Height	Bicycle Weight	Folding	Price
①	A	110-130cm	7kg	O	$260
②	B	130-150cm	8kg	X	$210
③	C	130-150cm	9kg	O	$290
④	D	140-160cm	9kg	O	$320
⑤	E	140-160cm	12kg	X	$260

13 대화를 듣고, 여자의 마지막 말에 대한 남자의 응답으로 가장 적절한 것을 고르시오. [3점]

Man: _____

① I wish he were your father.
② I'm late. Let's get off in a hurry.
③ Okay. Could you bring the gentleman here?
④ My parents taught me to obey the traffic rules.
⑤ Transfer to the Yellow Line at the next station.

14 대화를 듣고, 여자의 마지막 말에 대한 남자의 응답으로 가장 적절한 것을 고르시오. [3점]

Man: _____

① Why don't you get out and run the rest of the way?
② Taking a taxi is more comfortable than a bus.
③ Watch out! You were almost hit by that car!
④ You're likely to get a ticket from the police.
⑤ Can you buy me a map to find a shortcut?

15 다음 상황 설명을 듣고, Tony가 Grace에게 할 말로 가장 적절한 것을 고르시오. [3점]

Tony: Grace, _____

① how about exchanging roles with me?
② what's the problem with the projector?
③ how's your computer class going?
④ would you teach me to make visual slides?
⑤ could you help me make copies of the handouts?

[16~17] 다음을 듣고, 물음에 답하시오.

16 남자가 하는 말의 주제로 가장 적절한 것은? [3점]

① home remedies for mosquito bites
② cultural influences on medical practice
③ health risks of mosquito-related diseases
④ the increasing popularity of natural cures
⑤ misconceptions about insect bite remedies

17 언급된 재료가 <u>아닌</u> 것은?

① baking soda   ② onions
③ salt   ④ lemons
⑤ honey

> 이제 듣기 문제는 끝났습니다. 18번부터는 문제지의 지시에 따라 답을 하시기 바랍니다.

18 다음 글의 목적으로 가장 적절한 것은?

Maybe you inherited some bonds from a beloved grandmother or heard a tip about a certain mutual fund from your best friend. Maybe your new job offer includes attractive stock options, and you're wondering just how attractive they are. But when you open the financial section of the newspaper, it looks like an alien language from another planet. What do these words — bear market, bull market, and Dow Jones — mean? Here is a special lecture for beginners that breaks the codes and provides examples that you can find in newspapers. The lecture explains difficult economic vocabulary plainly. Once you take this online course 30 minutes per day for one week, reading the financial pages will be much easier.

① 구직 정보를 제공하려고
② 경제 신문 구독을 권유하려고
③ 상속세 납부 방법을 설명하려고
④ 경제 용어 관련 강의를 홍보하려고
⑤ 초보자를 위한 주식 투자 방법을 알려 주려고

19 다음 글에 드러난 'I'의 심경으로 가장 적절한 것은?

When I looked back, it was right behind me. I forced myself to keep running though my heart was beating wildly. But it kept on coming, more determined than ever to catch me. I ran into a small hut near the end of the village, hoping to find a spot to hide there; but the hut was empty, and that horrible, nightmarish creature grew closer with every step. When I saw its looming shadow in the doorway, I hid right beside a wall. As it came toward me, my screams for help grew louder with every step it took. Finally, it came as close as just inches from my face. I closed my eyes and prayed for a quick death. It slowly reached toward me with its massive claws and said, "I got you!"

① satisfied   ② ashamed
③ frightened   ④ irritated
⑤ delighted

20 다음 글에서 필자가 주장하는 바로 가장 적절한 것은?

When you are in the supermarket, do you buy something from each and every aisle? Of course not. You go to the aisles that have something you want and skip the aisles that don't have anything you need. But when it comes to watching television, many of us seem to buy something from every aisle. Too often we watch TV because that's what we usually do, not because there is something we actually want to see. Ask yourself when you are watching TV, "Is this something I want to see?" Don't turn on the TV just because it's there and that's what you usually do.

① 무분별한 소비를 지양하라.
② 습관적인 TV 시청을 자제하라.
③ 시청 연령 등급 표시를 의무화하라.
④ 교양 TV 프로그램 편성을 확대하라.
⑤ TV 광고에 현혹되지 않도록 주의하라.

21 다음 글의 요지로 가장 적절한 것은?

When human beings take in too much energy in the form of food at a meal or snack, the extra calories tend to reduce hunger at the next meal or snack. But this mechanism doesn't seem to happen when too many calories are consumed in the form of liquids. If, for example, you begin taking in an extra 200 calories a day by eating a sandwich, you'll tend to reduce your caloric intake by the same amount at the next meal. On the other hand, if you take in an extra 200 calories by drinking a soft drink, your body won't activate the same mechanism. In the long run, you'll end up gaining weight.

*mechanism 작동 방식

① 식전에 물을 마시면 식사량을 줄일 수 있다.
② 칼로리 섭취를 줄이면 노화를 늦출 수 있다.
③ 일일 적정 칼로리 섭취량은 사람에 따라 다르다.
④ 식사를 규칙적으로 하면 기초 대사량이 높아진다.
⑤ 음료를 통해 초과 섭취된 칼로리는 체중을 늘릴 수 있다.

22 다음 글의 주제로 가장 적절한 것은?

We usually think the brain and body are like black and white, and there is no relationship between them. We are often told that exercise develops the body while reading, writing, and thinking are meant to develop the brain. This is not exactly true. While mental activities such as reading, writing, solving mathematical problems, doing crossword puzzles, and participating in seminars are primarily concerned with the brain, they are also relevant to the body and have an impact on it. The emotions and sensory reactions created by these activities have an influence, through chemical signals, on the body and its health.

① steps to improve academic skills
② how to develop brain functions efficiently
③ benefits of enhancing physical conditions
④ the effect of mental activities on the body
⑤ the correlation between exercise and the body

23 다음 글의 제목으로 가장 적절한 것은?

For many young people, peers are really important and can provide the norms which they want to follow. Peer pressure among them can affect how they drive vehicles. Young drivers experience more peer pressure than older drivers to commit traffic violations such as speeding, driving under the influence of alcohol, and passing other vehicles in dangerous situations. Direct peer pressure may be exerted on a young driver's behavior through the influence of a passenger. Young drivers, both male and female, drive faster and with a shorter following distance at road junctions if they have young passengers in the car.

① A Friend in Need Is a Friend Indeed!
② What Makes Young People Drive Carelessly?
③ Traffic Violations: A Sign of Self-Destruction
④ Differences Between Male and Female Drivers
⑤ How to Protect the Young from Peer Pressure

24 다음 도표의 내용과 일치하지 <u>않는</u> 것은?

Predicted and Actual Number of Hurricanes

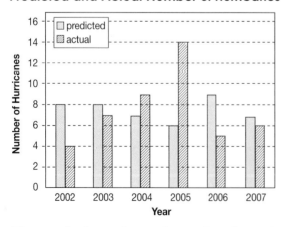

The graph above shows the predicted numbers of hurricanes and the actual numbers of hurricanes from 2002 to 2007. ① For the first two years, the predicted number of hurricanes was higher than the actual number of hurricanes. ② In 2004 and 2005, however, the actual number of hurricanes exceeded the predicted number of hurricanes. ③ And in 2006 and 2007, it was reversed again: the predicted number of hurricanes was more than the actual number of hurricanes. ④ The year when the fewest hurricanes were predicted to occur had the highest number of hurricanes. ⑤ Meanwhile, the year when the most hurricanes were predicted to occur had the lowest number of hurricanes.

25 turkey vulture에 관한 다음 글의 내용과 일치하지 <u>않는</u> 것은?

The turkey vulture is the most common vulture in the Americas. It ranges from southern Canada to the southernmost tip of South America and inhabits subtropical forests, pastures, and deserts. The turkey vulture feeds mainly on dead animals. It finds its food by using its keen eyes and sense of smell, and it flies low enough to detect the gases produced by decaying animal bodies. It nests in caves and hollow trees. Each year, it generally raises two chicks. It has very few natural predators and has legal protection in the United States under the Migratory Bird Treaty Act of 1918.

① 아열대 숲, 목초지, 사막에서 서식한다.
② 죽은 동물을 주로 먹고 산다.
③ 시각과 청각을 이용하여 먹이를 찾는다.
④ 일반적으로 해마다 두 마리의 새끼를 기른다.
⑤ 천적이 거의 없고 법적 보호를 받는다.

26 다음 안내문의 Science Museum Gift Memberships에 관한 내용과 일치하지 <u>않는</u> 것은?

Science Museum Gift Memberships

Give your loved ones something extraordinary.

- Members receive free museum admission, free tickets to the Omnitheater, and discounts on special exhibitions.

Pricing

You may purchase a gift membership at any of the following levels:

- **Dual ($69)**: Covers 2 adults
- **Household ($99)**: Covers 2 adults plus any children under age 9
- **Darwin ($150)**: Includes a Household membership plus 2 additional adults and other benefits
- Gift memberships may be purchased online (www.smm.org), via phone at (651) 221-9444 (Tuesday - Saturday), or at our box office (Tuesday - Sunday).
- If you make your purchase by phone or online, a membership card will be sent via mail within 3 days.
- Recipients can register their membership over the phone; their membership will not begin until it is registered.

① 회원은 특별 전시회 할인을 받을 수 있다.
② Darwin 회원권으로 성인 4명과 9세 미만의 아이들이 이용 가능하다.
③ 전화로 구매하는 것은 화요일부터 일요일까지 가능하다.
④ 온라인 구매 시 회원 카드가 3일 이내에 우편으로 발송된다.
⑤ 전화로 회원 등록을 할 수 있다.

27 2015 Free Medical Treatment에 관한 다음 안내문의 내용과 일치하는 것은?

2015 Free Medical Treatment

2015 Free Medical Treatment will be offered to anyone who is unable to afford healthcare service, on the following dates and places:

July 31 & August 1 - Mrauk Oo Hotel
August 4 - Sittwe Alodawpyei Monastery

Anyone who would like to receive treatment should submit his or her name and contact information:

By July 24 at the very latest
To the community centers
in their respective towns

This program is supported by the Rakhine National Social Welfare Organization.

For more information:
Email: contact@alodawpyei.org
or ☎ (095) 014-5002

① 거동이 불편한 사람들에 한해 제공된다.
② 3일 동안 Mrauk Oo Hotel에서 열린다.
③ 7월 24일까지 이름과 연락처를 제출해야 한다.
④ 지역 학교의 재정 지원을 받는다.
⑤ Email과 웹사이트를 통한 문의가 가능하다.

28 다음 글의 밑줄 친 부분 중, 어법상 틀린 것은?

If we create a routine, we don't have to use precious energy ① deciding the order of things to do everyday. We must simply use a small amount of energy first to create the routine, and then all that is left to do is follow it. There is a huge body of scientific research to explain ② how routine enables difficult things to become easy. One simplified explanation is that as we repeatedly do a certain task, the neurons, or nerve cells, ③ make new connections through communication gateways called synapses. With repetition, the connections strengthen, and it becomes easier for the brain to activate them. For example, when you learn a new word, it takes several repetitions at various intervals for the word ④ to master. To recall the word later, you will need to activate the same synapses until you eventually know the word without consciously thinking about ⑤ it.

29 (A), (B), (C)의 각 네모 안에서 문맥에 맞는 낱말로 가장 적절한 것은?

Millions of people have stiff, painful knees thanks to osteoarthritis. Remedies range from keeping active and reducing excess weight to steroid injections and even surgery. But research shows that you can take a (A) tasty / bitter way to improvement. According to research conducted at Oklahoma State University, people with knee pain reported less discomfort and used (B) fewer / more pain medicines after eating soy protein daily for three months. Study participants consumed a powdered soy drink mix that contained 40 grams of protein. Study author Bahram H. Arjmandi, Ph.D., says, "You can get the same (C) harm / benefit from flavored soy milk and soy burgers.

*osteoarthritis 골관절

	(A)		(B)		(C)
①	tasty	……	fewer	……	benefit
②	tasty	……	more	……	harm
③	tasty	……	fewer	……	harm
④	bitter	……	more	……	benefit
⑤	bitter	……	fewer	……	harm

30 다음 글의 밑줄 친 부분이 가리키는 대상이 나머지 넷과 다른 것은?

Jake's own flying dream began at a village festival. He was four years old. His uncle, a tall, silent pilot, had bought ① him a red party balloon from a charity event and tied it to the top button of Jake's shirt. The balloon seemed to have a mind of its own. It was filled with helium, a gas four times lighter than air. It pulled up mysteriously at ② his button. "Maybe you will fly," Jake's uncle said. He led ③ his nephew up a grassy bank so they could look over the whole festival. The little tents and the stalls stretched below Jake. The big red baloon bobbed above ④ him. It kept pulling him toward the sky, and ⑤ he began to feel unsteady on his feet. Then, his uncle let go of his hand, and Jake's dream began.

**bob 까닥까닥 움직이다

[31~33] 다음 빈칸에 들어갈 말로 가장 적절한 것을 고르시오.

31 You can actually become your own cheerleader by talking to yourself positively and then acting as if you were already the person that you wanted to be. Act as though you were positive, cheerful, and happy. Walk, talk, and act as if you were already that person. Treat everyone you meet as though you have just won an award for being the very best person in your industry or as though you have just won the lottery. You will be amazed at how much better you feel about yourself after just a few minutes of _____.

① pretending   ② competing
③ purchasing   ④ complaining
⑤ apologizing

32 Imagine this scene. There are six people in an elevator with an actor hired by researchers. The actor drops a bunch of coins and pencils. They fall to the floor with a clatter. And then, as the elevator goes down floor by floor, no one moves to help at all. The people in the elevator, of course, notice the actor picking up the coins and pencils on the floor. Some people may feel uncomfortable and might silently wonder whether to help or ignore the situation. But each person is surrounded by five others who are doing nothing. If the people knew they were being tested, every one would instantly help the stranger. But in the context of everyday life, where people are not thinking deliberately about how others are influencing them, _____
just feels like the natural thing to do. [3점]

*clatter 땡그랑 소리

① finding fault with others
② maximizing material gains
③ trying to remember faces
④ doing the same as the rest of the group
⑤ declining other people's favor

33 In regions in high latitudes, the Neanderthals would have faced a problem because the quality of light is much poorer there. They couldn't see things in the distance so well. For a hunter, this is a serious problem because you really don't want to make the mistake of not noticing the mother rhinoceros hiding in the dark when you try to hunt her calf. Living under low light conditions makes vision much more important than most researchers imagine. The evolutionary response to low light levels is _____. It is the familiar principle from conventional star-gazing telescopes: under the dim lighting of the night sky, a larger mirror allows you to gather more light. For the same reason, a larger retina allows you to receive more light to compensate for poor light levels. [3점]

① to get big enough to frighten animals
② to move their habitats to lower latitudes
③ to increase the size of the visual processing system
④ to develop auditory sense rather than visual sense
⑤ to focus our attention on what we perceive to be threats

34 다음 글의 빈칸 (A), (B)에 들어갈 말로 가장 적절한 것은?

When we examine individual behavior and the impact of perception on that behavior, it is important to remember that people see what they either want to see or are trained to see. _____(A)_____, in terms of human relations, the manager must try to understand the worker's perception of reality. Employees gladly accept management's methods only when those methods are perceived as beneficial for them. Otherwise, they will fall into perceptual traps as selective perception and stereotyping. _____(B)_____, Harvey Lester, a new employee, has been having trouble mastering his new job. His boss, Lois, tells him that if he does not improve, she will have to fire him. Feeling that he is about to be fired, Harvey quits. What Lois saw as a mild warning to improve output is interpreted as a threat. Each interpreted the action differently.

(A)		(B)
① Therefore	......	For example
② Therefore	......	Instead
③ Likewise	......	In contrast
④ However	......	In contrast
⑤ However	......	For example

35 다음 글에서 전체 흐름과 관계 없는 문장은?

It is impossible to imagine a modern city without glass. ① On the one hand, we expect our buildings to protect us from the weather: this is what they are for, after all. ② Yet, when faced with a new home or place of work, one of the first questions people ask is this: how much natural light is there? ③ The glass buildings that rise every day in a modern city are the engineering answer to these conflicting desires: to be at once sheltered from the wind, the cold, and the rain and to be secure from intrusion and thieves but not to live in darkness. ④ Although glass is not expensive, glass engineering is, which causes glass buildings to be expensive. ⑤ Our indoor life, which for many of us is the vast majority of our time, is made bright and delightful by glass.

[36~37] 주어진 글 다음에 이어질 글의 순서로 가장 적절한 것을 고르시오.

36

> In a crowded world, an unmanaged commons cannot be properly functioning. On the other hand, if the world is not crowded, a commons may in fact be the best method of distribution.

(A) A man living on a plain could kill an American bison, cut out only the tongue for his dinner, and throw away the rest of the animal. He was not being wasteful in any important sense as it didn't matter much how a lonely American frontiersman dealt with his waste.

(B) For example, when the pioneers spread out across the United States, the most efficient way was to treat all the game in the wild as an unmanaged commons because humans couldn't do any real damage for a long time.

(C) Today, when only a few thousand bison are left, we would be outraged by such careless behavior. As the population in the United States increased, the land's natural chemical and biological recycling processes were overloaded. Careful management of these resources, from bison to oil and water, became necessary. [3점]

*commons 공동 자원, 공유지 **game 야생의 사냥감

① (A) – (C) – (B)　　② (B) – (A) – (C)
③ (B) – (C) – (A)　　④ (C) – (A) – (B)
⑤ (C) – (B) – (A)

37

The subjective approach to probability is based mostly on opinions, feelings, or hopes. Therefore, we don't typically use this approach in real scientific attempts.

(A) But the probability of an event in either case is mostly subjective. Anyway, although this approach isn't scientific, it sure becomes some great sports talk amongst fans.

(B) No one knows exactly the actual probability that the Ohio State football team will win the national championship. Some fans will guess the probability based on how much they love or hate Ohio State.

(C) Other people will take a little more scientific approach — evaluating players' stats, analyzing all the statistics of the Ohio State team over the last 100 years, looking at the strength of the competitors, and so on. [3점]

*probability 확률

① (A) – (C) – (B)　　② (B) – (A) – (C)
③ (B) – (C) – (A)　　④ (C) – (A) – (B)
⑤ (C) – (B) – (A)

[38~39] 글의 흐름으로 보아, 주어진 문장이 들어가기에 가장 적절한 것을 고르시오.

38

In desperation, many Irish farmers resorted to cultivating wetlands or rocky hillsides.

The Irish overreliance on potatoes was worsened by certain economic trends in the early 19th century. (①) The development of the British textile industry, for example, made the traditional handicraft sector useless and destroyed a key mechanism for achieving food security for the Irish rural poor. (②) A second negative trend was falling real wages and rising rents, which gradually reduced the relative standard of living of wage-dependent Irish. (③) But those attempts were not productive and left such farmers at a chronic risk of starvation. (④) Another sign of Irish poverty was the increased reliance of the poor on the lumper variety of potato, a watery, tasteless potato that nevertheless could produce impressive yields even in substandard soil. (⑤) Unfortunately this potato proved particularly vulnerable to the potato blight of 1845-52. [3점]

*blight (식물의) 마름병

39

However, in order to solve this problem creatively, it may be useful to redefine it as a problem of too many vehicles requiring a space during the workday.

Most of us have problems that have been posed to us (e.g., assignments from our bosses). (①) But we also recognize problems on our own (e.g., the need for additional parking space in the city where you work). (②) After identifying the existence of a problem, we must define its scope and goals. (③) The problem of parking space is often seen as a need for more parking lots. (④) In that case, you may decide to organize a carpool among people who use downtown parking lots. (⑤) Thus, you solve the problem not as you originally posed it but as you later reconceived it.

40 다음 글의 내용을 한 문장으로 요약하고자 한다. 빈칸 (A)와 (B)에 들어갈 말로 가장 적절한 것은?

Research by Paul Slovic and the University of Oregon shows that people who are usually caring and willing to help other people become indifferent to the suffering of the masses. In one experiment, people were given $5 to donate to lessen hunger overseas in one of three choices. The first choice was to give the money to a particular child, Rokia, a seven-year-old in Mali. The second choice was to help twenty-one million hungry Africans. The third choice was to help Rokia, but as just one of many victims of hunger. Can you guess which choice was most popular? Slovic reported that donations to the individual, Rokia, were far greater than donations to the second choice, the statistical description of the hunger crisis. That's not particularly surprising. But what is surprising, and some would say discouraging, is that adding the statistical realities of the larger hunger problem to Rokia's story significantly reduced the contributions to Rokia.

⬇

An experiment shows that while people are more willing to help _____(A)_____ in need, they become indifferent when they are given the _____(B)_____ perspective of hunger.

	(A)		(B)
①	an individual	······	larger
②	an individual	······	simpler
③	the masses	······	broader
④	the masses	······	fairer
⑤	a nation	······	clearer

[41~42] 다음 글을 읽고, 물음에 답하시오.

Years ago, the G.E. Company was faced with the delicate task of removing Charles Steinmetz from the head of a department. Steinmetz, a genius on electricity, was a failure as the head of the Calculating Department. Yet the company couldn't upset the man. He was indispensable– and highly sensitive. So they gave him a new title. They made him Consulting Engineer of G.E. — a new title for work he was already doing — and let someone else lead the department. Steinmetz was happy. So were the officers at G.E. They had done it without a storm by letting him save face.

How important that is! And how few of us think of it! We do not think about the feelings of others. We are just getting our own way, finding fault, and criticizing an employee in front of others. We never consider the hurt to the other person's pride in the process. On the contrary, a few minutes' thought, a considerate word or two, and a genuine understanding of the other person's attitude would relieve the hurt. Even if we are right and the other person is definitely wrong, we only destroy ego by causing someone to lose face. A legendary French author once wrote, "I have no right to say or do anything that diminishes a man in his own eyes." What matters is not what we think of him, but what he thinks of himself. Hurting a man's _____ is a crime.

41 윗글의 제목으로 가장 적절한 것은?

① Saving Face: A Way of Saving Pride
② Strategies for High-Speed Promotions
③ Want to Become a Reliable Employer?
④ Distrust: A Reason for Hurting Relationships
⑤ Networking and Maintaining Good Connections

42 윗글의 빈칸에 들어갈 말로 가장 적절한 것은? [3점]

① dignity ② imagination
③ friendship ④ dream
⑤ independence

[43~45] 다음 글을 읽고, 물음에 답하시오.

(A)

On Christmas Eve in 2002, the W-Mart in Cleburne, Texas, was crowded and jammed. Dozens of people were waiting in long lines at checkout counters to purchase presents that would be next-morning treasures under someone's tree. Emily was standing in cashier Melissa's line. Emily lived on government support. Her clothes were worn; (a) her hands were those of a person who had experienced a lot of suffering.

(B)

And then an amazing thing happened. At the back of the line, a woman took out (b) her handbag, pulled out $100 and passed it forward. As the cash moved up the line, a twenty-dollar bill was added here, a ten-dollar bill there. Someone threw in a bunch of dollars. When the collection finally reached the register, Melissa counted $220. Strangers had fulfilled a poor woman's Christmas wish to give her son his dream gift. The people in Mclissa's line in the Cleburne, Texas, W-Mart on that Christmas Eve had become one.

(C)

She held a single item in her arms as she patiently waited to move to the front of the line. Her son would get the one present he had asked for: a video game player. (c) She had saved all year for this; with tax, the total would be close to $220. As Melissa scanned the game player's bar code into her register, the woman panicked. Where was her money? It wasn't where (d) she remembered putting it earlier in the day. Her fear became obvious to the customers in line behind her as she started to cry.

(D)

"Why my line?" Melissa thought as she watched the woman search through (e) her clothes. She was going to have to call her manager to cancel the sale and return the game player to its shelf. She'd have to shut down her checkout line and wait for the manager to come from another part of the crowded store. This was not something that any store manager or cashier wants on Christmas Eve.

43 윗글 (A)에 이어질 내용을 순서에 맞게 배열한 것으로 가장 적절한 것은?

① (B) – (D) – (C) ② (C) – (B) – (D)
③ (C) – (D) – (B) ④ (D) – (B) – (C)
⑤ (D) – (C) – (B)

44 윗글의 밑줄 친 (a)~(e) 중에서 가리키는 대상이 나머지 넷과 다른 것은?

① (a) ② (b) ③ (c) ④ (d) ⑤ (e)

45 윗글의 Emily에 관한 내용과 일치하지 않는 것은?

① 낡은 옷을 입고 있었다.
② 여러 사람들로부터 도움을 받았다.
③ 아들에게 선물을 사주려고 했다.
④ 계산대에서 울음을 터뜨렸다.
⑤ 게임기를 반납하였다.

※ 확인 사항
○ 답안지의 해당란에 필요한 내용을 정확히 기입(표기) 했는지 확인하시오.

1번부터 17번까지는 듣고 답하는 문제입니다. 1번부터 15번까지는 한 번만 들려주고, 16번부터 17번까지는 두 번 들려줍니다. 방송을 잘 듣고 답을 하시기 바랍니다.

01 대화를 듣고, 남자의 마지막 말에 대한 여자의 응답으로 가장 적절한 것을 고르시오.

① Not yet. I forgot to send it.
② Of course. You can have it.
③ Sorry. We're sold out of pictures.
④ Right. You shouldn't buy a book.
⑤ No, thanks. I don't want an album.

02 여자의 마지막 말에 대한 남자의 응답으로 가장 적절한 것을 고르시오.

① No, thanks. I'll have one later.
② Sure. Take as many as you want.
③ Well, he's quite a diligent farmer.
④ Sorry, but apples aren't my favorite.
⑤ Good idea. Let's buy them at the market.

03 다음을 듣고, 여자가 하는 말의 목적으로 가장 적절한 것을 고르시오.

① 교복 물려주기를 권장하려고
② 기부 행사 참여를 독려하려고
③ 생활 용품 절약을 장려하려고
④ 학교 식당 공사를 안내하려고
⑤ 학부모 간담회 일정을 공지하려고

04 대화를 듣고, 남자의 의견으로 가장 적절한 것을 고르시오.

① 교사는 수업 시 학생들의 개인차를 고려할 필요가 있다.
② 원만한 교우 관계는 학습 동기를 강화시킨다.
③ 게임을 이용한 수업은 학습에 도움이 된다.
④ 효과적인 수업을 위한 게임 개발이 중요하다.
⑤ 조용한 학습 분위기가 수업 진행에 필수적이다.

05 대화를 듣고, 두 사람의 관계를 가장 잘 나타낸 것을 고르시오.

① 사회자 – 마술사
② 조련사 – 관람객
③ 무대감독 – 가수
④ 운전기사 – 정비사
⑤ 은행원 – 고객

06 대화를 듣고, 그림에서 대화의 내용과 일치하지 <u>않는</u> 것을 고르시오.

07 대화를 듣고, 남자가 할 일로 가장 적절한 것을 고르시오.

① 티셔츠 주문하기   ② 호텔 약하기
③ 로고 디자인하기   ④ 출장 신청하기
⑤ 항공권 취소하기

08 대화를 듣고, 남자가 팀 회식에 참석할 수 없는 이유를 고르시오.

① 아버지와 저녁 식사를 해야 해서
② 어머니 병문안을 가야 해서
③ 해외 출장을 가야 해서
④ 팀 프로젝트 준비를 해야 해서
⑤ 아버지 생신 선물을 사러 가야 해서

09 대화를 듣고, 남자가 지불할 금액을 고르시오.

① $36   ② $45
③ $54   ④ $60
⑤ $63

10 대화를 듣고, 미용실에 관해 두 사람이 언급하지 않은 것을 고르시오.

① 가게 이름   ② 위치
③ 남자 이발 비용   ④ 영업시간
⑤ 미용사 이름

11 Creative Minds Science Club에 관한 다음 내용을 듣고, 일치하지 않는 것을 고르시오.

① 1학년과 2학년 학생이 가입할 수 있다.
② 매주 화요일 방과 후에 모인다.
③ 작년에 다수의 발명 대회에서 수상하였다.
④ 올해의 지도 교사는 물리 선생님이다.
⑤ 더 많은 정보를 학교 게시판에서 찾을 수 있다.

12 다음 표를 보면서 대화를 듣고, 두 사람이 선택할 패키지 상품을 고르시오.

Attraction Packages at Grandlife Amusement Park

	Package	Price (per person)	3D Movie	Aquarium	Lunch Box
①	A	$20	Amazing Sea	X	X
②	B	$30	Amazing Sea	X	O
③	C	$35	Amazing Sea	O	X
④	D	$40	Jungle Safari	X	O
⑤	E	$55	Jungle Safari	O	O

13 대화를 듣고, 여자의 마지막 말에 대한 남자의 응답으로 가장 적절한 것을 고르시오. [3점]

Man: _____

① I agree. The place was too crowded.
② Of course. It's very warm downtown.
③ All right. Let's go on a bus tour then.
④ Sure. Our last vacation was the best ever.
⑤ Yes. The hotel is within walking distance.

14 대화를 듣고, 남자의 마지막 말에 대한 여자의 응답으로 가장 적절한 것을 고르시오. [3점]

Woman: _____

① Thanks for understanding. I hope it won't cause any trouble.
② Certainly. I was deeply touched when you sent the message.
③ Good news. The orchestra is still looking for new members.
④ You're welcome. I did what I had to do for the orientation.
⑤ That's right. I couldn't have won the election without you.

15 다음 상황 설명을 듣고, Brian이 Sarah에게 할 말로 가장 적절한 것을 고르시오. [3점]

Brian: _____

① Would you give me some advice as a mentor?
② Try to keep a close relationship with your classmates.
③ You can take a singing class at the local community center.
④ You need to get help with your recommendation letter.
⑤ How about volunteering as a mentor at the community center?

[16~17] 다음을 듣고, 물음에 답하시오.

16 남자가 하는 말의 주제로 가장 적절한 것은?

① several ways flowers attract animals
② popular professions related to animals
③ various animals that feed from flowers
④ major factors that pose a threat to animals
⑤ endangered animals living on tropical islands

17 언급된 동물이 <u>아닌</u> 것은?

① hummingbirds   ② bats
③ lizards   ④ parrots
⑤ squirrels

이제 듣기 문제는 끝났습니다. 18번부터는 문제지의 지시에 따라 답을 하시기 바랍니다.

18 다음 글의 목적으로 가장 적절한 것은?

Dear Ms. Diane Edwards,

I am a teacher working at East End High School. I have read from your notice that the East End Seaport Museum is now offering a special program, the 2017 Bug Lighthouse Experience. The program would be a great opportunity for our students to have fun and experience something new. I estimate that 50 students and teachers from our school would like to participate in it. Would you please let me know if it is possible to make a group reservation for the program for Saturday, November 18? We don't want to miss this great opportunity. I look forward to hearing from you soon.

Best regards,
Joseph Loach

① 단체 관람 시 유의 사항을 안내하려고
② 교내 행사에 초청할 강사 추천을 부탁하려고
③ 프로그램 단체 예약이 가능한지를 문의하려고
④ 새로운 체험 학습 프로그램을 소개하려고
⑤ 견학 예정 인원수의 변경을 요청하려고

19 다음 글에 드러난 'I'의 심경 변화로 가장 적절한 것은?

The start of the boat tour was far from what I had expected. None of the wildlife I saw was exotic. I could only see dull gray rocks. It was also so hot and humid that I could not enjoy the tour fully. However, as the boat slid into the Bay Park Canal, all of a sudden my mother shouted, "Look at the mangroves!" A whole new world came into sight. The mangrove forest alongside the canal thrilled me as we entered its cool shade. I was fascinated by the beautiful leaves and flowers of the mangroves. But best of all, I was charmed by the native birds, monkeys, and lizards moving among the branches. "What a wonderful adventure!" I exclaimed.

*mangrove 맹그로브(강가나 늪지 에서 자라는 열대 나무)

① ashamed → relaxed   ② disappointed → excited
③ delighted → confused   ④ pleased → lonely
⑤ scared → relieved

20 다음 글에서 필자가 주장하는 바로 가장 적절한 것은?

At the 2015 Fortune Most Powerful Women Summit, Ginni Rometty offered this advice: "When did you ever learn the most in your life? What experience? I guarantee you'll tell me it was a time you felt at risk." To become a better leader, you have to step out of your comfort zone. You have to challenge the conventional ways of doing things and search for opportunities to innovate. Exercising leadership not only requires you to challenge the organizational status quo but also requires you to challenge your internal status quo. You have to challenge yourself. You have to venture beyond the boundaries of your current experience and explore new territory. Those are the places where there are opportunities to improve, innovate, experiment, and grow. Growth is always at the edges, just outside the boundaries of where you are right now.

*status quo 현재 상태

① 지도자는 실현 가능한 목표를 설정해야 한다.
② 지도자는 새로운 제도를 적극적으로 도입해야 한다.
③ 지도자는 조직의 현재 상태를 철저히 분석해야 한다.
④ 지도자는 현재의 자신을 넘어서는 도전을 해야 한다.
⑤ 지도자는 기존의 방식과 새로운 방식을 조화시켜야 한다.

21 다음 글의 요지로 가장 적절한 것은?

One difference between winners and losers is how they handle losing. Even for the best companies and most accomplished professionals, long track records of success are punctuated by slips, slides, and mini-turnarounds. Even the team that wins the game might make mistakes and lag behind for part of it. That's why the ability to recover quickly is so important. Troubles are ubiquitous. Surprises can fall from the sky like volcanic ash and appear to change everything. That's why one prominent scholar said, "Anything can look like a failure in the middle." Thus, a key factor in high achievement is bouncing back from the low points.

① 경영의 전문화는 일류 기업의 조건이다.
② 위기 관리에는 전문가의 조언이 필요하다.
③ 합리적 소비는 필요와 욕구의 구분에서 비롯된다.
④ 폭넓은 인간관계는 성공의 필수 요소이다.
⑤ 실패를 빨리 극복하는 것이 성공의 열쇠이다.

22 다음 글의 주제로 가장 적절한 것은?

Many disciplines are better learned by entering into the doing than by mere abstract study. This is often the case with the most abstract as well as the seemingly more practical disciplines. For example, within the philosophical disciplines, logic must be learned through the use of examples and actual problem solving. Only after some time and struggle does the student begin to develop the insights and intuitions that enable him to see the centrality and relevance of this mode of thinking. This learning by doing is essential in many of the sciences. For instance, only after a good deal of observation do the sparks in the bubble chamber become recognizable as the specific movements of identifiable particles.

① history of science education
② limitations of learning strategies
③ importance of learning by doing
④ effects of intuition on scientific discoveries
⑤ difference between philosophy and science

23 다음 글의 제목으로 가장 적절한 것은?

The key to successful risk taking is to understand that the actions you're taking should be the natural next step. One of the mistakes we often make when confronting a risk situation is our tendency to focus on the end result. Skiers who are unsure of themselves often do this. They'll go to the edge of a difficult slope, look all the way down to the bottom, and determine that the slope is too steep for them to try. The ones that decide to make it change their focus by analyzing what they need to do to master the first step, like getting through the first mogul on the hill. Once they get there, they concentrate on the next mogul, and over the course of the run, they end up at the bottom of what others thought was an impossible mountain.

*mogul 모굴(스키의 활주 사면에 있는 단단한 눈 더미)

① Separating the Possible from the Impossible
② Focus on the Next Step, Not the Final Result
③ Start with Ultimate Goals in Mind!
④ The Wonders of Committed Efforts
⑤ Success Through Risk Avoidance

24 다음 도표의 내용과 일치하지 <u>않는</u> 것은?

UK Sales of Ethical Produce in 2010 and 2015

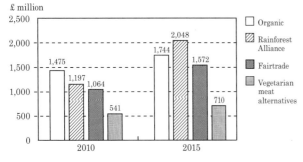

The above graph shows the sales of four types of ethical produce in the UK in 2010 and 2015. ① In 2015, the sales of each of the four types of ethical produce showed an increase from the sales of its corresponding type in 2010. ② Among the four types of ethical produce, the sales of Organic ranked the highest in 2010 but ranked the second highest in 2015. ③ Among the four types of ethical produce, Rainforest Alliance recorded the second highest sales in 2010 and recorded the highest sales in 2015. ④ The sales of Fairtrade in 2015 were twice as high as those in 2010. ⑤ In both 2010 and 2015, the sales of Vegetarian meat alternatives were the lowest among the four types of ethical produce.

25 Jim Marshall에 관한 다음 글의 내용과 일치하지 <u>않는</u> 것은?

The late photographer Jim Marshall is regarded as one of the most celebrated photographers of the 20th century. He holds the distinction of being the first and only photographer to be presented with the Grammy Trustees Award. He started as a professional photographer in 1959. He was given unrivaled access to rock's biggest artists, including the Rolling Stones, Bob Dylan, and Ray Charles. He was the only photographer granted backstage access for the Beatles' final full concert and also shot the Rolling Stones on their historic 1972 tour. He formed special bonds with the artists he worked with and those relationships helped him capture some of his most vivid and iconic imagery. Over a 50-year career, the photographs he took appeared on more than 500 album covers. He was passionate about his work up until the end. "I have no kids," he used to say. "My photographs are my children."

① Grammy Trustees Award가 수여된 최초이자 유일한 사진작가이다.
② 1959년에 직업 사진작가로 일하기 시작했다.
③ Rolling Stones의 역사적인 1972년 투어에서 그들을 촬영했다.
④ 함께 작업한 예술가들과 특별한 유대 관계를 맺지 않았다.
⑤ 500개가 넘는 앨범 커버에 그가 촬영한 사진들이 실렸다.

26 After-School Program에 관한 안내문 내용과 일치하지 않는 것은?

AFTER-SCHOOL PROGRAM

December 1, 2014 – January 30, 2015

Are you looking for fun and exciting classes? Come on down to the Green Hills Community Center to check out our FREE program for local teens!

Classes
- Art, Music, Taekwondo
- Classes with fewer than 20 applicants will be canceled.

Time & Place
- The program will run from Monday to Friday (5:00 p.m. to 7:00 p.m.).
- All classes will take place in the Building.

How to sign up
- Registration forms must be sent by email to the address below by 6:00 p.m., November 28. Please download the forms from our website at www.greenhills.org.

For additional information, please visit our website or send an email to bill@greenhills.org.

① 지역의 십 대들을 위한 무료 프로그램이다.
② 신청자가 20명 미만인 수업은 취소된다.
③ 모든 수업은 Simpson Building에서 진행된다.
④ 등록 신청서는 직접 방문하여 제출해야 한다.
⑤ 추가 정보는 웹사이트나 이메일을 이용하면 된다.

27 2015 Annual Teen Programmers Conference에 관한 다음 안내문의 내용과 일치하는 것은?

2015 Annual Teen Programmers Conference

November 21 & 22, 10:00 a.m. – 5:00 p.m.
Hosted by the Teen Programmers Association

Is the computer screen your universe? Then join our conference held at West State University's Brilliance Hall, and challenge yourself! Here you'll meet the leaders in modern computer science.

The conference includes:
- Lectures by renowned industry figures, including Warwick Meade
- 10 separate seminars on hardware / software, programming, and new applications
- Exhibitions of their latest products by 12 major firms

Ticket Prices:
- Total Pass: $25 (includes buffet lunch)
- Lectures & Seminars Only: $15
- Exhibitions Only: $10

Booking is essential. Reserve your tickets at www.tiinprogrammers.org.

① 3일간 진행된다.
② 시청의 대강당에서 개최된다.
③ 12개의 개별 세미나가 열린다.
④ Total Pass에 점심 뷔페가 포함된다.
⑤ 예약하지 않아도 참가할 수 있다.

28 다음 글의 밑줄 친 부분 중, 어법상 틀린 것은? [3점]

The Greeks' focus on the salient object and its attributes led to ① their failure to understand the fundamental nature of causality. Aristotle explained that a stone falling through the air is due to the stone having the property of "gravity." But of course a piece of wood ② tossed into water floats instead of sinking. This phenomenon Aristotle explained as being due to the wood having the property of "levity"! In both cases the focus is ③ exclusively on the object, with no attention paid to the possibility that some force outside the object might be relevant. But the Chinese saw the world as consisting of continuously interacting substances, so their attempts to understand it ④ causing them to be oriented toward the complexities of the entire "field," that is, the context or environment as a whole. The notion ⑤ that events always occur in a field of forces would have been completely intuitive to the Chinese.

*salient 현저한, 두드러진 **levity 가벼움

29 (A), (B), (C)의 각 네모 안에서 문맥에 맞는 낱말로 가장 적절한 것은?

The Atitlán Giant Grebe was a large, flightless bird that had evolved from the much more widespread and smaller Pied-billed Grebe. By 1965 there were only around 80 birds left on Lake Atitlán. One immediate reason was easy enough to spot: the local human population was cutting down the reed beds at a furious rate. This (A) accommodation / destruction was driven by the needs of a fast growing mat-making industry. But there were other problems. An American airline was intent on developing the lake as a tourist destination for fishermen. However, there was a major problem with this idea: the lake (B) lacked / supported any suitable sporting fish! To compensate for this rather obvious defect, a specially selected species of fish called the Large-mouthed Bass was introduced. The introduced individuals immediately turned their attentions to the crabs and small fish that lived in the lake, thus (C) competing / cooperating with the few remaining grebes for food. There is also little doubt that they sometimes gobbled up the zebra-striped Atitlán Giant Grebe's chicks.

*reed 갈대 **gobble up 게걸스럽게 먹다

	(A)	(B)	(C)
①	accommodation	lacked	competing
②	accommodation	supported	cooperating
③	destruction	lacked	competing
④	destruction	supported	cooperating
⑤	destruction	lacked	cooperating

30 밑줄 친 부분이 가리키는 대상이 나머지 넷과 다른 것은?

Nancy was struggling to see the positive when ① her teen daughter was experiencing a negative perspective on her life and abilities. In her desire to parent intentionally, ② she went into her daughter's room and noted one positive accomplishment she had observed. "I know you've been having a hard time lately, and you aren't feeling really good or positive about your life. But you did a great job cleaning up your room today, and ③ I know that must have been a big effort for you." The next day, to Nancy's surprise, the teen girl seemed somewhat cheerful. In passing, ④ she said, "Mom, thanks for saying the positive thing about me yesterday. I was feeling so down and couldn't think of anything good about myself. After ⑤ you said that positive thing, it helped me see one good quality in myself, and I've been holding onto those words."

[31~33] 다음 빈칸에 들어갈 말로 가장 적절한 것을 고르시오.

31 When two cultures come into contact, they do not exchange every cultural item. If that were the case, there would be no cultural differences in the world today. Instead, only a small number of cultural elements ever spread from one culture to another. Which cultural item is accepted depends largely on the item's use and compatibility with already existing cultural traits. For example, it is not likely that men's hair dyes designed to "get out the gray" will spread into parts of rural Africa where a person's status is elevated with advancing years. Even when a(n) _____ is consistent with a society's needs, there is still no guarantee that it will be accepted. For example, most people in the United States using US customary units (e.g., inch, foot, yard, mile, etc.) have resisted adopting the metric system even though making such a change would enable US citizens to interface with the rest of the world more efficiently. [3점]

*metric system 미터법

① categorization   ② innovation
③ investigation   ④ observation
⑤ specification

32 *Apocalypse Now*, a film produced and directed by Francis Ford Coppola, gained widespread popularity, and for good reason. The film is an adaptation of Joseph Conrad's novel *Heart of Darkness*, which is set in the African Congo at the end of the 19th century. Unlike the original novel, *Apocalypse Now* is set in Vietnam and Cambodia during the Vietnam War. The setting, time period, dialogue and other incidental details are changed but the fundamental narrative and themes of *Apocalypse Now* are the same as those of *Heart of Darkness*. Both describe a physical journey, reflecting the central character's mental and spiritual journey, down a river to confront the deranged Kurtz character, who represents the worst aspects of civilisation. By giving *Apocalypse Now* a setting that was contemporary at the time of its release, audiences were able to experience and identify with its themes more easily than they would have if the film had been _____. [3점]

*deranged 제정신이 아닌

① a literal adaptation of the novel
② a source of inspiration for the novel
③ a faithful depiction of the Vietnam War
④ a vivid dramatisation of a psychological journey
⑤ a critical interpretation of contemporary civilisation

33 Sometimes all the outcomes customers are trying to achieve in one area have a negative effect on other outcomes. This is very common when companies are busy listening to the 'voice of the customer.' Traveling salespeople, for example, may say they want a smaller cell phone, but they may not have thought about how hard that tiny phone will be to use. Carpenters may request a lightweight circular saw without thinking about the fact that it will no longer have the power to get through some of the more difficult jobs. When customers make requests for new product features, they are usually focused on solving just one problem and are not thinking of how their requested solution will _____. In this situation, customers request new features but reject the resulting product when they realize the ramifications of their suggestions — the added feature turns out to be worthless because of the problems it causes. [3점]

*ramification 파생된 문제

① impact other product or service functions
② delay the introduction of innovative products
③ induce other customers to make additional requests
④ bring about excessive competition among companies
⑤ discourage companies from listening to customers' voices

34 다음 글의 빈칸 (A), (B)에 들어갈 말로 가장 적절한 것은?

Oil and gas resources are not likely to be impacted by climate change because they result from a process that takes millions of years and are geologically trapped. _____(A)_____, climate change may not only force the shutting down of oil- and gas-producing areas, but increase the possibility of exploration in areas of the Arctic through the reduction in ice cover. Thus, while climate change may not impact these resources, oil and gas reserves and known or potential resources could be affected by new climate conditions, since climate change may affect access to these resources. In Siberia, _____(B)_____, the actual exploration challenge is the time required to access, produce, and deliver oil under extreme environmental conditions, where temperatures in January range from -20°C to -35°C. Warming may ease extreme environmental conditions, expanding the production frontier.

	(A)		(B)
①	On the other hand	……	however
②	On the other hand	……	for instance
③	As a result	……	for instance
④	As a result	……	however
⑤	In other words	……	therefore

35 다음 글에서 전체 흐름과 관계 <u>없는</u> 문장은?

A currently popular attitude is to blame technology or technologists for having brought on the environmental problems we face today, and thus to try to slow technological advance by blocking economic growth. We believe this view to be thoroughly misguided. ① If technology produced automobiles that pollute the air, it is because pollution was not recognized as a problem which engineers had to consider in their designs. ② Solar energy can be a practical alternative energy source for us in the foreseeable future. ③ Obviously,

technology that produces pollution is generally cheaper, but now that it has been decided that cleaner cars are wanted, less polluting cars will be produced; cars which scarcely pollute at all could even be made. ④ This last option, however, would require several years and much investment. ⑤ Although technology is responsive to the will of the people, it can seldom respond instantaneously and is never free.

[36~37] 주어진 글 다음에 이어질 글의 순서로 적절한 것을 고르시오.

36

Some people make few intentional changes in life. Sure, over time they may get fatter, gather lines, and go gray.

(A) They train for marathons, quit smoking, switch fields, write plays, take up the guitar, or learn to tango even if they never danced before in their lives. What is the difference between these two groups of people?

(B) But they wear their hair the same way, buy the same brand of shoes, eat the same breakfast, and stick to routines for no reason other than the ease of a comfortable, predictable life. Yet as both research and real life show, many others do make important changes.

(C) It's their perspective. People who change do not question whether change is possible or look for reasons they cannot change. They simply decide on a change they want and do what is necessary to accomplish it. Changing, which always stems from a firm decision, becomes job number one.

① (A) − (C) − (B) ② (B) − (A) − (C)
③ (B) − (C) − (A) ④ (C) − (A) − (B)
⑤ (C) − (B) − (A)

37

The impact of color has been studied for decades. For example, in a factory, the temperature was maintained at 72°C and the walls were painted a cool blue-green. The employees complained of the cold.

(A) The psychological effects of warm and cool hues seem to be used effectively by the coaches of the Notre Dame football team. The locker rooms used for half-time breaks were reportedly painted to take advantage of the emotional impact of certain hues.

(B) The home-team room was painted a bright red, which kept team members excited or even angered. The visiting-team room was painted a blue-green, which had a calming effect on the team members. The success of this application of color can be noted in the records set by Notre Dame football teams.

(C) The temperature was maintained at the same level, but the walls were painted a warm coral. The employees stopped complaining about the temperature and reported they were quite comfortable. [3점]

① (A) – (C) – (B) ② (B) – (A) – (C)
③ (B) – (C) – (A) ④ (C) – (A) – (B)
⑤ (C) – (B) – (A)

[38~39] 글의 흐름으로 보아, 주어진 문장이 들어가기에 적절한 곳을 고르시오.

38

The researchers had made this happen by lengthening the period of daylight to which the peach trees on whose roots the insects fed were exposed.

Exactly how cicadas keep track of time has always intrigued researchers, and it has always been assumed that the insects must rely on an internal clock. Recently, however, one group of scientists working with the 17-year cicada in California have suggested that the nymphs use an external cue and that they can count. (①) For their experiments they took 15-year-old nymphs and moved them to an experimental enclosure. (②) These nymphs should have taken a further two years to emerge as adults, but in fact they took just one year. (③) By doing this, the trees were "tricked" into flowering twice during the year rather than the usual once. (④) Flowering in trees coincides with a peak in amino acid concentrations in the sap that the insects feed on. (⑤) So it seems that the cicadas keep track of time by counting the peaks.

*nymph 애벌레 **amino acid 아미노산 ***sap 수액

39

When Tom had helped the blind man to cross the street, he realized he had left his book bag on the bus stop bench.

As Tom was waiting for a bus, he noticed a blind man trying to cross the street. (①) The traffic was heavy, and it was likely the blind man would get hit, as he was not crossing at a crosswalk. (②) Tom looked around and saw there was no one else to help, so he asked the blind man if he would like help crossing the street. (③) The blind man readily said yes, then latched onto Tom's arm, and they began their walk across the street avoiding speeding cars. (④) When Tom looked back at the bus stop bench, he saw another man sitting next to his book bag. (⑤) And when Tom got to the bus stop bench, the man said, "I saw what you were doing, so I decided to sit here and watch your book bag." [3점]

*latch onto ~에 달라붙다

40 다음 글의 내용을 한 문장으로 요약하고자 한다. 빈칸 (A)와 (B)에 들어갈 말로 가장 적절한 것은?

Plato and Tolstoy both assume that it can be firmly established that certain works have certain effects. Plato is sure that the representation of cowardly people makes us cowardly; the only way to prevent this effect is to suppress such representations. Tolstoy is confident that the artist who sincerely expresses feelings of pride will pass those feelings on to us; we can no more escape than we could escape an infectious disease. In fact, however, the effects of art are neither so certain nor so direct. People vary a great deal both in the intensity of their response to art and in the form which that response takes. Some people may indulge fantasies of violence by watching a film instead of working out those fantasies in real life. Others may be disgusted by even glamorous representations of violence. Still others may be left unmoved, neither attracted nor disgusted.

↓

Although Plato and Tolstoy claim that works of art have a(n) ____(A)____ impact on people's feelings, the degrees and forms of people's actual responses ____(B)____ greatly.

(A)		(B)
① unavoidable	......	differ
② direct	......	converge
③ temporary	......	fluctuate
④ unexpected	......	converge
⑤ favorable	......	differ

[41~42] 다음 글을 읽고, 물음에 답하시오.

We might describe science that has no known practical value as basic science or basic research. Our exploration of worlds such as Jupiter would be called basic science, and it is easy to argue that basic science is not worth the effort and expense because it has no known practical use. Of course, the problem is that we have no way of knowing what knowledge will be of use until we acquire that knowledge. In the middle of the 19th century, Queen Victoria is supposed to have asked physicist Michael Faraday what good his experiments with electricity and magnetism were. He answered, "Madam, what good is a baby?" Of course, Faraday's experiments were the beginning of the electronic age. Many of the practical uses of scientific knowledge that fill our world — transistors, vaccines, plastics — began as basic research. Basic scientific research provides the raw materials that technology and engineering use to solve problems.

Basic scientific research has yet one more important use that is so valuable it seems an insult to refer to it as merely functional. Science is the study of nature, and as we learn more about how nature works, we learn more about what our existence in this universe means for us. The seemingly _____ knowledge we gain from space probes to other worlds tells us about our planet and our own role in the scheme of nature. Science tells us where we are and what we are, and that knowledge is beyond value.

*space probe 우주탐사기(機)

41 윗글의 제목으로 가장 적절한 것은?

① What Does Basic Science Bring to Us?

② The Crisis of Researchers in Basic Science

③ Common Goals of Science and Technology

④ Technology: The Ultimate Aim of Basic Science

⑤ Michael Faraday, Frontiersman of the Electronic Age!

42 윗글의 빈칸에 들어갈 말로 가장 적절한 것은? [3점]

① applicable   ② impractical

③ inaccurate   ④ priceless

⑤ resourceful

[43~45] 다음 글을 읽고, 물음에 답하시오.

(A)

It was the first day of the new semester. Steve and Dave were excited that they would be back at school again. They rode their bicycles to school together that morning, as they usually did. Dave had math on the first floor, and Steve was on the second with history. On his way to the classroom, Steve's teacher came up to him to ask if (a) <u>he</u> wanted to run for student president. Steve thought for a moment and answered, "Sure, it'll be a great experience."

(B)

Steve won the election. Upon hearing the result, Dave went over to Steve and congratulated (b) <u>him</u>, shaking his hand. Steve could still see the disappointment burning in his eyes. It wasn't until later that evening, on the way home, that Dave said apologetically, "I'm so sorry, Steve! This election hasn't damaged our friendship, has it?" "Of course not, Dave. We're friends as always!" Steve responded with a smile. As Steve arrived home, his dad was proudly waiting for him and said, "Congratulations on the win! How did Dave take it?" Steve replied, "We're fine now, best friends for life!" (c) <u>His</u> dad laughed, "Sounds like you won two battles today!"

(C)

After class, Steve spotted Dave in the hallway and ran to him excitedly, "I've got good news! I'm going for student president and I think mine will be the only nomination." Dave cleared his throat and replied with surprise, "Actually, I've just registered my name, too!" (d) <u>He</u> continued sharply, "Well, best of luck! But don't think you'll win the election, Steve." Dave walked quickly away and from that moment on, there was an uncomfortable air of tension between the two friends. Steve tried to be friendly toward Dave, but he just didn't seem to care.

(D)

When the election day came, Steve found that his bicycle had a flat tire, so he started to run to school. Just as he reached the end of the street, Dave's dad, who was driving Dave to school, pulled over to give him a ride. The dead silence in the car made the drive painful. Noticing the bad atmosphere, Dave's dad said, "You know, only one of you can win. You have known each other since birth. Don't let this election ruin your friendship. Try to be happy for each other!" His words hit Dave hard. Looking at Steve, Dave felt the need to apologize to (e) <u>him</u> later that day.

43 주어진 글 (A)에 이어질 내용을 순서에 맞게 배열한 것으로 가장 적절한 것은?

① (B) – (C) – (D)　　② (B) – (D) – (C)
③ (C) – (B) – (D)　　④ (C) – (D) – (B)
⑤ (D) – (C) – (B)

44 밑줄 친 (a)~(e) 중에서 가리키는 대상이 나머지 넷과 <u>다른</u> 것은?

① (a)　② (b)　③ (c)　④ (d)　⑤ (e)

45 윗글에 관한 내용으로 적절하지 <u>않은</u> 것은?

① 개학 날 아침에 Steve와 Dave는 함께 등교했다.
② Steve는 학생회장으로 당선되었다.
③ Steve는 Dave에게 선거 출마 사실을 숨겼다.
④ Dave의 아버지는 학교로 뛰어가던 Steve를 차에 태워 주었다.
⑤ Dave의 아버지는 선거로 인해 우정을 잃지 말라고 충고했다

※ 확인 사항
○ 답안지의 해당란에 필요한 내용을 정확히 기입(표기) 했는지 확인하시오.

Workbook

PRACTICE

Dictation + Review

Dictation

01

W Honey, the _____ really nice today. How about _____ a walk?

M That's a good idea. _____ do you want to go?

W You like walking along the _____. So _____ we go to Riverside Park?

02

M Emily, how was your _____ to Okinawa?

W It was _____. I _____ had a great time at the _____.

M Great! Did you _____ the food there, too?

03

W Welcome to the Middleton Culture Center. I'm Jennifer Benson, the _____ of the center. Today, I'd like to tell you about a cookie-baking course _____ offering. During this course, you're going to learn how to bake cookies for family _____. This is an _____ course and therefore open to people who took the beginners course before. If you are _____ from 3 o'clock to 5 o'clock every Tuesday afternoon next month, hurry up and _____ right now. There's no _____ fee, but the cost of materials is at your own _____. Join this course and make your day sweeter. For more information, call the _____ office at 714-1222-0103.

04

M Britney, did you go to the student _____ meeting?

W Yes, we talked about the festival booths. We'll only have twelve booths this year.

M That's much _____ than we had last year.

W Selling food is not _____ starting this year. Maybe that's why fewer clubs are _____ booths.

M Really? Why isn't it allowed?

W Because, last year, some parents _____ about the _____ and the smell from all the food.

M Oh, many students will be _____. They love the festival food.

W I know, but I agree that selling food should not be allowed.

M _____ _____?

W The festival should be about students' _____, not food.

05

W Good afternoon, Mr. Williams, I'm _____ to meet you.

M Thank you. It's my _____ to be in Korea for the first time with our orchestra.

W I'd like to start the interview with some questions from readers.

M Sure. Go ahead.

W First, they're _____ about your new music career.

M So far, I've really enjoyed _____ the orchestra.

W Do you _____ giving up the life of a pianist?

M No, _____ _____ of conducting for a long time.

W That's nice. I heard the orchestra has something special coming up.

M Yes, we'll have a _____ music camp for young students.

W _____! Thank you for the _____. Can we take your picture for the magazine cover?

M Sure.

06

M What are you doing on the computer?

W I've just finished _____ a poster for our _____ sale. Take a look, Dad.

M Good job! I love the way you put the word " _____ " in large letters above the date and time.

W Thanks. I wanted to draw people's _____ to it.

M Hmm, there's a violin on the bench. Is that the one you _____ to play?

W Yes. It's too small for me now.

M And what's that _____ to the violin?

W It's my toy train that I used to play with.

M I see. And what is that _____ the bench?

W It's a baseball. I'm _____ it, too.

M What about that lamp in _____ of the bench? Are we selling that, too?

W Yes. Mom wants to sell it and _____ a new one.

07

W Hey, Nakata. Over here! Welcome to _____.

M Hi, Sophia. Thanks for coming to the airport to _____ me up.

W It's nothing. You did a lot for me when I was in Japan.

M I _____ showing you around in Japan, too.

W I remember the Japanese _____ we saw and the food we ate together.

M Yeah. You had a hard time eating _____ seafood like sushi.

W Oh, by the way, do you _____ a phone to use here in Budapest?

M I've already _____ a cellphone, but I need to change the _____ setting into Japanese.

W Do you need help?

M Yes. The phone is a bit different from _____ I use in Japan.

W Okay. Just _____ it to me.

08

M Hannah, hi. Where are you going?

W Hi, David. I'm going to my piano _____ .

M How's it _____ ?

W Pretty well. I'm really _____ it.

M Good for you. [Pause] Oh! You know what? _____ got tickets for the summer musical festival.

W Really? I know you are looking _____ to going to that festival.

M _____ right. Do you want to go with me?

W Sure! When is it?

M It's this Sunday.

W What? This Sunday? Oh, I _____ go.

M Why not? Is it because of your _____ work?

W No. I have a test on Monday. So this _____ , I have to study. Sorry.

M That's okay. Good _____ on your test.

09

W Good evening. _____ I help you?

M I need some boxes of _____ fruit for my office _____ .

W These days apples are _____ .

M Okay. How much are they?

W They are $15 a box.

M Hmm... then give me two boxes of apples, please.

W Sure. Do you need anything _____ ?

M Well... the bananas look very _____ . I'll take some.

W All right. _____ , they're $10 a bunch, but they're on sale for $8.

M That's a good _____ ! I'll take five bunches of bananas.

W Do you want them to be _____ ? It's $10.

M Yes, please deliver them to my office by 8:00 a.m. tomorrow.

W Oh, 8:00 a.m.? We are not open at that time.

M Okay, I will take them now and pay by _____ card.

10

M Mina, do you have any special _____ for this Friday?

W Not really. How about you?

M I plan to go to the _____ book _____ . I heard about it from the school _____ .

W It sounds interesting. Where _____ it be?

M It'll be _____ at Grand Park Plaza.

W _____ . When does it start?

M This Friday at 6 p.m.

W Is there an _____ fee?

M Yes, it's $5. But if we show our student ID, it's just $2.

W Okay, are there any special _____ ?

M Sure, we can meet many famous _____ writers in person.

W Sounds good. Let's go there together this Friday.

11

W May I have your attention, please? This is an _____ about the Korea-China Research Program. It's for second-year high school students. It's a program _____ by the Chinese government to _____ science education. For the past 13 years, it has _____ to increasing the number of scientists. To _____ for this program, students need to take a _____ exam. _____ students will do research at Korea's best universities for one year. At the end of the program, the most _____ student will be given a two-year scholarship to his or her college. You must _____ your application in _____ to your science teacher. For more information, please visit the school homepage.

12

M Honey, what are you looking at?

W An _____ for bookcases. We need to get a larger one.

M I _____ agree with you. How much do you think we can spend?

W Well, I don't want to _____ more than 150 dollars.

M Okay. Then what about the number of _____?

W I think a four-shelf bookcase is not _____ because we have so many books.

M Same here. What about the color?

W That's up to you. It doesn't _____ to me.

M I like _____ brown or black. Those colors go well with our desk.

W What kind of _____ do you have in mind?

M I _____ wood, it looks like _____ furniture.

W I think so, too. Then, get this one.

13

W Hey, _____ what? The student _____ is holding an interesting event.

M What's that?

W It's _____ "You Plan the School Menu." It's _____ next month.

M What do you mean? Can we _____ the menu?

W _____. It's an event where students taste and select new lunch dishes.

M Will the selected dishes be _____ at lunchtime?

W Yeah, that's right.

M Sounds cool. Can all the students _____ in the event?

W Well, only the students who have _____ up can vote.

M Sounds fun. I'd like to join.

W Then you need to put your name on the signup _____ in the student service center.

14

M Wow, your tennis skills get better and better every day! Tell me what your _____ is.

W I use a _____ called image training.

M Image training? What's that?

W It's _____ the movements that you want to improve in your head _____.

M Hmm, can you explain it in more _____?

W Sure. Watch the games of good tennis players and imagine you're moving just like them.

M _____ skills while imagining! Sounds great!

W If you keep doing that, your body will follow _____.

M Then do you think it'll work for my tennis problem, too?

W Of course! What is it? I'll _____ you with this technique.

M _____ I hit a tennis ball, it goes too far. It goes past the lines on the _____.

15

W Cathy and Lucas are _____ students taking a history class together. Their _____ gave the students a partner project, so now Cathy and Lucas are a _____. Cathy tries her best on the project. She goes to the library every day and spends a lot of time _____ and preparing the materials. However, Lucas _____ their meetings and doesn't _____ to her. In _____, he wants to get a good grade even though he doesn't do his part. Cathy gets angry about his _____. So Cathy decides to tell Lucas that he should _____ himself to the project. In this _____, what would Cathy most likely say to Lucas?

16~17

M Hello, everyone. Spring's here, and a lot of people are interested in being _____ and getting into _____. But it's not easy to find time to go to the gym. There are some good tips to _____ in your daily life. At the office, set your alarm so that you can stand up every hour. Do _____ exercises before sitting back down. When you _____, walk, walk, and walk. Get off the bus a few stops _____ and walk. At the subway station, walk around the platform while waiting for a train. In the shopping mall, make it a rule to go around the _____ mall at least twice before you make any _____. Two hours of shopping _____ as many as 300 calories. At home, dance or do some _____ exercises while you're listening to music in your living room. Remember that the more you move your body, the healthier and happier you get!

18

A 우리말은 영어로, 영어는 우리말로 쓰시오.

1 give birth to _____

2 grateful _____

3 appreciate _____

4 직장 여성 _____

5 최근에 _____

6 이용할 수 있는 _____

B 괄호 안의 주어진 단어를 바르게 배열하시오.

1 It would (more, be, useful, much) if the service were available.

   → _____

2 Recently, a babysitter (taking, has, care, of, been) my second daughter for eight hours.

   → _____

C 다음 빈칸에 들어갈 알맞은 단어를 적으시오.

1 저는 당신이 고려해 주셨으면 하는 것이 한 가지가 있습니다.

   There is _____ _____ _____ _____ you to consider.

2 동시에 일과 아이를 돌보는 것은 저에게 있어 정말로 힘들었습니다.

   It was really tough _____ _____ _____ _____ and _____ _____ care of her at the same time.

D 다음 괄호 안의 주어진 단어를 활용하여 문장을 완성하시오.

1 저는 직장 여성이 된지 5년 정도 되었습니다. (career, past) 10단어

   → _____
   _____

2 당신의 서비스를 더 탄력적이 되게 해 주실 수 있을까요? (could) 8단어

   → _____
   _____

19

A 우리말은 영어로, 영어는 우리말로 쓰시오.

1 do the talking _____

2 insist _____

3 lucky break _____

4 소리 지르다 _____

5 예행연습 _____

6 순조롭게 _____

B 괄호 안의 주어진 단어를 바르게 배열하시오.

1 I'm not sure (of, one, us, which, did) the talking.

   → _____

2 Mr. Montague (us, to, let, agreed, have) an audition the very next day.

   → _____

C 다음 빈칸에 들어갈 알맞은 단어를 적으시오.

1 그것은 아마도 그 다음 날이 꿈처럼 보인 이유였을 것이다.

   That was probably _____ the next day _____ _____ a dream.

2 그녀는 모든 일이 순조롭게 진행될 수 있도록 우리를 응원하기 위해서 우리와 함께 오디션에 가겠다고 고집했다.

   She insisted _____ _____ with us to the audition to support us _____ _____ everything would go _____.

D 다음 괄호 안의 주어진 단어를 활용하여 문장을 완성하시오.

1 그 날의 예행연습이 끝났다. (over, for) 6단어

   → _____
   _____

2 우리는 너무 충격을 받아서 그것을 믿을 수가 없었다. (that, believe) 9단어

   → _____
   _____

20

A 우리말은 영어로, 영어는 우리말로 쓰시오.

1 adjust   _____

2 generalist   _____

3 make demands on   _____

4 찬양하다, 기리다   _____

5 물리학   _____

6 기준   _____

B 괄호 안의 주어진 단어를 바르게 배열하시오.

1 Children (to, asked, excel, are) only in certain areas.

→ _____

2 They might (with, to, cope, be, able, better) their parent's expectations.

→ _____

C 다음 빈칸에 들어갈 알맞은 단어를 적으시오.

1 우리는 십 대의 자녀들에게 부당한 '유전적' 압박을 가한다.

We _____ _____ "genetic" _____ _____ our teens.

2 다방면의 지식을 갖춘 사람을 위한 자리는 퀴즈 프로그램 외에는 없다.

There is _____ _____ _____ the generalist _____ _____ a quiz show.

D 다음 괄호 안의 주어진 단어를 활용하여 문장을 완성하시오.

1 어른들은 자신을 그러한 기준에 맞출 수 없다. (adjust) 7단어

→ _____

_____

2 우리는 우리의 아이들에게 너무 많은 것을 기대하지 말아야 한다. (should, from) 9단어

→ _____

_____

21

A 우리말은 영어로, 영어는 우리말로 쓰시오.

1 remind   _____

2 separate   _____

3 border   _____

4 깁스, 석고 붕대   _____

5 친밀한   _____

6 녹이다   _____

B 괄호 안의 주어진 단어를 바르게 배열하시오.

1 It seemed (to, close, offer, a, service, too) to a stranger.

→ _____

2 (a, such, in, thought, of, spite), I decided to help her eat.

→ _____

C 다음 빈칸에 들어갈 알맞은 단어를 적으시오.

1 내 옆에 앉은 여자는 양쪽 팔에 깁스를 하고 있었다.

The woman sitting next to me had _____ _____ _____ _____.

2 나는 옆에 있는 여자에게 먹을 것을 줘야 하나 생각했다.

I _____ _____ _____ _____ the woman next to me.

D 다음 괄호 안의 주어진 단어를 활용하여 문장을 완성하시오.

1 그녀를 보니 내 친구 Jane이 떠올랐다. (remind) 7단어

→ _____

_____

2 사랑은 언제나 사람의 경계를 넘어서 흐르고 두려움을 녹인다. (human border) 10단어

→ _____

_____

22

A 우리말은 영어로, 영어는 우리말로 쓰시오.

1 block out _____

2 competition _____

3 fall apart _____

4 특징, 특질 _____

5 부적절한, 불충분한 _____

6 불안, 걱정 _____

B 괄호 안의 주어진 단어를 바르게 배열하시오.

1 It (practice, develop, to, takes) these mental skills.
→ _____

2 Most performance problems that (are, with, struggle, athletes) not a result of inadequate coaching.
→ _____

C 다음 빈칸에 들어갈 알맞은 단어를 적으시오.

1 당신은 관중(의 소란)을 차단하고, 경기 수행에 집중해야 한다.
You have to _____ _____ the crowd, and _____ _____ your performance.

2 시합의 열기가 고조될 때, 정신적 요인 때문에 개별 선수나 팀은 무너진다.
When the heat of competition is _____ _____, the individual performer or team often _____ _____ because of mental factor.

D 다음 괄호 안의 주어진 단어를 활용하여 문장을 완성하시오.

1 그것은 신체적인 기술 개발과 다르지 않다. (not, from) 10단어
→ _____
_____

2 스포츠는 당신의 신체만큼 당신의 두뇌를 필요로 한다. (require, much) 9단어
→ _____
_____

23

A 우리말은 영어로, 영어는 우리말로 쓰시오.

1 compete _____

2 amateur _____

3 range from _____

4 우아한 _____

5 전문가 _____

6 권리 _____

B 괄호 안의 주어진 단어를 바르게 배열하시오.

1 Like men, they (from, range, to, amateurs) professionals.
→ _____

2 She was the best female surfer and (some, of, was, followed, by) the top professional surfers today.
→ _____

C 다음 빈칸에 들어갈 알맞은 단어를 적으시오.

1 초창기 여성 서퍼들 중 한 명은 Mary Hawkins이다.
One of the _____ _____ _____ _____ Mary Hawkins.

2 사실 1920년대 초반 이래로 California에서는 여성들이 서핑을 해 오고 있다.
In fact, women _____ _____ _____ in California _____ the early 1920s.

D 다음 괄호 안의 주어진 단어를 활용하여 문장을 완성하시오.

1 서핑은 종종 남성 스포츠로 간주된다. (often, male) 7단어
→ _____
_____

2 여성들은 서핑 대회에서 진지하게 여겨지지 않았을지도 모른다. (may, seriously, contest) 10단어
→ _____
_____

24

A 우리말은 영어로, 영어는 우리말로 쓰시오.

1 survey   _____

2 compared to   _____

3 favor   _____

4 상호작용   _____

5 응답자   _____

6 선호, 더 좋아함 _____

B 괄호 안의 주어진 단어를 바르게 배열하시오.

1 Compared to respondents in their 30s, respondents in their 60s are (twice, than, more, likely, as, to) prefer audio tours.

→ _____

2 More than 40,000 museum visitors of different age groups (prefer, were, how, they, asked, to) experience museums.

→ _____

C 다음 빈칸에 들어갈 알맞은 단어를 적으시오.

1 30세 미만에서 컴퓨터 상호작용에 대한 선호도는 40대 응답자들보다 더 높다.

As for the under-30 group, their preference for computer interactions is _____ _____ _____ _____ _____ in their 40s.

2 50대 이상의 연령대는 그들보다 어린 연령대보다 오디오 투어에 더 큰 선호도 차이를 보인다.

Groups in their 50s and over show _____ _____ _____ _____ _____ between audio tours than the younger age groups.

D 다음 괄호 안의 주어진 단어를 활용하여 문장을 완성하시오.

1 모든 연령대에 걸쳐 오디오 투어가 가장 선호되었다. (audio tours, prefer) 10단어

→ _____

_____

2 어떤 연령대도 60대 응답자들보다 그것들을 더 선호하지는 않는다. (no, favor, their) 12단어

→ _____

_____

25

A 우리말은 영어로, 영어는 우리말로 쓰시오.

1 extend   _____

2 emerge   _____

3 indoors   _____

4 자생하는, 원산의 _____

5 견디다, 참다   _____

6 저장하다   _____

B 괄호 안의 주어진 단어를 바르게 배열하시오.

1 A mature traveler's palm produces brown (light blue, which, fruits, contain) seeds.

→ _____

2 It has been given the name traveler's palm because its long stems with green leaves (the, on, from, top, extend, the trunk) like a giant hand fan.

→ _____

C 다음 빈칸에 들어갈 알맞은 단어를 적으시오.

1 이것은 햇빛이 가득한 곳에서 가장 잘 자라므로, 특히 실내에서 키울 때 많은 빛이 필요하다.

It grows best in full sun, so it needs a lot of light, especially _____ _____ _____.

2 어린 여인목은 다 자라면 지상 위로 나오는 땅 밑의 본줄기를 갖고 있다.

Young traveler's palms have an underground trunk which _____ _____ _____ in the adult plant.

D 다음 괄호 안의 주어진 단어를 활용하여 문장을 완성하시오.

1 그것은 마다가스카르 섬이 원산지인 식물의 한 종이다. (plant, Madagascar) 12단어

→ _____

_____

2 그것은 식물의 여러 부분에 물을 저장하고 있어서 모래 토양을 견뎌낸다. (tolerate, sandy, with) 14단어

→ _____

_____

26

A 우리말은 영어로, 영어는 우리말로 쓰시오.

1 location _____

2 rental _____

3 available _____

4 ~와 어울리다[사귀다] _____

5 주의하다, 주목하다 _____

6 기회 _____

B 괄호 안의 주어진 단어를 바르게 배열하시오.

1 Children 13 years old or younger must wear (their, helmets, for, safety).

→ _____

2 If you don't skate, (free, feel, come, to, out) and enjoy the holiday music and yummy food.

→ _____

C 다음 빈칸에 들어갈 알맞은 단어를 적으시오.

1 스케이트 대여는 하지 않지만, 헬멧은 가능하다는 점을 꼭 주의해 주십시오.

Please note that there are no _____ _____ _____, but helmets are.

2 이 무료 지역사회 행사는 가족 및 친구들과 어울리면서 재미있는 겨울 오후를 즐길 기회를 제공할 것입니다.

This free community event will give you the _____ _____ _____ an afternoon of winter fun while _____ with your family and friends.

D 다음 괄호 안의 주어진 단어를 활용하여 문장을 완성하시오.

1 Morgan Leslie 사무실로 연락주세요. (Please) 5단어

→ _____
_____

2 모든 수준의 스케이트를 타는 사람들을 환영합니다! (all) 6단어

→ _____
_____

27

A 우리말은 영어로, 영어는 우리말로 쓰시오.

1 safe _____

2 seasonal _____

3 inquire _____

4 미리 _____

5 확정하다; 확실한 _____

6 연장하다 _____

B 괄호 안의 주어진 단어를 바르게 배열하시오.

1 A $5 service charge (be, for, added, will) daily cleaning.

→ _____

2 We hope to provide you (best, the, with, possible, service).

→ _____

C 다음 빈칸에 들어갈 알맞은 단어를 적으시오.

1 귀중품을 보관할 수 있는 금고가 접수대에 있습니다.

There's a _____ at the front desk _____ _____ your _____.

2 예약을 확정하려면 전체 요금의 60%를 미리 지불하셔야 합니다.

60% of the full payment must be paid _____ _____ to _____ ____ _____.

D 다음 괄호 안의 주어진 단어를 활용하여 문장을 완성하시오.

1 객실은 이틀에 한 번씩 청소됩니다. (rooms, other) 6단어

→ _____
_____

2 숙박을 연장하시려면, 오전 9시 전에 가능 여부를 확인하시기 바랍니다. (your, for) 10단어

→ _____
_____

28

A 우리말은 영어로, 영어는 우리말로 쓰시오.

1 break down _____

2 class _____

3 independence _____

4 정복 _____

5 ~을 책임지는 _____

6 가능하게 하다 _____

B 괄호 안의 주어진 단어를 바르게 배열하시오.

1 It's quite important (a woman, a slave, whether, was, or, from, came) a wealthier class.

→ _____

2 Rome's conquests meant that men were often away for long periods of time and (back, at, all, might, not, come).

→ _____

C 다음 빈칸에 들어갈 알맞은 단어를 적으시오.

1 일들이 확실히 되도록 책임지는 것은 여성들에게 맡겨졌다.
Women were left _____ _____ _____ _____ things surely done.

2 정복 후에, 이탈리아로 들여 온 엄청난 부는 중상류층의 여성들이 더 많이 독립적으로 권한을 가지고 일을 처리할 수 있게 하였다.
After the _____, the enormous wealth bringing back to Italy enabled middle- and upper-class women to run things with more _____ and _____.

D 다음 괄호 안의 주어진 단어를 활용하여 문장을 완성하시오.

1 모든 것은 기간과 계층에 의해서 나누어진다.
(by, time, class) 9단어

→ _____
_____

2 어느 시기를 당신이 말하고 있는지도 또한 중요했다.
(It, make, difference, which, talk) 10단어

→ _____
_____

29

A 우리말은 영어로, 영어는 우리말로 쓰시오.

1 hesitant _____

2 donation _____

3 donor _____

4 급여 _____

5 개방성 _____

6 비영리 단체 _____

B 괄호 안의 주어진 단어를 바르게 배열하시오.

1 When you look at the site, you can see (Charity Water, doing, what, is).

→ _____

2 If people are (where, aware, goes, their, of, money), you'll be less likely to spend it on a fancy office or high salaries.

→ _____

C 다음 빈칸에 들어갈 알맞은 단어를 적으시오.

1 만약 당신이 이것을 분명하게 보여준다면, 그들은 당신의 운영 자금에 동의할 것이다.
If you show this clearly, they will _____ your _____ _____.

2 개방적이 된다는 것은 또한 당신이 받는 돈에 대해서 책임감을 느끼도록 격려해 준다.
Being open also _____ you _____ _____ responsible with the money you _____ ____.

D 다음 괄호 안의 주어진 단어를 활용하여 문장을 완성하시오.

1 사업에 대해 말하자면, 개방성은 중요하다.
(When, come) 8단어

→ _____
_____

2 많은 사람들은 비영리 단체들에 기부하는 것을 망설인다.
(many, give) 8단어

→ _____
_____

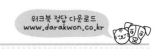

30

A 우리말은 영어로, 영어는 우리말로 쓰시오.

1 potential _____

2 typical _____

3 remark _____

4 성취도가 높은 _____

5 의사, 내과의사 _____

6 생산물 _____

B 괄호 안의 주어진 단어를 바르게 배열하시오.

1 This young man is a (product, high-achieving, of, a, typical, father).

→ _____

2 His father is a physician (terrible, who, has, time, a, with) both his employees and his children.

→ _____

C 다음 빈칸에 들어갈 알맞은 단어를 적으시오.

1 그는 자신의 아들에게 영감을 주려고 애를 쓰고 있지만, 돌아오는 결과는 반항이다.

He is trying to _____ his son, but the _____ is _____.

2 저의 잠재력이 부응하지 못하고 있다고 아버지가 저에게 말씀하시는 것에 아주 진저리가 나요.

I'm so tired of my father telling me that I don't _____ _____ _____ my _____.

D 다음 괄호 안의 주어진 단어를 활용하여 문장을 완성하시오.

1 그 과정에서, 그는 그의 아들의 인격을 공격했다. (character) 9단어

→ _____

_____

2 그는 다른 모든 사람에게서 같은 종류의 추진력을 기대한다. (sort, drive, else) 10단어

→ _____

31

A 우리말은 영어로, 영어는 우리말로 쓰시오.

1 in-laws _____

2 relative _____

3 promotion _____

4 방해하다, 중단시키다 _____

5 긴박함, 비상(사태) _____

6 설득하다, 확신시키다 _____

B 괄호 안의 주어진 단어를 바르게 배열하시오.

1 I needed to provide a way (contact, people, for, to) me.

→ _____

2 I hope you don't have (problem, a, that, with), but my boss does.

→ _____

C 다음 빈칸에 들어갈 알맞은 단어를 적으시오.

1 나는 완벽한 전화 메시지를 다음과 같이 생각해냈다.

I _____ _____ _____ the perfect phone message.

2 당신은 제 장인, 장모께 당신의 긴박함이 그들의 외동딸의 신혼여행을 방해할 만하다는 것을 확신시킬 수 있다.

You can convince my new in-laws that your _____ _____ _____ their only daughter's honeymoon.

D 다음 괄호 안의 주어진 단어를 활용하여 문장을 완성하시오.

1 우리는 우리만 남아 있기를 원했다. (leave) 6단어

→ _____

_____

2 만약 당신이 이메일을 읽고 있다면, 그것은 진정한 휴가가 아니다. (real) 9단어

→ _____

_____

32

A 우리말은 영어로, 영어는 우리말로 쓰시오.

1 swallow   _____

2 property   _____

3 interaction   _____

4 항생의   _____

5 구식의, 옛날식의   _____

6 영양의   _____

B 괄호 안의 주어진 단어를 바르게 배열하시오.

1 They (first, thing, usually, eat, it) in the morning.

  → _____

2 (is, it, that, thought) chimps use Aspilia for the same purposes.

  → _____

C 다음 빈칸에 들어갈 알맞은 단어를 적으시오.

1 그들은 잎사귀를 씹지 않지만 삼키기 전에 입안에서 그것들을 굴린다.

They do _____ _____ the leaves _____ _____ them around in their mouth before _____.

2 어떤 아프리카인들은 복통을 줄이거나 내장의 기생충을 제거하기 위해 Aspilia를 이용한다.

Some African people use Aspilia to _____ _____ _____ or to remove intestinal worms.

D 다음 괄호 안의 주어진 단어를 활용하여 문장을 완성하시오.

1 침팬지들은 어떤 식물들을 약용으로 먹는다.
(medical) 7단어

  → _____

2 그것은 마치 옛날식의 약을 먹는 것처럼 보인다.
(just, be) 10단어

  → _____

33

A 우리말은 영어로, 영어는 우리말로 쓰시오.

1 minimum   _____

2 refer to   _____

3 extend   _____

4 반대의   _____

5 일시적인   _____

6 경쟁하다   _____

B 괄호 안의 주어진 단어를 바르게 배열하시오.

1 It starts with a (down, that, keeps, price, going, high) until the item sells.

  → _____

2 The auctioneer offers the item at a certain price and waits (to, somebody, agree, for).

  → _____

C 다음 빈칸에 들어갈 알맞은 단어를 적으시오.

1 이것은 일반적인 경매와는 반대의 과정이다.

This is the _____ _____ from _____ auctions.

2 이것은 어떤 물건이 최저가로 시작해서 입찰자들이 그들의 입찰가를 높이면서 경쟁하는 것을 의미한다.

It means that an item starts at a _____ price, and bidders _____ to _____ it by _____ their offers.

D 다음 괄호 안의 주어진 단어를 활용하여 문장을 완성하시오.

1 역경매(Dutch auction)는 경매의 유형을 일컫는 것이었다.
(refer, a, type) 9단어

  → _____

2 역경매에서는 물건에 대한 경쟁이 없다.
(there, battle) 10단어

  → _____

34

A 우리말은 영어로, 영어는 우리말로 쓰시오.

1 claw _____
2 sneaky _____
3 privilege _____
4 울음소리, 발성 _____
5 탈진한, 지친 _____
6 희생자, 먹잇감 _____

B 괄호 안의 주어진 단어를 바르게 배열하시오.

1 (bite, to, a, throat, the, throat) or the back of the neck usually kills the victim.
→ _____

2 Whether they are small cats or large lions, felines (their, approach, with quiet, prey, steps).
→ _____

C 다음 빈칸에 들어갈 알맞은 단어를 적으시오.

1 동물의 사냥 행동은 선천적이며, 학습을 통해 보다 더 다듬어진다.
An animal's hunting behavior is _____ and further _____ _____ _____.

2 그들은 먹잇감이 피곤해질 때까지 그 먹잇감을 쫓고, 탈진한 먹잇감을 둘러싼다.
They _____ _____ their prey until the victim gets tired, then they surround the _____ prey.

D 다음 괄호 안의 주어진 단어를 활용하여 문장을 완성하시오.

1 각각의 종은 특징적인 전략을 가지고 있다. (characteristic) 6단어
→ _____
_____

2 무리의 대장은 먼저 먹는 특권을 누린다. (leader, group) 11단어
→ _____
_____

35

A 우리말은 영어로, 영어는 우리말로 쓰시오.

1 partnership _____
2 agreement _____
3 finance _____
4 조합, 결합 _____
5 정신적인 _____
6 철회 _____

B 괄호 안의 주어진 단어를 바르게 배열하시오.

1 They may (the, end, up, withdrawal, with) or death of a partner.
→ _____

2 A partnership may (combination, of, benefit, the, from, complementary) skills.
→ _____

C 다음 빈칸에 들어갈 알맞은 단어를 적으시오.

1 그것은 두 명 이상의 사람들 사이에서 어떤 사업에 자금을 조달하고 경영하기 위한 계약이다.
It is an _____ between two or more people to _____ and _____ a business.

2 동업은 각각의 동업자가 그들 사업의 특정 분야를 특화하기 때문에 비용 면에서 효과적이다.
Partnerships can be _____ _____ as each partner _____ in certain _____ of the business.

D 다음 괄호 안의 주어진 단어를 활용하여 문장을 완성하시오.

1 동업에는 여러 가지 이점이 있다. (there, several) 7단어
→ _____
_____

2 동업은 정신적 지지를 제공하고 더 창의적인 브레인스토밍을 할 수 있도록 할 것이다. (provide, allow) 10단어
→ _____
_____

36

A 우리말은 영어로, 영어는 우리말로 쓰시오.

1 conversation _____

2 respond _____

3 indeed _____

4 천성, 본성, 자연 _____

5 게시하다; 게시물 _____

6 내용; 만족하는 _____

B 괄호 안의 주어진 단어를 바르게 배열하시오.

1 People don't want to be (a controversial, on, comment, to, the first, post).

→ _____

2 (you, situation, do, this, in, what, can) is to ask close friends to be the first to make a comment.

→ _____

C 다음 빈칸에 들어갈 알맞은 단어를 적으시오.

1 당신의 SNS에서 대화를 시작하는 한 가지 흥미로운 방식은 논란의 여지가 있는 것을 게시하는 것이다
One interesting way _____ _____ conversations in your SNS is _____ _____ something controversial.

2 사람들은 논란의 여지가 있는 주제에 더 자주 반응한다
People _____ _____ _____ to controversial topics.

D 다음 괄호 안의 주어진 단어를 활용하여 문장을 완성하시오.

1 이것은 당신의 내용에 개인적으로 반대하는 것이 아니다.
(nothing, against, content) 7단어

→ _____
_____

2 당신의 SNS의 방문객들은 당신이 정말로 거기에 있다는 것을 알게 될 것이다. (see, that, indeed) 11단어

→ _____
_____

37

A 우리말은 영어로, 영어는 우리말로 쓰시오.

1 treatment _____

2 instruction _____

3 ultimately _____

4 정보를 제공하는 _____

5 다시 말해서, 즉 _____

6 정착되다, 사로잡다 _____

B 괄호 안의 주어진 단어를 바르게 배열하시오.

1 The informative style is gradually (hold, taking, as, the, common, more) type of doctor-patient relationship.

→ _____

2 The doctor's task in this case (to, tell, is, not, to, what, do) but to educate the patient about various treatment options.

→ _____

C 다음 빈칸에 들어갈 알맞은 단어를 적으시오.

1 이런 유형의 관계에서는 의사는 그가 해야 할 것을 말한다.
In this type of relationship, the doctor said _____ _____ _____ _____.

2 일반적으로, 의료에 관해 두 가지 형태의 주요한 진료가 있다.
In general, there are two major styles of practice _____ ____ _____ _____ medicine.

D 다음 괄호 안의 주어진 단어를 활용하여 문장을 완성하시오.

1 의사는 "아버지가 가장 잘 알고 있어."라는 식으로 행동했다.
(in, best) 8단어

→ _____
_____

2 나머지 다른 형태의 의학 진료는 정보를 제공하는 것으로 묘사될 수 있다. (practice, describe, as) 11단어

→ _____
_____

38

A 우리말은 영어로, 영어는 우리말로 쓰시오.

1 the number of _____

2 approach _____

3 offender _____

4 대처하다, 맞서다 _____

5 주민, 거주자 _____

6 놀란, 불안해하는 _____

B 괄호 안의 주어진 단어를 바르게 배열하시오.

1 Local residents, (by, alarmed, the, street, crime, increase, in), got together.

→ _____

2 (of, putting, more, armed, police, instead) on the street, they chose to play classical music.

→ _____

C 다음 빈칸에 들어갈 알맞은 단어를 적으시오.

1 지난 2년 동안, 그 마을에서는 길거리 범죄 수가 빠르게 증가했다.

For the past two years, _____ _____ _____ _____ _____ had rapidly increased in the village.

2 그 실험은 대단히 성공적이어서 덴마크의 코펜하겐에 있는 주요 기차역에 동일한 방법을 취했다.

The experiment was so successful that the main train station in Copenhagen, Denmark, _____ _____ _____ _____.

D 다음 괄호 안의 주어진 단어를 활용하여 문장을 완성하시오.

1 일주일도 되지 않아 그 지역은 범죄가 급격히 줄어들었다고 보도되었다. (less, report, dramatic) 13단어

→ _____
_____

2 그 문제에 대처하는 최고의 방법은 주요 도로에서 범죄자들을 없애는 것이다. (way, remove) 16단어

→ _____
_____

39

A 우리말은 영어로, 영어는 우리말로 쓰시오.

1 valid _____

2 graying _____

3 highly _____

4 안정된 _____

5 젊은이, 아이 _____

6 실험 대상 _____

B 괄호 안의 주어진 단어를 바르게 배열하시오.

1 It is predicted that there will be more people (years, over 60, under 15, in, than, 20).

→ _____

2 In reality, some youngsters worry about caring for the old while also (country's, keeping, the, going, productivity).

→ _____

C 다음 빈칸에 들어갈 알맞은 단어를 적으시오.

1 그들의 우려는 타당하지만, 한 연구는 우리 국가의 노령화에 대해 몇 가지 희소식이 있다는 것을 보여준다.

Their concern is _____, but a study shows there's some good news _____ the _____ of our nation.

2 노인 실험 대상자들은 자신들의 젊은 시절에 비해 부정적인 감정이 줄어들고 긍정적인 감정이 늘어난다는 것을 입증했다.

The older _____ _____ to have _____ _____ emotions and _____ _____ ones _____ _____ their younger days.

D 다음 괄호 안의 주어진 단어를 활용하여 문장을 완성하시오.

1 결국, 그것은 더 안정적인 세상으로 이끌지도 모른다. (all, that) 10단어

→ _____
_____

2 노령화 사회는 노인 수의 증가와 보다 적은 젊은이 수를 의미한다. (increasing, few, youngster) 13단어

→ _____
_____

40

A 우리말은 영어로, 영어는 우리말로 쓰시오.

1 adulthood _____
2 individual _____
3 emotional _____
4 신체적인 _____
5 가치를 부여하다 _____
6 충돌 _____

B 괄호 안의 주어진 단어를 바르게 배열하시오.

1 (us, very, of, few, compete, can) at an elite level even though some still enjoy playing sports.
   → _____

2 When we become high school students, we (engage, likely, are, to, in) two or three team sports.
   → _____

C 다음 빈칸에 들어갈 알맞은 단어를 적으시오.

1 우리는 신체적으로 어린 시절만큼 강하지 않다는 것을 알게 된다.
   We're finding we're not _____ _____ _____ _____ we used to be.

2 우리는 미식축구와 같이 (신체적) 충돌을 필요로 하는 단체 운동에서 벗어나서 개인 운동으로 방향을 돌린다.
   We move away from team sports _____ _____ such as football and _____ to sports for _____.

D 다음 괄호 안의 주어진 단어를 활용하여 문장을 완성하시오.

1 성인 세계에서 단체 운동을 구성하는 것은 더 어려워진다. (team, in) 11단어
   → _____

2 우리는 종종 신체적 한계를 시험해 보면서 우리의 어린 시절을 보낸다. (years, test) 10단어
   → _____

41~42

A 우리말은 영어로, 영어는 우리말로 쓰시오.

1 brilliant _____
2 annoyance _____
3 misplace _____
4 계속해서 _____
5 기계 장치로 가득 찬 _____
6 분명히, 전적으로 _____

B 괄호 안의 주어진 단어를 바르게 배열하시오.

1 Accessing a custom app on a smartphone will display (object, how, away, is, the, far).
   → _____

2 A brilliant new invention called StickNFind will change (people, the way, live, forgetful, lives, their).
   → _____

C 다음 빈칸에 들어갈 알맞은 단어를 적으시오.

1 오늘날 기계 장치로 가득 찬 세계에서 가장 짜증나는 것 중 하나는 우리가 그것들을 계속해서 엉뚱한 곳에 둔다는 것이다.
   One of the greatest _____ in today's _____ world _____ _____ we continuously misplace them.

2 잘못 놓아둔 리모컨을 찾는 것은 성가실 뿐만 아니라 시간이 많이 소모되는 일이기도 하다.
   Finding a misplaced remote control is _____ _____ an annoyance _____ _____ a _____ effort.

D 다음 괄호 안의 주어진 단어를 활용하여 문장을 완성하시오.

1 그것은 자주 잃어버리는 물건에 부착될 수 있다. (stick, items, that) 10단어
   → _____

2 사용자는 여러 방향으로 움직임으로써 잃어버린 물건을 찾을 수 있다. (missing, different) 12단어
   → _____

43~45

A 우리말은 영어로, 영어는 우리말로 쓰시오.

1 asthma _____

2 resist _____

3 brief _____

4 흐느껴 울다 _____

5 안도하는 _____

6 치료 _____

B 괄호 안의 주어진 단어를 바르게 배열하시오.

1 I was (remember, to, young, too) to ask her name.
→ _____

2 I (take, up, the, courage, to, gathered) those pills and swallowed them.
→ _____

C 다음 빈칸에 들어갈 알맞은 단어를 적으시오.

1 나는 결국 흐느껴 울었고 알약들을 삼킬 수가 없었다.
I _____ _____ _____ and couldn't get the pills down.

2 그 여자는 아주 자세하게, 하지만 조금도 서두르지 않고 약을 삼키는 방법에 대해 설명했다.
The woman explained _____ great _____, but with _____ _____, about _____ _____ _____ a pill.

D 다음 괄호 안의 주어진 단어를 활용하여 문장을 완성하시오.

1 그 치료에는 약을 삼키는 것이 포함되었다.
(involve, pill) 5단어
→ _____

2 그녀의 친절을 한 번도 잊어본 적이 없다는 것을 그녀에게 말할 수 있으면 얼마나 좋을까.
(how, wish, kindness, be) 14단어
→ _____

Review Plus

A 우리말은 영어로, 영어는 우리말로 쓰시오.

1 convincing _____

2 armed _____

3 merit _____

4 회계사 _____

5 선천적인 _____

6 탄력적인 _____

B 괄호 안의 주어진 단어를 바르게 배열하시오.

1 We don't interview the dentist about (throw, whether, baseball, a, he, can).
→ _____

2 It (have, kind of, convincing, been, must, because) he agreed to let us have an audition the very next day.
→ _____

C 다음 빈칸에 들어갈 알맞은 단어를 적으시오.

1 늑대는 그들의 몸동작, 귀의 위치 그리고 울음소리를 통해 사냥을 조직한다.
Wolves organize their _____ through body movements, ear _____, and vocalization.

2 당신은 또한 불안과 부정적인 생각도 통제할 필요가 있다.
You also need to control _____ and _____ thoughts.

D 다음 괄호 안의 주어진 단어를 활용하여 문장을 완성하시오.

1 내가 다른 누군가에게 사랑을 줄 때 내 자신의 영혼이 살찐다.
(another, feed) 11단어
→ _____

2 호주의 어느 작은 마을에서 멋진 실험이 실시되었다.
(great, Australian, village) 10단어
→ _____

Dictation

01

W Jeremy, I heard that you _____ a rock band.
What do you _____ in it?

M I play the _____.

W Great. How long have you _____ playing it?

02

M You look _____. What's the _____?

W I'm _____ I lost my handbag.

M Really? Where do you think you _____ it?

03

W May I have your _____, please? This is your vice _____ speaking. Lately, more and more students have been riding bikes to school. I think it's good because it can help you _____ healthy and save energy. But I believe that you should be careful about your _____, too. I'm _____ because some of you don't wear a helmet. If you _____ without a helmet on, there's a high possibility that you'll be seriously _____. As you all know, _____ a bike helmet could even save your life. So I _____ you to protect yourselves with the _____ safety equipment. Thank you for listening.

04

M Honey, I have _____ to tell you.

W What is it?

M I think we should _____ Sebin's piano lessons.

W Why? She really enjoys them.

M I know, but she needs to _____ more time studying now.

W I _____ with you, but learning how to play the piano can help her do better in her studies too.

M Really? _____ that?

W Moving their _____ a lot at an early age can help children _____ their brain.

M Hmm, I _____ I heard something like that.

W Playing the piano can _____ children's math and reading skills, too.

M Okay. Then we'd better let her _____ her piano lessons.

05

w Excuse me.

m Yes, how may I _____ you?

w I'm looking for Travel and Photography.

m _____ on a second. It's in the _____ section. Section B.

w One more thing. Do you have Modern _____?

m Yes, we have it. It's in the discount corner, next to the main _____.

w Oh, is it on _____ now? That's nice.

m If you want to find other books, you can use the book _____ system.

w Book location system? What is that?

m It's our computer system that helps you find the book you're looking for. It's _____ over there.

w Okay. I'll _____ it right now. Thank you.

m Don't _____ it.

06

m I'm so _____ to interview a world traveler like you.

w Thank you. Just like you asked, I _____ some pictures.

m That's great. Where was this one _____?

w In the student lounge. Do you see the girl sitting on the _____?

m Oh, it's you. There's a bookcase behind the couch. I guess you _____ reading books.

w Well, they helped me start my _____ as a world traveler.

m I understand. There's a bulletin board on the wall.

w Yeah, with the board's help, I communicated

with some of my travel _____.

m Why are there the four clocks next to the _____ board?

w They show four different time zones. They _____ me to think globally.

m Oh, there is a computer on the table.

w It was helpful when I needed to get some information about _____. I have a good memory of my school days.

07

w Hello, Mike. This is Sally. Where are you now?

m I'm waiting for a bus in _____ of the company.

w Can you get home before Mom and Dad's wedding _____ dinner?

m Sure. How's it going with the _____?

w Almost done. I'm _____ to arrange the dinner table.

m Did you pick up the cake we _____?

w Sure, I did. I _____ it on the table with the anniversary card.

m That's great.

w I think it'll be better if we add something _____.

m Well... how about putting a family picture on the table?

w That'd be perfect. I think a new photo _____ would be much better for the picture. Could you buy one on the _____ home?

m All right. It might _____ me some time.

w That's not a problem.

08

M _____ God, it's Friday.

W Do you have any _____ for this weekend?

M Ari, don't you remember? We're _____ to go swimming!

W Oh, right! Is _____ this weekend?

M Yes, it is. What's going on?

W I _____ it was next weekend. I'm sorry. I'm afraid I won't be _____ to go.

M Why not? Do you have something else to do?

W I promised my sister that I'd _____ her children this weekend. She has an _____ meeting.

M But, Ari, I've been waiting for this all week!

W I'm _____ sorry. How can I make up for it?

M Well... I guess you can _____ me lunch.

09

W Happy Pizza. _____ can I do for you?

M Hi. I'd like to _____ the Children's Party Pack.

W Okay, the Children's Party Pack _____ a large pizza and spaghetti.

M How _____ is it?

W It's $50.

M I'd like two _____, please.

W You can get it for a 20% _____ if you buy three or more packs.

M Well, no, thanks. I just need two. Do you _____ to have fruit juice?

W Sure, we have orange juice. It's $5 for _____ bottle.

M Okay, then I'll get five bottles.

W _____ else?

M No, _____ all.

10

M Carmen, your _____ looks so cute. Is it _____ to the laptop?

W Do you mean this USB lamp? Yes. It's for working at night.

M I'd like to get one like that. Where did you get it?

W From the ABC Online Store. It was on _____.

M How much did you _____ for it?

W The _____ price is $20, but I paid only $12.

M Good. It's pretty _____. What kind of bulb does it use?

W It has an LED bulb. It's energy _____ and lasts for a long time.

M I like the design, too. It's _____ and simple.

W On top of that, you can easily _____ the direction of the light.

M I think that's _____ what I'm looking for.

11

W Are you _____ from your busy city life?
Annapurna Adventure Bike Ride offers a week
of great _____ in the heart of the Himalayas.
We have 16 _____ per year. You can ride
along the _____ Himalayan valleys. Are you
worried that it might be too _____? Do not
worry about it. The _____ and dangerous
parts of the course are covered by car. We supply
new _____ mountain bikes and helmets
to give you a safe and _____ ride. Plus, a
_____ bike mechanic and a travel guide ride
along with each team. For more _____, visit
our website at www.annapurnaadventure.com.

12

M Honey, take a _____ at this website.

W What's that?

M Summer is coming, so I think we need a
_____ raft. Tony really wanted to have
_____ last summer.

W Oh, that's right. Which one do you think is good
for our family?

M Well, we don't _____ a rubber raft for five
people.

W I _____. And I don't want to spend more
than $50 on it.

M Right. We don't need to spend _____ much.
How about a black rubber raft?

W Well, I want one that's more _____.

M I understand. Now we should _____ one of
these two.

W We might want to _____ in it with Tony.

Why don't we buy a rubber raft for three people?

M Okay. You know Tony loves _____. Let's
order this one.

13

W Wow, our living room looks as _____ as new.

M Yeah. It was such a good idea to have it _____
light green. They did an _____ job.

W It's become a lot _____ than before.

M You're right. The color goes well with the
_____.

W That's the reason I chose _____ green.

M Oh, no. Jenny, you have to come and look at
this.

W What is it?

M There're some _____ of paint on the sofa.

W Oh, no. It was a wedding _____ from my
grandmother.

M They should've been more _____.

W Yeah. What should we do about this, honey?

14

M Hey, Wendy. What are you looking at?

W Look at this photo we _____ at Lou's birthday party. My eyes are red.

M Oh, it's the _____ effect. You can _____ it by looking at a light before the photo is taken.

W I didn't know that. How do you know that?

M I took a _____ class last summer.

W Oh, I see. Then can you give me some more _____ to look great in photos?

M Sure. _____ sure the camera lens is at your eye _____ or above.

W Can you tell me why?

M If the lens is _____ your eye level, you may look like you have a _____ chin in the photo.

15

W _____, Cameron moved to a new apartment near her workplace to reduce her _____ time. It is a new building, so it's clean and fully _____ and has good _____ to shopping malls. However, every evening after getting home from work, she could hear drumming and _____ from upstairs. She became very _____ as she couldn't sleep well. She asked the apartment manager to _____ to take care of the annoying noise. But nothing has changed. _____, she decided to _____ this problem in person. In this situation, what would Cameron most _____ say to her neighbor?

16~17

M Hello. I'm Larry Donovan. Welcome to Nature and Outdoors. When you go to an outdoor store, you see a variety of products with _____ functions. As an outdoor _____, I'm often asked if we need that many items. Well, my answer is no. It's painful to look _____ lots of items in a bag to find a simple tool. When it comes to _____ items for a camping trip, the _____ rule is to keep things simple. Write down the items that you're going to carry and _____ them into five groups. The first group is cutting tools, such as _____ and knives. The second one is _____ items, such as sleeping bags and tents. Then come the tools to make fires, like lighters and fuel. The last two groups are containers and food. If there are items that have the same _____, choose just one. Again, remember that more items mean more weight and more effort. Pack _____ and have fun with your camping trip!

18

A 우리말은 영어로, 영어는 우리말로 쓰시오.

1 student council _____

2 currently _____

3 tournament _____

4 다목적의 _____

5 취소하다 _____

6 교장 선생님 _____

B 괄호 안의 주어진 단어를 바르게 배열하시오.

1 For the last two weeks, (canceled, been, band practice, has).

→ _____

2 We are asking to be the only group (use, gets, the multipurpose room, that, to).

→ _____

C 다음 빈칸에 들어갈 알맞은 단어를 적으시오.

1 우리는 11학년 밴드부 회원들입니다.

We are the _____ of the 11th _____ band.

2 우리의 상황을 이해하고 우리를 위해서 투표해 주길 희망합니다.

We hope _____ you understand our _____ and _____ _____ us.

D 다음 괄호 안의 주어진 단어를 활용하여 문장을 완성하시오.

1 전체 학생회는 우리의 제안에 대해 투표를 해야 한다.
(entire, on, proposal) 9단어

→ _____
_____

2 우리는 다목적실에서 일주일에 두 번 연습해야 합니다.
(have to, practice) 11단어

→ _____
_____

19

A 우리말은 영어로, 영어는 우리말로 쓰시오.

1 ignore _____

2 celebration _____

3 accomplishment _____

4 ~임이 판명되다, 입증하다 _____

5 번영 _____

6 가치 있는 _____

B 괄호 안의 주어진 단어를 바르게 배열하시오.

1 You (be, to, it, proven, have) worthwhile.

→ _____

2 (cheers, saying, after), Harry started singing "For He's a Jolly Good Fellow."

→ _____

C 다음 빈칸에 들어갈 알맞은 단어를 적으시오.

1 그는 그녀를 무시하고 그녀의 두 손에 잔을 쥐었다.

He _____ her and _____ a glass _____ her hands.

2 나는 당신이 시간을 보냈던 방식에 대해 의아해 했던 적이 있었다.

I _____ _____ _____ _____ you spend your time.

D 다음 괄호 안의 주어진 단어를 활용하여 문장을 완성하시오.

1 Viola, 한잔 하지 않을래? (won't, a glass) 6단어

→ _____
_____

2 우리는 우유가 든 잔으로 그들을 따라하며 웃었다.
(copy, glasses, laughing) 8단어

→ _____
_____

20

A 우리말은 영어로, 영어는 우리말로 쓰시오.

1 imaginative _____
2 emotion _____
3 focus _____
4 돌아가다, 반납하다 _____
5 기쁜 _____
6 과업, 일 _____

B 괄호 안의 주어진 단어를 바르게 배열하시오.

1 Return to the joyful feelings (had, that, through, you, play).

→ _____

2 It (on, will, keep, focused, you) finishing your tasks.

→ _____

C 다음 빈칸에 들어갈 알맞은 단어를 적으시오.

1 이제 그런 감정들로 돌아갈 때이다.

It's _____ _____ _____ _____ to those emotions.

2 당신이 상상 속으로 들어갈 때, 당신이 얼마나 창의적일 수 있는지는 끝이 없다.

There is no _____ _____ _____ _____ you can be when you move into your imagination.

D 다음 괄호 안의 주어진 단어를 활용하여 문장을 완성하시오.

1 상상력은 일상의 과업들을 더 흥미롭게 만든다. (everyday, task) 6단어

→ _____

2 당신의 상상력을 사용하는 것은 당신이 어떻게 느끼도록 하였는가? (use, make) 8단어

→ _____

21

A 우리말은 영어로, 영어는 우리말로 쓰시오.

1 concept _____
2 at once _____
3 pay attention to _____
4 과제, 업무 _____
5 당면한, 가까운 _____
6 전략 _____

B 괄호 안의 주어진 단어를 바르게 배열하시오.

1 It's almost impossible (do, to, both, for, them) at once.

→ _____

2 I (noticed, coaches and parents, have, often, choose) the wrong time to explain concepts to children.

→ _____

C 다음 빈칸에 들어갈 알맞은 단어를 적으시오.

1 이것의 한 사례는 아이들이 경기 중일 때이다.

An _____ of this is _____ the children _____ _____ a game.

2 아이들은 당면 과제에 집중할 수 있어야 한다.

Children need to be able to _____ _____ the task _____ _____.

D 다음 괄호 안의 주어진 단어를 활용하여 문장을 완성하시오.

1 아이들이 경기하는 것과 듣는 것을 동시에 하는 것이 정말로 어렵다. (it, for, to, same) 14단어

→ _____

2 당신은 자신의 아들이 경기 하는 것을 지켜보는 아버지를 본 적이 있을 지도 모른다. (might, see, watch, his) 12단어

→ _____

22

A 우리말은 영어로, 영어는 우리말로 쓰시오.

1 commercial _____

2 of all time _____

3 impressive _____

4 정서적으로, 감정적으로 _____

5 연상, 연관 _____

6 전문가 _____

B 괄호 안의 주어진 단어를 바르게 배열하시오.

1 It (dramatically, told, so) a powerful story.

→ _____

2 They (an, impressive, storyline, included).

→ _____

C 다음 빈칸에 들어갈 알맞은 단어를 적으시오.

1 "Think Different" 캠페인은 역대 최고의 광고로 여겨진다.

"Think Different" campaign _____ _____ the best ad _____ _____ _____.

2 이런 모든 시나리오들의 목적은 사람들을 정서적으로 그리고 개인적으로 감동시키는 것이다.

The _____ in all these scenarios is to _____ people, _____ and _____.

D 다음 괄호 안의 주어진 단어를 활용하여 문장을 완성하시오.

1 우리가 기억하는 광고 방송들은 우리를 이야기 속으로 데려간다. (the, that, bring ~ into, a) 11단어

→ _____

_____

2 "Mean Joe Green" 광고 방송은 이야기의 또 다른 사례인데, 그 이야기에서 어린 소년은 자신의 영웅을 만난다. (a, in which, a little) 18단어

→ _____

_____

23

A 우리말은 영어로, 영어는 우리말로 쓰시오.

1 anxiety _____

2 adaptive _____

3 stalk _____

4 진화의 _____

5 적대적인 _____

6 포식동물, 포식자 _____

B 괄호 안의 주어진 단어를 바르게 배열하시오.

1 Anxiety (been, around, of years, thousands, for, has).

→ _____

2 It (helped, ancestors, avoid, our) dangerous situations.

→ _____

C 다음 빈칸에 들어갈 알맞은 단어를 적으시오.

1 삶이 위험에 처할 때 사람들에게 경고를 했다.

Anxiety warned people _____ their lives were _____ _____.

2 그래서 불안은 인구 대다수의 진화를 통해서 지속되었다.

Anxiety thus _____ through _____ in _____ _____ _____ the population.

D 다음 괄호 안의 주어진 단어를 활용하여 문장을 완성하시오.

1 그것은 그들이 그들의 생존에 대한 진정한 위협들에 반응하도록 만들었다. (react to, real) 10단어

→ _____

_____

2 경계를 유지하는 것은 고대 사람들이 포식 동물들과 싸우거나, 적들로부터 도망치거나, 꼼짝하지 않도록 도와주었다. (be on alert, freeze) 13단어

→ _____

_____

24

A 우리말은 영어로, 영어는 우리말로 쓰시오.

1 above _____

2 aged _____

3 followed by _____

4 조언을 구하다 _____

5 원천, 출처 _____

6 백분율 _____

B 괄호 안의 주어진 단어를 바르게 배열하시오.

1 The above graph shows (girls and boys, who, Australian, consulted) if they had problems.

→ _____

2 (boys, teachers, who, of, consulted, the percentage) was higher than that of girls who consulted teachers by 4 percentage points.

→ _____

C 다음 빈칸에 들어갈 알맞은 단어를 적으시오.

1 선생님께 조언을 구한 소녀들의 비율은 아버지들에게 조언을 구한 소녀들의 비율보다 더 낮았다.

The _____ of girls who consulted teachers was _____ _____ _____ _____ girls who consulted fathers.

2 소년들의 경우, 아버지가 두 번째로 많은 조언을 받는 원천이었고 친구가 그 뒤를 이었다.

For boys, fathers were the _____ _____ consulted source, _____ _____ friends.

D 다음 괄호 안의 주어진 단어를 활용하여 문장을 완성하시오.

1 만약 그들에게 문제가 있을 때, 어머니가 가장 많이 조언을 받는 원천이었다. (Mothers, consulted) 10단어

→ _____

2 형제 또는 자매에게 간 것 보다 더 많은 소녀들이 친구에게로 갔다. (more ~ than) 12단어

→ _____

25

A 우리말은 영어로, 영어는 우리말로 쓰시오.

1 special effect _____

2 extremely _____

3 budget _____

4 고집, 주장 _____

5 동시에 _____

6 완전한; 완료하다 _____

B 괄호 안의 주어진 단어를 바르게 배열하시오.

1 The Lydeckers developed (model aircraft, flying, for, a technique).

→ _____

2 This means that (achieved, the, filming, they, original, during, were).

→ _____

C 다음 빈칸에 들어갈 알맞은 단어를 적으시오.

1 그 형제들은 연작 영화의 특수 효과들을 담당했다.

The brothers _____ _____ _____ the _____ _____ in movie serials.

2 그들은 아주 적은 예산으로 극도로 사실적인 효과를 만드는 것을 전문으로 했다.

They _____ _____ creating extremely realistic effects on very _____ _____.

D 다음 괄호 안의 주어진 단어를 활용하여 문장을 완성하시오.

1 그 효과들은 동일한 영화 촬영용 필름(film stock)에 동시에 촬영되었다. (shoot, simultaneously, on) 10단어

→ _____

2 그것은 그들에게 비행기의 움직임에 대한 완전한 통제력을 주었다. (over, the aircraft) 11단어

→ _____

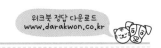

26

A 우리말은 영어로, 영어는 우리말로 쓰시오.

1 participate in _____

2 make a reservation _____

3 diet _____

4 입장료 _____

5 기회 _____

6 (전문적) 직업, 경력 _____

B 괄호 안의 주어진 단어를 바르게 배열하시오.

1 We (one Zookeeper Experience, day, schedule, per).

→ _____

2 You will learn (it, what, takes, work, to) in an animal care career.

→ _____

C 다음 빈칸에 들어갈 알맞은 단어를 적으시오.

1 동물 훈련에 참여하기

_____ _____ _____ animal training

2 동물의 무게를 재고 돌보는 일 돕기

Helping _____ and _____ _____ animals

D 다음 괄호 안의 주어진 단어를 활용하여 문장을 완성하시오.

1 동물원 입장료가 포함되어 있습니다. (admission) 4단어

→ _____

_____

2 예약을 위해 우리 홈페이지를 방문해 주십시오. (Please, a reservation) 8단어

→ _____

_____

27

A 우리말은 영어로, 영어는 우리말로 쓰시오.

1 navigation _____

2 hill walking _____

3 cover _____

4 나침반 _____

5 추산하다, 추정하다 _____

6 참가자 _____

B 괄호 안의 주어진 단어를 바르게 배열하시오.

1 Are (new, walking, you, hill, to)?

→ _____

2 (the hills, find, around, your way) with our one-day basic navigation course.

→ _____

C 다음 빈칸에 들어갈 알맞은 단어를 적으시오.

1 우리는 모든 참가자들에게 나침반을 제공합니다!

We _____ a compass _____ every participant!

2 18세 미만의 모든 참가자들은 성인을 동반해야 합니다.

All participants under 18 must _____

_____ _____ an adult.

D 다음 괄호 안의 주어진 단어를 활용하여 문장을 완성하시오.

1 점심을 가져오는 것과 워킹화 신는 것을 잊지 마십시오. (a lunch, wear, boots) 10단어

→ _____

_____

2 이 과정은 실내 수업으로 시작해서, 들판들과 언덕들을 지나 걷기로 이어집니다. (lesson, follow, a walk) 15단어

→ _____

_____

28

A 우리말은 영어로, 영어는 우리말로 쓰시오.

1 method   _____

2 captive   _____

3 electric wire   _____

4 풀어주다, 발매하다   _____

5 부착하다, 첨부하다   _____

6 휴대 가능한   _____

B 괄호 안의 주어진 단어를 바르게 배열하시오.

1 Once it's still, they (it, against, a tape measure, put) before returning it to a tank.

→ _____

2 They measure fish, (includes, the, which, fish, capturing) in a tank without oxygen.

→ _____

C 다음 빈칸에 들어갈 알맞은 단어를 적으시오.

1 물고기 견본 검사자(Fish sampler)들이 사용하는 구식의 방법은 댐 근처에서 물고기를 보는 것이다.

The old method which fish samplers _____ _____ _____ _____ fish near a dam.

2 견본 검사자(Sampler)들은 그것들을 그물로 잡아서 축양 장소로 가져간다.

Samplers _____ them in a net and _____ them _____ a holding place.

D 다음 괄호 안의 주어진 단어를 활용하여 문장을 완성하시오.

1 그 물고기는 꼬리표가 붙여져서 그것의 여정을 계속하도록 풀려나게 된다. (get, its journey) 10단어

→ _____
_____

2 그 물고기들은 기절하고 거의 마법처럼 그 전선으로 끌려온다. (stun, magically, the wire) 11단어

→ _____
_____

29

A 우리말은 영어로, 영어는 우리말로 쓰시오.

1 achievement   _____

2 factor   _____

3 lack   _____

4 존재   _____

5 원정대, 탐험   _____

6 시도하다; 시도   _____

B 괄호 안의 주어진 단어를 바르게 배열하시오.

1 A lack of information (to, expeditions, attempt, led, the summit) whenever they were ready.

→ _____

2 (considered, once, it, an, achievement, amazing, was) to reach the summit of Mount Everest.

→ _____

C 다음 빈칸에 들어갈 알맞은 단어를 적으시오.

1 2012년 봄에는 정상에 500명 이상의 사람들로 붐볐다.

In the spring of 2012, the summit _____ _____ _____ _____ _____ 500 people.

2 그곳에서 국기를 흔드는 등반가를 갖는 것이 심지어 국가의 명예였다.

_____ was even a national honor _____ _____ a climber _____ a national flag there.

D 다음 괄호 안의 주어진 단어를 활용하여 문장을 완성하시오.

1 한 가지 중요한 요인은 향상된 일기 예보이다. (one, improve) 7단어

→ _____
_____

2 무엇이 매우 많은 사람들이 그 정상에 도달하는 것을 가능하게 하는가? (make, for, so, to, reach) 12단어

→ _____
_____

30

A 우리말은 영어로, 영어는 우리말로 쓰시오.

1 despite _____

2 brush stroke _____

3 remain _____

4 시달리는, 괴로움을 당한 _____

5 가두다, 제한하다 _____

6 불구로 만드는 _____

B 괄호 안의 주어진 단어를 바르게 배열하시오.

1 Matisse (the, painter, watched, working) in his studio.

→ _____

2 Renoir (his, was, confined, home, to) during the last decade of his life.

→ _____

C 다음 빈칸에 들어갈 알맞은 단어를 적으시오.

1 Renoir는 그의 질병에도 불구하고 계속 그림을 그렸다.

Renoir _____ to paint _____ his illness.

2 거의 그가 죽는 날까지, Renoir는 캔버스에 그림을 그렸다.

Almost to _____ _____ day, Renoir _____ paint _____ canvas.

D 다음 괄호 안의 주어진 단어를 활용하여 문장을 완성하시오.

1 아름다움은 남고, 고통은 지나간다. (the, and) 7단어

→ _____

_____

2 그의 가장 유명한 그림 중 하나는 그의 죽음 2년 전에야 완성되었다. (painting, just, complete) 14단어

→ _____

_____

31

A 우리말은 영어로, 영어는 우리말로 쓰시오.

1 tough _____

2 deal with _____

3 play a part _____

4 계약; 계약하다 _____

5 협상하다 _____

6 최근의 _____

B 괄호 안의 주어진 단어를 바르게 배열하시오.

1 Many of the biggest stars in sports (tough, are, with, to deal).

→ _____

2 When I am working with a client, there are (that, take place, little things, hundreds of).

→ _____

C 다음 빈칸에 들어갈 알맞은 단어를 적으시오.

1 나는 종종 그들의 최근 휴가에 관심을 표현이다.

I often _____ _____ in their _____ _____.

2 자그마한 일은 나의 고객들이 나와 내 서비스에 얼마나 만족하고 편안해하는지에 있어서 중요한 역할을 한다.

Small stuff _____ ____ big _____ in how _____ and _____ my clients are with me.

D 다음 괄호 안의 주어진 단어를 활용하여 문장을 완성하시오.

1 첫 만남 동안에 에이전트는 그들과 관계를 거의 발전시키지 못한다. (Rarely, develop, meeting) 13단어

→ _____

2 세세한 것에 관심을 보이는 것은 오늘날의 정상급 운동선수에 대한 커다란 존중의 표시이다.

(pay attention to, a, huge) 14단어

→ _____

_____

32

A 우리말은 영어로, 영어는 우리말로 쓰시오.

1 status   _____

2 purchase   _____

3 on average   _____

4 폐기하다, 은퇴하다   _____

5 재조립하다   _____

6 해마다, 매년   _____

B 괄호 안의 주어진 단어를 바르게 배열하시오.

1 (small, of, a, number, them, only) are reassembled for reuse.

→ _____

2 Many countries (cell phones, new types of, replacing, old ones, seen, have) almost annually.

→ _____

C 다음 빈칸에 들어갈 알맞은 단어를 적으시오.

1 평균적인 사람은 자신의 휴대폰을 구매의 18개월 이내에 버린다.
The average person _____ _____ his or her cellphone within eighteen months of _____.

2 휴대 전화는 모든 전자 제품 중 가장 짧은 수명을 갖는 지위를 획득해온 것 같다.
Cellphones _____ _____ _____ _____ the status of having the shortest life cycle of all _____ _____.

D 다음 괄호 안의 주어진 단어를 활용하여 문장을 완성하시오.

1 이런 경향은 두 나라에 한정되어 있는 것은 아니다.
(trend, limit, both) 7단어

→ _____

_____

2 미국에서는 여전히 작동되는 1억 3천만 개가 넘는 휴대 전화가 폐기된다. (still-working, the United States, retire) 12단어

→ _____

_____

33

A 우리말은 영어로, 영어는 우리말로 쓰시오.

1 discipline   _____

2 persistence   _____

3 convey   _____

4 희생; 희생하다   _____

5 헌신, 전념   _____

6 전문 직업   _____

B 괄호 안의 주어진 단어를 바르게 배열하시오.

1 (having, worth, in, life, nothing) comes easily.

→ _____

2 Yet our popular culture (different, message, very, a, conveys) to children.

→ _____

C 다음 빈칸에 들어갈 알맞은 단어를 적으시오.

1 그들은 여러 해의 결심, 실천, 희생을 보지 않는다.
They don't see the many years of _____, _____, and _____.

2 대중문화는 하룻밤 사이의 성공들에 관한 이야기로 가득 차 있다.
Popular culture _____ _____ _____ stories about _____ successes.

D 다음 괄호 안의 주어진 단어를 활용하여 문장을 완성하시오.

1 성공은 어렵거나 시간 소모가 클 필요가 없다.
(don't have to) 9단어

→ _____

_____

2 성공은 헌신, 절제, 끈기의 어깨들 위에서 만들어진다.
(make, on, the) 11단어

→ _____

_____

34

A 우리말은 영어로, 영어는 우리말로 쓰시오.

1 associate _____

2 probability _____

3 savings account _____

4 보수적인 _____

5 연방의 _____

6 예금하다 _____

B 괄호 안의 주어진 단어를 바르게 배열하시오.

1 You (this, would, expect, be, to) a low-risk investment.

→ _____

2 (associated, the risk, with, an investment) can be defined as the probability of earning an expected profit.

→ _____

C 다음 빈칸에 들어갈 알맞은 단어를 적으시오.

1 연말에 당신은 1,020 달러를 가질 가능성이 크다.
_____ _____ _____ great _____ at the end of one year, you will have $1,020.

2 투자의 근본 원리들 중 하나는 위험과 수익 간의 관계를 기초로 한다.
One of the basic _____ of investing _____ _____ _____ the relationship between _____ and return.

D 다음 괄호 안의 주어진 단어를 활용하여 문장을 완성하시오.

1 당신은 연간 2%의 수익을 얻을 높은 가능성이 있다.
(a, probability, that, earn, a) **14단어**

→ _____

_____

2 보통 예금은 특정한 달러 액수까지 연방 정부에 의해 보장받는다. (guarantee, the, a, certain) **14단어**

→ _____

_____

35

A 우리말은 영어로, 영어는 우리말로 쓰시오.

1 philosopher _____

2 tool _____

3 label _____

4 중력 _____

5 범주 _____

6 수단, 재산 _____

B 괄호 안의 주어진 단어를 바르게 배열하시오.

1 Words give you a tool to create (how, world, understand, the, you).

→ _____

2 (of, word, the, his, use) gravity gave us a cognitive category.

→ _____

C 다음 빈칸에 들어갈 알맞은 단어를 적으시오.

1 여러분은 의심할 여지없이 Isaac Newton 경이 중력을 발견했다는 것을 배웠다.
You _____ _____ _____ Sir Isaac Newton discovered _____.

2 우리가 우주 속으로 날아가지 못하도록 막는 지구의 인력에 관해 우리는 이제 이야기를 한다.
We now talk about the pull of the Earth's forces _____ _____ _____ _____ _____ into space.

D 다음 괄호 안의 주어진 단어를 활용하여 문장을 완성하시오.

1 그가 그것을 발견했다기보다는 '분류했다'고 말하는 것이 더 정확할 것이다. (it ~ to, would, label, rather than) **14단어**

→ _____

_____

2 말은 다른 사람들에게 우리의 창조물과 발견들을 전달하는 상징적인 수단을 우리에게 제공한다.
(words, the, means, communicate) **14단어**

→ _____

_____

36

A 우리말은 영어로, 영어는 우리말로 쓰시오.

1 randomly _____
2 at least _____
3 lecture _____
4 의식 _____
5 알고 있는 _____
6 인정하다 _____

B 괄호 안의 주어진 단어를 바르게 배열하시오.

1 Did you (feel, be, named, honored, to) one of the first 'official questioners'?
→ _____

2 She'd been really nervous (up, at the beginning, of class, when, picked).
→ _____

C 다음 빈칸에 들어갈 알맞은 단어를 적으시오.

1 그녀는 강의와 토론의 내용을 더 잘 알게 되었다.
She _____ more _____ _____ the _____ of the lecture and discussion.

2 그 날의 공식 질문자가 된 후, 나의 학생 중 한 명이 내 사무실로 나를 찾아왔다.
After _____ the day's official questioner, _____ _____ my _____ visited me in my office.

D 다음 괄호 안의 주어진 단어를 활용하여 문장을 완성하시오.

1 그녀는 다른 강의들에서 느꼈었던 것과는 다르게 느꼈다.
(from, how, she'd) 10단어
→ _____
_____

2 나는 무작위로 '공식 질문자(official questioners)'의 칭호를 부여받는 두 명의 학생을 선정한다.
(select, who, give, the title) 13단어
→ _____

37

A 우리말은 영어로, 영어는 우리말로 쓰시오.

1 lab _____
2 preference _____
3 treat _____
4 결국, 마침내 _____
5 결정하다, 결심하다 _____
6 ~을 던져 버리다 _____

B 괄호 안의 주어진 단어를 바르게 배열하시오.

1 Chen (work, seven male monkeys, to, went, with) at a lab.
→ _____

2 The monkeys had (preferences, different, for, treats, strong).
→ _____

C 다음 빈칸에 들어갈 알맞은 단어를 적으시오.

1 원숭이들은 결국 동전으로 먹을 것을 살 수 있다는 것을 배웠다.
The monkeys _____ _____ _____ the coins could buy the treats.

2 그가 그것을 먹을 수 없다는 것을 결정한 후에 그것을 던져버렸다.
After _____ he couldn't eat it, he _____ _____ _____.

D 다음 괄호 안의 주어진 단어를 활용하여 문장을 완성하시오.

1 Keith Chen은 만약 그가 원숭이들에게 돈을 사용하도록 가르칠 수 있다면 어떤 일이 일어날지에 대해 궁금해 했다.
(wonder, happen) 14단어
→ _____
_____

2 그 원숭이가 그 동전을 Chen에게 돌려줄 때마다 원숭이는 먹을 것을 얻었다. (give ~ back, get, the treat) 13단어
→ _____

38

A 우리말은 영어로, 영어는 우리말로 쓰시오.

1 affect _____

2 tension _____

3 freeze up _____

4 기억하다, 회상하다 _____

5 태도 _____

6 극심한, 강렬한 _____

B 괄호 안의 주어진 단어를 바르게 배열하시오.

1 You can easily recognize (tension, link, and, between, this) memory.

→ _____

2 Your boss suddenly (a key fact, asks, for, you) or number during an important meeting.

→ _____

C 다음 빈칸에 들어갈 알맞은 단어를 적으시오.

1 당신은 극심한 불안의 부정적인 영향들을 줄일 수 있을 것이다.

You will be able to reduce the _____ _____ of _____ _____.

2 스트레스와 긴장을 줄이는 것은 당신이 당신의 기억을 극적으로 향상시키도록 도와줄 것이다.

_____ stress and tension will _____ _____ _____ your memory dramatically.

D 다음 괄호 안의 주어진 단어를 활용하여 문장을 완성하시오.

1 당신은 당신의 정신과 몸이 영향을 받고 있는 방식을 알아차리지 못할 수 있다. (may, the way, affect) 12단어

→ _____

2 당신이 그것을 잘 알고 있었다 할지라도, 당신은 얼어붙어서 그것을 기억할 수 없다.
(freeze up, even though, well) 13단어

→ _____

39

A 우리말은 영어로, 영어는 우리말로 쓰시오.

1 suggest _____

2 spread _____

3 germ _____

4 고아원 _____

5 서서히 _____

6 확인하다 _____

B 괄호 안의 주어진 단어를 바르게 배열하시오.

1 The babies (for, well fed, were, and cared).

→ _____

2 Recent research (touch, parents and nurses, and pat, to, encourages) babies as much as possible.

→ _____

C 다음 빈칸에 들어갈 알맞은 단어를 적으시오.

1 유럽 사람들은 신생아들을 만지는 것은 그들에게 좋지 않다고 믿었다.

People in Europe believed _____ _____ _____ was not _____ for them.

2 그 당시에 고아원들에서는 신생아를 껴안는 것이 허용되지 않았다.

In the _____ at that time, ____ _____ not permitted ____ _____ newborn babies.

D 다음 괄호 안의 주어진 단어를 활용하여 문장을 완성하시오.

1 접촉의 필요성은 상식적인 것 같다.
(the need, seem) 9단어

→ _____

2 그들은 그것이 세균들을 퍼트려서 신생아를 약하게 만든다고 생각했다. (think, will, make) 12단어

→ _____

40

A 우리말은 영어로, 영어는 우리말로 쓰시오.

1 lung cancer _____

2 outcome _____

3 latter _____

4 진술 _____

5 통계, 통계학 _____

6 떨어지다; 방울 _____

B 괄호 안의 주어진 단어를 바르게 배열하시오.

1 Some physicians (asked, recommend, decide, to, were, to) either surgery or radiation.

→ _____

2 The other physicians (with, this information, were, provided) about surgery outcomes.

→ _____

C 다음 빈칸에 들어갈 알맞은 단어를 적으시오.

1 그 내과 의사들의 절반은 "수술 후 한 달 생존율이 90%이다."라고 들었다.

_____ of the physicians were told, "The one-month _____ _____ for _____ is 90%."

2 똑같은 결과의 통계자료가 '생존'이라는 관점에서 짜 맞춰지면, 상당히 더 많은 내과 의사들이 수술을 선택한다.

When the same outcome statistics _____ _____ _____ _____ _____ 'survival,' considerably more physicians choose the surgery.

D 다음 괄호 안의 주어진 단어를 활용하여 문장을 완성하시오.

1 이 두 개의 진술들은 똑같은 결과를 설명하고 있다.
(the, describe) 7단어

→ _____
_____

2 이 정보를 받고, 그 내과 의사의 84%가 방사선 치료 (radiation)보다 수술을 권하기로 선택했다.
(give, the, choose ~ over) 13단어

→ _____
_____

41~42

A 우리말은 영어로, 영어는 우리말로 쓰시오.

1 ultimately _____

2 enthusiasm _____

3 artificial-tasting _____

4 죄책감이 드는, 유죄의 _____

5 의미, 중요성 _____

6 칭찬 _____

B 괄호 안의 주어진 단어를 바르게 배열하시오.

1 A cake (served, often, by, itself, is) and represents a complete dish.

→ _____

2 The women did not feel (the, they, cakes, made, though, as) were "theirs."

→ _____

C 다음 빈칸에 들어갈 알맞은 단어를 적으시오.

1 가정주부들은 특히 즉석 케이크 믹스를 사용하려 하지 않았다.
Housewives _____ peculiarly _____ _____ _____ instant cake mixes.

2 그녀는 부끄러움이나 죄책감을 느낄 뿐만 아니라, 그녀 자신이 또한 그녀의 손님들을 실망시킬 수도 있다.

_____ _____ would she feel _____ or _____, _____ she might _____ disappoint her guests.

D 다음 괄호 안의 주어진 단어를 활용하여 문장을 완성하시오.

1 모든 믹스들이 똑같이 열광적으로 환영받지는 않았다.
(not all, greet, enthusiasm) 8단어

→ _____
_____

2 비스킷들을 만드는 데 사용되는 그 믹스들이 매우 인기가 있는 이유를 누구도 설명하지 못했다.
(no one, why, the, so) 14단어

→ _____
_____

43~45

A 우리말은 영어로, 영어는 우리말로 쓰시오.

1 ingredient _____

2 would-be _____

3 generous _____

4 지루한 _____

5 과정, 처리 _____

6 감히 ~하다 _____

B 괄호 안의 주어진 단어를 바르게 배열하시오.

1 Treat a wall (you, people, treat, way, the).

→ _____

2 Henry was working inside and noticed (his, skilled, how, was, father).

→ _____

C 다음 빈칸에 들어갈 알맞은 단어를 적으시오.

1 그는 친구들을 쉽게 사귀는 행복하고, 외향적인 사람이었다.
He was a happy, _____ man who _____ _____ easily.

2 그의 아버지는 몇 방울을 흘렸지만, 즐겁게 하면서도 더 보기 좋은 벽을 만들었다.
His father _____ _____ a few drops but made a better-looking wall while _____ _____.

D 다음 괄호 안의 주어진 단어를 활용하여 문장을 완성하시오.

1 그의 평생 동안 그는 수백 채의 집들을 칠했음에 틀림없다.
(in one's lifetime, must) 10단어

→ _____
_____

2 그가 자신의 삶뿐만 아니라 자신의 일을 사랑했다고 말하는 것은 어렵지 않았다. (it ~ to, hard, as well as) 15단어

→ _____
_____

Review Plus

A 우리말은 영어로, 영어는 우리말로 쓰시오.

1 memorable _____

2 threat _____

3 considerably _____

4 수로, 사다리 _____

5 불명예, 수치 _____

6 품질 보증(서) _____

B 괄호 안의 주어진 단어를 바르게 배열하시오.

1 Think about some of the (time, all, most, advertisements, memorable, of).

→ _____

2 Anyone (ever, any, who, has, degree, accomplished) of success knows that nothing in life worth having comes easily.

→ _____

C 다음 빈칸에 들어갈 알맞은 단어를 적으시오.

1 그들이 동시에 둘 다 하는 것이 거의 불가능하다.
It's almost impossible _____ them _____ do both _____ _____.

2 케이크는 특별한 행사를 상징하며 커다란 정서적 의미를 자주 지닌다.
Cakes often _____ great emotional significance, _____ special occasions.

D 다음 괄호 안의 주어진 단어를 활용하여 문장을 완성하시오.

1 아픈 아기들은 서서히 나아지기 시작했다.
(baby, to, gradually) 8단어

→ _____
_____

2 몇몇 과학적 발견들은 종종 인류 역사에서 끔찍한 재앙을 초래했다 (led to, in) 11단어

→ _____
_____

Dictation

01

w Kevin, you look _____. Are you okay?

M I didn't _____ _____ sleep last night. I watched baseball on TV until 3 a.m.

w Oh, I didn't know you like baseball _____ _____.

02

M Wow, your plants look great! I don't know _____ mine look so unhealthy.

w How _____ do you _____ your plants?

M I water them several times every day.

03

w Good morning, students! This is _____ _____ from the student council. These days, _____ food waste has _____ _____ _____ at our school. Our school is spending a huge _____ _____ money getting rid of this waste. So, September to December, the student council will conduct a campaign to _____ food waste in our school cafeteria, and every Wednesday is now No Leftovers Day. Through this campaign, we expect to cut costs and will donate the money _____ to charity. All students, please keep in mind that our small steps can make a big difference. We need your support and participation in our No Leftovers Day campaign. Thank you.

04

M Hey, Judy. How _____ _____ _____?

w I've been very busy these days _____ a part-time job and _____ Chinese.

M Learning Chinese? Why?

w I'm going to Beijing _____ _____.

M Sounds great! Do you speak any Chinese?

w Not really. So I'm learning a little now.

M Do you have time to study Chinese?

w I'm taking an online course. It saves _____ time and money.

M Don't you think just doing online classes is boring?

w Well, some people might think so, but I think online classes have some advantages.

M Like what?

w I can do the lessons _____ I want to and _____ I am. In addition, I can review them over and over again.

M That makes sense. It'll surely help your learning.

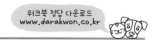
05

W Oh, poor thing! What _____ _____ this little dog?

M I'm not sure. He was found on the street and _____ _____ to my center this morning.

W He seems to be in a bad condition.

M How could he survive on the street? I feel so sorry for him.

W Let me check. He has a broken leg, and he doesn't seem _____ _____ _____ for a while.

M Does he need to have surgery?

W I think so. It'll take a couple of hours.

M I see. Can I _____ him _____ to my animal care center _____ after the surgery?

W I'm afraid not. He should stay here for a few days for special care.

M All right. I hope he gets well soon.

06

M How _____ the preparations for the play _____?

W I'm decorating the stage. Can you take _____ _____ _____ _____?

M Of course. That's what friends are for, isn't it?

W First, I put the piano in the front corner.

M The stage looks very _____. You put the microphone in the middle near the front of the stage.

W Yeah, I placed it there so the audience can hear the actors' voices clearly.

M Aha! What are the umbrellas _____ _____ the door for?

W When the actors dance, they will swing them cheerfully.

M That will be fantastic. Those two long swords on the wall look really nice, too.

W They are for the fight scene. And the bunch of flowers under the desk is for the proposal scene.

M Great! I hope your show is a great success.

07

W Dad, do you know it's Mom's birthday tomorrow?

M Of course. How could I forget?

W I thought you _____ _____ _____ _____.

M Come on. I'm thinking of throwing her a birthday party.

W How sweet! I have a good idea. Let's hide in the dark and jump out to surprise her when she gets home from work.

M Sounds fun! _____ _____ _____ work out a plan to give her a nice surprise?

W No problem. I'll _____ _____ _____ it. Dad, how about inviting Aunt Susan and Uncle Jack?

M Sure! And don't forget to decorate the living room with colorful balloons and flowers.

W Okay. Dad, we also need to buy a birthday cake. You know Mom loves cake.

M Don't worry. I've already ordered one. I'll go out to get it now.

08

M Hey, Laura. What _____ _____ _____ here in the office on Sunday?

W Hi. I've got something to do today. _____ _____ you, Mike?

M I am here to prepare for my presentation on our new products next Thursday.

W It's hard work, but I'm sure you'll do well.

M Thanks. By the way, you don't look so well. Is something wrong?

W No, not really. I just have a headache. The doctor told me _____ _____ some rest, but I can't.

M Yeah, I see. You have to get the advertisement poster done within a week, don't you?

W Right. That's why I'm here on the holiday. I _____ _____ _____ a good job to get promoted.

M Yeah, I understand. And I can help you if it's too much for you.

W No, thanks. I can take care of it by myself.

M Then I'll keep my fingers crossed for you!

09

W Welcome to New York City Sightseeing. _____ _____ I help you?

M Hi. I'm here to purchase city tour package tickets for today.

W Okay. There are one-day and half-day package tours. Which one _____ you _____?

M What's the difference?

W The one-day tour includes four routes and six attractions, and the half-day tour includes only two routes and three attractions.

M Umm. The one-day tour _____ _____ for my family. How much is it?

W It's $60 for adults and $40 for children.

M I see. I'd like tickets for two adults and two kids. Can I _____ _____ _____ with a Metropolitan Membership Card?

W Yes. You'll get a 10% discount _____ the total price.

M Great. Here's my credit card.

10

M Honey, _____ _____ _____ take Diana to Sand Art Creations tomorrow?

W Great idea! I think I saw a banner for it at the City Art Center.

M That's what I'm talking about. The center hosts the activity every Saturday.

W Are you sure it _____ be too difficult for Diana? She's only 4.

M No. It's for children from ages 3 to 7.

W All right. Is there anything we need for the activity?

M They asked us _____ _____ extra clothes, towels, and a family picture.

W Oh, that's a lot of things to prepare. When should we leave?

M The activity _____ _____ three p.m., so let's leave _____ _____.

W Okay. Two is fine with me.

11

W Good morning, everyone! I'm Kate Smith, the organizer of the Puppies Photo Contest, _____ _____ for middle and high school students. There are two themes in our contest: "Cute Puppies" and "Unlikely Friends." For "Cute Puppies," submit the _____ _____ _____ your puppies. And for "Unlikely Friends," send in the best photo of your puppies _____ _____ _____ their best animal friends of different species, such as cats or rabbits. For both themes, make sure people are not in the photo. We accept only digital images. Photocopies and computer printouts will not _____ _____. Upload your entries on our website at www.puppiescontest.com by May 10. Good luck!

12

M Hello. How can I help you?

W _____ _____ _____ buy a badminton racket. What would you recommend?

M _____ me _____ you our product list. What type of player are you, offensive or defensive?

W Well, I'm not sure. I think I play both styles.

M If so, the all-round racket _____ _____ the best choice for you.

W That sounds good. What frame should I choose, aluminum or carbon fiber?

M I'd recommend carbon fiber frames. They are much _____ and more flexible.

W Okay. I'll take a carbon frame. That leaves me with two options. Why is this model more expensive?

M It's a brand-new one. It just _____ _____ last week.

W Well, I don't need the latest model. The cheaper one will do.

M I see. Let me show you the racket. Here you are.

W Hmm... It looks good. I'll take it.

13

W Harry, do you _____ _____ _____ drawing pencil for art class?

M Yes, but it needs sharpening.

W Mrs. Wilson may have a pencil sharpener. I'll ask her.

M I did, but she _____ _____ _____ her office.

W If I had a knife, I could sharpen it.

M Can you do that? _____ _____ dangerous?

W It's not that dangerous. It takes some skill though.

M I see. Where did you learn to sharpen pencils?

W My father taught me when I was very young.

M Wow! I wish I knew how to do it.

14

M Melissa, _____ _____ your preparations for the flute audition for the school orchestra _____?

W I've been practicing a lot. But there's one problem.

M What is it?

W I'm still _____ _____ a person to play the piano for me.

M Did you ask Sarah? She's a good piano player.

W I already did, but she said the song is difficult for her, so she needs about a month _____ _____ it.

M When is the audition?

W It's only two weeks away. Do you know anyone else who can play for me?

M Hmm, why don't you ask Aiden?

W Aiden? The one _____ _____ _____ our physics class last semester?

M Yeah, he's a good pianist, too. I heard he's going to _____ _____ piano in college.

15

W Recently, Julie _____ _____ _____ _____ riding a bike. She wants to buy one, but as new ones cost too much, she decides to purchase a _____ _____. She searches several websites to find a good one. She finally finds one she likes. Then, she calls the person selling the bike and arranges _____ _____ him. However, after meeting the seller and examining the bike, she's very disappointed. The condition of the bike is _____ than she thought when she saw it on the website. So she decides not to purchase it. In this situation, what would Julie _____ likely say to the man?

16~17

M Hello, students! Have you _____ _____ _____ when you want to get good grades but don't know what to do? Today, I'm going to tell you a few things to help you with your studies. First of all, you _____ _____ a study planner. It should include your study schedule and learning goals. It'll be helpful to draw up a timetable, and you should revise it when it is necessary. Another thing to consider is creating your own notebook. Take notes _____ charts, graphs, and mind maps so you can memorize the information systematically. Next, read your textbook until you can thoroughly understand what it says. _____ you _____ _____ know about a subject is in the textbook, and it's the best basic material for studying. Lastly, make sure you won't be disturbed by anything _____ you're studying. For example, smartphones are the biggest distraction to your studies. Just turn off yours when studying. Good luck!

Review

18

A 우리말은 영어로, 영어는 우리말로 쓰시오.

1 potted plant _____

2 electromagnetic field _____

3 call-in _____

4 압도하다 _____

5 농업의 _____

6 실내의 _____

B 괄호 안의 주어진 단어를 바르게 배열하시오.

1 I have (fill, an, to, in, for, your, station, idea).

→ _____

2 (information, agricultural, overwhelm, your, than, with, audience, rather), take a light approach to the subject.

→ _____

C 다음 빈칸에 들어갈 알맞은 단어를 적으시오.

1 이 화분의 식물이 건강하고 잘 자라고 있습니까?

_____ these plants healthy and _____ well?

2 크게 히트칠 것[성공할 것]처럼 들리지 않으시나요?

_____ this _____ _____ a big hit?

D 다음 괄호 안의 주어진 단어를 활용하여 문장을 완성하시오.

1 식물과 식물 관리에 대해서 설명하는데 흥미 요소를 가미하십시오. (put, describe) 9단어

→ _____

2 당신은 사람들이 질문을 할 수 있는 청취자 전화 참여 코너를 마련할 수도 있을 것입니다. (call-in, segment) 12단어

→ _____

19

A 우리말은 영어로, 영어는 우리말로 쓰시오.

1 sweaty _____

2 bowl _____

3 take a breath _____

4 (아래위·안팎으로) 빠르게 흔들다 _____

5 의기양양하게 _____

6 주먹 _____

B 괄호 안의 주어진 단어를 바르게 배열하시오.

1 I (off, on, dried, them) a towel.

→ _____

2 I (in, fist, the, air, pumped, my) and came back to the bench victoriously.

→ _____

C 다음 빈칸에 들어갈 알맞은 단어를 적으시오.

1 Cory, Laura와 Gray는 나보다 앞서 있었지만, 겨우 몇 점 차이밖에 나지 않았다.

Cory, Laura, and Gray were ahead of me, but _____ _____ ____ _____ points.

2 내가 만약 이번 프레임에서 스트라이크를 치면, 나는 이 게임에서 이길 것이다.

If I _____ bowl a strike in this frame, I _____ win the game.

D 다음 괄호 안의 주어진 단어를 활용하여 문장을 완성하시오.

1 열 번째 프레임에, 나의 심장은 마구 뛰기 시작했다. (frame, race) 9단어

→ _____

2 나는 깊은 심호흡을 했다. (breath) 5단어

→ _____

20

A 우리말은 영어로, 영어는 우리말로 쓰시오.

1 alternative _____

2 convince _____

3 urgently _____

4 곤궁, 궁핍, 절박함 _____

5 영구한, 불변의 _____

6 여유가 되다, 형편이 되다 _____

B 괄호 안의 주어진 단어를 바르게 배열하시오.

1 It will buy them (look, permanent, for, help, to, time).

→ _____

2 It's often best (to, a, find, to, begin, with, solution, temporary) and decide on a permanent one later.

→ _____

C 다음 빈칸에 들어갈 알맞은 단어를 적으시오.

1 멈추고 대안적인 행동 방침을 고려해봐라.

Stop and consider _____ courses _____

_____.

2 그것들은 당신에게 현명한 선택을 하는 데 필요한 시간을 줄 것이다.

They'll give you the time you _____ _____

_____ a wise choice.

D 다음 괄호 안의 주어진 단어를 활용하여 문장을 완성하시오.

1 임시방편은 더 값비쌀지도 모른다. (solution) 6단어

→ _____

_____

2 여유가 된다면 그들은 한동안 전문 보모를 고용할 수 있다. (hire, nanny, afford) 14단어

→ _____

_____

21

A 우리말은 영어로, 영어는 우리말로 쓰시오.

1 end up -ing _____

2 extracurricular _____

3 ironically _____

4 그 동안에, 한편 _____

5 과제, 임무 _____

6 잘못 해석하다, 오해하다 _____

B 괄호 안의 주어진 단어를 바르게 배열하시오.

1 We (up, something, doing, end, wrong).

→ _____

2 It's (limits, recognize, you, your, to, to, up).

→ _____

C 다음 빈칸에 들어갈 알맞은 단어를 적으시오.

1 더 많은 공을 저글링 할수록, 공을 떨어뜨리기가 더 쉽다

_____ _____ balls you try to juggle, _____

_____ _____ you are to drop one.

2 많은 과외 활동들이 당신을 첫 번째로 선택한 대학에 들어갈 수 있게 할 것이다.

Many extracurricular activities _____ _____ you

_____ your first choice college.

D 다음 괄호 안의 주어진 단어를 활용하여 문장을 완성하시오.

1 당신은 축구 클럽과 운동을 하면서 시간을 보낸다. (work out) 9단어

→ _____

_____

2 그들은 당신에게 너무 많은 것을 바라지는 않는다. (expect) 7단어

→ _____

_____

22

A 우리말은 영어로, 영어는 우리말로 쓰시오.

1 in essence   _____

2 metaphor   _____

3 preserve   _____

4 신경   _____

5 신경(계통)의   _____

6 개선장치   _____

B 괄호 안의 주어진 단어를 바르게 배열하시오.

1 We (are, processing, to, the, a lot of, moving) an external device.

→ _____

2 When (computer, run, to, our, slowly, starts), we might buy a larger memory card.

→ _____

C 다음 빈칸에 들어갈 알맞은 단어를 적으시오.

1 본질적으로 그들의 기억력을 확장하려고 노력하는 중이었다.

They were _____ _____ trying _____ _____ the capacity of their memory.

2 그들은 자신의 기억의 일부를 점토판에 보존함으로써 인간의 기억력을 확장시켰다.

They _____ human memory _____ _____ some of their memories on clay tablets.

D 다음 괄호 안의 주어진 단어를 활용하여 문장을 완성하시오.

1 그것은 우리 뇌의 확장이 된다. (extension) 8단어

→ _____
_____

2 우리는 정보를 저장하는 데 도움을 주는 다른 방법들을 발전시켰다. (mechanism) 11단어

→ _____
_____

23

A 우리말은 영어로, 영어는 우리말로 쓰시오.

1 germ   _____

2 infection   _____

3 dye   _____

4 (좁고 가느다란) 띠, 줄무늬   _____

5 지표   _____

6 상처, 부상   _____

B 괄호 안의 주어진 단어를 바르게 배열하시오.

1 It (pH, to, levels, changing, reacts) in the skin.

→ _____

2 Healthy skin and healed wounds (of, show, 5, pH, usually, a, value, below).

→ _____

C 다음 빈칸에 들어갈 알맞은 단어를 적으시오.

1 새로운 드레싱은 그들이 감염이 진행 중인지를 알 수 있게 해준다.

A new dressing _____ them _____ tell _____ an infection is developing.

2 그들은 단지 드레싱 표면에 있는 색깔 띠를 확인하면 된다.

They only _____ ____ _____ a color strip _____ the outside _____ the dressing.

D 다음 괄호 안의 주어진 단어를 활용하여 문장을 완성하시오.

1 환자의 드레싱을 제거할 때마다, 세균이 침투할 수 있다. (Each, remove, germ, get in) 10단어

→ _____
_____

2 그 비밀은 드레싱에 사용된 염료에 있다. (lie, dye) 10단어

→ _____
_____

24

A 우리말은 영어로, 영어는 우리말로 쓰시오.

1 win _____

2 loss _____

3 as well as _____

4 (미국의) 주(州) _____

5 기록; 기록하다 _____

6 정확히 _____

B 괄호 안의 주어진 단어를 바르게 배열하시오.

1 The graph above shows four schools (extra-inning, games, with, most, the).

→ _____

2 Southern California had (largest, extra-inning, games, the, number, as well as, of) the most wins.

→ _____

C 다음 빈칸에 들어갈 알맞은 단어를 적으시오.

1 모든 팀들이 연장전 경기에서 패배보다 승리가 더 많았다.

_____ _____ teams had _____ wins _____ losses in the extra-inning games.

2 네 개 학교 중 세 개 학교가 연장전 경기를 치른 횟수가 열 번이 넘었다.

Three _____ _____ _____ schools played _____ _____ ten extra-inning games.

D 다음 괄호 안의 주어진 단어를 활용하여 문장을 완성하시오.

1 Arizona State와 Texas는 정확히 같은 기록을 가졌다. (exactly, record) 9단어

→ _____

2 Oklahoma State는 열 번이 안 되는 연장전 경기를 치렀다. (extra-inning) 8단어

→ _____

25

A 우리말은 영어로, 영어는 우리말로 쓰시오.

1 insight _____

2 constantly _____

3 subject _____

4 경력 _____

5 인상적인 _____

6 출판하다 _____

B 괄호 안의 주어진 단어를 바르게 배열하시오.

1 He began (art, his, at, studying, by, career) the Munich Academy.

→ _____

2 Paul (art, books, a, published, number, about, of).

→ _____

C 다음 빈칸에 들어갈 알맞은 단어를 적으시오.

1 Paul Klee는 1879년 12월 18일에 스위스의 Bern에서 태어났다.

Paul Klee _____ _____ _____ Bern, Switzerland, _____ December 18, 1879.

2 7세 때 그는 바이올린 연주법을 배웠고, 어른이 되어서도 연주하기를 계속했다.

At the age of seven, he learned _____ _____ the violin, and he continued _____ throughout his adult life.

D 다음 괄호 안의 주어진 단어를 활용하여 문장을 완성하시오.

1 그의 어머니는 가수이자 아마추어 화가였다. (amateur) 8단어

→ _____

2 비록 음악이 Paul에게 중요하긴 했지만, 그는 화가가 되었다. (although) 10단어

→ _____

26

A 우리말은 영어로, 영어는 우리말로 쓰시오.

1 facility _____

2 clear out _____

3 national holiday _____

4 (반드시) ~하게 하다 _____

5 금지하다 _____

6 최고[최대]의 _____

B 괄호 안의 주어진 단어를 바르게 배열하시오.

1 Ensure that (silent, on, is, mobile, your, phone).
→ _____

2 We are very (let, know, happy, that, you, to) we have finally built a public library in our community.
→ _____

C 다음 빈칸에 들어갈 알맞은 단어를 적으시오.

1 모든 통화는 열람실 안에서 금지됩니다.
All calls _____ _____ inside the reading room.

2 음식물 또는 물을 제외한 음료는 도서관 내에서 허용되지 않습니다.
No food or drinks (_____ water) _____ _____ in the library.

D 다음 괄호 안의 주어진 단어를 활용하여 문장을 완성하시오.

1 늦게 책을 반납한 사람들은 대출을 다시 할 수 없습니다. (return, check out) 10단어
→ _____
_____

2 마감 10분 전에 도서관이 정리될 것입니다. (clear out, cloisng) 10단어
→ _____
_____

27

A 우리말은 영어로, 영어는 우리말로 쓰시오.

1 form _____

2 take part (in) _____

3 application _____

4 ~을 필요로 하다, ~의 대상이다 _____

5 (행사를) 주최하다 _____

6 취소 _____

B 괄호 안의 주어진 단어를 바르게 배열하시오.

1 Each project lasts for 5 days and (with, a, performance, for, finishes) the family.
→ _____

2 The Crescent Theater (hosts, projects, 3 fun-packed, theater, youth).
→ _____

C 다음 빈칸에 들어갈 알맞은 단어를 적으시오.

1 참가 취소는 30달러의 취소 비용을 필요로 합니다.
Cancelations _____ _____ _____ _____ a $30 cancelation fee.

2 Crescent에서 이번 여름방학을 즐겁게 보내세요.
_____ _____ at the Crescent this summer vacation.

D 다음 괄호 안의 주어진 단어를 활용하여 문장을 완성하시오.

1 청소년들은 배우가 되어볼 기회를 가질 수 있습니다. (chance, actors) 9단어
→ _____
_____

2 우리 웹사이트에서 지원서 양식을 내려 받고 그것을 우리에게 이메일로 다시 보내 주십시오. (application, return) 14단어
→ _____
_____

28

A 우리말은 영어로, 영어는 우리말로 쓰시오.

1 exceptional _____

2 pursue _____

3 look in on _____

4 의학, 의술 _____

5 (자세히) 관찰하다, 정밀 검사하다 _____

6 비언어적인, 말을 쓰지 않는 _____

B 괄호 안의 주어진 단어를 바르게 배열하시오.

1 I (to, myself, remember, thinking), "Well, I could do that."

→ _____

2 It (me, no, became, answer, could, that, clear, to, doctor) my basic questions.

→ _____

C 다음 빈칸에 들어갈 알맞은 단어를 적으시오.

1 나의 부모님은 의사들을 뛰어난 존재인 것처럼 우러러보았다.

My parents _____ medical doctors _____ they _____ exceptional beings.

2 나는 "무엇이 제 병의 원인인가요?"라고 나를 진찰하는 의사마다 물었다.

I asked each doctor _____ _____ me, "_____ _____ my disease?"

D 다음 괄호 안의 주어진 단어를 활용하여 문장을 완성하시오.

1 나는 입원하고 나서야 의사가 되는 꿈을 꾸었다. (never, dream, until) 12단어

→ _____

_____

2 어떻게 저를 낫게 해주실 건가요? (make, better) 6단어

→ _____

29

A 우리말은 영어로, 영어는 우리말로 쓰시오.

1 prehistoric _____

2 supernatural _____

3 pseudoscience _____

4 변장하다, 위장하다 _____

5 재료, 요소 _____

6 원시의, 원시적인 _____

B 괄호 안의 주어진 단어를 바르게 배열하시오.

1 Any attempt to use nature meant (nature, against, her, will, forcing).

→ _____

2 The characteristic of pseudoscience is that (ingredients, of, lacks, key, the, it, science).

→ _____

C 다음 빈칸에 들어갈 알맞은 단어를 적으시오.

1 과학의 방법들은 대체로 초자연적인 것에 대한 의존을 없앴다.

The _____ of science have _____ removed reliance _____ the supernatural.

2 의구심과 있을 수 있는 오류에 대한 검사가 단호하게 무시된다.

Doubts and tests _____ possible wrongness _____ _____ _____.

D 다음 괄호 안의 주어진 단어를 활용하여 문장을 완성하시오.

1 과학은 자연의 법칙 내에서 작용한다. (within) 5단어

→ _____

2 그것들은 심지어 과학기술이 발달한 문화에서 생존한다. (survive, advanced) 6단어

→ _____

30

A 우리말은 영어로, 영어는 우리말로 쓰시오.

1 hand down　　_____

2 at least　　_____

3 name after　　_____

4 스냅 사진, 순간 촬영　　_____

5 위로하다, 위안을 주다　　_____

6 직접(적으로), 곧장　　_____

B 괄호 안의 주어진 단어를 바르게 배열하시오.

1 I doubt (to, up, grow, be, he, will, a, writer).
→ _____

2 I felt (I, was, with, taking, like, snapshots) my mind.
→ _____

C 다음 빈칸에 들어갈 알맞은 단어를 적으시오.

1 처음에, 나는 잘하지 못했지만, 점점 나아졌다.
At first, I _____ _____, but I'd _____ _____.

2 나는 그 이후로 매일 그것을 사용하거나, 적어도 그렇게 하려고 노력하고 있다.
I've _____ _____ it every day _____ _____, or at least trying to.

D 다음 괄호 안의 주어진 단어를 활용하여 문장을 완성하시오.

1 그는 나에게 기억이 근육이라고 가르쳤다. (a, muscle) 8단어
→ _____

2 그는 내가 했던 것보다 그것을 더 잘한다. (better) 8단어
→ _____

31

A 우리말은 영어로, 영어는 우리말로 쓰시오.

1 intention　　_____

2 maintenance　　_____

3 tend　　_____

4 결국 ~에 이르게 되다　　_____

5 너무 익은　　_____

6 밭뙈기, 작은 면적의 땅　　_____

B 괄호 안의 주어진 단어를 바르게 배열하시오.

1 Many family gardeners fall into (a garden, of, creating, that, the trap, large, is, too).
→ _____

2 We (a garden, of, with, up, ended, full) overripened fruit and out-of-control, overgrown plants.
→ _____

C 다음 빈칸에 들어갈 알맞은 단어를 적으시오.

1 우리 가족도 큰 정원을 심었지만 결국에는 정원 가꾸기에 들이는 시간을 서서히 줄이게 되었다.
My family planted large gardens _____ _____ _____ _____ slowly on the time _____ to gardening.

2 이 상황은 아이들은 말할 것도 없이 정원을 가꾸는 성인들에게도 즐겁지 않은 일이다.
This situation is not enjoyable for adult gardeners, _____ _____ for children.

D 다음 괄호 안의 주어진 단어를 활용하여 문장을 완성하시오.

1 너무 큰 정원은 악몽이 될 것이다.
(that, large, nightmare) 10단어
→ _____

2 대부분 아이들은 더운 날에 정원을 돌보며 지내는 것을 즐기지 않을 것이다. (tend, hot days) 10단어
→ _____

32

A 우리말은 영어로, 영어는 우리말로 쓰시오.

1 in unison _____
2 moral _____
3 authority _____
4 떼, 무리 _____
5 포식자, 포식동물 _____
6 절대적인 _____

B 괄호 안의 주어진 단어를 바르게 배열하시오.

1 This behavior (of, groups, is, a, property).
→ _____

2 They move in a way (that, intentions, for, the accounts, of) all the birds.
→ _____

C 다음 빈칸에 들어갈 알맞은 단어를 적으시오.

1 이러한 행동은 개별적 존재 내에 있는 것이 아니다.
This behavior _____ _____ _____ _____ individual creatures.

2 각각의 새가 조금씩 기여를 하고, 그 무리의 선택은 각각의 새의 선택보다 더 낫다.
Each bird contributes _____ _____, and the whole flock's choice _____ _____ _____ an individual bird's one.

D 다음 괄호 안의 주어진 단어를 활용하여 문장을 완성하시오.

1 그 집단의 움직임의 중앙 통제는 없다.
(central, movement) 11단어
→ _____
_____

2 그 집단은 일종의 집단 지성을 보여준다.
(intelligence, kind) 8단어
→ _____

33

A 우리말은 영어로, 영어는 우리말로 쓰시오.

1 regulate _____
2 rigid _____
3 appreciate _____
4 반응을 잘 하는 _____
5 섬세한, 민감한 _____
6 ~을 고수하다, ~에 집착하다 _____

B 괄호 안의 주어진 단어를 바르게 배열하시오.

1 It is hard (get, constructive, a, going, to, dialogue).
→ _____

2 A policeman (the, situation, see, and, would) change the traffic light.
→ _____

C 다음 빈칸에 들어갈 알맞은 단어를 적으시오.

1 여러분이 적신호에 걸려 차 안에서 기다려야 했던 경험이 있습니까?
_____ you ever _____ _____ _____ in a car _____ a red light?

2 흐름을 조정하는 인간의 시스템은 기계적인 시스템보다 거의 항상 더 즉각적인 반응을 한다.
A human system of _____ flow is _____ _____ more responsive than a mechanical one.

D 다음 괄호 안의 주어진 단어를 활용하여 문장을 완성하시오.

1 참가자들을 정해진 순서로만 발언하도록 허락된다.
(participant, fix) 11단어
→ _____

2 모든 회의는 균형 잡힌 대화의 흐름을 유지할 지도자를 필요로 한다. (every, leader, who, keep, balance, conversational) 12단어
→ _____
_____

34

A 우리말은 영어로, 영어는 우리말로 쓰시오.

1 define   _____

2 include   _____

3 exclude   _____

4 어쨌든, (예상과는 달리) 결국에는   _____

5 규명하다, 확립하다   _____

6 비교적, 상대적으로   _____

B 괄호 안의 주어진 단어를 바르게 배열하시오.

1 If you ask someone to name three sports, he or she (most, able, will, likely, to, be, answer) with ease.

→ _____

2 Deciding on clear parameters that define those activities is (thing, relatively, difficult, do, a, to).

→ _____

C 다음 빈칸에 들어갈 알맞은 단어를 적으시오.

1 많은 사람들이 한번쯤은 자기 뒤뜰에서 배드민턴을 쳤다.
   Many people _____ _____ badminton _____ their backyards.

2 거의 모든 사람은 어떤 유형의 활동이 스포츠로 여겨지는지에 대한 생각을 가지고 있다.
   _____ everyone has an idea about _____ _____ _____ activities _____ _____ _____ sports.

D 다음 괄호 안의 주어진 단어를 활용하여 문장을 완성하시오.

1 배드민턴은 거의 스포츠로 여겨지지 않았다.
   (hardly, consider) 6단어

   → _____

   _____

2 오늘날 놀이로 여겨지는 활동이 미래에는 스포츠가 될 수도 있다. (regard, activities) 14단어

   → _____

   _____

35

A 우리말은 영어로, 영어는 우리말로 쓰시오.

1 peel   _____

2 attach   _____

3 source   _____

4 잠재적인; 잠재력   _____

5 신뢰할 수 없는   _____

6 얼빠진, 멍한   _____

B 괄호 안의 주어진 단어를 바르게 배열하시오.

1 Have you ever (absentminded, something, done)?

→ _____

2 How about sending an email (document, attached, there, saying, a, is) without actually attaching it?

→ _____

C 다음 빈칸에 들어갈 알맞은 단어를 적으시오.

1 뇌는 첨부 문서가 없는 이메일을 보내라고 손가락에게 명령을 내린다.
   The brain _____ the fingers _____ _____ the _____ email

2 우리는 수신인이 그것을 지적하는 이메일을 받을 때까지 실수를 깨닫지 못한다.
   We don't realize our mistake _____ we get an email from the addressee _____ _____ _____.

D 다음 괄호 안의 주어진 단어를 활용하여 문장을 완성하시오.

1 이와 같은 일상적인 실수들은 항상 일어난다.
   (Everyday, time) 8단어

   → _____

   _____

2 모르거나 신뢰할 수 없는 출처로부터 온 이메일의 첨부 문서들을 열지 않는 것이 현명하다. (it, to, from, an) 14단어

   → _____

   _____

36

A 우리말은 영어로, 영어는 우리말로 쓰시오.

1 purchase _____

2 transport _____

3 rent _____

4 수익, 이익 _____

5 임금 _____

6 광고하다 _____

B 괄호 안의 주어진 단어를 바르게 배열하시오.

1 There are (pay, costs, you, that, number, of, a, make) much more than you would pay the farmer.

→ _____

2 The store advertises (ad, newspaper, tomatoes, in, its, weekly).

→ _____

C 다음 빈칸에 들어갈 알맞은 단어를 적으시오.

1 그 토마토는 그 상점으로 운송되어야 한다.

That tomato _____ _____ _____ _____ to the store.

2 당신은 그 물품뿐만 아니라 그 물품이 당신에게 도달하기까지 드는 비용도 지급한다.

You are paying _____ _____ for the item _____ _____ for the costs to get that item to you.

D 다음 괄호 안의 주어진 단어를 활용하여 문장을 완성하시오.

1 그 농부는 여전히 괜찮은 수익을 올릴 수 있을 것이다. (would, make, nice) 8단어

→ _____
_____

2 농부가 토마토 한 개를 재배하는 데 비용이 매우 적게 들 것이다. (it, might, cost, very little) 11단어

→ _____
_____

37

A 우리말은 영어로, 영어는 우리말로 쓰시오.

1 ritualized _____

2 rough-and-tumble play _____

3 identical _____

4 ～와 협력하여, ～와 조화를 이루어 _____

5 A를 B로 끌어들이다 _____

6 상상의, 가상적인 _____

B 괄호 안의 주어진 단어를 바르게 배열하시오.

1 Evolution (not, humans, did, to, the, ability, play, soccer, give).

→ _____

2 We have to work in concert with ten teammates (met, have, never, before, we, may).

→ _____

C 다음 빈칸에 들어갈 알맞은 단어를 적으시오.

1 이것이 우리로 하여금 할 수 있게 한 것이라고는 아마 혼자 페널티킥을 연습하는 것뿐일 것이다.

All that this _____ us _____ _____ is perhaps practice penalty kicks _____.

2 상대편 열한 명의 선수들이 같은 규칙으로 경기를 하고 있다는 것을 알 필요가 있다.

We also need _____ _____ that the eleven players on the _____ team are playing _____ the same rules.

D 다음 괄호 안의 주어진 단어를 활용하여 문장을 완성하시오.

1 십 대들은 축구에 대한 그러한 유전자들을 가지고 있지 않다. (no, such, genes) 7단어

→ _____
_____

2 그들은 완전히 낯선 사람들과 그 경기를 할 수 있다. (complete) 8단어

→ _____
_____

38

A 우리말은 영어로, 영어는 우리말로 쓰시오.

1 application _____

2 mow _____

3 radically _____

4 쏟아 붓다 _____

5 특허권[증] _____

6 서둘다, 재촉하다 _____

B 괄호 안의 주어진 단어를 바르게 배열하시오.

1 The machine was based on (years, that, old, technology, twenty, was).

→ _____

2 We have invented (sorts, all, devices, to, social, hasten, of) the process.

→ _____

C 다음 빈칸에 들어갈 알맞은 단어를 적으시오.

1 과학적 발견들은 과거 어느 때보다 더 빠른 속도로 현실이 되고 있다.

Scientific discoveries _____ _____ reality at a faster rate _____ _____ _____.

2 150년이 더 지나서야 타자기는 상업적으로 이용 가능해졌다.

Another 150 years passed _____ typewriters _____ commercially _____.

D 다음 괄호 안의 주어진 단어를 활용하여 문장을 완성하시오.

1 그 시간은 급격히 줄어들어 왔다. (radically, cut) 6단어

→ _____
_____

2 타자기에 대한 최초의 영국 특허권이 1714년에 발급되었다. (typewriter, issue) 11단어

→ _____
_____

39

A 우리말은 영어로, 영어는 우리말로 쓰시오.

1 crash _____

2 appropriate _____

3 operate _____

4 길을 잃다 _____

5 적용하다 _____

6 요구하다 _____

B 괄호 안의 주어진 단어를 바르게 배열하시오.

1 Applying the right gear (on, you, keeps, trip, safe, your).

→ _____

2 (harmful, the, same, to, use, speed, reading, it, is) to handle different types of books.

→ _____

C 다음 빈칸에 들어갈 알맞은 단어를 적으시오.

1 그것은 위험하기 때문에, 당신은 도시에서 속도를 내지 않도록 배운다.

You learn _____ _____ _____ in cities because it's dangerous.

2 당신은 또한 고속도로에서 천천히 운전하는 것이 도시에서 경주하듯 달리는 것만큼이나 위험하다는 것을 배운다.

You _____ learn _____ driving slowly on the highway is _____ _____ _____ racing in cities.

D 다음 괄호 안의 주어진 단어를 활용하여 문장을 완성하시오.

1 독서는 도로에서 운전하는 것과 비슷하다. (resemble) 6단어

→ _____
_____

2 서로 다른 책의 유형은 서로 다른 기어와 속도를 요구한다. (gear, demand) 9단어

→ _____
_____

40

A 우리말은 영어로, 영어는 우리말로 쓰시오.

1 trace _____
2 trigger _____
3 household _____
4 잔소리하다, 들볶다 _____
5 조종하다 _____
6 소비자 _____

B 괄호 안의 주어진 단어를 바르게 배열하시오.

1 Seventy-five percent of food purchases (to, be, traced, a, can) nagging child.

    → _____

2 In today's (of, and advertising, full, marketing, world), people cannot escape brands.

    → _____

C 다음 빈칸에 들어갈 알맞은 단어를 적으시오.

1 그들은 미래에 그것을 계속 사용하기 쉽다.
    They _____ _____ _____ keep using it in the future.

2 엄마들 중 두 명에 한 명이 단순히 아이가 원하기 때문에 먹을 것을 살 것이다.
    _____ _____ _____ _____ mothers will buy a food simply because her child requests it.

D 다음 괄호 안의 주어진 단어를 활용하여 문장을 완성하시오.

1 회사들은 그들의 마케팅을 어린 소비자들에게 향하고 있다. (aim, consumer) 8단어

    → _____
    _____

2 바로 이것이 회사들이 아이들의 마음을 조종하기 위하여 책략을 사용하는 이유다. (why, trick) 9단어

    → _____
    _____

41~42

A 우리말은 영어로, 영어는 우리말로 쓰시오.

1 squint _____
2 shield _____
3 tragic _____
4 배정하다, 할당하다 _____
5 감추려 해도 드러나는 _____
6 통찰력 _____

B 괄호 안의 주어진 단어를 바르게 배열하시오.

1 The blaze broke out in an (he, where, was, area, assigned).

    → _____

2 I used eye-blocking behaviors (an, of, to, the, arson investigation, assist, in) a fire.

    → _____

C 다음 빈칸에 들어갈 알맞은 단어를 적으시오.

1 Eye-blocking은 우리가 위협을 느낄 때 발생하는 비언어적 행동이다.
    Eye-blocking is a nonverbal behavior that can occur _____ we _____ _____.

2 이러한 행동들은 보고 싶지 않은 이미지를 보는 것으로부터 뇌를 보호하기 위해 진화했다.
    These actions have evolved _____ _____ the brain _____ _____ undesirable images.

D 다음 괄호 안의 주어진 단어를 활용하여 문장을 완성하시오.

1 그는 그 화재와 관련이 없었다. (nothing) 8단어

    → _____
    _____

2 그의 eye-blocking 행동은 우리가 사건을 해결하는 데 필요한 통찰력을 우리에게 주었다. (behavior, case) 13단어

    → _____
    _____

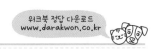
43~45

A 우리말은 영어로, 영어는 우리말로 쓰시오.

1 confess _____

2 defeat _____

3 determined _____

4 (일 등에) 착수하다, 공격하다 _____

5 (문제 등을) 제기하다 _____

6 그 자리에서, 현장에서 _____

B 괄호 안의 주어진 단어를 바르게 배열하시오.

1 I (just, it, ago, solved, hour, an, half).

→ _____

2 Bing asked (why, so, was, he, up, early, him).

→ _____

C 다음 빈칸에 들어갈 알맞은 단어를 적으시오.

1 그는 Bing에게 자신이 얼마나 감명을 받았는지 말했다.
He told Bing _____ _____ _____ _____.

2 그는 그 문제를 풀고 Wisconsin 대학교를 자랑스럽게 만들기로 결심했다.
He _____ _____ to solve the question and _____ _____ Wisconsin _____.

D 다음 괄호 안의 주어진 단어를 활용하여 문장을 완성하시오.

1 그는 Michigan에서 열리는 수학 행사에 가는 여행을 기획했다. (organize, trip, mathematical) 10단어

→ _____
_____

2 Jaco는 그 문제에 정말 관심이 있었다.
(interested, really, question) 7단어

→ _____

Review Plus

A 우리말은 영어로, 영어는 우리말로 쓰시오.

1 triumphant _____

2 inconvenient _____

3 external _____

4 숭배하다, 우러러보다 _____

5 협조적인 _____

5 희귀한, 드문 _____

B 괄호 안의 주어진 단어를 바르게 배열하시오.

1 They aren't expecting too much of you (schedule, one spot, asking, by, really, for, busy, in, your).

→ _____

2 It's often best to (on, later, decide, a, one, permanent).

→ _____

C 다음 빈칸에 들어갈 알맞은 단어를 적으시오.

1 의례화된 공격에 낯선 동물을 끌어들이는 다른 동물들은 주로 본능에 의해 그렇게 한다.
Other animals that _____ strangers _____ ritualized _____ do so largely by _____.

2 경찰이라면 신호를 바꿔서 (교통) 방향의 흐름을 조정할 것이다.
A policeman would change the traffic light to _____ the directional _____ at the moment.

D 다음 괄호 안의 주어진 단어를 활용하여 문장을 완성하시오.

1 당신이 농장을 방문해 토마토 하나를 산다고 가정해보자.
(Let's, a farm) 10단어

→ _____
_____

2 그 기억은 은유이면서도 물리적인 실체이다.
(both, reality) 10단어

→ _____
_____

Dictation

01

M Alicia, _____ _____ get the results of the English speech contest?

W Yes, Dad. You know what? I won first place!

M _____! Did you tell Mom?

02

W Oh, I completely _____ _____ return the books to the library. The due date is today.

M Why don't you _____ _____ due date online?

W Do you mean _____ the library's website? Is that possible?

03

W Good afternoon, listeners. This is Sophie Brown from the Kingston Library. We always _____ _____ _____ our visitors with comfort and convenience. As part of this effort, existing power transformers _____ _____ removed, and new transformers are being installed. The whole project will last from August 5 to 28. _____ _____ the work, we have to close the library on August 6, 13, 20, and 27, which are all Thursdays in August. The dates _____ _____ _____ minimize the inconvenience to visitors. For book returns on these days, use the drop box located on the first floor. These Thursday closures are only in August. Thank you.

04

M What are you doing, Dianne?

W I'm _____ _____ the schedule for afterschool programs.

M Do you _____ _____ special program in mind?

W Yeah, _____ _____ _____ sign up for a sports program.

M Why don't you take some academic-related programs instead? Didn't you say you got lower grades in general last semester?

W Well, I need to study more, but I think I also need more physical activities to improve my grades.

M What makes you think so?

W I read an article saying that students who do physical exercise _____ _____ _____ better grades at school.

M How come?

W It increases the oxygen flow to the brain and helps improve memory.

M Hmm, that makes sense.

05

W Andy, I want to discuss something with you.

M What is it, Stella?

W Well, Dr. Evans is a successful surgeon. He's ambitious, confident, and _____ _____ energy.

M Yes, I understand.

W The thing is, in this scene, when you get angry at his coworker for his mistake, you _____ _____ like that kind of person.

M Actually, I thought that I was doing okay.

W You seemed too calm and quiet. I _____ _____ _____ show more emotion in this scene.

M I see. I'll yell at the doctor and make bigger gestures.

W That's _____ what I want. Let's shoot the scene again.

M Okay. I'll _____ _____ in a minute.

06

M How was the magic show last night?

W Fantastic! Let me show you a picture.

M The man _____ _____ _____ must be the magician.

W Right. Look at the bird _____ _____ the branch. At the start of the show, the bird came out of the magician's hat.

M Wonderful! And who is the lady with glasses on beside the magician?

W She was a _____ _____ the audience.

M What did she do?

W She made sure that the box was empty and put it on the table.

M That box on the table?

W Yes, unbelievably, the magician pulled flowers _____ _____ the box. That's why the flowers are on the floor.

M Wow, it must have been _____!

W Absolutely! I couldn't take my eyes off of the stage.

07

W James, I heard that you're writing _____ _____ for the school newspaper.

M I am. The article is about social inequality, and it'll include a _____ _____ _____ students.

W That's cool. When are you going to conduct the survey?

M This Friday. I'll have to analyze the results on the weekend.

W Can I help you to conduct the survey?

M Thanks. But I already _____ _____ and printed the survey sheets.

W Is there anything that I can help you with?

M There is. You can staple the questionnaire sheets together. I need 100 sets _____ _____ _____ consisting of 2 sheets.

W No problem. I can do that.

M Thanks. I'll get the sheets and the stapler now.

08

M　Christine, _____ _____ _____ . I got these bungee jump tickets for my birthday.

W　Awesome! I heard they're very expensive.

M　Tell me _____ _____ . I'm very excited.

W　But isn't this place too far from here?

M　My cousin Eric will give me a ride. Why don't you join us?

W　Me? I've never gone bungee jumping before. I'm a little _____ _____ heights.

M　Don't worry. You'll _____ _____ it once you jump.

W　All right, I'll give it a try. When are you guys going?

M　This Saturday. The weather forecast said there will be no rain on that day.

W　Saturday? Oh, no! I'm _____ to go on a business trip this weekend.

M　That's too bad. You should try it next time.

09

W　Hello. This is Amanda Sanders speaking.

M　Hello. I'd like to ask about the party costumes you posted online.

W　Which one _____ you _____ _____ ? The prince costume or the superhero costume?

M　I'm interested in _____ _____ _____ . How much are they?

W　The prince is $50, and the superhero is $80.

M　That's _____ _____ _____ I thought. Could you give me a discount?

W　Sorry, but I think the prices are reasonable. My costumes are all handmade.

M　Then I'll just take the prince costume. And I saw a sword with the costume in the photo. Is the sword _____ ?

W　No. You have to pay an extra $20 for the sword.

M　All right. I'll take the sword, too. How much is the shipping fee?

W　That'll be an additional $5.

M　Okay. I'll send the money, including the shipping fee.

10

M　Sandra, my grandmother looks so _____ these days. How can I help her?

W　Why don't you tell her _____ _____ the Richmond Knitting Program at the senior center?

M　The Richmond Knitting Program?

W　Yes. She enjoys knitting, _____ she? I think she can make some new friends there.

M　Good idea! Do you know _____ _____ it costs to sign up?

W　It's funded by the town, so it's free. Any resident _____ 60 can join.

M　That sounds great!

W　In the program, besides learning knitting, members can _____ _____ _____ social activities like bowling, day trips, and watching movies.

M　Cool! How can she join?

W　She just needs to submit an application to the senior center.

M　Good, I'll ask her now.

11

W Hello, everyone. The Amazona Zoo will finally reopen this Saturday _____ _____ renovated. Now, our zoo has over 800 species of animals, making it _____ _____ the largest collections in North America. Our zoo is open every day _____ Christmas Day. And the operating hours _____ from 10 a.m. to 5 p.m. Remember that the last admission is one hour before _____ time. Some animal exhibits may close up to 30 minutes before closing time. Children under 10 will _____ _____ _____ without an adult. You can enjoy a 5% discount when purchasing admission tickets online. Please visit the Amazona Zoo website for more information. Thank you.

12

M Honey, _____ you _____ _____ a bicycle for Jimmy?

W Not yet. Take a look at these five models. Which one do you think is good?

M Well, he's 145cm tall, so this one would be too small for him.

W That's right. And I'd like it to be _____ _____ 10kg.

M I agree. A heavy bicycle would be harder for Jimmy to ride.

W Yeah. And I think a folding bicycle would be better _____ _____ we could carry it in our car.

M You're right. We should choose one of _____ two. But I don't want to spend more than $300.

W Then I think this is the best option _____ _____.

M Okay. Let's buy that one.

13

W The subway is crowded. Oh! There _____ _____ _____ seat. Linus, sit down.

M Thank you. Actually, I'm so tired today.

W Oh, there is an old gentleman standing _____ _____. Why don't you give him the seat?

M But I'm _____. Someone else may give up their seat.

W Look. No one's voluntarily standing up for him.

M I don't know _____ _____ _____. And I was on the subway first.

W Linus, imagine he is your grandfather.

M Hmm... I would make room for my grandfather because he is sweet to me.

W Well, the gentleman over there could be _____ to someone else.

M You are making me feel guilty.

W Come on. Just do it! We're getting off in three stations anyway.

14

M Good morning. Where _____ you _____, ma'am?

W Would you take me to the Empire State Building?

M Okay. _____ your seatbelt, please.

W I have an important presentation. Can you go a little faster?

M Sorry. If I go any faster, I _____ _____ a speeding ticket.

W Don't you know any shortcuts?

M This is the best route, ma'am.

W Then I can't help it. I _____ _____ home earlier.

M Oh, my! There's heavy traffic up ahead.

W Yes, I see. It's bumper to bumper. _____ _____ _____?

M You see? Over there, there's some construction going on.

W What bad luck! There are just three more blocks to go.

15

W Grace and Tony are high school classmates. They're preparing for a partner assignment for social studies. For the project, _____ student will give a presentation, and _____ _____ student will make visual materials. Grace _____ _____ _____ have the role of presenter. At first, she thinks that she can do it. However, Grace is _____ _____ about speaking in front of the whole class. Tony realizes her concern. He also knows she is good with computers, so she can make better visual materials. He wants to tell Grace that she can make the visual materials, and then he'll give the presentation _____ _____ her. In this situation, what would Tony most likely say to Grace?

16~17

M Hello, everyone. I'm Benjamin Brown from Healthy Talk. These days, people are discovering _____ _____ the convenience of home remedies _____ _____ their health benefits for such things as mosquito bites. It's the season for mosquito bites, so today, I'd like to tell you about some of my favorite home remedies for treating them. First, found in _____ every kitchen, baking soda is a good remedy. Rub a _____ _____ baking soda and water onto the affected area, and it'll provide relief. How about onions? They can also help soothe the itching. Simply place a fresh slice of onion onto a mosquito bite for several minutes, and then the itching will be gone. Lemons are your friends, too. By applying lemon juice to the bitten area, you can _____ _____ the chance of developing an infection. Lastly, honey is helpful since it has many antibacterial properties. I hope you find these cures _____ this summer.

Review

18

A 우리말은 영어로, 영어는 우리말로 쓰시오.

1 bond _____

2 inherit _____

3 beloved _____

4 주식매입선택권 _____

5 매력적인 _____

6 금융의, 재정의 _____

B 괄호 안의 주어진 단어를 바르게 배열하시오.

1 You're wondering (attractive, they, how, are).

→ _____

2 Maybe you (grandmother, a, from, bonds, some, beloved, inherited).

→ _____

C 다음 빈칸에 들어갈 알맞은 단어를 적으시오.

1 여기 신문에서 당신이 찾아 볼 수 있는 예시들을 제공하는 특강이 있다.

_____ _____ a special lecture that _____ examples that you can find in newspapers.

2 일단 당신이 이 온라인 강좌를 듣는다면, 경제면 읽기가 훨씬 쉬워질 것이다.

_____ you _____ this online course, reading the financial pages will be _____ _____.

D 다음 괄호 안의 주어진 단어를 활용하여 문장을 완성하시오.

1 이 단어들은 무엇을 의미하는가? (mean) 5단어

→ _____

_____

2 그것은 다른 행성에서 온 외계어처럼 보인다. (like, alien, planet) 9단어

→ _____

_____

19

A 우리말은 영어로, 영어는 우리말로 쓰시오.

1 nightmarish _____

2 determine _____

3 wildly _____

4 어렴풋이 나타나다 _____

5 짜증이 난, 화난 _____

6 오두막 _____

B 괄호 안의 주어진 단어를 바르게 배열하시오.

1 That horrible, nightmarish creature (closer, with, every, grew, step).

→ _____

2 I ran into a small hut near the end of the village, (hide, a, to, find, to, spot, hoping).

→ _____

C 다음 빈칸에 들어갈 알맞은 단어를 적으시오.

1 심장은 미친 듯이 뛰는데, 나는 계속 달리지 않을 수 없었다.

I _____ myself _____ keep _____ _____ my heart was beating wildly.

2 그것은 이전보다 나를 잡으려고 더욱 결의에 차서 계속해서 다가왔다.

It kept on coming, more determined _____ _____ _____ _____ me.

D 다음 괄호 안의 주어진 단어를 활용하여 문장을 완성하시오.

1 나는 어느 벽 바로 옆으로 숨었다. (hide, beside, right) 6단어

→ _____

_____

2 그것은 천천히 나를 향해 다가왔다. (reach, toward) 5단어

→ _____

_____

20

A 우리말은 영어로, 영어는 우리말로 쓰시오.

1 aisle   _____

2 when it comes to   _____

3 turn ~ on   _____

4 건너뛰다, 거르다   _____

5 실제로, 정말로   _____

6 보통, 대개   _____

B 괄호 안의 주어진 단어를 바르게 배열하시오.

1 You go to the aisles (you, something, have, want, that).

  → _____

2 Too often we watch TV (usually, do, because, that's, we, what).

  → _____

C 다음 빈칸에 들어갈 알맞은 단어를 적으시오.

1 당신은 당신이 필요한 것이 없는 통로를 지나친다.
   You skip the aisles that _____ _____
   _____ you need.

2 TV 시청에 있어서, 우리 중 다수는 모든 통로에서 물건 구입하는 것 같다.
   When ____ _____ ____ watching television, many of us _____ ____ ____ something from every aisle.

D 다음 괄호 안의 주어진 단어를 활용하여 문장을 완성하시오.

1 우리가 보고 싶은 어떤 것이 있다. (there, want, see) 7단어

  → _____
    _____

2 이것이 내가 보고 싶은 것인가?
   (something, see, want) 7단어

  → _____
    _____

21

A 우리말은 영어로, 영어는 우리말로 쓰시오.

1 take in   _____

2 in the long run   _____

3 gain weight   _____

4 소비하다   _____

5 액체   _____

6 작동시키다, 활성화하다   _____

B 괄호 안의 주어진 단어를 바르게 배열하시오.

1 In the long run, you'll (gaining, end, weight, up).

  → _____

2 You begin (a, extra, in, day, taking, 200 calories, an).

  → _____

C 다음 빈칸에 들어갈 알맞은 단어를 적으시오.

1 이러한 작동 방식은 지나치게 많은 칼로리가 액체의 형태로 섭취될 때에는 발생하지 않는 것처럼 보인다.
   This mechanism _____ _____ _____ happen when too many calories _____ _____ in the form of liquids.

2 당신은 다음 식사 시간에 그와 똑같은 양만큼 칼로리 섭취를 줄이는 경향이 있게 될 것이다.
   You'll _____ ____ _____ your caloric intake _____ the same amount ____ the next meal.

D 다음 괄호 안의 주어진 단어를 활용하여 문장을 완성하시오.

1 그 추가 열량은 다음 식사에 배고픔을 줄여 주는 경향이 있다.
   (extra, tend to, hunger, meal) 11단어

  → _____
    _____

2 당신은 청량음료를 마심으로써 추가 200 칼로리를 섭취한다.
   (take in, soft drink) 12단어

  → _____
    _____

22

A 우리말은 영어로, 영어는 우리말로 쓰시오.

1 relevant _____
2 sensory _____
3 relationship _____
4 수학의, 수학적인 _____
5 연관성, 상관관계 _____
6 화학적인 _____

B 괄호 안의 주어진 단어를 바르게 배열하시오.

1 They (and, have, relevant, the, to, body, are) an impact on it.
→ _____

2 The emotions and sensory reactions (have, and, its, on, an, influence, the, body) health.
→ _____

C 다음 빈칸에 들어갈 알맞은 단어를 적으시오.

1 우리는 보통 우리의 두뇌와 신체가 흑백과 같다고 생각한다.
We _____ think the brain and body _____ _____ black and white.

2 우리는 종종 운동은 신체를 발달시킨다고 듣는다.
We _____ often _____ _____ exercise _____ the body.

D 다음 괄호 안의 주어진 단어를 활용하여 문장을 완성하시오.

1 그것들 사이에는 어떤 관계도 없다.
(there, relationship, between) 6단어
→ _____
_____

2 사고는 두뇌를 발달시키는 것으로 여겨진다.
(thinking, mean, develop) 7단어
→ _____
_____

23

A 우리말은 영어로, 영어는 우리말로 쓰시오.

1 peer pressure _____
2 violation _____
3 following distance _____
4 (죄, 과실 등을) 저지르다 _____
5 교차로, 접합점 _____
6 (압력 등을) 가하다, 행사하다 _____

B 괄호 안의 주어진 단어를 바르게 배열하시오.

1 Peers can provide the norms (they, follow, want, which, to).
→ _____

2 Direct peer pressure (be, on, may, exerted) a young driver's behavior.
→ _____

C 다음 빈칸에 들어갈 알맞은 단어를 적으시오.

1 그들 사이의 또래 압력은 그들이 차를 운전하는 방식에 영향을 줄 수 있다.
Peer pressure _____ them can affect _____ they drive vehicles.

2 젊은 운전자들은 만약 차에 젊은 승객이 타고 있으면, 더 빨리 운전한다.
Young drivers _____ faster ____ they have young passengers ____ the car.

D 다음 괄호 안의 주어진 단어를 활용하여 문장을 완성하시오.

1 젊은 운전자들이 나이 든 운전자들보다 더 많은 또래 압력을 경험한다. (than, older) 9단어
→ _____
_____

2 많은 젊은이들에게, 또래는 아주 중요하다.
(peers, for) 8단어
→ _____
_____

24

A 우리말은 영어로, 영어는 우리말로 쓰시오.

1 predict   _____

2 exceed   _____

3 reverse   _____

4 한편, 그러는 동안   _____

5 허리케인, 대폭풍   _____

6 일어나다, 발생하다   _____

B 괄호 안의 주어진 단어를 바르게 배열하시오.

1 The actual number of hurricanes (exceeded, of, predicted, number, the, hurricanes).

  → _____

2 The year when (hurricanes, to, were, predicted, occur, the, fewest) had the highest number of hurricanes.

  → _____

C 다음 빈칸에 들어갈 알맞은 단어를 적으시오.

1 위 그래프는 예상된 허리케인의 수와 실제 (발생한) 허리케인의 수를 보여준다.

The graph _____ shows the _____ numbers of hurricanes and the _____ numbers of hurricanes.

2 예상된 허리케인의 수는 실제 허리케인의 수보다 많았다.

The predicted number of hurricanes _____ _____ _____ the actual number of hurricanes.

D 다음 괄호 안의 주어진 단어를 활용하여 문장을 완성하시오.

1 그것은 다시 뒤바뀌었다. (reverse) 4단어

  → _____

   _____

2 그 해에는 가장 적은 수의 허리케인이 있었다. (low, number) 8단어

  → _____

   _____

25

A 우리말은 영어로, 영어는 우리말로 쓰시오.

1 subtropical   _____

2 pasture   _____

3 natural predator   _____

4 썩다   _____

5 둥지를 틀다   _____

6 예리한   _____

B 괄호 안의 주어진 단어를 바르게 배열하시오.

1 It has (natural, has, very, predators, and, few) legal protection.

  → _____

2 It flies low (detect, gases, the, to, produced, enough, by) decaying animal bodies.

  → _____

C 다음 빈칸에 들어갈 알맞은 단어를 적으시오.

1 Turkey vulture는 아메리카에서 가장 흔한 독수리다.

The turkey vulture _____ _____ _____ _____ vulture in the Americas.

2 그것은 예리한 눈과 후각을 이용하여 먹이를 찾는다.

It finds its food _____ _____ its _____ eyes and sense of smell.

D 다음 괄호 안의 주어진 단어를 활용하여 문장을 완성하시오.

1 Turkey vulture는 주로 죽은 동물을 먹는다. (the, feed, dead) 8단어

  → _____

   _____

2 그것은 동굴이나 빈 나무에서 둥지를 튼다. (nest, hollow) 7단어

  → _____

   _____

26

A 우리말은 영어로, 영어는 우리말로 쓰시오.

1 admission _____

2 discount _____

3 membership _____

4 특별한, 비범한 _____

5 ~을 경유하여, 거쳐 _____

6 수령인, 수취인 _____

B 괄호 안의 주어진 단어를 바르게 배열하시오.

1 Gift memberships (may, online, be, purchased).

→ _____

2 A membership card (will, be, within, mail, sent, via) 3 days.

→ _____

C 다음 빈칸에 들어갈 알맞은 단어를 적으시오.

1 사랑하는 사람에게 특별한 것을 선물하세요.

Give your loved ones _____ _____.

2 다음의 등급 중 어느 것에서든 선물용 회원권을 구매하실 수 있습니다.

You may purchase a gift membership at _____ _____ _____ _____ levels.

D 다음 괄호 안의 주어진 단어를 활용하여 문장을 완성하시오.

1 회원들은 무료 박물관 입장권을 받게 됩니다.
(member, free, admission) 5단어

→ _____

2 수령인은 전화로 회원 등록을 할 수 있습니다.
(recipient, register, over) 8단어

→ _____

27

A 우리말은 영어로, 영어는 우리말로 쓰시오.

1 submit _____

2 respective _____

3 treatment _____

4 복지, 행복 _____

5 연락처 _____

6 후원하다 _____

B 괄호 안의 주어진 단어를 바르게 배열하시오.

1 (by, this, supported, program, is) the Rakhine National Social Welfare Organization.

→ _____

2 Free Medical Treatment (anyone, be, will, offered, to) on the following dates and places.

→ _____

C 다음 빈칸에 들어갈 알맞은 단어를 적으시오.

1 당신은 당신의 이름과 연락처를 늦어도 7월 24일까지 제출해야 합니다.

You _____ submit your name and contact information _____ July 24 _____ the very _____.

2 치료 받기를 원하는 사람은 그들의 이름과 연락처를 제출해야 합니다.

Anyone who _____ _____ _____ receive treatment should _____ his or her name and contact information.

D 다음 괄호 안의 주어진 단어를 활용하여 문장을 완성하시오.

1 그들은 치료비를 감당할 수 없다.
(unable, healthcare service) 7단어

→ _____

2 당신은 당신의 정보를 주민 센터에 제출해야 한다.
(community center) 9단어

→ _____

28

A 우리말은 영어로, 영어는 우리말로 쓰시오.

1 precious _____

2 consciously _____

3 nerve _____

4 정해진 절차, 일상 _____

5 강하게 하다, 강화하다 _____

6 간격 _____

B 괄호 안의 주어진 단어를 바르게 배열하시오.

1 As we repeatedly do a certain task, (make, new, the, connections, neurons) through synapses.

→ _____

2 Scientific research explains (difficult, to, things, enables, become, routine, how) easy.

→ _____

C 다음 빈칸에 들어갈 알맞은 단어를 적으시오.

1 그리고 나서 해야 할 남은 일이라고는 그것을 따르는 것이다.
Then all _____ ____ _____ to _____ is follow it.

2 우리가 정해진 절차를 만들어 두면, 매일 모든 일에 우선순위를 정하는 데 소중한 에너지를 쏟을 필요가 없다.
If we _____ a routine, we _____ _____ ____ use precious energy _____ the order of things to do everyday.

D 다음 괄호 안의 주어진 단어를 활용하여 문장을 완성하시오.

1 뇌가 그것들을 활성화시키는 것이 좀 더 쉬워진다.
(it, become, activate) 9단어

→ _____

_____

2 당신은 그 똑같은 시냅스들을 활성화시킬 필요가 있을 것이다.
(activate, synapses) 8단어

→ _____

_____

29

A 우리말은 영어로, 영어는 우리말로 쓰시오.

1 stiff _____

2 painful _____

3 remedy _____

4 주사(제) _____

5 불안, 불편 _____

6 단백질 _____

B 괄호 안의 주어진 단어를 바르게 배열하시오.

1 They consumed a powdered soy drink mix (protein, contained, 40 grams, of, that).

→ _____

2 Remedies (range, active, from, to, keeping) steroid injections and even surgery.

→ _____

C 다음 빈칸에 들어갈 알맞은 단어를 적으시오.

1 당신은 향이 첨가된 두유와 콩버거로부터 같은 이득을 얻을 수 있다.
You _____ _____ the same benefit _____ _____ soy milk and soy burgers.

2 무릎 통증을 가지고 있는 사람들이 석 달 동안 매일 콩 단백질을 섭취한 후 불편감을 덜 호소했다.
People _____ knee pain reported less discomfort _____ _____ soy protein _____ for three months.

D 다음 괄호 안의 주어진 단어를 활용하여 문장을 완성하시오.

1 당신은 개선을 위해 맛있는 방법을 택할 수 있다.
(tasty, improvement) 8단어

→ _____

_____

2 수백만의 사람들이 골관절염 때문에 아픈 무릎을 가진다.
(millions, osteoarthritis, painful, thanks to) 9단어

→ _____

_____

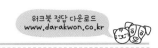
30

A 우리말은 영어로, 영어는 우리말로 쓰시오.

1 charity　　_____

2 mysteriously　　_____

3 nephew　　_____

4 풀이 무성한　　_____

5 강둑　　_____

6 펼쳐지다, 뻗어있다　　_____

B 괄호 안의 주어진 단어를 바르게 배열하시오.

1 His uncle (a, party, had, bought, balloon, red, him) from a charity event.

　→ _____

2 He led his nephew (so, bank, up, a, grassy) they could look over the whole festival.

　→ _____

C 다음 빈칸에 들어갈 알맞은 단어를 적으시오.

1 그의 삼촌은 그것을 Jake의 셔츠 맨 위 단추에 묶었다.

His uncle _____ it to _____ _____ button of Jake's shirt.

2 풍선은 그것 스스로 의지를 가진 것처럼 보였다.

The balloon _____ _____ _____ a mind of its own.

D 다음 괄호 안의 주어진 단어를 활용하여 문장을 완성하시오.

1 그것은 헬륨으로 채워져 있었다. (fill, helium) 5단어

　→ _____

2 Jake 자신의 비행하는 꿈은 어떤 마을 축제에서 시작됐다. (own, village festival) 9단어

　→ _____

31

A 우리말은 영어로, 영어는 우리말로 쓰시오.

1 as though　　_____

2 positively　　_____

3 cheerful　　_____

4 대하다, 취급하다　　_____

5 복권　　_____

6 놀라게 하다　　_____

B 괄호 안의 주어진 단어를 바르게 배열하시오.

1 Treat everyone you meet (as, have, you, though, won, just) the lottery.

　→ _____

2 You will be amazed (better, much, how, you, about, at, feel) yourself.

　→ _____

C 다음 빈칸에 들어갈 알맞은 단어를 적으시오.

1 당신이 되고 싶어 하는 그 사람이 이미 된 것처럼 행동하라.

Act _____ _____ you _____ already the person that you wanted to be.

2 스스로에게 긍정적으로 이야기함으로써 여러분이 자기 자신의 치어리더가 될 수 있다.

You can become your own cheerleader _____ _____ _____ _____ positively.

D 다음 괄호 안의 주어진 단어를 활용하여 문장을 완성하시오.

1 당신이 이미 그 사람인 것처럼 행동하라. (as if, already) 8단어

　→ _____

2 당신은 막 어떤 상을 받은 것처럼 모든 사람을 대하라. (just, award) 10단어

　→ _____

32

A 우리말은 영어로, 영어는 우리말로 쓰시오.

1 scene _____

2 hire _____

3 notice _____

4 상황 _____

5 일부러 _____

6 영향을 미치다 _____

B 괄호 안의 주어진 단어를 바르게 배열하시오.

1 Each person is surrounded by (who, doing, five, others, are, nothing).

→ _____

2 If (being, people, knew, the, tested, they, were), every one would instantly help the stranger.

→ _____

C 다음 빈칸에 들어갈 알맞은 단어를 적으시오.

1 여섯 명의 사람이 연구원들에 의해 고용된 연기자와 함께 엘리베이터에 있다.

_____ _____ six people in an elevator with an actor _____ _____ researchers.

2 엘리베이터가 한 층 한 층 내려가는 동안 아무도 조금도 도우려고 움직이지 않는다.

_____ the elevator goes down floor by floor, no one moves to help _____ _____.

D 다음 괄호 안의 주어진 단어를 활용하여 문장을 완성하시오.

1 배우가 한 움큼의 동전을 떨어뜨린다. (actor, bunch) 7단어

→ _____
_____

2 그것들은 땡그랑 소리와 함께 바닥에 떨어진다. (floor, clatter) 8단어

→ _____
_____

33

A 우리말은 영어로, 영어는 우리말로 쓰시오.

1 latitude _____

2 rhinoceros _____

3 notice _____

4 망막 _____

5 원리 _____

6 겁먹게 하다 _____

B 괄호 안의 주어진 단어를 바르게 배열하시오.

1 A larger mirror allows (gather, light, more, you, to).

→ _____

2 A larger retina allows you to receive more light (compensate, poor, for, levels, to, light).

→ _____

C 다음 빈칸에 들어갈 알맞은 단어를 적으시오.

1 고위도에 있는 지역에서, 네안데르탈인들은 어떤 문제에 직면했을 것이다.

In regions in high latitudes, the Neanderthals _____ _____ _____ a problem.

2 어두운 빛의 환경에서 사는 것은 대부분 연구자들이 상상하는 것보다 시력을 훨씬 더 중요하게 만든다.

_____ under low light conditions _____ vision much more important _____ most researchers imagine.

D 다음 괄호 안의 주어진 단어를 활용하여 문장을 완성하시오.

1 그들은 멀리에서는 사물을 아주 잘 볼 수는 없었다. (in the distance, so well) 9단어

→ _____
_____

2 그것은 별을 관측하는 일반적인 망원경과 비슷한 원리이다. (star-gazing, conventional) 9단어

→ _____
_____

34

A 우리말은 영어로, 영어는 우리말로 쓰시오.

1 perception _____

2 perceptive _____

3 employee _____

4 선택적인 _____

5 해석하다 _____

6 고정 관념, 정형화된 생각 _____

B 괄호 안의 주어진 단어를 바르게 배열하시오.

1 They will (as, traps, fall, perceptual, into) selective perception and stereotyping.
→ _____

2 Employees accept the methods (beneficial, when, are, only, they, perceived, as) for them.
→ _____

C 다음 빈칸에 들어갈 알맞은 단어를 적으시오.

1 관리자는 직원의 현실 인식을 이해하려고 노력해야 한다.
The manager _____ _____ _____ _____
the worker's perception of reality.

2 사람들은 그들이 보고 싶어 하거나 보도록 훈련받은 것을 본다는 것을 기억하는 것이 중요하다.
_____ _____ important _____ _____ that
people see what they either want to see or are
trained to see.

D 다음 괄호 안의 주어진 단어를 활용하여 문장을 완성하시오.

1 만약 그가 개선되지 않는다면, 그녀는 그를 해고해야 할 것이다. (improve, fire) 11단어
→ _____
_____

2 한 신입 사원이 그의 새로운 업무를 숙달하는 데 어려움을 겪고 있는 중이었다. (master, trouble) 11단어
→ _____
_____

35

A 우리말은 영어로, 영어는 우리말로 쓰시오.

1 intrusion _____

2 majority _____

3 glass engineering _____

4 ~과 마주하다 _____

5 상충하다, 충돌하다 _____

6 기분 좋은[몹시 유쾌한] _____

B 괄호 안의 주어진 단어를 바르게 배열하시오.

1 Our indoor life (delightful, glass, is, made, bright, and, by).
→ _____

2 We expect our buildings to protect us from the weather: (are, is, this, for, what, they).
→ _____

C 다음 빈칸에 들어갈 알맞은 단어를 적으시오.

1 우리는 우리의 건물이 날씨로부터 우리를 보호하기를 기대한다.
We _____ our buildings _____ _____ us
_____ the weather.

2 사람들이 묻는 첫 번째 질문 중 하나는 이것이다.
_____ of the _____ _____ people ask
_____ this.

D 다음 괄호 안의 주어진 단어를 활용하여 문장을 완성하시오.

1 유리가 없는 현대 도시를 상상하기란 불가능하다.
(without, modern) 10단어
→ _____
_____

2 현대 도시에서 매일 솟아오르는 유리 건물들은 이러한 욕구들에 대한 공학적 해답이다.
(that, rise, engineering, answer) 18단어
→ _____
_____

36

A 우리말은 영어로, 영어는 우리말로 쓰시오.

1 distribution   _____

2 pioneer   _____

3 overload   _____

4 들소   _____

5 격분하게 하다   _____

6 자원   _____

B 괄호 안의 주어진 단어를 바르게 배열하시오.

1 A man living on a plain could (the, of, throw, the animal, away, rest).

→ _____

2 It didn't matter much (lonely, how, a, frontiersman, dealt, with, American) his waste.

→ _____

C 다음 빈칸에 들어갈 알맞은 단어를 적으시오.

1 만약 세상이 혼잡하지 않다면, 공동 자원은 아마도 최선의 분배 방식일지도 모른다.

_____ the world _____ _____ _____, a commons may be the best method of distribution.

2 가장 효율적인 방법은 모든 야생의 사냥감을 관리되지 않은 공동 자원으로 다루는 것이었다.

_____ _____ efficient way was _____ _____ all the game in the wild _____ an unmanaged commons.

D 다음 괄호 안의 주어진 단어를 활용하여 문장을 완성하시오.

1 개척자들이 미국 전역에 흩어졌다. (spread out, pioneer, the United States) 8단어

→ _____

_____

2 평원에서 사는 한 사람은 아메리카들소를 죽일 수 있었다. (plain, American bison) 11단어

→ _____

_____

37

A 우리말은 영어로, 영어는 우리말로 쓰시오.

1 subjective   _____

2 evaluate   _____

3 attempt   _____

4 분석하다   _____

5 통계   _____

6 접근(법)   _____

B 괄호 안의 주어진 단어를 바르게 배열하시오.

1 (probability, case, in, an, the, of, either, event) is mostly subjective.

→ _____

2 Some fans will guess the probability (on, they, based, or, love, much, how) hate Ohio State.

→ _____

C 다음 빈칸에 들어갈 알맞은 단어를 적으시오.

1 확률에 대한 주관적인 접근법은 대체로 사람들의 의견, 감정, 희망을 기초로 한다.

The subjective approach to probability _____ _____ _____ _____ opinions, feelings, or hopes.

2 아무도 그 팀이 전국선수권대회에서 우승하리라는 실제 확률을 정확하게 알지는 못한다.

_____ _____ knows exactly the actual probability _____ the team will win the national championship.

D 다음 괄호 안의 주어진 단어를 활용하여 문장을 완성하시오.

1 다른 사람들은 약간 더 과학적인 접근법을 사용할 것이다. (take, a little, approach) 9단어

→ _____

_____

2 이러한 접근법은 팬들 사이에서 몇 가지 재밌는 스포츠 이야깃거리가 된다. (amongst, great, talk) 9단어

→ _____

_____

38

A 우리말은 영어로, 영어는 우리말로 쓰시오.

1 vulnerable _____

2 cultivate _____

3 chronic _____

4 기아, 굶주림 _____

5 표준 이하의 _____

6 과잉 의존 _____

B 괄호 안의 주어진 단어를 바르게 배열하시오.

1 This potato (particularly, to, proved, vulnerable) the potato blight.
→ _____

2 Falling real wages reduced (of, the relative, living, standard of) wage-dependent Irish.
→ _____

C 다음 빈칸에 들어갈 알맞은 단어를 적으시오.

1 아일랜드인의 감자에 대한 과잉 의존은 19세기 초반의 특정한 경제적 경향에 의해 악화되었다.
The Irish overreliance on potatoes _____ _____ _____ certain economic trends _____ the early 19th century.

2 영국 직물 산업은 아일랜드의 시골 빈곤층이 음식을 확보하게 해주는 주요 기제를 망가뜨렸다.
British textile industry destroyed a key mechanism _____ _____ food security _____ the Irish rural poor.

D 다음 괄호 안의 주어진 단어를 활용하여 문장을 완성하시오.

1 영국 직물 산업은 전통 수공예 부문을 쓸모없게 만들었다.
(British, textile, handicraft) 9단어
→ _____
_____

2 많은 아일랜드 농부들은 습지를 경작하는 것에 의존했다.
(wetlands, resort to) 7단어
→ _____
_____

39

A 우리말은 영어로, 영어는 우리말로 쓰시오.

1 pose _____

2 assignment _____

3 identify _____

4 범위 _____

5 재정의[재정립]하다 _____

6 새로운 방식으로 생각하다 _____

B 괄호 안의 주어진 단어를 바르게 배열하시오.

1 You solve the problem (later, it, reconceived, as, you).
→ _____

2 Most of us have (problems, posed, been, have, that) to us.
→ _____

C 다음 빈칸에 들어갈 알맞은 단어를 적으시오.

1 주차 공간의 문제는 종종 더 많은 주차장에 대한 필요로 간주된다.
The problem of parking space _____ often _____ _____ a need _____ more parking lots.

2 그것을 너무 많은 차량의 문제로 재정의하는 것이 유용할지도 모른다.
____ _____ be useful _____ _____ it as a problem of too many vehicles.

D 다음 괄호 안의 주어진 단어를 활용하여 문장을 완성하시오.

1 우리는 우리 자신의 문제를 인식한다.
(on one's own, recognize) 6단어
→ _____
_____

2 우리는 그것의 범위와 목적들을 정의해야 한다.
(define, goal) 7단어
→ _____
_____

40

A 우리말은 영어로, 영어는 우리말로 쓰시오.

1 indifferent　_____

2 lessen　_____

3 statistical　_____

4 배려하는, 돌보는　_____

5 위기　_____

6 상당히　_____

B 괄호 안의 주어진 단어를 바르게 배열하시오.

1 People (other, who, help, are, to, usually, willing, people) become indifferent to the masses.

　→ _____

2 Adding (the statistical, hunger, problem, realities, of, the larger) reduced the contributions.

　→ _____

C 다음 빈칸에 들어갈 알맞은 단어를 적으시오.

1 사람들은 해외의 기아를 줄이는 데 세 가지 선택 중 한 가지로 기부하도록 5달러를 받았다.

People _____ _____ $5 to donate to lessen hunger overseas _____ _____ _____ three _____.

2 세 번째 선택은 Rokia를 돕는 것이지만, 단지 기아의 많은 희생자들 중 한 사람으로서였다.

The third choice was _____ _____ Rokia, but _____ just _____ _____ many _____ of hunger.

D 다음 괄호 안의 주어진 단어를 활용하여 문장을 완성하시오.

1 첫 번째 선택은 한 특정 아동에게 돈을 주는 것이었다. (particular) 12단어

　→ _____
　_____

2 어떤 선택이 가장 인기가 있었는지 추측할 수 있겠는가? (guess, popular) 8단어

　→ _____
　_____

41~42

A 우리말은 영어로, 영어는 우리말로 쓰시오.

1 considerate　_____

2 genuine　_____

3 promotion　_____

4 미묘한, 연약한　_____

5 없어서는 안 될　_____

6 체면을 세우다　_____

B 괄호 안의 주어진 단어를 바르게 배열하시오.

1 They (department, the, lead, someone, let, else).

　→ _____

2 They had done it without a storm (letting, save, face, him, by).

　→ _____

C 다음 빈칸에 들어갈 알맞은 단어를 적으시오.

1 나는 그의 눈앞에서 그 사람을 깎아내리는 말이나 행동을 할 자격이 전혀 없다.

I have _____ _____ _____ say or do anything _____ diminishes a man in his own eyes.

2 G.E.회사는 그를 한 부서의 부장에서 직위 해제를 시켜야 하는 미묘한 문제에 직면했다.

The G.E. Company _____ _____ _____ the delicate task of _____ him _____ the head of a department.

D 다음 괄호 안의 주어진 단어를 활용하여 문장을 완성하시오.

1 그 회사는 Charles를 속상하게 할 수 없었다. (upset) 5단어

　→ _____
　_____

2 그는 회계부서(Calculating Department)의 부장으로서는 실패자였다. (head, failure) 11단어

　→ _____
　_____

43~45

A 우리말은 영어로, 영어는 우리말로 쓰시오.

1 cashier _____

2 register _____

3 worn _____

4 실현하다, 성취하다 _____

5 선반, 칸[단] _____

6 세금 _____

B 괄호 안의 주어진 단어를 바르게 배열하시오.

1 Her son would get (had, for, asked, he, one, the, present).

→ _____

2 Her hands were those of a (had, a, person, who, of, experienced, lot) suffering.

→ _____

C 다음 빈칸에 들어갈 알맞은 단어를 적으시오.

1 그것은 그녀가 그날 일찍 넣어두었다고 기억한 곳에 없었다.

It wasn't _____ she _____ _____ it earlier in the day.

2 선물을 구입하기 위해 수십 명의 사람들이 계산대에 긴 줄을 서서 기다리고 있었다.

_____ _____ people were waiting in long lines at checkout counters _____ _____ presents.

D 다음 괄호 안의 주어진 단어를 활용하여 문장을 완성하시오.

1 그녀의 옷은 낡았다. (wear) 4단어

→ _____
_____

2 Melissa는 그녀가 그녀 옷을 뒤지는 것을 보았다. (through, search) 8단어

→ _____
_____

Review Plus

A 우리말은 영어로, 영어는 우리말로 쓰시오.

1 pretend _____

2 surround _____

3 desperation _____

4 어둑한, 어두침침한 _____

5 거주지, 서식지 _____

6 표준, 규범 _____

B 괄호 안의 주어진 단어를 바르게 배열하시오.

1 As it came toward me, my screams for help (every, louder, grew, with, step) it took.

→ _____

2 Those attempts were not productive and left (chronic, a, such, at, starvation, risk, farmers, of).

→ _____

C 다음 빈칸에 들어갈 알맞은 단어를 적으시오.

1 정신적인 활동들은 두뇌와 주로 연관이 있지만, 그것들은 또한 신체와 연관이 있다.

_____ mental activities are primarily _____ with the brain, they are also _____ to the body.

2 단지 그것이 거기에 있고 그것이 당신이 일상적으로 하는 것이라는 이유만으로 TV를 켜지 마라.

Don't turn on the TV just _____ it's there and that's _____ you usually do.

D 다음 괄호 안의 주어진 단어를 활용하여 문장을 완성하시오.

1 신체는 그와 똑같은 방식으로 작동하지 않을 것이다. (activate, mechanism) 7단어

→ _____
_____

2 신기하게 그것은 그의 단추를 위로 잡아당겼다. (mysteriously, at) 7단어

→ _____
_____

PRACTICE

Dictation

01

M Mom, I want to _____ this book to Grandma. Do you have a _____?

W Yeah. I've got this one to put photo albums in, but it's a _____ small.

M The box looks big _____ for the book. Can I use it?

02

W Charlie, where did you get these apples? They look so _____!

M My grandpa sent them from his _____. He sent me _____ a lot.

W Wow, I envy you. They look so _____. Can I have one?

03

W May I have your attention please? This is principal Carolyn. _____ you know, this Friday is the last day of our month-long item _____ event. Thank you to those who have already _____. However, our _____ in the event has not met expectations yet, so we need to do more. The items we are still looking for are children's clothes, toys, school _____, and books. If you have any of these items, please _____ them off in the school _____ by Friday. Any donation, even just a single pencil,

will be a great _____. Don't forget that your small actions can make a big _____. I really _____ you to participate in this event. Thank you for listening.

04

M Ms. Robinson, what was your _____ of Mr. Brown's open class today?

W It looked interesting.

M Yes, it did. I was _____ by how active it was.

W But honestly, the class seemed a bit _____ to me.

M Yeah, I know. But that's because today's class was _____ on games.

W Don't you think games can be a _____ of class time?

M Well, actually I think that games can help students.

W I know students love games, but how do they help?

M Games make students want to _____ more actively in class.

W Do you really think so?

M Yeah. Today I saw all of the students _____ and enjoying themselves during the class. I think the games _____ everyone to learn.

W That makes _____. I even saw shy students asking questions.

M Right. If students enjoy themselves in class, it'll certainly help their _____.

05

W Welcome back! Next, we're very excited to have today's _____ guest. Will you please welcome Jack Wilson?

M Hi, Laura. Thanks for _____ me. I watch your TV show every morning.

W I'm _____, Jack. So, I saw your magic performance at the theater a few days ago. It was _____!

M Yeah. More than 500 people came to see it. I had a wonderful time.

W Now, we all know making things disappear is your _____.

M That's right.

W Can you tell us how you make _____ things like cars disappear?

M Well, I can't _____ my secrets, but it's not as easy as pulling a rabbit out of a hat.

W Come on! Can't you _____ just one little trick with us?

M Alright, then. Just one. I'll show you a magic trick with coins.

W Great! When we come back from the _____, we'll learn a coin trick from Jack Wilson. Stay _____!

06

M Hello, Ms. Miller. I'm Joshua's father.

W Hi, Mr. Smith. Thanks for coming to our _____ meeting.

M It's nice to meet you. This room looks great. Wow! Look at the wall.

W You know, Joshua loves the elephant _____ the lion and the panda.

M Does he like the _____ hanging from the ceiling, too?

W He does. The children made it _____.

M They did a wonderful job. That toy dinosaur next to the _____ looks good.

W Oh, I put it there because the children have been learning about _____.

M That sounds fun. There are two boxes _____ the Christmas tree. What are they for?

W They're _____ for the class. We've got some candies for the kids.

M Aha. The Christmas tree is _____ so nicely. The star on top of the tree looks very pretty.

W Thanks. The meeting will start soon. Let's go _____, Mr. Smith.

07

W Charlie, our department workshop in Jeju is only two weeks _____.

M That's right. Let's check if everything is _____.

W Okay. I've already _____ the flight for everyone. Did you take care of the _____?

M I did. I called _____ possible hotels and made a _____ at the one that gave us the best group price.

W Excellent. Then what else do we need to do?

M We need to _____ out where to eat and also order the T-shirts with the company logo.

W I heard there're many good places to eat in Jeju. I'll find restaurants _____.

M Sounds good. Then I'll _____ the T-shirts.

W You have everybody's sizes, right?

M Of course. I got them the _____ day.

W That's perfect.

08

M Whew! What a _____ day!

W Yeah. It has _____, Paul. But I'm glad everyone loved our team project. You did a nice job.

M You, too, Jenny. Your _____ was great.

W Thanks. I'm glad we're all done. Don't _____ the team dinner at 7 o'clock.

M Oh, I'm sorry, but I can't go.

W That's a _____. Why not?

M I need to go home early to see my father.

W Oh, really? Is his back _____ him again?

M No. He's been feeling much better _____ he came back from the hospital.

W That's good. Is today a special day then? His birthday?

M No. Actually, my mother went on a business trip to Canada this week. So I'm going to have dinner with him _____ she's gone.

W That's _____ of you, Paul. I hope you have a nice dinner with him.

M Thanks, Jenny. I'll _____ the next team dinner.

09

W Hello. Can I help you?

M Yes. I need a winter _____.

W How about this one? It's _____ but it'll keep you warm.

M Oh, it's soft, too. How much is it?

W It was _____ $50, but it's on sale. Now it's only $40.

M Great. I'll take one. Do you also have pillows?

W Of course. What kind of pillow are you looking for?

M I'm looking for a _____ pillow because my neck hurts sometimes.

W This one will keep your head _____ raised. The price is also _____. It's $10.

M That's exactly what I need. I'll take two.

W Okay. You're _____ one blanket and two pillows, right?

M Right. And can I use this _____ I got from your website?

W Sure. You'll get 10% _____ the total price.

M Great. I'll use the coupon and pay by _____ card.

10

M Hey, Jennifer. There's something _____ about you today.

W Yeah. I got my hair _____ yesterday. How do I look?

M That style really _____ you. What's the name of the hair salon? I need a haircut, too.

W It's called "Beautiful Hair, Wonderful Day."

M Hmm, I think _____ seen it before. Can you tell me where it is?

W Sure. It's _____ on Main Street, near the Central Shopping Mall.

M Oh yeah, now I remember where it is. Do you know how much a man's haircut _____ there?

W I think it's about 15 dollars, but you can check the price on the salon's website to make _____.

M I'll _____ online later.

W I can _____ a stylist if you want. She does a

great job with _____ hair.

M   Okay. What's her name?

W   Alice Moore. She's really good.

M   Great. Thanks.

11

W   Good morning, everyone. I'm Jillian Wyatt, _____ of Creative Minds Science Club. I'd like to invite you to join our club. _____ Minds is open to first- and second-year students. We meet in the science _____ every Tuesday after school. We have a _____ of interesting activities, like doing fun _____ and making inventions as a team. In fact, last year our club won prizes at a number of _____ contests. We're very proud of our _____. This year's advising teacher is Ms. Williams, who is a _____ teacher at our school. This is a great _____ to learn more about science and to put your creative mind into action. If you're interested, you can find more information on our school's _____ board. Come and join us!

12

M   Honey. Here's a pamphlet for the _____ packages at Grandlife Amusement Park. Let's choose one of them.

W   Okay. How much do you think we should _____?

M   Well, I don't want to spend more than 50 dollars _____ person.

W   All right. For the 3D movie, would you _____ watch Amazing Sea or Jungle Safari?

M   _____ one sounds fine, but I'd prefer Amazing Sea because it would look really cool in 3D.

W   Good. Let's watch that movie then.

M   Okay. How about the _____? I've heard that there're some _____ dolphins.

W   Well, if we're seeing a movie about the sea, I don't think we need to go to the aquarium, too.

M   Yeah, I agree. Should we _____ the lunch box option?

W   Sure. That way, we can _____ some time.

M   Then, that _____ this package.

W   Perfect! Let's choose that one.

13

W   Richard, this is a great place to spend _____, isn't it?

M   Yes. I really love this city, Mom.

W   So what do you want to do today?

M   Why don't we take a walking _____ downtown? I heard it's a _____.

W   I don't think a walking tour is a good idea.

M   Why not?

W   It's very cold and windy today. We might _____ a cold if we walk _____ too long.

M   But I want to see the famous tourist _____ downtown.

W   Then we can take a bus tour, _____.

M   A bus tour? I didn't think about that.

W   The bus goes around downtown and _____ all the famous places.

M   Well, I guess we could see all the places and stay _____ on the bus.

W   _____. And we can save time, too.

14

M Hey, Rebecca? What's up? You're _____ early in the morning.

W Sorry, Daniel. I need to tell you something. Do you remember I _____ for the school orchestra?

M Of course. Did you hear anything from the director?

W Yes. I got a text message from him last night. I got _____.

M Congratulations! I'm really happy for you.

W Thank you. But _____ a problem.

M What is it?

W You know I was going to help you write a speech for the school _____.

M Yes. I need to finish it by tomorrow.

W But I have to _____ the orchestra practice tomorrow.

M Then can you help me today?

W Well, there's an _____ for new members today. I'm _____ sorry, but I don't think I can help you.

M Don't worry about it. I know you really wanted to join the _____.

15

W Sarah and Brian are university classmates. Sarah wants to be a teacher and is _____ in helping others. She plans on finding volunteer work to _____ to the community while getting teaching _____. However, she's not sure what kind of _____ work she can do. Brian is a volunteer mentor at a _____ community center. He feels that his students are learning a lot, and that he's _____ from the experience as well. Sarah tells Brian about her plan and asks him to _____ some volunteer work for her. Since Brian finds his volunteer work _____, he wants to suggest to Sarah that she be a _____ at the _____ center. In this situation, what would Brian most likely say to Sarah?

16~17

M Hello, class. Last time we learned about _____, their life cycles and what they eat. As you know, many insects get food from flowers, but they aren't the only _____ that do. Today, we'll learn about a variety of animals that use flowers as a food source. First are hummingbirds. These birds use their long narrow _____ to get the flower's sweet _____ called nectar. Mysteriously, they only _____ from upside down flowers. We still don't know why. Next are bats. Although most bats eat insects, some get their food from flowers. These bats have a strong sense of smell and _____ compared to insect-eating bats. There are also lizards that drink nectar. These lizards are found on _____ islands that have few natural enemies. Finally, there is a type of squirrel that feeds from flowers. Most _____ animals help flowers grow in numbers, but these squirrels often harm the plant. When drinking nectar, they _____ through the flower, which causes damage. Interesting, huh? What other animals use flowers in their _____? Take a minute to think, and then we'll talk about it.

Review

18

A 우리말은 영어로, 영어는 우리말로 쓰시오.

1 notice　　　_____

2 offer　　　_____

3 opportunity　　　_____

4 추정하다　　　_____

5 참여하다　　　_____

6 단체 예약　　　_____

B 괄호 안의 주어진 단어를 바르게 배열하시오.

1 We don't (want, this, miss, great, to, opportunity).
   → _____

2 I estimate that (like, it, to, would, participate, 50 students and teachers, in).
   → _____

C 다음 빈칸에 들어갈 알맞은 단어를 적으시오.

1 곧 귀하로부터 소식듣기를 고대합니다.
   I _____ _____ ____ _____ from you soon.

2 저는 귀하의 공고에서 East End Seaport Museum이 특별한 프로그램을 제공하고 있다고 읽었습니다.
   I have read from your _____ _____ the East End Seaport Museum _____ now _____ a special program.

D 다음 괄호 안의 주어진 단어를 활용하여 문장을 완성하시오.

1 그 프로그램은 우리 학생들이 즐거운 시간을 보낼 훌륭한 기회가 될 것입니다. (the, would, a, have) 13단어
   → _____
   _____

2 단체 예약을 하는 것이 가능한지 저에게 알려주시겠습니까? (would, let, it, to, a) 14단어
   → _____
   _____

19

A 우리말은 영어로, 영어는 우리말로 쓰시오.

1 wildlife　　　_____

2 dull　　　_____

3 canal　　　_____

4 ~을 따라　　　_____

5 매혹시키다　　　_____

6 ~로 미끄러져 들어가다　　　_____

B 괄호 안의 주어진 단어를 바르게 배열하시오.

1 A whole new world (sight, into, came).
   → _____

2 The mangrove forest alongside the canal thrilled me (entered, we, its, shade, as, cool).
   → _____

C 다음 빈칸에 들어갈 알맞은 단어를 적으시오.

1 "정말 멋진 모험이다!"라고 나는 소리쳤다.
   "_____ a wonderful _____!"
   I _____.

2 내가 본 야생생물 중 어느 하나도 이국적이지 않았다.
   _____ of the _____ I saw was _____.

D 다음 괄호 안의 주어진 단어를 활용하여 문장을 완성하시오.

1 매우 덥고 습해서 나는 그 여행을 완전히 즐길 수가 없었다. (it, so ~ that, fully) 14단어
   → _____
   _____

2 보트여행의 시작은 내가 기대했었던 것과는 거리가 멀었다. (the, from, what, have) 13단어
   → _____
   _____

20

A 우리말은 영어로, 영어는 우리말로 쓰시오.

1 guarantee _____

2 conventional _____

3 innovate _____

4 조직의 _____

5 영역, 영토 _____

6 (위험을 무릅쓰고) 가다 _____

B 괄호 안의 주어진 단어를 바르게 배열하시오.

1 I guarantee you'll tell me (you, it, a time, was, at risk, felt).

→ _____

2 Those are the places (opportunities, to, improve, there, where, are), innovate, experiment, and grow.

→ _____

C 다음 빈칸에 들어갈 알맞은 단어를 적으시오.

1 지도력을 발휘하는 것은 여러분에게 조직의 현재 상태에 도전할 것을 요구한다.

_____ leadership _____ you _____ _____ the organizational status quo.

2 성장은 언제나 가장자리, 즉 여러분이 바로 지금 있는 곳의 한계들 바로 바깥에 있다.

Growth is always at the edges, just outside the _____ of _____ _____ _____ right now.

D 다음 괄호 안의 주어진 단어를 활용하여 문장을 완성하시오.

1 당신은 당신의 현재 경험의 한계들을 넘어서 위험을 무릅써야 한다. (have to, venture, of) 11단어

→ _____
_____

2 더 좋은 지도자가 되기 위해서, 당신은 당신의 안전 지대에서 걸어 나와야 한다. (become, a, have to) 14단어

→ _____
_____

21

A 우리말은 영어로, 영어는 우리말로 쓰시오.

1 track record _____

2 punctuate _____

3 lag behind _____

4 어디에나 있는 _____

6 저명한 _____

5 (기량이) 뛰어난, 성취된 _____

B 괄호 안의 주어진 단어를 바르게 배열하시오.

1 (A, in, high, key, factor, achievement) is bouncing back from the low points.

→ _____

2 Surprises can fall from the sky like volcanic ash and (to, change, everything, appear).

→ _____

C 다음 빈칸에 들어갈 알맞은 단어를 적으시오.

1 어떤 것이든 도중에는 실패처럼 보일 수 있다.

Anything can _____ _____ _____ _____ in the middle.

2 그래서 신속하게 회복하는 능력이 매우 중요하다.

_____ _____ the ability _____ _____ quickly is so important.

D 다음 괄호 안의 주어진 단어를 활용하여 문장을 완성하시오.

1 심지어 그 경기를 이기는 그 팀조차도 실수들을 할지도 모른다. (the, that, might) 10단어

→ _____
_____

2 승자들과 패자들 사이의 한 차이점은 어떻게 그들이 패배를 다루느냐이다. (one, handle, losing) 11단어

→ _____
_____

22

A 우리말은 영어로, 영어는 우리말로 쓰시오.

1 mere _____

2 struggle _____

3 insight _____

4 직관력 _____

5 타당성, 관련성 _____

6 확인 가능한 _____

B 괄호 안의 주어진 단어를 바르게 배열하시오.

1 This is often the case with the most abstract as well as (more, the, practical, disciplines, seemingly).

→ _____

2 Only after a good deal of observation (in the bubble, the sparks, do, become, chamber) recognizable.

→ _____

C 다음 빈칸에 들어갈 알맞은 단어를 적으시오.

1 논리는 사례들의 사용과 실제 문제 해결을 통해 학습되어야 한다.

Logic must be learned through the _____ of _____ and _____ _____ _____.

2 약간의 시간과 노력이 있은 후에야 그 학습자는 통찰력들과 직관력들을 발달시키기 시작한다.

_____ _____ some time and struggle _____ the student _____ to develop the _____ and _____.

D 다음 괄호 안의 주어진 단어를 활용하여 문장을 완성하시오.

1 행함에 의한 이런 학습은 과학의 많은 교과에서 필수적이다. (of, the, sciences) 11단어

→ _____

_____

2 많은 교과들은 단순한 추상적인 공부에 의한 것보다 행함으로써 더 잘 학습된다.
(by, enter into, the doing, mere) 15단어

→ _____

_____

23

A 우리말은 영어로, 영어는 우리말로 쓰시오.

1 risk _____

2 confront _____

3 edge _____

4 가파른 _____

5 경향 _____

6 분석하다 _____

B 괄호 안의 주어진 단어를 바르게 배열하시오.

1 They'll determine that the slope is (steep, them, for, too, try, to).

→ _____

2 They end up at the bottom of (others, thought, what, an, mountain, impossible, was).

→ _____

C 다음 빈칸에 들어갈 알맞은 단어를 적으시오.

1 그들 자신을 확신하지 않는 스키 타는 사람들이 종종 이것을 한다.

Skiers who _____ _____ _____ _____ often do this.

2 일단 그들이 거기에 도달하면, 그들은 다음 모굴에 집중을 한다.

_____ they _____ there, they _____ _____ the next mogul.

D 다음 괄호 안의 주어진 단어를 활용하여 문장을 완성하시오.

1 당신이 취하고 있는 행동들은 자연적으로 다음 단계가 되어야 한다. (the, action, should, natural) 10단어

→ _____

_____

2 우리가 종종 하는 실수들 중 하나는 마지막 결과에 초점을 맞추는 우리의 경향이다.
(often, focus on, end, result) 16단어

→ _____

_____

24

A 우리말은 영어로, 영어는 우리말로 쓰시오.

1 ethical produce _____

2 organic _____

3 vegetarian _____

4 연합, 동맹 _____

5 해당[상응]하는 _____

6 대용품, 대안 _____

B 괄호 안의 주어진 단어를 바르게 배열하시오.

1 (the sales, graph, the, above, shows) of four types of ethical produce in the UK in 2010 and 2015.

→ _____

2 (of, Vegetarian meat alternatives, the lowest, were, the sales) among the four types of ethical produce.

→ _____

C 다음 빈칸에 들어갈 알맞은 단어를 적으시오.

1 유기농의 판매는 2010년에 가장 높은 위치를 차지했다.

The sales of _____ _____ the _____ in 2010.

2 열대우림 연합은 2010년에 두 번째로 높은 판매를 기록했다.

_____ _____ recorded the _____ _____ sales in 2010.

D 다음 괄호 안의 주어진 단어를 활용하여 문장을 완성하시오.

1 2015년에 공정무역의 판매들은 2010년의 것들보다 두 배 더 높았다. (the sales of Fairtrade, twice, as) 14단어

→ _____
_____

2 네 가지 유형의 윤리적 농산물 각각의 판매들은 증가를 보였다. (the sales, each of, ethical produce, an) 14단어

→ _____
_____

25

A 우리말은 영어로, 영어는 우리말로 쓰시오.

1 celebrated _____

2 bond _____

3 capture _____

4 생생한 _____

5 열정적인 _____

6 허락하다, 인정하다 _____

B 괄호 안의 주어진 단어를 바르게 배열하시오.

1 He formed special bonds with (the, he, artists, with, worked).

→ _____

2 The (he, appeared, photographs, took) on more than 500 album covers.

→ _____

C 다음 빈칸에 들어갈 알맞은 단어를 적으시오.

1 작고한 Jim Marshall은 20세기의 가장 유명한 사진작가 중 한 명으로 간주된다.

The _____ Jim Marshall _____ _____ _____ one of the most _____ photographers of the 20th century.

2 그는 Grammy Trustees Award를 수여받은 유일한 사진작가라는 특징을 가지고 있다.

He _____ the _____ of being the only photographer to _____ _____ _____ the Grammy Trustees Award.

D 다음 괄호 안의 주어진 단어를 활용하여 문장을 완성하시오.

1 그러한 관계들은 그가 그의 가장 생생하고 상징적인 이미지를 포획하는 것을 도와주었다. (relationship, help, capture, imagery) 13단어

→ _____
_____

2 그는 Beatles의 마지막 콘서트 전체에 무대 뒤에서의 접근을 허락받은 유일한 사진작가였다. (the, granted, access, the Beatles', full) 14단어

→ _____
_____

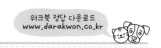
26

A 우리말은 영어로, 영어는 우리말로 쓰시오.

1 local _____

2 applicant _____

3 sign up _____

4 등록 신청서 _____

5 추가적인 _____

6 운영하다, (강 등이) 흐르다 _____

B 괄호 안의 주어진 단어를 바르게 배열하시오.

1 (classes, place, take, will, all) in the Building.
→ _____

2 Please (our website, download, from, forms, the) at www.greenhills.org.
→ _____

C 다음 빈칸에 들어갈 알맞은 단어를 적으시오.

1 그 프로그램은 월요일에서 금요일까지 운영될 예정입니다.
The program will _____ _____ _____
_____ _____.

2 Green Hills Community Center로 오셔서 지역의 십 대들을 위한 무료 프로그램을 점검해 보시기 바랍니다!
Come on down to the Green Hills Community Center _____ _____ _____ our _____ program for _____ teens!

D 다음 괄호 안의 주어진 단어를 활용하여 문장을 완성하시오.

1 20명 미만인 신청자들의 수업들은 취소될 예정입니다.
(few, canceled) 9단어
→ _____
_____

2 등록 신청서들은 아래의 주소의 이메일로 보내져야 합니다.
(must, by to, the) 11단어
→ _____
_____

27

A 우리말은 영어로, 영어는 우리말로 쓰시오.

1 essential _____

2 renowned _____

3 industry figure _____

4 주최하다 _____

5 회의 _____

6 응용프로그램 _____

B 괄호 안의 주어진 단어를 바르게 배열하시오.

1 Is (the, your universe, computer, screen)?
→ _____

2 (your, reserve, at, tickets) www.tiinprogrammers. org.
→ _____

C 다음 빈칸에 들어갈 알맞은 단어를 적으시오.

1 십 대 프로그래머 협회에 의해 주최되는 연간 회의
The _____ _____ _____ _____ the Teen Programmers _____

2 Warwick Meade를 포함한, 유명한 업계 인물들의 강연
Lectures by _____ _____ _____, _____ Warwick Meade.

D 다음 괄호 안의 주어진 단어를 활용하여 문장을 완성하시오.

1 여기서 여러분은 현대 컴퓨터 과학의 선도자들을 만나게 될 것입니다. (the, in, modern) 9단어
→ _____
_____

2 West State University의 Brilliance Hall에서 개최되는 저희 회의에 참여하여, 자신에게 도전해 보십시오!
(join, hold, challenge) 13단어
→ _____
_____

28

A 우리말은 영어로, 영어는 우리말로 쓰시오.

1 attribute _____

2 fundamental _____

3 be oriented toward _____

4 인과 관계 _____

5 현상 _____

6 관련 있는 _____

B 괄호 안의 주어진 단어를 바르게 배열하시오.

1 In both cases the focus (on, the, is, exclusively, object).

→ _____

2 This phenomenon Aristotle explained as being due to (the property, having, "levity", the wood, of)!

→ _____

C 다음 빈칸에 들어갈 알맞은 단어를 적으시오.

1 공중에서 떨어지는 돌은 그 돌이 '중력'이라는 속성을 가지고 있기 때문이다.
A stone falling through the air ____ ____ ____ the stone having the _____ of "_____."

2 사건은 늘 힘이 (작용하는) 장에서 발생한다는 개념은 중국인에게 완전히 직관적이었을 것이다.
The notion _____ events always occur in a field of forces _____ _____ _____ completely _____ to the Chinese.

D 다음 괄호 안의 주어진 단어를 활용하여 문장을 완성하시오.

1 물속으로 던져진 나무 조각은 가라앉는 대신 물에 뜬다. (a, piece, toss, sink) 11단어

→ _____
_____

2 중국인은 세계를 계속적으로 상호 작용하는 물질들로 구성된 것으로 보았다. (the, see, as, continuously) 11단어

→ _____
_____

29

A 우리말은 영어로, 영어는 우리말로 쓰시오.

1 compensate for _____

2 evolve _____

3 widespread _____

4 맹렬한 _____

5 명백한 _____

6 날지 못하는 _____

B 괄호 안의 주어진 단어를 바르게 배열하시오.

1 The local human population (down, the reed beds, cutting, was) at a furious rate.

→ _____

2 (rather, this, compensate for, obvious, to, defect), a specially selected species of fish was introduced.

→ _____

C 다음 빈칸에 들어갈 알맞은 단어를 적으시오.

1 1965년경에는 Atitlán 호수에 약 80마리만 남아 있었다.
By 1965 _____ _____ only around 80 birds _____ on Lake Atitlán.

2 이런 파괴는 빠르게 성장하는 매트 제조 산업의 필요에 의해 추진되었다.
This destruction _____ _____ _____ the needs of a fast _____ mat-making industry.

D 다음 괄호 안의 주어진 단어를 활용하여 문장을 완성하시오.

1 그 도입된 개체들은 즉시 게들과 작은 물고기에게 그들의 관심을 돌렸다. (immediately, turn, attentions) 13단어

→ _____
_____

2 한 미국 항공사가 그 호수를 관광지로 개발하는 데 강한 관심을 보였다. (an, intent, a tourist destination) 13단어

→ _____
_____

30

A 우리말은 영어로, 영어는 우리말로 쓰시오.

1 struggle _____

2 in passing _____

3 parent _____

4 의도적으로 _____

5 성과, 업적 _____

6 관점, 시각 _____

B 괄호 안의 주어진 단어를 바르게 배열하시오.

1 (you, good, aren't, really, feeling) or positive about your life.

→ _____

2 (to, the positive, struggling, see, Nancy, was) when her daughter was experiencing a negative perspective on her life.

→ _____

C 다음 빈칸에 들어갈 알맞은 단어를 적으시오.

1 Nancy가 놀랍게도, 그 십 대 소녀는 다소 쾌활해 보였다.

_____ _____ _____, the teen girl seemed _____ cheerful.

2 그것은 제가 제 자신에게서 한 가지 좋은 자질을 보는 것을 도와주었고, 저는 그 말들을 고수해오고 있어요.

It _____ _____ _____ one good quality in myself, and I _____ _____ _____ _____ those words.

D 다음 괄호 안의 주어진 단어를 활용하여 문장을 완성하시오.

1 나는 그 일이 네게 큰 노력이었음에 틀림이 없다는 것을 안단다. (that, must have, a, for) 11단어

→ _____

_____

2 의도적으로 부모 역할을 하려는 바람에, 그녀는 딸의 방에 들어갔다. (in, desire, parent, into) 12단어

→ _____

_____

31

A 우리말은 영어로, 영어는 우리말로 쓰시오.

1 compatibility _____

2 elevate _____

3 interface with _____

4 일치하는, 일관된 _____

5 채택하다, 입양하다 _____

6 지위 _____

B 괄호 안의 주어진 단어를 바르게 배열하시오.

1 Only a small number of cultural elements ever (to, one, from, another, spread, culture).

→ _____

2 (item, accepted, cultural, which, is) depends largely on the item's use and compatibility.

→ _____

C 다음 빈칸에 들어갈 알맞은 단어를 적으시오.

1 미국의 관습적 단위를 사용하는 미국 내의 대부분 사람들은, 미터법 채택에 저항해 왔다.

Most people in the United States _____ US customary units _____ _____ _____ the metric system.

2 '흰머리를 피하기 위해' 고안된 남성용 머리 염색약은 아프리카의 시골 지역으로 퍼질 것 같지 않다.

_____ _____ _____ _____ _____ men's hair dyes _____ to "get out the gray" will _____ into parts of rural Africa.

D 다음 괄호 안의 주어진 단어를 활용하여 문장을 완성하시오.

1 만약 그런 경우라면, 오늘날 세계에는 문화적 차이가 없을 것이다. (that, were, the case, there) 15단어

→ _____

_____

2 그러한 변화를 하는 것은 미국 시민들이 세계의 다른[나머지] 나라들과 상호작용할 수 있게 해줄 것이다. (such, a, would, enable, US, the rest of) 16단어

→ _____

_____

32

A 우리말은 영어로, 영어는 우리말로 쓰시오.

1 incidental _____

2 narrative _____

3 identify with _____

4 측면, 양상 _____

5 동시대의 _____

6 폭넓은, 널리 퍼진 _____

B 괄호 안의 주어진 단어를 바르게 배열하시오.

1 Unlike the original novel, *Apocalypse Now* (set, is, Vietnam and Cambodia, in).
→ _____

2 Audiences were able to (with, and, themes, experience, identify, its) more easily.
→ _____

C 다음 빈칸에 들어갈 알맞은 단어를 적으시오.

1 그 영화는 아프리카의 콩고를 배경으로 한 Heart of Darkness를 각색한 것이다.
The film is a(n) _____ of *Heart of Darkness*, _____ ____ _____ in the African Congo.

2 둘 다 주인공의 정신적 그리고 영적인 여행을 반영하는, 물리적 여행을 묘사한다.
Both _____ a physical journey, _____ the central character's _____ and _____ _____.

D 다음 괄호 안의 주어진 단어를 활용하여 문장을 완성하시오.

1 Francis Ford Coppola가 제작하고 감독한 지옥의 묵시록(Apocalypse Now)은 폭넓은 인기를 얻었다. (produce, gain, widespread) 12단어
→ _____
_____

2 Apocalypse Now의 기본적인 이야기와 주제들 Heart of Darkness의 그것들과 같다. (the, fundamental, narrative, as ~ as) 17단어
→ _____

33

A 우리말은 영어로, 영어는 우리말로 쓰시오.

1 lightweight _____

2 tiny _____

3 get through _____

4 결과로 생기는 _____

5 해결책, 용액 _____

6 쓸모없는, 가치 없는 _____

B 괄호 안의 주어진 단어를 바르게 배열하시오.

1 It will no longer have the power (some, the more difficult jobs, to, of, get through).
→ _____

2 All the outcomes customers are trying to achieve in one area (negative, effect, have, other outcomes, a, on).
→ _____

C 다음 빈칸에 들어갈 알맞은 단어를 적으시오.

1 이것은 회사가 "고객의 소리"에 귀를 기울이느라 바쁠 때 매우 흔하다.
This is very _____ when companies _____ _____ _____ _____ the 'voice of the customer.'

2 고객들은 자신들이 요구한 해결책이 어떻게 다른 상품이나 서비스의 기능들에 영향을 줄지는 생각하지 않는다.
Customers are not thinking of how their _____ _____ will _____ other product or service _____.

D 다음 괄호 안의 주어진 단어를 활용하여 문장을 완성하시오.

1 추가된 특징은 그것이 일으킨 그 문제들 때문에 결국에는 쓸모없다고 밝혀진다. (the, added, turn out, worthless, the) 14단어
→ _____
_____

2 그들은 그러한 작은 전화기가 사용하기 얼마나 어려울지에 관해서는 생각해보지 않았을지도 모른다. (may, have, that, tiny) 15단어
→ _____
_____

34

A 우리말은 영어로, 영어는 우리말로 쓰시오.

1 shutting down _____

2 exploration _____

3 ice cover _____

4 감소 _____

5 매장량 _____

6 경계, 국경 _____

B 괄호 안의 주어진 단어를 바르게 배열하시오.

1 The actual exploration challenge (to, the time, required, is, access), produce, and deliver oil.

→ _____

2 Oil and gas reserves and known or potential resources (affected, by, be, could, new climate conditions).

→ _____

C 다음 빈칸에 들어갈 알맞은 단어를 적으시오.

1 1월에 기온이 영하 20˚C에서 영하 35˚C에 이른다.

Temperatures in January _____ _____ -20°C _____ -35°C.

2 그것들은 수백만 년이 걸리는 과정에 의한 결과로 생기고 지질학적으로 묻혀 있다.

They _____ _____ a process _____ _____ millions of years and are _____ _____ .

D 다음 괄호 안의 주어진 단어를 활용하여 문장을 완성하시오.

1 석유와 가스 자원들은 기후 변화에 영향을 받을 것 같지 않다. (be likely to, impact) 13단어

→ _____

2 온난화는 생산 경계를 확장하면서 극한의 환경 조건들을 완화시킬지도 모른다. (warming, ease, expanding, the, frontier) 10단어

→ _____

35

A 우리말은 영어로, 영어는 우리말로 쓰시오.

1 now that _____

2 misguided _____

3 obviously _____

4 철저히 _____

5 즉각[순간]적으로 _____

6 가까운, 예측 가능한 _____

B 괄호 안의 주어진 단어를 바르게 배열하시오.

1 Obviously, (pollution, that, technology, produces) is generally cheaper.

→ _____

2 Although technology is responsive to the will of the people, (it, respond, seldom, can, instantaneously).

→ _____

C 다음 빈칸에 들어갈 알맞은 단어를 적으시오.

1 하지만, 이 마지막 선택은 몇 년간의 시간과 많은 투자를 필요로 할 것이다.

This last option, however, would _____ several years and _____ _____ .

2 현재 대중적인 태도는 환경 문제들을 초래했던 것에 대해 기술을 비난한다.

A currently popular attitude is to _____ technology _____ _____ _____ _____ the environmental problems.

D 다음 괄호 안의 주어진 단어를 활용하여 문장을 완성하시오.

1 우리는 이러한 관점이 철저하게 잘못 인도된 것으로 믿는다. (view, to, misguide) 8단어

→ _____

2 오염은 공학자들이 그들의 설계에서 고려해야 했던 문제로 인식되지 않았다. (recognize, as, a, which) 15단어

→ _____

36

A 우리말은 영어로, 영어는 우리말로 쓰시오.

1 intentional   _____

2 take up   _____

3 firm   _____

4 관점, 시각, 원근법   _____

5 성취하다   _____

6 ~을 고수하다   _____

B 괄호 안의 주어진 단어를 바르게 배열하시오.

1 They learn to tango (they, even if, before, never, danced) in their lives.

→ _____

2 Yet as both research and real life show, (changes, do, make, important, many, others).

→ _____

C 다음 빈칸에 들어갈 알맞은 단어를 적으시오.

1 시간이 지나면서 그들은 더 살이 찌고, 주름살이 늘어나고, 그리고 머리가 셀 것이다.

Over time they may get _____, gather _____, and _____ _____.

2 언제나 확고한 결단력에서 생겨나는 변화는 가장 중요한 것이 된다.

Changing, _____ always _____ _____ a firm decision, _____ job number one.

D 다음 괄호 안의 주어진 단어를 활용하여 문장을 완성하시오.

1 변화하는 사람들은 변화가 가능한지 묻지 않는다.
(who, question, whether) 10단어

→ _____

_____

2 그들은 자신들이 원하는 변화를 결정하고, 그것을 성취하는 데 필요한 것을 한다.
(decide on, a, what, accomplish) 15단어

→ _____

_____

37

A 우리말은 영어로, 영어는 우리말로 쓰시오.

1 effectively   _____

2 take advantage of   _____

3 hue   _____

4 심리적인, 심리의   _____

5 차분하게 하는   _____

6 산호색, 산호   _____

B 괄호 안의 주어진 단어를 바르게 배열하시오.

1 The psychological effects of warm and cool hues (be, effectively, to, used, seem).

→ _____

2 (of, color, this application, the success, of) can be noted in the records set by Notre Dame football teams.

→ _____

C 다음 빈칸에 들어갈 알맞은 단어를 적으시오.

1 홈 팀의 라커룸은 밝은 빨간색으로 칠해졌는데, 이것은 팀원들을 흥분하거나 심지어 화나게 했다.

The home-team room was painted a bright red, _____ _____ team members _____ or even _____.

2 온도는 동일한 수준으로 유지되었지만, 벽들은 따뜻한 산호색으로 칠해졌다.

The temperature _____ _____ at the same level, but the walls _____ _____ a warm _____.

D 다음 괄호 안의 주어진 단어를 활용하여 문장을 완성하시오.

1 색깔의 영향은 수십 년 동안 연구되어 왔다.
(the, impact, decade) 9단어

→ _____

_____

2 그 직원들은 그 온도에 대해 불평하던 것을 멈췄고 그들은 아주 편안하다고 보고했다.
(employee, report, quite) 13단어

→ _____

_____

38

A 우리말은 영어로, 영어는 우리말로 쓰시오.

1 expose _____

2 lengthen _____

3 feed _____

4 울타리 _____

5 농도, 집중 _____

6 호기심을 불러일으키다 _____

B 괄호 안의 주어진 단어를 바르게 배열하시오.

1 Exactly (track, how, cicadas, keep, of, time) has always intrigued researchers.

→ _____

2 (the, had, happen, made, this, researchers) by lengthening the period of daylight.

→ _____

C 다음 빈칸에 들어갈 알맞은 단어를 적으시오.

1 이 애벌레들이 성체로 나타나려면 2년이 더 걸려야 했다.

These nymphs _____ _____ _____ a further two years _____ _____ as adults.

2 나무에 꽃이 피는 것은 그 수액의 아미노산 농도들의 최고점과 일치한다.

Flowering in trees _____ _____ a(n) _____ in amino acid _____ in the sap.

D 다음 괄호 안의 주어진 단어를 활용하여 문장을 완성하시오.

1 이 일을 함으로써, 그 나무들은 '속아서' 그 해에 두 번 꽃을 피웠다. ("tricked", into, during, the) 13단어

→ _____
_____

2 그 매미들은 그 최고점들의 수를 세어 시간을 추적하는 것처럼 보인다. (it, seem, cicada, keep track of, peak) 13단어

→ _____
_____

39

A 우리말은 영어로, 영어는 우리말로 쓰시오.

1 notice _____

2 crosswalk _____

3 avoid _____

4 결심하다 _____

5 선뜻, 손쉽게 _____

6 ~할[일] 것 같은 _____

B 괄호 안의 주어진 단어를 바르게 배열하시오.

1 Tom looked around and saw (no, there, to, one, help, was, else).

→ _____

2 (were, saw, doing, what, you, I), so I decided to sit here and watch your book bag.

→ _____

C 다음 빈칸에 들어갈 알맞은 단어를 적으시오.

1 교통은 혼잡했고 그 맹인은 차에 치일 것 같았다.

The traffic was _____, and ____ _____ _____ the blind man would get _____.

2 그들은 빨리 달려가는 자동차들을 피하며 도로를 가로질러 걷기 시작했다.

They began their _____ across the street _____ _____ cars.

D 다음 괄호 안의 주어진 단어를 활용하여 문장을 완성하시오.

1 그는 자신의 책가방을 버스 정류장 벤치에 놓아두었다는 것을 깨달았다. (have, leave) 13단어

→ _____
_____

2 그는 그 맹인에게 그 도로를 건너는 데 도움을 원하는지 물었다. (if, would like, help, street) 13단어

→ _____
_____

40

A 우리말은 영어로, 영어는 우리말로 쓰시오.

1 representation _____
2 indulge _____
3 glamorous _____
4 비열한, 겁이 많은 _____
5 전염성의 _____
6 강도, 강렬함 _____

B 괄호 안의 주어진 단어를 바르게 배열하시오.

1 Some people (indulge, may, violence, of, fantasies) by watching a film.
→ _____

2 Others may be disgusted by (of, glamorous, violence, even, representations).
→ _____

C 다음 빈칸에 들어갈 알맞은 단어를 적으시오.

1 진정으로 자부심의 감정들을 표현하는 예술가는 우리에게 그 감정을 전달한다.
The artist who _____ _____ _____ of pride will _____ those feelings _____ _____ us.

2 또 다른 사람들은 매력을 느끼거나 혐오감을 느끼지 않으면서, 미동하지 않은 채로 남아 있을 수도 있다.
Still others _____ _____ _____ _____, _____ attracted _____ disgusted.

D 다음 괄호 안의 주어진 단어를 활용하여 문장을 완성하시오.

1 이러한 영향을 막는 유일한 방법은 그러한 표현들을 억누르는 것이다. (the, way, effect, to, representation) 12단어
→ _____

2 특정 작품들이 특정한 영향들을 끼치는 것이 확고히 확립될 수 있다. (it, can, that, certain) 11단어
→ _____

41~42

A 우리말은 영어로, 영어는 우리말로 쓰시오.

1 acquire _____
2 insult _____
3 merely _____
4 존재 _____
5 도움[소용], 선(善) _____
6 자성(磁性), 자력 _____

B 괄호 안의 주어진 단어를 바르게 배열하시오.

1 It is easy to argue that basic science (effort and expense, the, is, worth, not).
→ _____

2 We might describe science (has, known, no, practical, that, value) as basic science.

C 다음 빈칸에 들어갈 알맞은 단어를 적으시오.

1 그것을 단순히 기능적인 것으로 언급하는 것은 모욕인 것 같다.
_____ _____ a(n) _____ to _____ _____ it _____ merely functional.

2 과학은 우리가 어디에 있으며 우리가 무엇인지 우리에게 말해주고, 그러한 지식은 가치를 넘어선다.
Science tells us _____ _____ _____ and _____ _____ _____, and that knowledge is _____ _____.

D 다음 괄호 안의 주어진 단어를 활용하여 문장을 완성하시오.

1 기초 과학 연구는 기술이 문제들을 해결하기 위해서 사용하는 원료들을 제공한다. (provide, the, that) 13단어
→ _____

2 문제는 우리가 어떤 지식이 쓸모가 있을 것인지를 알 방법이 없다는 것이다. (the, that, no, way, of, use) 16단어
→ _____

43~45

A 우리말은 영어로, 영어는 우리말로 쓰시오.

1 run for _____

2 nomination _____

3 atmosphere _____

4 망치다, 파멸시키다 _____

5 바람 빠진 타이어 _____

6 사과의 뜻으로, 사과하듯 _____

B 괄호 안의 주어진 단어를 바르게 배열하시오.

1 Steve could still see (in, eyes, burning, his, the disappointment).

→ _____

2 Steve's teacher came up to him to (wanted, to, he, ask, if, run for) student president.

→ _____

C 다음 빈칸에 들어갈 알맞은 단어를 적으시오.

1 Dave는 목을 가다듬고 놀라면서 응답했다.

Dave _____ _____ _____ and replied _____ _____.

2 그 순간부터 계속해서 두 친구 사이에는 불편한 긴장의 기색이 있었다.

From that moment _____, there was a(n) _____ _____ of _____ between the two friends.

D 다음 괄호 안의 주어진 단어를 활용하여 문장을 완성하시오.

1 Steve를 보면서 Dave는 그에게 사과를 해야 할 필요를 느꼈다. (look at, the, need, apologize) 11단어

→ _____

→ _____

2 그들은 대개 그랬던 것처럼 그들의 자전거들을 타고 함께 학교에 갔다. (ride, bicycles, as, do) 11단어

→ _____

→ _____

Review Plus

A 우리말은 영어로, 영어는 우리말로 쓰시오.

1 lighthouse _____

2 exclaim _____

3 abstract _____

4 가장자리, 테두리 _____

5 취소하다 _____

6 중력 _____

B 괄호 안의 주어진 단어를 바르게 배열하시오.

1 Best of all, I (by, the, was, native, charmed, birds) and lizards moving among the branches.

→ _____

2 Their attempts to understand it (toward, them, caused, be, the complexities, to, oriented) of the entire "field."

→ _____

C 다음 빈칸에 들어갈 알맞은 단어를 적으시오.

1 갑자기 어머니께서 "저 맹그로브를 봐!"라고 외치셨다.

_____ _____ ____ _____ my mother shouted, "Look at the mangroves!"

2 그는 Rolling Stones를 포함한 록 음악의 가장 큰 예술가들에게 비할 데 없는 접근을 했다.

He was given _____ access to rock's biggest artists, _____ the Rolling Stones.

D 다음 괄호 안의 주어진 단어를 활용하여 문장을 완성하시오.

1 그들은 예측 가능한 삶이 쉽다는 이유만으로 일상을 고수한다. (stick, other than, ease) 15단어

→ _____

2 과학자들은 애벌레들이 외부의 신호를 사용하며 그것들이 수를 셀 수 있음을 시사했다. (suggested, cue, that) 15단어

→ _____

MEMO

MEMO

MEMO

MEMO

MEMO

MEMO

MEMO

맨처음 수능 영어

이건희 김한나 김현우

실전 모의고사
완성편

정답 & 해설

DARAKWON

수능 영어를 향한 가벼운 발걸음

맨처음 수능 영어

실전 모의고사 완성편

정답 & 해설

01 ③	02 ②	03 ③	04 ①	05 ②
06 ④	07 ⑤	08 ②	09 ③	10 ①
11 ⑤	12 ④	13 ①	14 ④	15 ①
16 ②	17 ④	18 ⑤	19 ①	20 ④
21 ⑤	22 ④	23 ②	24 ④	25 ⑤
26 ⑤	27 ④	28 ⑤	29 ⑤	30 ④
31 ①	32 ④	33 ③	34 ①	35 ④
36 ②	37 ⑤	38 ③	39 ③	40 ①
41 ④	42 ③	43 ③	44 ④	45 ⑤

01 ③

95% 고2 11월 모의고사 변형

W Honey, the **weather's** really nice today. How about **taking** a walk?

M That's a good idea. **Where** do you want to go?

W You like walking along the **river**. So **shall** we go to Riverside Park?

M Yeah, I love it. Let's go out now.

[해석]

여 자기, 오늘 날씨 정말 좋아요. 산책하는 거 어때요?

남 좋은 생각이에요. 어디로 가고 싶어요?

여 자기는 강가를 따라 걷는 것을 좋아하잖아요. 그러면, 우리 Riverside Park 갈까요?

남 네, 좋아요. 지금 함께 나가요.

[해설]

날씨가 좋아서 강가를 따라 산책을 하자는 여자의 말에, 남자의 응답으로 가장 적절한 것은 ③ '좋아, 지금 나가자'이다.

① 물론, 집에서 머물자.

② 미안하지만 난 해산물을 좋아하지 않아.

④ 문제없어. 나중에 그를 방문하자.

⑤ 아니, 새로운 카메라 필요 없어.

[어휘]

how about -ing? ~하는 거 어때요? (= shall we~?)

take a walk 산책하다

02 ②

94% 고2 11월 모의고사 변형

M Emily, how was your **trip** to Okinawa?

W It was **awesome**. I **especially** had a great time at the **beach**.

M Great! Did you **enjoy** the food there, too?

W Yes. It was very delicious.

[해석]

남 Emily, 오키나와 여행 어땠어?

여 근사했어요. 특히 해변에서 좋은 시간을 보냈어요.

남 멋지구나! 거기 음식도 좋았니?

여 응, 정말 맛있었어.

[해설]

여행 음식도 좋았느냐는 남자의 말에 여자의 응답으로 가장 적절한 것은 ② '응, 매우 맛있었어'이다.

① 물론, 난 그것을 많이 봤어.

③ 아니, 넌 요리할 필요 없었어.

④ 응, 난 내일 떠나.

⑤ 미안. 우리 다음에 점심 먹자.

[어휘]

awesome 멋진, 근사한

especially 특히

03 ③

94% 고2 11월 모의고사 변형

W Welcome to the Middleton Culture Center. I'm Jennifer Benson, the **director** of the center. Today, I'd like to tell you about a cookie-baking course **we're** offering. During this course, you're going to learn how to bake cookies for family **occasions**. This is an **intermediate** course and therefore open to people who took the beginners course before. If you are **available** from 3 o'clock to 5 o'clock every Tuesday afternoon next month, hurry up and **register** right now. There's no **tuition** fee, but the cost of materials is at your own **expense**. Join this course and make your day sweeter. For more information, call the **administration** office at 714-1222-0103.

[해석]

Middleton 문화센터에 오신 것을 환영합니다. 저는 이 센터의 책임자, Jennifer Benson입니다. 오늘, 저는 여러분께 저희가 제공하는 쿠키 만들기 강좌에 대해 말씀드리고 싶습니다. 이번 강좌 동안, 여러분은 가족 행사를 위한 쿠키를 굽는 방법에 대해 배울 것입니다. 이것은 중급자 과정이며, 따라서 이전에 초급자 과정을 수강하신 분께만 열립니다. 만약 여러분이 다음 달 매주 목요일 오후 3시부터 5시까지 가능하시다면, 지금 서둘러 가입하세요. 수업료는 무료이지만 준비물 비용은 여러분의 사비입니다. 이 강좌에 가입하셔서 당신의 하루를 더 달콤하게 만드세요. 보다 자세한 사항을 알고 싶으시면, 행정 사무실, 714-1222-0103으로 전화주세요.

[해설]

다음 달 매주 목요일 오후 3시-5시에, 초급자 과정을 선수강 완료한 사람에게만 열리는 문화센터 쿠키 만들기 강좌에 대한 내용으로, 여자가 하는 말의 목적으로 가장 적절한 것은, ③ '쿠키만들기 강좌를 홍보하는 것'이다.

[어휘]

occasion (특별한) 행사

at one's own expense 사비로

administration 행정

04 ①

88% 고2 03월 모의고사 변형

M Britney, did you go to the student **council** meeting?

W Yes, we talked about the festival booths. We'll only have twelve booths this year.

M That's much **fewer** than we had last year.

W Selling food is not **allowed** starting this year. Maybe that's why fewer clubs are **running** booths.

M Really? Why isn't it allowed?

W Because, last year, some parents **complained** about the **garbage** and the smell from all the food.

M Oh, many students will be **disappointed**. They love the festival food.

W I know, but I agree that selling food should not be allowed.

M **How come**?

W The festival should be about students' **activities**, not food.

해석

남 Britney, 학생회 회의에 갔었어?

여 응, 축제 부스에 대해 얘기했어. 올해는 오직 12개 부스만 열거래.

남 작년보다 훨씬 적네.

여 올해부터 음식판매는 허가되지 않는데. 아마도 그런 이유로 더 적어진 클럽만이 부스를 운영하는 거 같아.

남 정말? 왜 허가가 안되는 거야?

여 왜냐하면, 작년에, 몇몇 부모님들께서 음식물에서 나온 쓰레기와 냄새로 항의를 하셨대.

남 아, 많은 학생들이 실망하겠네. 그들은 축제음식을 좋아하는데 말이야.

여 그러게, 하지만 나도 음식판매는 허가되지 않아야 하는 거에 동의해.

남 어째서?

여 축제는 학생들의 활동에 대한 거잖아, 음식이 아니라.

해설

대화의 후반부에서 여자가 축제는 음식이 아니라 학생들의 활동에 대한 것이라고 했으므로 여자의 의견으로 가장 적절한 것은 ① '축제에서 음식판매를 허용하지 말아야 한다'이다.

어휘

student council	학생회
booth	부스, (칸막이를 한) 작은 공간
allow	허가하다
run	운영하다
complain	불평하다
garbage	(음식물, 휴지 등의) 쓰레기
disappointed	실망한
how come	어째서, 도대체 왜

05 ②

93% 고2 11월 모의고사 변형

W Good afternoon, Mr. Williams, I'm **honored** to meet you.

M Thank you. It's my **pleasure** to be in Korea for the first time with our orchestra.

W I'd like to start the interview with some questions from readers.

M Sure. Go ahead.

W First, they're **curious** about your new music career.

M So far, I've really enjoyed **conducting** the orchestra.

W Do you **regret** giving up the life of a pianist?

M No, **I've dreamed** of conducting for a long time.

W That's nice. I heard the orchestra has something special coming up.

M Yes, we'll have a **week-long** music camp for young students.

W **Fantastic**! Thank you for the **interview**. Can we take your picture for the magazine cover?

M Sure.

해석

여 안녕하세요, Williams씨, 당신을 만나게 되어 영광입니다.

남 감사합니다. 저희 오케스트라와 함께 한국에 첫 방문하게 되어 기쁩니다.

여 독자들로부터 온 몇 가지 질문으로 인터뷰를 시작하겠습니다.

남 네. 시작하죠.

여 먼저, 독자들은 당신의 새로운 음악 일에 대해 궁금해 합니다.

남 지금까지는, 오케스트라 지휘를 정말 즐기고 있습니다.

여 피아니스트의 삶을 포기한 것에 대해 후회하지는 않으신가요?

남 전혀요, 저는 오랜 시간 동안 지휘하는 꿈을 꾸어왔습니다.

여 좋아요, 오케스트라가 곧 특별한 것을 한다고 들었습니다.

남 네, 우리는 어린 학생들을 위해 일주일 동안 음악 캠프를 가질 겁니다.

여 멋지네요! 인터뷰에 응해주셔서 감사합니다. 잡지 표지를 위한 당신의 사진을 찍어도 될까요?

남 물론이죠.

해설

magazine, readers, interview, picture, orchestra, conduct 등의 단어를 통해 두 사람의 관계는 ② '(잡지) 기자와 지휘자'임을 알 수 있다.

어휘

honored	영광으로 생각하는
go ahead	시작하다, 진행되다
curious	궁금한
career	직업, 경력, 일
conduct	지휘하다
regret	후회하다

06 ④

95% 고2 03월 모의고사 변형

M What are you doing on the computer?

W I've just finished **designing** a poster for our **garage** sale. Take a look, Dad.

M Good job! I love the way you put the word "SALE" in large letters above the date and time.

W Thanks. I wanted to draw people's **attention** to it.

M Hmm, there's a violin on the bench. Is that the one you **used** to play?

W Yes. It's too small for me now.

M And what's that **next** to the violin?

W It's my toy train that I used to play with.

M I see. And what is that **under** the bench?

W It's a baseball. I'm **selling** it, too.

M What about that lamp in **front** of the bench? Are we selling that, too?

W Yes. Mom wants to sell it and **buy** a new one.

해석

남 컴퓨터로 뭐하고 있니?

여 차고 세일을 위한 포스터 디자인을 지금 막 마쳤어요. 보세요, 아빠.

남 잘했구나! 난 날짜와 시간 위에 큰 글자로 "SALE"이라고 넣은 방식이 맘에 들어.

여 감사해요. 전 그것에 대한 사람들의 주의를 끌고 싶었어요.

남 흠, 벤치 위에 바이올린이 있구나. 그건 전에 네가 연주하던 그것이니?

여 네. 지금은 저에게 너무 작아요.

남 그리고 바이올린 옆에 있는 건 뭐니?

여 그건 제가 가지고 놀던 장난감 기차예요.

남 그렇구나. 그럼 벤치 아래 있는 저건 뭐니?

여 그건 농구공이에요. 그것도 지금 팔고 있어요.

남 벤치 앞에 램프는? 저것도 팔고 있니?

여 네. 엄마가 그걸 팔고 새로운 것을 사길 원하세요.

해설

벤치 아래 있는 물건은 농구공이 아니라 축구공이므로 그림에서 대화의 내용과 일치하지 않는 것은 ④이다.

어휘

garage sale	차고 세일, 중고물품 창고 세일
attention	주의, 관심
used to	~하곤 했다

07 ⑤

94% 고2 03월 모의고사 변형

W Hey, Nakata. Over here! Welcome to **Hungary**.

M Hi, Sophia. Thanks for coming to the airport to **pick** me up.

W It's nothing. You did a lot for me when I was in Japan.

M I **enjoyed** showing you around in Japan, too.

W I remember the Japanese **temples** we saw and the food we ate together.

M Yeah. You had a hard time eating **raw** seafood like sushi.

W Oh, by the way, do you **need** a phone to use here in Budapest?

M I've already **rented** a cellphone, but I need to change the **language** setting into Japanese.

W Do you need help?

M Yes. The phone is a bit different from **what** I use in Japan.

W Okay. Just **hand** it to me.

해석

여 헤이, Nakata. 여기! 헝가리에 온 걸 환영해.

남 안녕, Sophia. 나를 태우러 공항까지 와줘서 고마워.

여 별거 아니야. 넌 내가 일본에 있었을 때 많은 걸 해줬잖아.

남 나도 너에게 일본에서 주변을 보여주면서 재미있었어.

여 난 우리가 함께 봤던 일본 사찰들과 우리가 먹었던 음식들을 기억해.

남 응. 초밥 같은 날 것의 해물 음식 먹느라 네가 매우 힘들어했지.

여 맞아, 그건 그렇고, 여기 부다페스트에서 사용할 전화가 필요하니?

남 난 이미 휴대전화기 빌렸어, 그런데 언어 설정을 일본어로 바꿔야 할 필요가 있는데.

여 도움이 필요하니?

남 응. 전화기가 내가 일본에서 사용하는 것과 약간 달라.

여 알겠어. 전화기 나에게 줘봐.

해설

남자가 일본에서 사용하던 휴대 전화와 설정이 달라 언어설정에 어려움을 겪자 여자가 도와준다고 한 내용이므로, 여자가 남자를 위해 할 일로 가장 적절한 것은 ⑤ '휴대 전화 언어 변경해 주기'이다.

어휘

pick ~ up	~을 (도중에) 태우다
have a hard time -ing	~을 하느라 힘들어 하다
cellphone	휴대 전화
language	언어
setting	설정
hand	건네주다

08 ②

96% 고2 11월 모의고사 변형

M Hannah, hi. Where are you going?

W Hi, David. I'm going to my piano **lesson**.

M How's it **going**?

W Pretty well. I'm really **enjoying** it.

M Good for you. [Pause] Oh! You know what? **I've** got tickets for the summer musical festival.

W Really? I know you are looking **forward** to going to that festival.

M **You're** right. Do you want to go with me?

W Sure! When is it?

M It's this Sunday.

W What? This Sunday? Oh, I **can't** go.

M Why not? Is it because of your **volunteer** work?

W No. I have a test on Monday. So this **weekend**, I have to study. Sorry.

M That's okay. Good **luck** on your test.

해석

남 Hannah, 안녕, 어디 가니?

여 안녕, David. 나 피아노 수업 가고 있어.

남 어때?

여 좋아. 나 그것을 정말 즐기고 있어.

남 좋구나. [잠시 멈춤] 아! 너 그거 알아? 나 여름 음악 축제 티켓을 얻었어.

여 정말? 네가 그 축제에 가는 것을 고대하고 있다는 것을 나는 알지.

남 맞아. 나랑 함께 갈래?

여 좋지! 언제야?

남 이번 주 일요일.

여 뭐? 이번 주 일요일? 오, 난 못가겠다.

남 왜 안돼? 자원봉사활동이 그 이유니?

여 아니. 월요일에 시험이 있어. 그래서 이번 주 주말에 나 공부해야 해. 미안해.

남 알겠어. 시험 잘 봐.

해설

여자가 시험공부를 해야 해서 여름 음악 축제에 갈 수 없다는 내용이므로 적절한 이유로 알맞은 것은 ②이다.

어휘

look forward to -ing   ~하는 것을 고대하다

volunteer work   자원 봉사

09 ③

93% 고2 11월 모의고사 변형

W Good evening. **May** I help you?

M I need some boxes of **fresh** fruit for my office **picnic**.

W These days apples are **tasty**.

M Okay. How much are they?

W They are $15 a box.

M Hmm... then give me two boxes of apples, please.

W Sure. Do you need anything **else**?

M Well... the bananas look very **delicious**. I'll take some.

W All right. **Normally**, they're $10 a bunch, but they're on sale for $8.

M That's a good **deal**! I'll take five bunches of bananas.

W Do you want them to be **delivered**? It's $10.

M Yes, please deliver them to my office by 8:00 a.m. tomorrow.

W Oh, 8:00 a.m.? We are not open at that time.

M Okay, I will take them now and pay by **credit** card.

해석

여 안녕하세요. 도와드릴까요?

남 회사 소풍을 위해 신선한 과일 몇 박스가 필요해요.

여 요즘에 사과가 맛있었어요.

남 좋아요. 사과는 얼마예요?

여 한 박스에 15불입니다.

남 흠… 사과 2박스 주세요.

여 알겠어요. 또 다른 것도 필요하세요?

남 음… 바나나도 맛있어 보이네요. 몇 개 살게요.

여 그래요. 보통, 그건 한 송이에 10불인데, 지금 8불로 할인 중이에요.

남 좋군요! 5송이 살게요.

여 배달을 원하시나요? 배달료는 10불이에요.

남 네, 내일 아침 8시까지 제 사무실로 배달해주세요.

여 오, 아침 8시요? 저희는 그 시간에 문을 열지 않아요.

남 알겠습니다. 제가 지금 가져가고 신용카드로 결제하겠습니다.

해설

15달러짜리 사과 2박스와 8달러짜리 바나나 5송이를 구입하고 배달은 필요 없다고 했으므로 남자가 지불할 금액은 ③ '70달러'이다.

어휘

tasty   맛 좋은

bunch   다발, 송이

on sale   할인 중인

deliver   배달하다

10 ①

94% 고2 11월 모의고사 변형

M Mina, do you have any special **plans** for this Friday?

W Not really. How about you?

M I plan to go to the **International** book **fair**. I heard about it from the school **librarian**.

W It sounds interesting. Where **will** it be?

M It'll be **held** at Grand Park Plaza.

W **Awesome**. When does it start?

M This Friday at 6 p.m.

W Is there an **admission** fee?

M Yes, it's $5. But if we show our student ID, it's just $2.

W Okay, are there any special **events**?

M Sure, we can meet many famous **foreign** writers in person.

W Sounds good. Let's go there together this Friday.

해석

남 Mina, 이번 주 금요일에 특별한 계획 있니?

여 아니, 너는?

남 나는 국제 도서 박람회에 갈 계획이야. 학교 사서로부터 들었어.

여 흥미롭구나. 어디에서 해?

남 Grand Park Plaza에서 열려.

여 멋지다. 언제 시작해?

남 이번 주 금요일 오후 6시에.

여 입장료는 있니?

남 응. 5불인데 만약 우리 학생증 보여주면, 2불밖에 안 해.

여 그렇구나. 특별 행사들도 있니?

남 물론, 많은 유명 외국 작가들도 직접 만날 수 있어.

여 좋아. 이번 주 금요일에 함께 가자.

해설

국제 도서 박람회의 개최 장소, 시작 일시, 입장료, 특별 행사에 관해서는 언급되었지만 참가 국가에 관해서는 언급되지 않았으므로 정답은 ①이다.

어휘

fair   박람회

librarian   사서

admission fee	입장료
student ID	학생증
in person	직접

11 ⑤

92% 고2 11월 모의고사 변형

[Chime rings.]

W May I have your attention, please? This is an **announcement** about the Korea-China Research Program. It's for second-year high school students. It's a program **sponsored** by the Chinese government to **promote** science education. For the past 13 years, it has **contributed** to increasing the number of scientists. To **apply** for this program, students need to take a **qualification** exam. **Accepted** students will do research at Korea's best universities for one year. At the end of the program, the most **outstanding** student will be given a two-year scholarship to his or her college. You must **submit** your application in **person** to your science teacher. For more information, please visit the school homepage.

해석

[종이 울린다.]

여 주목해 주시겠습니까? 이것은 한국-중국 조사 프로그램에 관련된 안내 방송입니다. 고등학교 2학년생을 대상으로 하며, 과학 교육 증진을 위해 중국 정부에 의해 후원되는 프로그램입니다. 이것은 지난 13년 동안, 과학자 수 증가에 기여해오고 있습니다. 이 프로그램에 지원하기 위하여, 학생들은 자격시험을 치러야 합니다. 통과한 학생들은 1년 동안 한국의 최고의 대학들에서 조사를 할 것입니다. 프로그램의 마지막엔, 가장 뛰어난 학생에게 2년 대학 장학금이 주어질 것입니다. 여러분은 지원서를 여러분의 과학 선생님께 직접 제출해야 합니다. 더 많은 정보가 필요하다면, 학교 홈페이지를 방문해 주세요.

해설

프로그램에 지원하기 위한 지원서는 과학 선생님께 직접 제출해야 한다고 했으므로 Korea-China Research Program에 관한 내용으로 일치하지 않는 것은 ⑤이다.

어휘

announcement	안내 방송
sponsor	후원하다
promote	증진하다, 촉진하다
contribute	기여하다
apply	지원하다
qualification exam	자격 시험
outstanding	뛰어난
scholarship	장학금
submit	제출하다
application	지원서

12 ③

93% 고2 11월 모의고사 변형

M Honey, what are you looking at?

W An **advertisement** for bookcases. We need to get a larger one.

M I **totally** agree with you. How much do you think we can spend?

W Well, I don't want to **spend** more than 150 dollars.

M Okay. Then what about the number of **shelves**?

W I think a four-shelf bookcase is not **enough** because we have so many books.

M Same here. What about the color?

W That's up to you. It doesn't **matter** to me.

M I like **either** brown or black. Those colors go well with our desk.

W What kind of **material** do you have in mind?

M I **prefer** wood, it looks like **antique** furniture.

W I think so, too. Then, get this one.

해석

남 여보, 뭘 보고 있어요?

여 책장 광고요. 우리는 좀 더 큰 게 필요해요.

남 나도 전적으로 동의해요. 우리가 얼마의 금액을 사용할 수 있어요?

여 음, 난 150달러 이상은 넘지 않았으면 해요.

남 좋아요. 그러면 선반은 몇 개 정도를 원해요?

여 우리가 책이 많기 때문에 4개는 충분하지 않은 것 같아요.

남 맞아요, 그럼, 색상은?

여 그건 당신이 원하는 대로 하세요. 나에겐 중요하지 않아요.

남 난 갈색이나 검정이 좋아요. 이 색들은 우리 책상하고 잘 어울려요.

여 어떤 종류의 재질을 생각해 두었나요?

남 나는 나무를 선호해요, 그건 골동품 가구처럼 보여요.

여 나도 그렇게 생각해요. 그럼 이걸로 해요.

해설

금액이 150달러를 넘지 않고 4개보다 많은 선반을 갖고 있으며, 검정색 또는 갈색이면서 재질이 나무인 책장을 선택한다고 했으므로 두 사람이 선택할 책장으로 알맞은 것은 ③이다.

어휘

advertisement	광고
shelf	선반
I totally agree with you.	(전적으로) 동의합니다
	(= Same here. = I think so.)
be up to somebody	~가 할[결정할] 일이다
either A or B	A와 B 둘 중 하나
go well with	~와 잘 어울리다
material	재질
have ~ in mind	~에 대해 생각해두다
antique	골동품

13 ①

93% 고2 03월 모의고사 변형

W Hey, **guess** what? The student **council** is holding an interesting event.

M What's that?

W It's **called** "You Plan the School Menu." It's **happening** next month.

M What do you mean? Can we **choose** the menu?

W **Exactly**. It's an event where students taste and select new lunch dishes.

M Will the selected dishes be **served** at lunchtime?

W Yeah, that's right.

M Sounds cool. Can all the students **participate** in the event?

W Well, only the students who have **signed** up can vote.

M Sounds fun. I'd like to join.

W Then you need to put your name on the signup **sheet** in the student service center.

M Okay. I'll go there and sign up right away.

[해석]

여 헤이, 있잖아. 학생회에서 재미있는 행사를 열거래.

남 그게 뭐야?

여 "학생 메뉴는 우리가 계획한다."라고 불리던데. 다음달에 할 거래.

남 그게 무슨 의미야? 우리가 메뉴를 선택할 수 있는 거야?

여 정확해. 학생들이 새로운 점심 식사 맛을 보고 선택을 하는 행사야.

남 점심시간에 선택된 음식들이 제공되는 거야?

여 응, 맞아.

남 멋지다. 모든 학생들이 그 행사에 참여할 수 있니?

여 음, 오직 등록한 학생들만 투표할 수 있어.

남 재밌네. 나도 참여하고 싶어.

여 그러면 학생 서비스센터에 있는 등록지에 너의 이름을 적어야 해.

남 좋아, 지금 바로 거기에 가서 등록할게.

[해설]

투표에 참여하기 위해선 학생 서비스센터에 있는 등록지에 이름을 적어야한다는 여자의 마지막 밀에 남사의 응답으로 가장 적절한 것은 ① '좋아, 지금 바로 거기에 가서 등록할게'이다.

② 맞아. 이것들은 선택된 음식들이야.

③ 아니. 너는 점심 식사 줄을 서야해.

④ 유감스럽게도 그런 것 같아. 몇몇 음식들은 건강에 안 좋아.

⑤ 미안해. 너는 좀 더 일찍 등록을 해야 했어.

[어휘]

student council	학생회
participate in	~에 참여하다
sign up	등록하다
vote	투표하다
should have p.p.	~했어야 했는데

14 ④   고2 11월 모의고사 변형

M Wow, your tennis skills get better and better every day! Tell me what your **secret** is.

W I use a **technique** called image training.

M Image training? What's that?

W It's **picturing** the movements that you want to improve in your head **repeatedly**.

M Hmm, can you explain it in more **detail**?

W Sure. Watch the games of good tennis players and imagine you're moving just like them.

M **Developing** skills while imagining! Sounds great!

W If you keep doing that, your body will follow **eventually**.

M Then do you think it'll work for my tennis problem, too?

W Of course! What is it? I'll **help** you with this technique.

M **Whenever** I hit a tennis ball, it goes too far. It goes past the lines on the **court**.

W Keep imagining hitting the ball inside the lines.

[해석]

남 와우, 너의 테니스 기술이 매일매일 좋아지고 있구나! 너의 비밀을 말해줘.

여 난 이미지 훈련이라고 불리는 기술을 사용해.

남 이미지 훈련? 그게 뭐야?

여 그건 너의 머릿속에서 반복적으로 네가 향상하길 원하는 동작들을 그리는 거야.

남 음, 더 자세히 설명해 줄 수 있니?

여 물론. 좋은 테니스 선수들의 게임을 보고, 네가 그들처럼 움직이는 상상을 해.

남 상상하는 동안 기술을 발전시키는 것! 멋지다!

여 만약 네가 그렇게 계속하면, 너의 몸은 결국엔 따를 거야.

남 그럼 너 생각에 그것이 나의 테니스 문제점에도 효과가 있을 거라고 생각하니?

여 물론이지! 그게 뭔데? 내가 이 기술로 너를 도와줄게.

남 내가 테니스공을 칠 때마다, 너무 멀리 나가. 코트 선 밖을 벗어나 버려.

여 코트 선 안으로 공을 치는 것을 계속 상상해봐.

[해설]

테니스공을 칠 때마다 공이 너무 멀리 나가서 코트 선 밖을 벗어난다는 남자의 마지막 말에 여자의 응답으로 가장 적절한 것은 ④ '코트 선 안으로 공을 치는 것을 계속 상상해봐'이다.

① 내 테니스 훈련 시간은 이틀 후에 시작해.

② 너의 행동은 학생으로서 선을 넘고 있어.

③ 그것들의 상을 가지고 새로운 단어를 암기하려고 노력해봐.

⑤ 나는 내 테니스 라켓을 새로운 것으로 교체할 거야.

[어휘]

repeatedly	되풀이하여
eventually	결국
behavior	행동

15 ①   고2 11월 모의고사 변형

W Cathy and Lucas are **college** students taking a history class together. Their **professor** gave the students a partner project, so now Cathy and Lucas are a **pair**. Cathy tries her best on the project. She goes to the library every day and spends a lot of time **researching** and preparing the materials. However, Lucas **skips** their meetings and doesn't **apologize** to her. In **addition**, he wants to get a good grade even though he doesn't do his part. Cathy gets angry about his **attitude**. So Cathy decides to tell Lucas that he should **devote** himself to the project. In this **situation**, what would Cathy most likely say to Lucas?

Cathy Lucas, <u>you should put some effort in to this project.</u>

[해석]

여 Cathy와 Lucas는 역사 수업을 함께 듣고 있는 대학교 학생들이다. 그들의 교수는 학생들에게 파트너 프로젝트를 주었고, 지금 Cathy와 Lucas는 한 팀이다. Cathy는 그 프로젝트에 최선을 다하려고 노력하고 있다. 그녀는 매일 도서관에 가고 조사하고 자료들을 준비하는데 많은 시간을 사용한다. 그러나, Lucas는 그들의 모임에 빠지고 그녀에게 사과하지 않는다. 게다가, 그는 그의 부분을 하지 않지만 좋은 점수를 얻길 원한다. Cathy는 그의 태도에 대해 화가 난다. 그래서 Cathy는 Lucas에게 그가 이 프로젝트에 그 자신을 헌신해야 한다고 말하길 결심한다. 이 상황에서, Cathy는 Lucas에게 어떤 말을 하기에 가장 적절할까?

Cathy Lucas, <u>너는 이 프로젝트에 너의 노력을 쏟아야 해.</u>

[해설]

Cathy와 Lucas가 함께 하는 팀 프로젝트에 Lucas가 제대로 임하고 있지 않으므로, 그에게 할 말로 적절한 것은 ① '너는 이 프로젝트에 너의 노력을 쏟아야 해'이다.
② 지난 모임에 참석하지 않아서 미안해.
③ 너는 도서관에서 얌전하게 행동해야해.
④ 조사하는 능력을 발전시키는 것은 힘들어.
⑤ 이 숙제를 포기하지 마.

[어휘]

skip	거르다, 빠지다
apologize	사과하다
attitude	태도
devote	(노력·시간을) 쏟다
behave yourself	얌전하게[점잖게] 행동하다
assignment	숙제, 임무

[16~17]

M Hello, everyone. Spring's here, and a lot of people are interested in being **healthy** and getting into shape. But it's not easy to find time to go to the gym. There are some good tips to **exercise** in your daily life. At the office, set your alarm so that you can stand up every hour. Do **simple** exercises before sitting back down. When you **commute**, walk, walk, and walk. Get off the bus a few stops **ahead** and walk. At the subway station, walk around the platform while waiting for a train. In the shopping mall, make it a rule to go around the **whole** mall at least twice before you make any **purchases**. Two hours of shopping **burns** as many as

300 calories. At home, dance or do some **stretching** exercises while you're listening to music in your living room. Remember that the more you move your body, the healthier and happier you get!

[해석]

남 안녕하세요, 여러분. 봄이 오고 많은 사람들이 건강하고 좋은 몸 상태가 되는 것에 관심을 갖습니다. 그러나 체육관에 가는 시간을 내는 것은 쉬운 것이 아니죠. 여러분의 일상생활에서 운동하기에 좋은 팁들이 있습니다. 사무실에서는, 당신이 매 시간 일어날 수 있도록 알람을 설정해 놓으세요. 다시 앉기 전에 간단한 운동을 해보세요. 당신이 통근할 땐, 걷고 걷고 또 걸으세요. 몇 정거장 전에 버스에서 내려서 걸으세요. 지하철역에서는, 지하철을 기다리는 동안 역 주변을 걸으세요. 쇼핑몰에서는, 물건을 구입하기 전에 적어도 두 번, 몰 전체를 돌아다니는 것을 규칙으로 하세요. 2시간 동안의 쇼핑은 300칼로리 정도를 태웁니다. 집에서는, 당신이 거실에서 음악을 듣는 동안 춤을 추거나 약간의 스트레칭 운동을 하세요. 당신의 몸을 더 많이 움직일수록, 당신은 더 건강하고 행복해지게 될 것이라는 것을 기억하세요!

16 ②
[91%] 고2 03월 모의고사 변형

[해설]

사무실에서, 통근할 때, 지하철에서, 쇼핑할 때, 집에서 등 일상생활에서 할 수 있는 간단한 운동법에 대해 설명하고 있으므로 남자가 하는 말의 주제로 가장 적절한 것은 ② '일상생활에서 운동하는 방법들'이다.
① 운동을 위한 안전 지침
③ 스트레스에 대처하는 데 있어서 운동의 역할
④ 체육관에서 운동하는 것의 단점
⑤ 운동을 하는 동안 음악을 듣는 것의 효과

17 ④
[90%] 고2 03월 모의고사 변형

[해설]

거실, 사무실, 지하철, 쇼핑몰은 나왔지만, ④ '공원'은 언급되지 않았다.

[어휘]

gym	체육관
get into shape	좋은 몸 상태가 되다, 건강을 유지하다
daily life	일상 생활
commute	통근하다
platform	역, 승강장
make it a rule to	늘 ~하기로 하다
make a purchase	물건을 구입하다
deal with	다루다, 대처하다

18 ⑤
[84%] 고2 03월 모의고사 변형

저는 직장여성이 된 지 5년 정도 되었습니다. 첫째 딸을 출산한 후 2년 동안, 동시에 일과 아이를 돌보는 것은 저에게 있어 정말로 힘들었습니다. 그래서 저는 귀하께서 제공하는 육아 서비스가 진심으로 필요합니다. 물론, 저는 그 서비스에 정말 고마움을 느끼기도

합니다. 하지만 저는 귀하께서 고려해 주셨으면 하는 것이 한 가지가 있습니다. 최근에, 베이비시터(아기 도우미)가 제 둘째 딸을 오전 8시에서 오후 4시까지 8시간 동안 돌보고 있습니다. 저에게는, 만약 그 서비스가 오전 9시에서 오후 5시까지가 가능하다면 훨씬 더 유용할 것입니다. 귀하의 서비스를 더 탄력적으로 운영해 주실 수 있을까요? 그렇게 되면 정말 감사하겠습니다.

해설

현재 육아 서비스의 시간이 오전 8시부터 오후 4시까지이지만, 글쓴이는 오전 9시부터 오후 5시까지로 시간을 이동하고 싶으므로 이 글의 목적은 ⑤가 적절하다.

어휘

career woman	직장 여성
give birth to	~을 출산하다, ~을 낳다
grateful	고마워하는, 감사하는
recently	최근에
available	이용할 수 있는
flexible	탄력적인, 구부리기 쉬운
appreciate	감사하다, 고맙게 느끼다

19 ①

우리 중 누가 말을 했는지 확실하지는 않지만, 바로 다음날에 우리를 오디션 받게 해 주겠다고 Montague씨가 동의한 것으로 보아, 그 말은 꽤나 설득력이 있었나 보다. 우리는 너무 충격을 받아서 그것을 믿을 수가 없었다. 그 날의 예행연습이 끝났다. Jean의 지하실에서 환호성을 지르고, 부둥켜안고, 춤을 추는 것을 멈춘 후, 나는 엄마에게 우리의 '행운'에 관해 말하려고 한숨에 집으로 달려갔다. 엄마는 아주 기뻐하며, 모든 일이 순조롭게 진행될 수 있도록 우리를 응원하기 위해서 우리와 함께 오디션에 가겠다고 고집하셨다. 나는 성탄절 전야의 어린 아이와 같은 기분을 느꼈다. 나는 그날 밤 심지어 잠을 한 시간도 못 잤다. 그것이 아마도 그 다음 날이 꿈처럼 보인 이유였을 것이다.

해설

오디션 참가가 확정되자, 모두가 환호성을 지르고 부둥켜안고 기뻐한 뒤 달려가 글쓴이는 엄마에게 그 기쁨을 전했고 심지어 잠을 한 시간도 자지 못했다는 내용이다. 따라서 'I'의 심경으로 가장 적절한 것은 ① excited and happy(흥분되고 기쁜)이다.
② 슬프고 우울한
③ 무섭고 겁에 질린
④ 안도하고 공감하는
⑤ 부끄럽고 당황스러운

어휘

do the talking	(대표자로) 말하다
convincing	설득력 있는
rehearsal	예행연습
scream	소리 지르다
lucky break	행운
insist	고집하다, 주장하다
smoothly	순조롭게

20 ④

만약 아이들이 특정 분야에서만 뛰어나도록 요구받으면, 그들은 부모의 기대에 더 잘 부응할 수 있을 것이다. 심리학자 Michael Thompson은 우리가 십대의 자녀들에게 부당한 '유전적' 압박을 가한다고 말한다. "그것은 당신의 일생에서 모든 것을 다 잘하도록 기대되는 유일한 시기입니다. 어른들은 자신을 그러한 기준에 맞추지 못합니다. 우리는 치과의사에게 그가 농구공을 던질 수 있는지에 관해 묻거나 회계사에게 우리의 세금 계산을 하도록 하기 전에 물리학에 관한 질문을 하지 않습니다. 초등학교와 중학교에서 우리는 다방면의 지식을 갖춘 사람을 칭찬하지만, 실제 세계에서 그런 사람을 위한 자리는 퀴즈 프로그램 외에는 없습니다." 우리는 우리의 아이들에게 너무 많은 것을 기대하지 말아야 한다.

해설

아이들에게 모든 부문을 잘하도록 요구하는 것보다 특정 분야에서만 뛰어나도록 기대를 한다면 아이들은 더 잘 할 것이라는 내용이므로, 필자의 주장으로 가장 적절한 것은 ④이다.

어휘

excel	뛰어나다
make demands on	~에게 압력을 가하다
genetic	유전적인
adjust	조정하다, 맞추다, 적응하다
standard	기준
accountant	회계사
physics	물리학
celebrate	찬양하다, 기리다
generalist	다방면의 지식을 갖고 있는 사람
there is no room for	~을 위한 여지[자리]가 전혀 없다

21 ⑤

비행기에서, 내 옆에 앉은 여자는 양쪽 팔에 깁스를 하고 있었다. 그녀를 보니 내 친구 Jane이 떠올랐는데, 그녀는 교통사고 후 고통을 겪고 있었다. 땅콩과 주스가 서비스 되었을 때, 나는 옆에 있는 그녀에게 먹여 줄까 하고 생각했지만, 그것은 낯선 사람에게 제공하기에는 너무 친근한 서비스처럼 여겨졌다. 그러한 생각에도 불구하고 나는 그녀가 먹는 것을 도와주기로 결심했고 그녀도 나의 친절을 받아들였다. 그 경험은 아주 멋졌다. 그것은 짧은 시간 안에 우리를 친밀한 관계로 이끌었다. 5시간의 여행이 끝나갈 무렵 내 마음은 기쁨으로 가득 찼다. 나는 나의 용기에 매우 흡족했다. 사랑은 언제나 사람의 경계를 넘어서 흐르고 우리를 분리시키는 공포심을 녹여 버린다. 내가 다른 누군가에게 사랑을 줄 때 내 자신의 영혼이 살찐다.

해설

비행기 안에서 팔이 불편한 옆자리 사람에게 친절을 베풀었고 처음에는 과하다고 생각했으나, 그것은 이내 곧 글쓴이에게 기쁨을 주었다는 내용이므로, 이 글의 요지로 가장 적절한 것은 ⑤이다.

어휘

cast	깁스, 석고 붕대
remind	떠올리다, 상기시키다
intimate	친밀한
border	경계

dissolve	녹이다
separate	분리하다

22 ④

스포츠는 당신의 신체만큼 당신의 두뇌를 필요로 한다. 당신은 경기를 이해하고, 경기장을 보고서 다음 동작을 알고, 관중(의 소란)을 차단하고, 경기 수행에 집중해야 한다. 당신은 또한 불안과 부정적인 생각도 통제할 필요가 있다. 이러한 정신적 기술들을 발달시키는 데엔 연습이 필요한데, 그것은 신체적 기술 개발과 다르지 않다. 스포츠 심리학자인 Alan Goldberg 박사는 운동선수들이 이겨내려고 애쓰는 대부분의 경기 수행 문제는 부적절한 지도나 신체적 기술 혹은 기술적 능력 부족의 결과가 아니라고 말한다. 시합의 열기가 고조될 때, 흔히 집중력 부족, 부정적인 마음, 자신감 부족 또는 실수를 떨쳐버리는 능력 부족과 같은 정신적 요인 때문에 개별 선수나 팀은 무너진다.

해설

스포츠는 신체적인 기술뿐 아니라 정신적인 기술도 통제하는 능력이 필요하다고 했으므로, 이 글의 주제로 가장 적절한 것은 ④ the importance of controlling mental factors in sports(스포츠에서 정신적 요소를 통제하는 것의 중요성)이다.
① 팀 스포츠에서의 신체적 훈련의 효과
② 최고의 경기를 하는 선수들의 특징들
③ 경기를 하는 동안 타인을 응원하는 필요성
⑤ 스포츠 경기를 이기기 위한 강한 팀워크를 만드는 방법

어휘

block out	~을 차단하다
anxiety	불안
struggle with	~을 이겨내려고 애쓰다
inadequate	부적절한, 불충분한
competition	시합
fall apart	무너지다, 붕괴되다
concentration	집중
negativity	부정적인 마음[성향]
confidence	자신감
let go of	~을 떨쳐버리다, ~을 놓다
characteristic	특징, 특질

23 ②

서핑은 종종 남성 스포츠로 간주되지만, 사실 1920년대 초반 이래로 California에서는 여성들도 서핑을 해 오고 있으며 오늘날에도 서핑을 즐기는 세계의 모든 나라에는 여성 서퍼(파도타기 하는 사람)들이 있다. 남성들과 마찬가지로 여성들도 아마추어에서부터 프로 선수까지 범위가 다양하다. 비록 여성들은 서핑 대회에서 중요하게 여겨지지 않았을지도 모르지만, 그들은 참가할 진정한 권리를 힘들게 얻었기 때문에 오늘날 당당히 경쟁한다. 초창기 여성 서퍼 중한 명은 Mary Hawkins이다. 그녀는 서핑을 할 때 매우 우아한 동작을 보여주었다. 그녀는 1960년대 최초의 선수였으며, 오늘날 최고의 프로 서퍼들이 그 뒤를 잇고 있다.

해설

서핑은 남성 스포츠로 간주되지만, 오늘날엔 힘들게 얻어낸 여성 참가권 덕분에 아마추어부터 프로선수까지 여성 서퍼들도 많다는 것이 이 글의 주요 내용이므로, 이 글의 제목으로 가장 적절한 것은 ② Surfing: Only for Men? (서핑: 오직 남성만을 위한 것?)이다.
① 서핑을 즐기는 방법
③ 남성들이 서핑을 멈출 수 없는 이유
④ 왜 여성들은 서핑을 필요로 하는가?
⑤ 전문적인 서퍼가 되는 법

어휘

range from	범위가 …부터이다
amateur	아마추어, 비전문가
professional	전문가; 직업의
compete	경쟁하다
right	권리
graceful	우아한

24 ④

위 그래프는 서로 다른 연령대의 4만 명이 넘는 박물관 방문객들에게 그들이 박물관을 어떻게 경험하기를 선호하는지를 물은 최근 설문 조사의 결과를 보여준다. 모든 연령대에 걸쳐, 오디오 투어(audio tours)가 가장 선호되며, 비디오 클립(video clips)과 컴퓨터 상호작용(computer interactions)이 차례로 그 뒤를 잇고 있다. 30대 응답자들과 비교해 볼 때, 60대의 응답자들이 두 배 넘게 오디오 투어를 선호한다. 비디오 클립에 관해서는 다른 어떤 연령대보다 60대 응답자들이 이를 선호하고 있다. 30세 미만에서는 컴퓨터 상호작용에 대한 선호도가 40대 응답자들보다 더 높다. 50대 이상의 연령대는 그들보다 어린 연령대보다 오디오 투어와 컴퓨터 상호작용 간에 더 큰 선호도 차이를 보인다.

해설

30세 미만에서 컴퓨터 상호작용에 대한 선호도가 40대 응답자들보다는 더 낮으므로 ④가 도표의 내용과 일치하지 않는다.

어휘

survey	설문 조사
interaction	상호작용
respondent	응답자
when it comes to	~에 관해
favor	선호하다; 호의
preference	선호

25 ⑤

여인목[나그네나무]은 인도양의 마다가스카르 섬이 원산지인 식물의 한 종이다. 그것의 커다란 손부채처럼 생긴 본줄기로부터 꼭대기에 녹색 잎이 달린 긴 줄기들이 뻗어 나오기 때문에 그것은 "여인목"이라는 이름이 붙여졌다. 어린 여인목은 다 자라면 지상 위로 나오는 땅 밑의 본줄기를 갖고 있다. 성장한 여인목은 연중 꽃이 피고 옅은 파란색 씨앗이 들어있는 갈색 열매를 생산한다. 여인목은 잎을 포함한 여러 부분에 물을 저장하고 있어서 모래 토양을 견뎌낸다.

이것은 햇빛이 가득한 곳에서 가장 잘 자라므로, 특히 실내에서 키울 때 많은 빛이 필요하다.

글의 후반부에 햇빛이 가득한 곳에서 가장 잘 자라고, 특히 실내에서 키울 때 많은 빛이 필요하다고 했으므로, 글의 내용과 일치하지 않는 것은 ⑤이다.
*traveler's palm: 여인목[나그네나무]로 불리며, 부채 같은 모양으로 열대지방에 널리 퍼져 있다.

어휘

native	자생하는, 원산의
extend	뻗다, 확장하다
emerge	모습을 드러내다
tolerate	견디다, 참다
store	저장하다
indoors	실내에서

26 ⑤

휴일 스케이팅 파티
12월 13일 일요일
오후 4시 ~ 7시

이 무료 지역사회 행사는 가족 및 친구들과 어울리면서 재미있는 겨울 오후를 즐길 수 있는 기회를 제공해 드릴 겁니다.
장소: 시청 센터, 1406 Oxford Street
어떤 수준의 스케이트를 타는 사람이든 모두 환영합니다! 그리고 스케이트를 타지 않더라도, 나와서 편안하게 휴일의 음악과 맛있는 음식을 즐기십시오.
13세 이하의 어린이는 안전을 위해 헬멧을 착용해야 합니다. 스케이트 대여는 하지 않지만, 헬멧은 가능하다는 점을 꼭 주의해 주십시오.
더 많은 정보를 원한다면, Morgan Leslie 사무실에 912-526-8771번으로 전화를 하거나 www.morganleslie.com을 방문해 주십시오.

글의 후반부에 스케이트 대여는 하지 않지만, 헬멧은 가능하다고 했으므로, 글의 내용과 일치하지 않은 것은 ⑤이다.

어휘

opportunity	기회
socialize with	~와 어울리다[사귀다]
location	장소
note	주의하다
rental	대여(의), 임대(의)
available	이용 가능한

27 ③

모든 투숙객을 위한 안내문

저희는 여러분께 가능한 최고의 서비스를 제공하고자 합니다.

요금

- 저희의 요금은 계절에 따라 다릅니다. 전화나 이메일로 문의하시기 바랍니다.
- 예약을 확정하시려면 전체 요금의 60%를 미리 지불하셔야 합니다.

체크인 & 체크아웃
- 체크인: 오후 3시~11시
- 체크아웃: 오전 10시까지
- 숙박을 연장하시려면, 오전 9시 전에 가능 여부를 확인하시기 바랍니다.

서비스
- 귀중품을 보관할 수 있는 금고가 접수대에 있습니다. 2달러의 요금이 계산서에 추가됩니다.
- 라운지에 있는 컴퓨터는 오직 인터넷 검색을 위한 것입니다. 컴퓨터 게임이나 프로그램 내려받기는 하실 수 없습니다.
- 객실은 이틀에 한 번씩 청소됩니다. 매일 청소를 원하시면 5달러의 서비스 요금이 추가됩니다.

글의 후반부에 금고를 사용하려면 2달러의 요금이 계산서에 추가된다고 했으므로, 글의 내용과 일치하는 것은 ③이다.

어휘

rate	요금, 비율
seasonal	계절에 따라 다른
inquire	문의하다
full payment	전체 요금
in advance	미리
secure	확정하다; 확실한
reservation	예약
extend	연장하다
safe	금고
valuables	귀중품
account	계산서, 계좌

28 ⑤

일반적으로 우리가 로마 여성들에 관해 말할 때, 모든 것은 기간과 계층에 의해서 나누어진다. 여성이 노예인지 부유한 계층 출신인지가 굉장히 중요했다. 어느 시기를 언급하고 있는지도 또한 중요했다. 로마의 정복은 남자들이 자주 오랜 기간 동안 멀리 나가 있고 다시 돌아올 수 없을지도 모른다는 것을 의미했다. 일들이 확실히 되도록 책임지는 것은 여성들에게 맡겨졌다. 정복 후에, 이탈리아로 들여 온 엄청난 부는 중상류층의 여성들이 더 많이 독립적으로 권한을 가지고 일을 처리할 수 있게 하였다.

⑤ 수식을 받는 the enormous wealth이 bring의 대상이므로, 수동의 의미를 가진 과거분사 brought로 고쳐 써야 한다.
① was와 시제 일치를 이룬 came은 적절하다.
② '어느'를 뜻하는 의문사 which는 옳다.
③ that 이하의 내용을 의미한다는 뜻이므로 접속사 that은 올바르게 쓰였다.
④ 여성들이 '남겨진'의 의미로 수동태인 were left는 적절하다.

29 ⑤

74% 고2 09월 모의고사 변형

사업에 대해 말하자면, 개방성은 중요하다. 예를 들어 Charity Water 웹사이트는 Google Map 위치기능과 모든 우물의 사진을 담고 있다. 당신이 그 사이트를 볼 때, 당신은 Charity Water가 하고 있는 일을 볼 수 있다. 많은 사람들은 그들의 돈이 실제로 어디에서 혹은 어떻게 사용되는지를 알 수 없기 때문에 비영리 단체에 기부하는 것을 망설인다. 만약 당신이 이것을 투명하게 보여준다면, 그들은 당신의 운영 자금에 동의할 것이다. 이런 식으로, 당신이 거둔 모든 기부금들은 당신이 돕고 있는 사람들에게 곧장 가게 되고, 그것은 기부자들로 하여금 기부금이 좋은 일을 하고 있다는 것을 확실하게 해준다. 개방적으로 된다는 것은 또한 당신이 받는 돈에 대해서 책임감을 느끼도록 격려해 준다. 만약 사람들이 그들의 돈이 어디로 가는지 알게 된다면 당신은 멋진 사무실이나 높은 급여에 그 돈을 쓰게 될 가능성 덜 할 것이다.

해설

(A) 많은 사람들이 그들이 기부한 돈이 실제로 어디에서 어떻게 사용되는지 모른다면 기부하는 것에 주저할 수 있으므로 hesitant(망설이는)가 적절하다.
*willing: 기꺼이 ~하는
(B) 기부금이 어떤 일을 하고 있는지 투명하게 보인다면 그것은 기부자들이 하고 있다는 것을 정확히 알려주는 것이므로 certain(확실한)이 적절하다.
*uncertain: 불확실한
(C) 기부금이 개방적으로 보여진다면 기부금을 받는 사람 또한 책임감을 느낄 수 있도록 해주므로 encourages(격려하다)가 적절하다.
*discourage: 낙담시키다

30 ④

89% 고2 03월 모의고사 변형

얼마 전 17세의 한 환자가 와서 말하길, "저의 잠재력이 기대에 부응하지 못하고 있다고 아버지가 저에게 말씀하시는 것에 아주 진저리가 나요. 그는 한 달에 한 번 정도 그 말을 하세요."라고 했다. 이

젊은이는 성취도가 높은 아버지의 전형적인 산물이다. 그의 아버지는 자신의 직원들과 자녀 양쪽 모두와 아주 힘든 시간을 보내는 의사인데, 그가 다른 모든 사람에게서 (자신과) 똑같은 종류의 추진력을 기대하기 때문이다. 그는 자신의 아들에게 영감을 주려고 애를 쓰고 있지만, 돌아오는 결과는 반항이다. 그 이유는 다음과 같다. 만약 아버지가 "너는 훌륭한 잠재력을 가졌어."라고 말하면, 그것은 그의 재능에 대한 칭찬이지만, 그 말은 "너는 너의 잠재력에 부응하지 못하고 있어."라는 말과 함께 금방 훼손되어 버린다. 그 과정에서 그는 그의 아들의 인격을 공격했다.

해설

①, ②, ③, ⑤는 글쓴이의 아버지를 가리키지만, ④는 글쓴이를 가리킨다.

31 ①

77% 고2 03월 모의고사 변형

만약 당신이 이메일을 읽거나 전화 메시지를 확인하기 위해 전화를 한다면, 그것은 진정한 휴가가 아니다. Jay와 내가 신혼여행을 갔을 때, 우리는 단둘이만 있기를 원했다. 그러나 우리 사장님은 사람들이 나와 연락할 수 있는 방법을 내가 제공할 필요가 있다고 느꼈다. 그래서 나는 완벽한 전화 메시지를 다음과 같이 생각해냈다. "안녕하세요. 저는 Randy입니다. 제 아내와 저는 한 달 동안 집에 없을 것입니다. 저는 당신이 이것으로 인해 문제가 없기를 바랍니다. 그러나 저희 사장님은 그렇지 않은가 봅니다." 그리고 나는 Jay의 부모님 이름과 주소를 알려주었다. "만약 당신이 제 장인, 장모께 당신의 긴박함이 그들의 하나밖에 없는 외동딸의 신혼여행을 방해할 만하다는 것을 확신시킬 수 있다면, 그들은 우리의 번호를 당신에게 알려 줄 것입니다." 우리는 어떠한 전화도 받지 않았다.

해설

온전한 신혼여행을 즐기기 위해, 부재중일 때 연락이 가능한 번호를 장인, 장모님께 문의하도록 했기 때문에 어떤 연락도 받지 않았다는 내용의 글이다. 그러므로 빈칸에 들어갈 말로 가장 적절한 것은 ① calls(전화)이다.
② 선물
③ 친척
④ 계약
⑤ 홍보

emergency	긴박함, 비상 (사태)
merit	~할 만하다
interrupt	방해하다, 중단시키다
relative	친척
promotion	홍보

32 ④

고2 06월 모의고사 변형

현장 연구가들에 따르면, 침팬지는 약용으로 어떤 식물을 먹는다고 한다. 침팬지는 때때로 Aspilia를 먹는데, 그것은 먹기에 잎사귀가 거칠고 날카롭기 때문에 침팬지의 일상 식단의 일부는 아니다. 침팬지는 아침에 제일 먼저 그 잎을 먹고 아주 다른 방식으로 먹는다. 그들은 잎사귀를 씹지 않지만 삼키기 전에 입 안에서 그것들을 굴린다. 그 모습은 마치 구식의 약을 먹는 것처럼 보인다. 어떤 아프리카인들은 복통을 줄이거나 내장의 기생충을 제거하기 위해 Aspilia를 이용한다. 그것은 항생의 특성도 가지고 있다. 침팬지도 동일한 목적으로 Aspilia를 이용하는 것으로 여겨진다.

해설

글의 후반부에 아프리카인들이 복통을 줄이거나 기생충을 제거하기 위해 Aspilia를 이용하며 침팬지도 동일한 목적으로 이용한다고 했으므로, 빈칸에 들어갈 말로 가장 적절한 것은 ④ medicinal purposes(약용)이다.
① 분위기 전환
② 사회적 상호작용
③ 영양의 균형
⑤ 추가적 수분

어휘

swallow	삼키다
old-fashioned	구식의
antibiotic	항생의; 항생물질
property	특성
interaction	상호작용
nutritional	영양의

33 ③

고2 03월 모의고사 변형

원래 Dutch auction(역경매)은 높은 가격으로 시작해서, 어떤 물건이 팔릴 때까지 계속해서 가격을 낮추는 경매의 유형을 일컫는 것이었다. 이것은 어떤 물건이 최저가로 시작해서 입찰자들이 그들의 입찰가를 높이면서 경쟁하는 일반적인 경매와는 반대의 과정이다. 그러나 역경매에서는 경매인이 물건을 특정 가격에 제공하고, 누군가가 동의하기를 기다린다. 만약 동의하는 사람이 없다면, 그는 가격을 낮추고 다시 구매 의사를 물어본다. 이것은 참여자가 "예"라고 말하고, 그 물건을 살 때까지 계속된다. 역경매에서는 물건에 대한 경쟁이 없다.

해설

Dutch auction(역경매)에 대한 정의와 방법을 설명하는 글로, 높은 가격에서 입찰을 시작하여 가격을 점점 낮추는 방식에 대해 설명하므로 빈칸에 들어갈 말로 가장 적절한 것은 ③ lowers the price and asks again(가격을 낮추고 다시 구매의사를 물어본다)이다.
① 물건을 자선단체에 기부한다

② 일시적인 휴식을 제안한다
④ 또 다른 물건을 참여자에게 보여준다
⑤ 다음 날로 마감 일자를 연장한다

어휘

refer to	일컫다, 언급하다
opposite	반대의
minimum	최저의
compete	경쟁하다
temporary	일시적인

34 ①

고2 09월 모의고사 변형

동물의 사냥 행동은 선천적이며, 학습을 통해 더 다듬어진다. 각각의 종은 특징적인 전략을 가지고 있다. 예를 들어, 늑대와 자칼은 추격하는 포식자다; 그들은 먹잇감이 피곤해질 때까지 무리 지어 그 먹잇감을 쫓는다. 그런 다음, 그들은 탈진한 먹잇감을 둘러싸고 무리의 몇몇이 동시에 그것을 공격한다. 늑대는 그들의 몸동작, 귀의 위치 그리고 울음소리를 통해 사냥을 조직하고 무리의 대장은 먼저 먹는 특권을 누린다. 대조적으로, 고양이는 은밀한 사냥꾼이다. 작은 고양이건 큰 사자건 간에 고양잇과 동물은 먹잇감에 살금살금 접근한 후 발톱을 이용하여 갑자기 공격하여 먹잇감을 쓰러뜨린다. 보통 목이나 목덜미를 한번 물어 먹잇감을 죽인다.

해설

(A) 빈칸 앞에는 일반적으로 동물은 사냥 행동 전략을 가지고 있다는 내용이 나오고, 빈칸 뒤에는 특정 동물인 늑대와 자칼의 예가 나오므로, 빈칸에 들어갈 말로 가장 적절한 것은 For example(예를 들어)이다.
(B) 빈칸 앞에는 늑대와 자칼이 무리를 지어 조직적으로 사냥을 하는 반면, 빈칸 뒤에 은밀한 사냥꾼인 고양이과 사례가 이어진다. 그러므로 빈칸에 들어갈 말로 가장 적절한 것은 in contrast(대조적으로)이다.
② 예를 들어 - 그러므로
③ 게다가 - 그러나
④ 무엇보다 - 결과적으로
⑤ 무엇보다 - 유사하게

어휘

innate	선천적인
refine	개선하다, 다듬다
strategy	전략
chase	추격
victim	희생자, 먹잇감
exhausted	탈진한, 지친
vocalization	울음소리
privilege	특권
sneaky	몰래하는, 은밀한
claw	발톱

35 ④

고2 06월 모의고사 변형

두 명 이상의 사람들 사이에서 어떤 사업에 자금을 조달하고 경영하기 위한 계약을 의미하는 동업에는 여러 가지 이점이 있다. 소유주가 한 명 이상이라면, 두 명 이상의 동업자들이 더 많은 자금에 기여할 수 있기 때문에 자금을 모으는 능력이 향상될 수 있다. 동업은 두 명 이상 사람들의 상호 보완적인 기술의 조합으로부터 이익을 얻을 수 있기 때문에, 지식과 인맥의 더 폭넓은 공동 재산이 생긴다. 동업은 각각의 동업자가 그들 사업의 특정 분야를 특화하기 때문에 비용 면에서 효과적이다. 게다가, 동업은 수명이 한정적일 수 있는데, 한 동업자가 동업을 철회하거나 사망하면서 동업이 끝날 수 있기 때문이다. 동업을 통해 정신적 지지를 확보할 수 있고 더 창의적인 브레인스토밍이 가능해진다.

해설

두 명 이상이 사업을 하는 동업의 이점에 대해 설명하는 글이다. 그런데, 동업의 수명이 한정적일 수 있는 이유에 대한 단점을 설명하고 있으므로 글의 전체 흐름과 관계가 없는 것은 ④이다.

어휘

partnership	동업
agreement	계약, 합의
finance	자금을 대다; 재정
contribute	기여하다, 공헌하다
combination	조합
complementary	상호 보완적인
effective	효과적인
aspect	측면, 부문
withdrawal	철회
mental	정신적인
brainstorming	아이디어 회의

36 ②

79% 고2 03월 모의고사 변형

당신의 SNS에서 대화를 시작하는 한 가지 흥미로운 방식은 논란의 여지가 있는 것을 게시하는 것이다.

(B) 사람들은 논란의 여지가 있는 주제에 더 자주 반응한다. 하지만, 사람들은 논란의 여지가 있는 게시물에 논평을 하는 첫 번째가 되기를 원하지 않는다는 것을 기억해라.

(A) 이것은 당신의 내용에 개인적으로 반대하는 것이 아니다. 그것은 인간의 본성이다. 이런 상황에서 당신이 할 수 있는 것은 가까운 친구에게 논평을 하는 첫 번째가 되어 달라고 요청하는 것이다.

(C) 그러면 당신은 그 논평들에 응답할 수 있고, 당신의 SNS 방문객들은 당신이 실제로 거기에 있고, 논평에 응답을 하고 있다는 것을 알게 될 것이다.

해설

SNS에서 대화를 시작하는 흥미로운 방식은 논란의 여지가 있는 것을 게시한다는 주어진 문장에 이어서, 사람들은 논란의 여지가 있는 주제에 더 반응하지만, 논평을 첫 번째로 하기 싫어한다는 (B)가 이어지고, 이러한 이유는 인간의 본성이며, 이런 경우에는 가까운 친구에게 요청하라는 (A)가 오고, 친구들이 한 논평에 반응을 하면 사람들도 응답을 할 수 있을 것이라는 (C)로 이어지는 것이 글의 순서로 가장 적절하다.

어휘

conversation	대화
post	게시하다; 게시물
personal	개인적인
against	~에 반대하는
content	내용; 만족하는
human	인간의; 인간

nature	본성, 천성, 자연
situation	상황
make a comment	논평하다
respond	반응하다, 응답하다
topic	주제
indeed	정말로

37 ⑤

71% 고2 03월 모의고사 변형

일반적으로, 의료에 관해 두 가지 형태의 주요한 진료가 있다. 과거에는 의사와 환자의 관계가 주로 가부장적이었다. 다시 말해서, 의사는 "아버지가 가장 잘 알고 있어."라는 식으로 행동했다.

(C) 이런 유형의 관계에서 의사는 그가 해야 할 것을 말하고 환자는 많은 질문을 하지 않고 그 지시를 따랐다.

(B) 다른 형태의 의학 진료는 정보를 제공하는 것으로 묘사될 수 있다. 일반 대중들이 가부장적인 방식을 선호하지 않으면서, 점차 정보를 제공하는 방식이 의사와 환자 관계에서 더 일반적인 형태로 정착되고 있다.

(A) 이 경우, 의사의 임무는 무엇을 할지를 환자에게 말해주는 것이 아니라, 다양한 치료 선택사항에 대해서 환자를 교육하는 것이다. 최종적으로 의사는 환자에게 환자 자신의 건강 상태에 대해 정보에 근거한 결정을 내릴 수 있도록 해준다.

해설

의료 진료에는 두 가지 형태가 있는데 과거에는 주로 의사와 환자관계가 가부장적이었다는 주어진 글 다음에, 이 유형에서 환자는 질문 없이 의사의 지시에 따랐다는 내용인 (C)가 이어지고, 점점 대중들이 의사와 정보를 제공하고 받는 다른 유형을 선호하여 정착이 되고 있다는 내용인 (B)가 온 후, 이 경우 의사는 환자에게 건강에 대한 정보를 주어 환자로 하여금 자신의 건강 상태를 알고 결정을 내릴 수 있도록 한다는 내용인 (A)가 이어지는 것이 글의 순서로 가장 적절하다.

어휘

in other words	다시 말해서, 즉
treatment	치료
ultimately	최종적으로
informative	정보를 제공하는
take hold	정착되다, 사로잡다
instruction	지시, 설명

38 ③

81% 고2 03월 모의고사 변형

호주의 어느 작은 마을에서 멋진 실험이 시행되었다. 지난 2년 동안, 그 마을에서는 길거리 범죄 수가 빠르게 증가하고 있었다. 길거리 범죄 증가에 놀란 지역 주민들은 함께 모여서 그 문제에 대처하는 최고의 방법은 어두워진 후에 주요 도로에서 범죄자들을 없애는 것이라고 결정하였다. 거리에 무장한 경찰을 더 배치하는 대신에, 그들은 클래식 음악을 틀기로 결정하였다. 모든 거리 구역마다 모차르트, 바흐, 베토벤, 브람스의 음악이 연주되기 시작했다. 일주일도 되지 않아 그 지역은 범죄가 급격히 줄어들었다고 보도되었다. 그 실험은 대단히 성공적이어서 덴마크의 코펜하겐에 있는 주요 기차역에서 동일한 방법을 취했고 – 역시 비슷한 결과를 얻었다.

주어진 문장은 범죄를 줄이기 위해 거리에 무장한 경찰을 더 배치하는 대신에, 클래식 음악을 연주하기로 했다는 내용이므로 그러한 해결방식을 선택하기 전, 길거리 범죄 증가에 대해 주민들이 방법을 모색했다는 내용 다음에, 그리고 클래식이 연주되었고 범죄가 급격히 줄어들었다는 문장 앞인 ③에 들어가는 것이 가장 적절하다.

어휘

armed	무장한
the number of	~의 수
rapidly	빠르게
resident	주민, 거주자
alarmed	놀란, 불안해하는
confront	대처하다, 맞서다
offender	범죄자
approach	방법, 접근법
adopt	취하다, 채택하다

39 ③　　　　　75% 고2 03월 모의고사 변형

20년 후에는 15세 미만의 사람들보다 60세를 넘은 사람들이 더 많을 거라고 예측된다. 노령화 사회라고 하는데, 그것은 노인의 수는 증가하고 젊은이의 수는 감소하는 것을 의미한다. 실제로 일부 젊은이들은 국가의 생산성을 지속시키면서 노인을 돌봐야 하는 것을 걱정한다. 그들의 우려는 타당하지만, 한 연구는 우리 국가의 노령화에 대해 몇 가지 희소식이 있다는 것을 보여준다. 수년에 걸쳐 노인 실험 대상자들은 자신들의 젊은 시절에 비해 (나이가 들어갈수록) 부정적인 감정이 줄어들고 긍정적인 감정이 늘어난다는 것을 입증했다. 그것은 사람들이 나이가 듦에 따라서 그들은 정서적으로 더 균형이 잡히고 매우 감정적인 문제들을 더 잘 해결할 수 있음을 의미한다. 결국 그것은 또한 더 안정적인 세상으로 이끌 수도 있다.

해설

주어진 문장은 그들(젊은이들)의 우려는 타당하지만, 노령화에 대해 몇 가지 희소식이 있다는 내용으로, 국가의 생산성을 지속시키면서 노인을 돌봐야 하는 것을 젊은이들이 걱정한다는 문장 다음에, 그리고 나이가 들수록 부정적인 감정이 줄고 긍정적인 감정이 늘어나 정서적으로 안정적이라는 노령화에 대한 희소식인 문장 앞인 ③에 들어가는 것이 가장 적절하다.

어휘

concern	우려, 염려
valid	타당한, 일리 있는
regarding	~에 대해
graying	노령화
predict	예측하다, 예언하다
youngster	젊은이, 아이
productivity	생산성
subject	실험 대상
prove	입증하다
highly	매우
stable	안정된

우리는 흔히 모든 종류의 단체 운동을 함으로써 신체적 한계를 시험해 보면서 어린 시절을 보낸다. 우리가 고등학생이 되면 두, 세 개의 단체 운동에 참여하기도 한다. 그 이유는 우리가 충분한 신체적 강인함을 가지고 있기 때문이다. 그러나 성인기에 도달할 쯤, 비록 일부는 여전히 운동하는 것을 즐기지만, 아주 적은 수의 사람들만이 최고 수준에서 경쟁할 수 있다. 다시 말해, 우리는 신체적으로 어린 시절만큼 강하지 않다는 것을 알게 된다. 자연스럽게 우리는 미식축구, 축구, 혹은 농구와 같이 (신체적) 충돌을 필요로 하는 단체 운동에서 벗어나서 개인 운동으로 방향을 돌린다. 따라서 성인 세계에서는 단체 운동을 구성하는 것은 더 어려워진다.

→ 나이가 들면서 체력의 수준이 변화함에 따라, 성인들은 단체 운동을 피하려는 경향이 있다.

해설

어릴 때는 신체적으로 강인하기 때문에 단체운동에 참여를 많이 하지만, 어른이 되면 신체적 충돌을 피하고 개인 운동으로 방향을 돌린다는 것이 글의 요지이므로 빈칸 (A)에는 avoid(피하다)와 빈칸 (B)에는 physical fitness(체력)가 들어가는 것이 가장 적절하다.
② 가치를 부여하다 - 체력
③ 피하다 - 정서적 경험
④ 가치를 부여하다 - 의사소통 능력
⑤ 조직하다 - 정서적 경험

어휘

engage in	~에 참여하다
physical	신체적인
adulthood	성인기
collision	충돌
individual	개인
organize	구성하다
emotional	감정의
value	가치를 부여하다

[41~42]

오늘날 기계 장치로 가득 찬 세계에서 가장 짜증나는 것 중 하나는 우리가 그것들을 계속해서 본의 아니게 엉뚱한 곳에 두어서 찾지 못한다는 것이다. 그런 리모컨이나 스마트폰을 찾는 것은 성가실 뿐만 아니라 시간이 많이 소모되는 일이기도 하다. 그렇지 않은가? StickNFind라 불리는 똑똑한 새로운 발명품은 건망증이 있는 사람들의 삶의 방식을 바꿔줄 것이다. StickNFind는 미국 동전 25센트짜리 크기이다. 그것은 자주 잃어버리는 물건에 부착될 수 있다. 어떤 물건을 잃어버렸을 때, 스마트폰에 있는 사용자 지정 프로그램에 접속하면 그 물건이 얼마나 멀리 (최대 100피트까지) 떨어져 있는지 알 수 있다. 그러면 사용자는 그 물건의 위치를 알아내기 위해서 여러 방향으로 움직여서 잃어버린 물건을 찾을 수 있다. 또한 이 제품은 버저 소리를 내거나, LED 빛을 내서 물건을 찾는 것을 도와준다. 짐, 애완동물, 아이들이 집에서 너무 멀리 떨어지지 않도록 확실히 하고 싶다면, 이것은 분명히 완벽한 제품이다.

41 ④

70% 고2 03월 모의고사 변형

해설

물건을 잘못 두고 잘 찾지 못하는 현대인에게 물건에 태그를 부착하여 쉽게 찾을 수 있도록 도와주는 발명품인 StickNFind의 광고 글이므로, 이 글의 제목으로 적절한 것은, ④ Sticky Smart Tags Can Change Your Life (Sticky Smart Tags는 당신의 삶을 바꿔줄 수 있습니다)이다.

① 성가신 스마트폰 앱
② 당신의 도구들을 온라인에서 관리하는 법
③ 핸드폰 사용자들을 위한 응급 서비스
⑤ 활동적으로 생활하는 것은 당신을 잘 잊어버리게 만든다

42 ③

73% 고2 03월 모의고사 변형

해설

StickNFind를 통해 스마트폰의 앱으로 잃어버린 물건이 얼마나 멀리 떨어져 있는지 알 수 있다는 내용의 글이므로, 빈칸에 들어갈 말로 가장 적절한 것은 ③ location(위치)이다.

① 크기
② 도둑
④ 장애물
⑤ 기능

어휘

annoyance	짜증
gadget-filled	기계 장치로 가득 찬
continuously	계속해서
misplace	잘못 두다
brilliant	똑똑한
frequently	자주
access	접속하다
identify	알아내다
illuminate	빛을 내다
aid	돕다
wander off	멀리 떨어지다
absolutely	분명히, 전적으로
live on the run	활동적 생활을 하다

[43~45]

(A) 　내가 일곱 살이었을 때, 나는 천식으로 병원에 갔다. 치료에는 약을 삼키는 것이 포함되었다. 나의 부모님은 두 분 다 일을 하셔서 내 옆에서 함께 하실 수 없었다. 나는 혼자였고 두려움에 떨었으며 울면서 잠이 든 것이 기억난다.

(C) 　하루 중 최악의 시간은 간호사들이 나의 알약을 가져오는 때였다. 나는 머리를 돌리고 그것들을 먹는 것에 저항했다. 나는 결국 흐느껴 울었고 알약들을 삼킬 수가 없었다. 입원 이틀째 되던 날, 낯선 사람이 조용히 병실에 들어왔다. 그녀는 내게 색칠하기 그림책과 마커펜 몇 자루를 가져다주었고, 자신은 내 아버지 사무실의 고객이라고 말했다. 그녀는 내가 있는 병원에서 일해서 안부 인사차 들렀다.

(D) 　얼마 되지 않아 내가 먹을 알약이 들여왔다. 나는 흐느껴 울기 시작했다. 그녀는 간호사에게 자신을 소개했고 내가 약을 먹는 동안 내 옆에 앉아 있었다. 간호사는 그 일을 그녀가 우리

에게 맡기고 떠날 때 안도하는 모습이 역력했다. 그 여자는 아주 자세하게 하지만 조금도 서두르지 않고 약을 삼키는 방법에 대해 설명했다. 그녀는 30분은 넘었을 법한 시간 동안 기다렸다. 마침내, 나는 약을 먹을 용기를 냈고 그것을 삼켰다.

(B) 　그녀는 곧 떠났고 나는 다시는 그녀를 보지 못했다. 그녀의 이름을 묻는 것을 생각하기에는 나는 너무나 어렸다. 낯선 사람의 짧은 방문은 내 어린 시절의 가장 두렵고 외로웠던 기억 속에서 유일하게 밝은 장면으로 빛난다. 25년이 지난 후에도 그녀의 친절을 한 번도 잊어본 적이 없다는 것을 그녀에게 말할 수 있으면 얼마나 좋을까.

43 ③

89% 고2 06월 모의고사 변형

해설

천식으로 병원에 입원했지만 맞벌이를 하시는 부모님이 간호를 해주지 못하는 글쓴이의 상황에 대한 주어진 글 다음에, 알약 삼키는 것을 힘들어 하는 글쓴이에게 어느 날 낯선 여자가 등장한 내용의 (C)가 이어지고, 알약을 먹는 방법을 천천히 알려주고 먹는 동안 옆에서 기다려준 내용의 (D)가 이어진 후, 그 뒤로 그녀를 볼 수는 없었지만 글쓴이의 어린 시절 두렵고 외로웠던 기억 속에 그녀의 친절은 여전히 빛나고 있다는 내용의 (B)가 이어지는 것이 글의 순서로 가장 적절하다.

44 ④

82% 고2 06월 모의고사 변형

해설

(a), (b), (c), (e)는 글쓴이가 알약을 삼킬 수 있도록 도와준 여성을 가리키지만, (d)는 간호사를 가리킨다.

45 ⑤

83% 고2 06월 모의고사 변형

(D)의 후반부에 마침내, 글쓴이는 약을 먹을 용기를 냈고 그것을 삼켰다고 했으므로, 'I'에 관한 내용으로 적절하지 않은 것은 ⑤이다.

어휘

asthma	천식
treatment	치료
swallow	삼키다
terrified	두려움에 떠는
brief	짧은
resist	저항하다
sob	흐느껴 울다
stay	머무르다; 머무름
drop in	잠깐 들르다
relieved	안도하는
gather up the courage	용기를 내다

01 ①	02 ①	03 ②	04 ③	05 ③
06 ⑤	07 ④	08 ③	09 ⑤	10 ②
11 ③	12 ③	13 ①	14 ①	15 ②
16 ②	17 ⑤	18 ⑤	19 ②	20 ②
21 ⑤	22 ⑤	23 ②	24 ③	25 ④
26 ④	27 ⑤	28 ④	29 ⑤	30 ③
31 ①	32 ③	33 ②	34 ①	35 ③
36 ②	37 ⑤	38 ②	39 ④	40 ①
41 ①	42 ①	43 ③	44 ⑤	45 ③

01 ①

95% 고2 11월 모의고사 변형

W Jeremy, I heard that you **joined** a rock band. What do you **play** in it?
M I play the **guitar**.
W Great. How long have you **been** playing it?
M I've been playing it for five years.

해석

여 Jeremy, 네가 락 밴드에 가입했다고 들었어. 거기서 뭐 연주하니?
남 난 기타를 연주해.
여 좋다. 얼마나 오랫동안 그것을 연주해왔니?
남 나는 5년 동안 그것을 연주해왔어.

해설

여자가 얼마나 오랫동안 기타를 연주해왔냐는 질문을 했으므로, 남자의 응답으로 가장 적절한 것은 ① '나는 5년 동안 그것을 연주해왔어'이다.
② 고모가 그것을 연주하는 법을 가르쳐 줬어.
③ 이 노래를 같이 연습하자.
④ 내 기타는 정말로 비싸.
⑤ 넌 그것을 더 연습해야 해.

어휘

practice   연습하다

02 ①

95% 고2 06월 모의고사 변형

M You look **upset**. What's the **matter**?
W I'm **afraid** I lost my handbag.
M Really? Where do you think you **left** it?
W I think I last had it with me in the taxi.

해석

남 너 화난 것 같아. 무슨 일이니?
여 내 핸드백을 잃어버린 것 같아.
남 정말? 어디에 놓은 것 같니?
여 내가 택시 안에서 그것을 마지막으로 갖고 있었던 것 같아.

해설

핸드백을 잃어버린 것 같다고 말하는 여자에게 남자가 그것을 두었을 것 같은 장소를 묻고 있으므로, 여자의 응답으로 가장 적절한 것은 ① '내가 택시 안에서 그것을 마지막으로 갖고 있었던 것 같아'이다.
② 네가 그 가방을 들어주다니 참 친절했어.
③ 분실물 센터는 모퉁이 돌아 있어.
④ 저희의 신제품 핸드백은 다른 쪽에 있습니다.
⑤ 나의 핸드폰과 신용카드가 그 가방 속에 있어.

어휘

upset	화가 난
carry	나르다
lost and found	분실물 센터
brand-new	신제품의

03 ②

94% 고2 11월 모의고사 변형

[Chime rings.]
W May I have your **attention**, please? This is your vice **principal** speaking. Lately, more and more students have been riding bikes to school. I think it's good because it can help you **stay** healthy and save energy. But I believe that you should be careful about your **safety**, too. I'm **concerned** because some of you don't wear a helmet. If you **crash** without a helmet on, there's a high possibility that you'll be seriously **injured**. As you all know, **wearing** a bike helmet could even save your life. So I **urge** you to protect yourselves with the **appropriate** safety equipment. Thank you for listening.

해석

[종이 울린다.]
여 안내 말씀 드립니다. 저는 여러분의 교감선생님입니다. 최근에 점점 더 많은 학생들이 자전거를 타고 학교로 오고 있습니다. 그것은 여러분들이 건강을 유지하고 에너지를 절약하는 것을 돕기 때문에 좋다고 생각합니다. 하지만, 저는 여러분들이 안전에도 주의를 기울여야 한다고 믿습니다. 저는 여러분들 중 일부가 헬멧을 착용하지 않아서 걱정이 됩니다. 만약 헬멧을 착용하지 않고, 부딪힌다면, 여러분들이 심각하게 다칠 가능성이 높습니다. 여러분 모두 아시다시피, 자전거 헬멧을 착용하는 것은 심지어 여러분의 목숨을 구할 수도 있습니다. 그래서 저는 여러분들에게 적절한 안정장비로 여러분 자신을 보호해야 한다고 촉구합니다. 들어주셔서 감사합니다.

해설

근래 학교에 자전거를 타고 오는 학생들이 많아졌는데, 일부는 헬멧을 착용하지 않아서 안전을 위해서 안정장비의 착용을 촉구하고 있다. 학생들에게 자전거를 타고 등교할 때 헬멧 착용을 당부하는 내용이다. 따라서, 여자가 하는 말의 목적으로 가장 적절한 것은 ② '자전거 헬멧 착용을 당부하려고'이다.

어휘

May I have your attention?	안내 말씀 드립니다.
vice principal	교감 선생님

concerned	걱정하는
crash	부딪히다, 충돌하다
possibility	가능성
seriously	심각하게, 진지하게
injured	다친, 부상을 입은
urge	촉구하다
protect	보호하다
appropriate	적절한
equipment	장비

04 ③

고2 03월 모의고사 변형

M Honey, I have **something** to tell you.
W What is it?
M I think we should **stop** Sebin's piano lessons.
W Why? She really enjoys them.
M I know, but she needs to **spend** more time studying now.
W I **agree** with you, but learning how to play the piano can help her do better in her studies too.
M Really? **How's** that?
W Moving their **fingers** a lot at an early age can help children **develop** their brain.
M Hmm, I **guess** I heard something like that.
W Playing the piano can **improve** children's math and reading skills, too.
M Okay. Then we'd better let her **continue** her piano lessons.

【해석】

남 여보, 당신에게 말할 것이 있어요.
여 뭔데요?
남 세빈의 피아노 수업을 그만둬야 할 것 같아요.
여 왜요? 그녀는 정말로 그것들을 즐기고 있어요.
남 알아요. 하지만 그녀는 지금 공부에 더 많은 시간을 써야 해요.
여 동의해요. 하지만, 피아노 연주하는 것을 배우는 것도 그녀가 공부를 더 잘하도록 도울 수 있어요.
남 정말요? 어째서 그렇죠?
여 어린 나이에 손가락을 많이 움직이는 것은 아이들의 두뇌를 발달시키는 것을 도울 수 있어요.
남 음, 그런 것 들어본 것 같아요.
여 피아노 연주를 하는 것은 아이들의 수학과 독해력도 향상시킬 수도 있죠.
남 알았어요. 그러면 그녀가 피아노 수업을 계속하도록 하는 게 낫겠네요.

【해설】

대화의 중반부에 but learning how to play the piano can help her do better in her studies too. (하지만, 피아노 연주하는 것을 배우는 것도 그녀가 공부를 더 잘하도록 도울 수 있어요), Moving their fingers a lot at an early age can help children develop their brain. (어린 나이에 손가락을 많이 움직이는 것은 아이들의 두뇌를 발달시키는 것을 도울 수 있어요)와 후반부인 Playing the piano can improve children's math and reading skills, too. (피아노 연주를 하는 것은 아이들의 수학과 독해력도 향상시킬 수

도 있죠)으로 미루어 보아, 여자의 의견으로 가장 적절한 것은 ③ '피아노 연주를 배우면 학습에 도움이 된다'이다.

【어휘】

move	움직이다
improve	향상하다
continue	지속하다

05 ③

고2 11월 모의고사 변형

W Excuse me.
M Yes, how may I **help** you?
W I'm looking for Travel and Photography.
M **Hold** on a second. It's in the **essay** section. Section B.
W One more thing. Do you have Modern **Psychology**?
M Yes, we have it. It's in the discount corner, next to the main **entrance**.
W Oh, is it on **sale** now? That's nice.
M If you want to find other books, you can use the book **location** system.
W Book location system? What is that?
M It's our computer system that helps you find the book you're looking for. It's **right** over there.
W Okay. I'll **try** it right now. Thank you.
M Don't **mention** it.

【해석】

여 실례합니다.
남 네, 도와드릴까요?
여 Travel and Photography(여행과 사진술)를 찾고 있는데요.
남 잠시만요. 에세이 부문에 있습니다. B부문입니다.
여 하나만 더요. Modern Psychology(현대 심리학) 있나요?
남 네. 있습니다. 중앙출입구 옆의 할인코너에 있습니다.
여 오, 그거 지금 할인판매중인가요? 좋은데요.
남 다른 책 찾기를 원하신다면, 도서위치시스템을 이용하실 수 있습니다.
여 도서위치시스템이요? 그게 뭐죠?
남 그것은 당신이 찾고 있는 책을 찾도록 도와주는 저희 컴퓨터 시스템입니다. 바로 저기 있습니다.
여 네. 지금 해볼게요. 감사합니다.
남 별말씀을요.

【해설】

대화의 초반부에 여자가 It's in the essay section. Section B. (그것은 에세이 부문에 있습니다. B부문입니다)와 중반부에 If you want to find other books, you can use the book location system. (다른 책 찾기를 원하신다면, 도서 위치 시스템을 이용하실 수 있습니다)라고 말한 것으로 미루어 보아, 두 사람의 관계를 가장 잘 나타낸 것은 ③ '고객 - 서점 직원'이다. 또한 discount corner, on sale 등을 통해 두 사람의 관계를 알 수 있다.

【어휘】

photography	사진[촬영]술
modern	현대의
psychology	심리학

18 맨처음 수능 영어 완성

entrance	출입구
location	위치

couch	소파
career	경력, 직업
bulletin board	게시판
communicate	의사소통하다, 전달하다
colleague	동료
time zone	시간대
inspire	영감을 주다, 고무하다
globally	세계적으로

06 ⑤

93% 고2 11월 모의고사 변형

M I'm so **honored** to interview a world traveler like you.

W Thank you. Just like you asked, I **brought** some pictures.

M That's great. Where was this one **taken**?

W In the student lounge. Do you see the girl sitting on the **couch**?

M Oh, it's you. There's a bookcase behind the couch. I guess you **enjoyed** reading books.

W Well, they helped me start my **career** as a world traveler.

M I understand. There's a bulletin board on the wall.

W Yeah, with the board's help, I communicated with some of my travel **colleagues**.

M Why are there the four clocks next to the **bulletin** board?

W They show four different time zones. They **inspired** me to think globally.

M Oh, there is a computer on the table.

W It was helpful when I needed to get some information about **traveling**. I have a good memory of my school days.

해석

남 당신과 같은 세계여행가를 인터뷰하게 되어서 영광입니다.

여 감사합니다. 말씀하셨던 대로, 사진 몇 장을 가져왔습니다.

남 좋아요. 이것은 어디서 찍으셨나요?

여 학생 휴게실이요. 소파 위에 앉아 있는 소녀가 보이시나요?

남 오, 당신이군요. 소파 뒤에 책장이 있네요. 책 읽기를 정말로 즐기셨나 봅니다.

여 음, 그것들은 제가 세계여행가로의 경력을 시작하도록 도와주었죠.

남 알겠습니다. 벽에 게시판이 있네요.

여 네. 그 게시판의 도움으로, 저는 약간의 여행 동료들과 의사소통을 했습니다.

남 게시판 옆에 왜 시계가 네 개 있나요?

여 그것들은 네 개의 다른 시간대를 보여줍니다. 그것들은 제가 세계적으로 생각하도록 영감을 주었죠.

남 오, 탁자 위에 컴퓨터가 한 대 있네요.

여 그것은 제가 여행에 관한 정보를 얻을 필요가 있을 때 도움이 되었어요. 저는 학창시절에 좋은 기억을 갖고 있습니다.

해설

대화의 후반부에 남자가 Oh, there is a computer on the table. (오, 탁자 위에 컴퓨터가 한 대 있네요)라고 말했는데, 지구본이 있으므로, 그림에서 대화의 내용과 일치하지 않는 것은 ⑤이다.

어휘

honored	영광인, 명예로운
lounge	휴게실, 대합실

07 ④

93% 고2 11월 모의고사 변형

[Cell phone rings.]

W Hello, Mike. This is Sally. Where are you now?

M I'm waiting for a bus in **front** of the company.

W Can you get home before Mom and Dad's wedding **anniversary** dinner?

M Sure. How's it going with the **preparations**?

W Almost done. I'm **about** to arrange the dinner table.

M Did you pick up the cake we **ordered**?

W Sure, I did. I **put** it on the table with the anniversary card.

M That's great.

W I think it'll be better if we add something **meaningful**.

M Well... how about putting a family picture on the table?

W That'd be perfect. I think a new photo **frame** would be much better for the picture. Could you buy one on the **way** home?

M All right. It might **take** me some time.

W That's not a problem.

해석

[핸드폰이 울린다.]

여 여보세요, Mike. Sally야. 너 지금 어디 있니?

남 회사 앞에서 버스 기다리고 있어.

여 엄마 아빠 결혼기념일 저녁 식사 전에 집에 올 수 있니?

남 물론이지. 준비는 어떻게 되가?

여 거의 됐어. 막 저녁상을 차리려던 참이야.

남 우리가 주문한 케이크 찾아왔어?

여 물론, 그랬지. 기념일 카드와 함께 상위에 올려놨어.

남 좋아.

여 우리가 뭔가 의미 있는 것을 더하면 더 좋을 것 같아.

남 음… 상 위에 가족 사진을 놓는 것은 어떨까?

여 완벽하겠는데. 그 사진에는 새 액자가 훨씬 더 좋을 것 같아. 집에 오는 길에 하나 사올 수 있겠니?

남 알았어. 시간이 좀 걸릴 거야.

여 문제없어.

해설

대화의 후반부 집에 오는 길에 새 액자를 사올 수 있겠냐는 질문에 All right. It might take me some time. (알았어. 시간이 좀 걸릴 거야)라고 했으므로, 남자가 할 일로 가장 적절한 것은 ④ '사진 액자 구입하기'이다.

어휘

anniversary	기념일
preparation	준비
arrange	마련하다, 준비하다
meaningful	의미 있는
frame	액자; 틀에 넣다

08 ③

M Thank God, it's Friday.

W Do you have any **plans** for this weekend?

M Ari, don't you remember? We're **supposed** to go swimming!

W Oh, right! Is **that** this weekend?

M Yes, it is. What's going on?

W I **thought** it was next weekend. I'm sorry. I'm afraid I won't be **able** to go.

M Why not? Do you have something else to do?

W I promised my sister that I'd **babysit** her children this weekend. She has an **important** meeting.

M But, Ari, I've been waiting for this all week!

W I'm **terribly** sorry. How can I make up for it?

M Well... I guess you can **buy** me lunch.

해석

남 야, 드디어 금요일이다!

여 이번 주말에 무슨 계획 있니?

남 아리야, 기억 안나니? 우리 수영가기로 했잖아.

여 아, 맞다! 그게 이번 주말이었어?

남 어, 맞다. 무슨 일이야?

여 난 그게 다음 주말인줄 알았어. 미안해. 못갈 것 같아.

남 왜 못가? 다른 뭐 할 것 있니?

여 이번 주말에 여동생한테 아이들을 돌봐준다고 약속했거든. 남: 그녀가 중요한 회의가 있어.

남 하지만 아리야, 난 이번 주 내내 이것을 기다렸단 말야.

여 정말 미안해. 어떻게 만회할 수 있겠니?

남 음… 내 생각엔, 넌 나한테 점심을 살 수도 있지.

해설

대화의 후반부에 여자가 I promised my sister that I'd babysit her children this weekend. (이번 주말에 여동생한테 아이들을 돌봐준다고 약속했거든)이라고 했으므로, 여자가 수영장에 갈 수 없는 이유는 ③ '조카를 돌봐야 해서'이다.

어휘

Thank God, it's Friday.	야! 금요일이다.
be supposed to	~하기로 되어 있다, ~해야 한다
babysit	아기를 봐 주다
terribly	정말, 끔찍이
make up for	만회하다, 보상하다

09 ⑤

[Phone rings.]

W Happy Pizza. **What** can I do for you?

M Hi. I'd like to **order** the Children's Party Pack.

W Okay, the Children's Party Pack **includes** a large pizza and spaghetti.

M How **much** is it?

W It's $50.

M I'd like two **packs**, please.

W You can get it for a 20% **discount** if you buy three or more packs.

M Well, no, thanks. I just need two. Do you **happen** to have fruit juice?

W Sure, we have orange juice. It's $5 for **each** bottle.

M Okay, then I'll get five bottles.

W **Anything** else?

M No, **that's** all.

해석

[전화벨이 울린다.]

여 Happy Pizza입니다. 무엇을 도와드릴까요?

남 안녕하세요? Children's Party Pack을 주문하고 싶은데요.

여 네. Children's Party Pack은 라지 피자와 스파게티를 포함합니다.

남 얼마예요?

여 50달러입니다.

남 두 팩 주세요.

여 3팩 이상 구매하시면 20% 할인가격으로 구매하실 수 있습니다.

남 어, 아닙니다. 두 개만 필요해요. 혹시 과일주스 있나요?

여 물론이죠. 오렌지 주스 있습니다. 한 병에 5달러입니다.

남 좋아요, 그러면 5병 주세요.

여 다른 건 없나요?

남 없어요, 그게 전부입니다.

해설

50달러짜리 Children's Party Pack 2개와 5달러짜리 오렌지 주스 5병을 주문하고 있으므로, 남자가 지불해야 할 금액은 ⑤ '$125'이다.

어휘

pack	팩, 묶음; 꾸리다
include	포함하다
happen to	혹시 ~하다, ~에게 일어나다
That's all.	그것이 전부다.

10 ②

M Carmen, your **lamp** looks so cute. Is it **connected** to the laptop?

W Do you mean this USB lamp? Yes. It's for working at night.

M I'd like to get one like that. Where did you get it?

W From the ABC Online Store. It was on **sale**.

M How much did you **pay** for it?

W The **regular** price is $20, but I paid only $12.

M Good. It's pretty **bright**. What kind of bulb does it use?

W It has an LED bulb. It's energy **efficient** and lasts for a long time.

M I like the design, too. It's **modern** and simple.

W On top of that, you can easily **adjust** the direction of the light.

M I think that's **exactly** what I'm looking for.

해석

남 Carmen, 너의 램프가 정말 귀여워 보인다. 그게 노트북에 연결된 거니?

여 이 USB 램프 말하는 거니? 응. 그것은 밤에 일하기 위한 것이야.

남 그런 것 하나 갖고 싶다. 어디서 구했니?

여 ABC Online Store에서. 할인 중이었어.

남 얼마 지불했니?

여 정가는 20달러인데, 12달러만 냈어.

남 좋아. 꽤 밝다. 그것은 어떤 종류의 전구를 사용하니?

여 LED 전구야. 에너지 효율적이고 오랫동안 지속돼.

남 디자인도 맘에 든다. 현대적이고 간단하네.

여 게다가, 빛의 방향을 쉽게 조절할 수 있어.

남 그게 정확히 내가 찾고 있는 것 같아.

해설

여자는 USB 램프의 구입처는 ABC Online Store이고, 가격은 12달러, 전구는 LED 전구이며, 남자가 디자인이 맘에 든다고 말했으므로, 두 사람이 언급하지 않은 것은 ② '무게'이다.

어휘

connect	연결하다
laptop (computer)	노트북 컴퓨터
regular price	정가
bright	밝은
bulb	전구, 구근(球根)
LED	발광 다이오드(= light emitting diode)
energy efficient	에너지 효율적인
last	지속하다
modern	현대의
on top of that	게다가, 그 위에
adjust	조절하다, 적응하다

11 ③

91% 고2 03월 모의고사 변형

W Are you **exhausted** from your busy city life? Annapurna Adventure Bike Ride offers a week of great **adventures** in the heart of the Himalayas. We have 16 departures per year. You can ride along the **magnificent** Himalayan valleys. Are you worried that it might be too **dangerous**? Do not worry about it. The **steep** and dangerous parts of the course are covered by car. We supply new **high-quality** mountain bikes and helmets to give you a safe and **smooth** ride. Plus, a **qualified** bike mechanic and a travel guide ride along with each team. For more **information**, visit our website at www. annapurnaadventure.com.

해석

여 분주한 도시 생활로 지치셨습니까? Annapurna Adventure Bike Ride(안나푸르나 모험 자전거 타기)는 히말라야의 심장에서 1주일간의 엄청난 모험을 제공합니다. 저희는 1년에 16번의 출발을 합니다. 여러분은 웅장한 히말라야 계곡을 따라 자전거를 탈 수 있습니다. 너무 위험할지 걱정되세요? 걱정 마세요. 코스의 가파르고 위험한 지역은 차로 갑니다. 저희는 새로운 안전하고 부드러운 자전거 타기를 여러분들에게 제공하기 위해서 새로운 고급 산악자전거와 헬멧을 제공합니다. 게다가, 자격 있는 자전거 수리공과 여행 안내원이 각 팀과 함께 자전거를 타고 따라 갑니다. 더 많은 정보를 원하시면, 저희 웹사이트 www. annapurnaadventure.com에 방문하세요.

해설

담화문의 중반부에 The steep and dangerous parts of the course are covered by car. (코스의 가파르고 위험한 지역은 차로 갑니다)라고 했으므로, Annapurna Adventure Bike Ride에 관하여 일치하지 않는 것은 ③ '전 구간을 자전거를 타고 간다'이다.

어휘

exhausted	지친
departure	출발
magnificent	웅장한
valley	계곡
steep	가파른, 터무니없이 비싼
cover	가다, 이동하다, 취재하다, 덮다
supply	제공하다, 공급하다
high-quality	고급의, 양질의
plus	게다가; 더하기
qualified	자격 있는

12 ③

95% 고2 03월 모의고사 변형

M Honey, take a **look** at this website.

W What's that?

M Summer is coming, so I think we need a **rubber** raft. Tony really wanted to have **one** last summer.

W Oh, that's right. Which one do you think is good for our family?

M Well, we don't **need** a rubber raft for five people.

W I **agree**. And I don't want to spend more than $50 on it.

M Right. We don't need to spend **that** much. How about a black rubber raft?

W Well, I want one that's more **colorful**.

M I understand. Now we should **choose** one of these two.

W We might want to **ride** in it with Tony. Why don't we buy a rubber raft for three people?

M Okay. You know Tony loves **blue**. Let's order this one.

해석

남 여보, 이 웹사이트 좀 봐요.

여 그게 뭐죠?

남 여름이 다가오고 있어서, 고무보트가 필요한 것 같아요. 지난 여름에 Tony는 정말로 하나를 갖고 싶어했어요.

여 오, 맞아요. 어느 것이 우리 가족에게 좋은 것 같아요?

남 음, 우리는 5인용 고무보트는 필요하지 않아요.

여 동의해요. 그리고 전 그것에 50달러 이상 쓰고 싶지 않아요.

남 맞아요. 우리는 그렇게 많이 쓸 필요가 없죠. 검은색 고무보트는 어때요?

여 음, 전 더 화려한 것을 원해요.

남 이해해요. 이제 우리는 이것들 중 하나를 골라야만 해요.

여 우리는 Tony와 함께 타길 원할 수도 있어요. 3인용 고무보트를 사는 게 어때요?

남 좋아요. Tony가 파란색을 좋아하는 거 알잖아요. 이것을 주문해요.

해설

가족 인원수를 고려하여 3인용 고무보트와 검은색보다 화려한 파란색을 원하므로, 두 사람이 주문할 고무보트는 ③이다.

어휘

rubber raft	고무보트
choose	고르다
order	주문하다

13 ①

90% 고2 03월 모의고사 변형

W Wow, our living room looks as **good** as new.

M Yeah. It was such a good idea to have it **painted** light green. They did an **excellent** job.

W It's become a lot **brighter** than before.

M You're right. The color goes well with the **curtains**.

W That's the reason I chose **light** green.

M Oh, no. Jenny, you have to come and look at this.

W What is it?

M There's some **drops** of paint on the sofa.

W Oh, no. It was a wedding **present** from my grandmother.

M They should've been more **careful**.

W Yeah. What should we do about this, honey?

M I'll ask them to remove the paint.

해석

여 와, 우리 거실이 새것처럼 좋아 보여요.

남 네. 연두색으로 그것을 칠한 것은 정말 좋은 생각이었어요. 그들이 멋진 일을 했네요.

여 전보다 훨씬 더 밝아졌어요.

남 맞아요. 색상이 커튼하고 잘 어울려요.

여 그래서 제가 연두색을 고른 거예요.

남 오, 안돼. Jenny, 와서 이걸 봐야 해요.

여 뭐죠?

남 소파 위에 페인트 방울이 좀 있어요.

여 오, 안돼. 그것은 할머니에게서 받은 결혼 선물이었어요.

남 그들은 더 조심했어야 했어요.

여 네. 이것에 대해서 어떻게 해야 할까요, 여보?

남 그들에게 페인트를 없애 달라고 요청할게요.

해설

거실에 페인트칠을 했는데 할머니에게서 받은 소파 위에 페인트 방울이 묻어 있는 상황이다. 따라서, 여자의 마지막 말에 대한 남자의 응답으로 가장 적절한 것은 ① '그들에게 페인트를 없애 달라고 요청할게요'이다.

② 그녀에게 감사의 편지를 쓸게요.

③ 그들이 커튼을 바꾸도록 할게요.

④ 흰색이 우리 거실에는 더 좋아요.

⑤ 이 소파는 거실에 너무 커요.

어휘

go well with	~와 잘 어울리다
drop	방울; 떨어지다
remove	제거하다

14 ①

93% 고2 03월 모의고사 변형

M Hey, Wendy. What are you looking at?

W Look at this photo we **took** at Lou's birthday party. My eyes are red.

M Oh, it's the **red-eye** effect. You can **prevent** it by looking at a light before the photo is taken.

W I didn't know that. How do you know that?

M I took a **photo** class last summer.

W Oh, I see. Then can you give me some more **tips** to look great in photos?

M Sure. **Make** sure the camera lens is at your eye **level** or above.

W Can you tell me why?

M If the lens is **below** your eye level, you may look like you have a **double** chin in the photo.

W Okay, I'll keep that in mind.

해석

남 이봐, Wendy. 네가 보고 있는 것이 뭐니?

여 우리가 Lou의 생일 파티에서 찍은 이 사진을 봐. 내 눈이 빨게.

남 오, 그것은 적목현상이야. 사진이 찍히기 전에 빛을 보면 그것을 막을 수 있어.

여 몰랐어. 넌 그것을 어떻게 아니?

남 지난 여름에 사진수업 들었잖아.

여 오, 알겠어. 그러면 사진 찍을 때 멋져 보이는 조언을 좀 더 해줄 수 있니?

남 물론이지. 카메라 렌즈가 눈높이나 위에 있게 해야 해.

여 이유를 말해 줄 수 있겠니?

남 렌즈가 눈높이 보다 낮으면, 사진 속에서 이중 턱을 가진 것처럼 나올 수도 있어.

여 알겠어, 그것을 명심할게.

해설

남자가 사진을 찍을 때 잘 나와 보이게 하는 방법에 대해서 여자에게 알려주고 있다. 따라서, 남자의 마지막 말에 대한 여자의 응답으로 가장 적절한 것은 '알겠어, 그것을 명심할게'이다.

② 내가 카메라를 잃어버렸다니 믿기지 않아.

③ 지난주에 사진 액자를 하나 샀어.

④ 미안하지만, 이 사진에 네 눈이 빨갛게 나왔어.
⑤ 우리는 이 사진 수업을 계속해서 들어야 해.

어휘

red-eye effect	적목현상
prevent	예방하다
tip	조언
make sure	확실히 ~하도록 하다
double chin	이중 턱
keep ~ in mind	명심하다
photo frame	사진 액자

15 ②
89% 고2 06월 모의고사 변형

W Recently, Cameron moved to a new apartment near her workplace to reduce her **commuting** time. It is a new building, so it's clean and fully **furnished** and has good **access** to shopping malls. However, every evening after getting home from work, she could hear drumming and **vacuuming** from upstairs. She became very **irritated** as she couldn't sleep well. She asked the apartment manager to **intervene** to take care of the annoying noise. But nothing has changed. **Thus**, she decided to **handle** this problem in person. In this situation, what would Cameron most **likely** say to her neighbor?

Cameron Excuse me. Could you be quieter at night, please?

해석

여 최근에, Cameron이 통근 시간을 줄이기 위해서 그녀의 직장 근처에 있는 새로운 아파트로 이사했다. 그것은 새로운 건물이어서, 깨끗하고 완전히 가구가 비치되어 있고, 쇼핑몰에도 좋은 접근성을 가지고 있다. 하지만, 그녀가 직장에서 돌아오는 저녁마다, 위층에서 드럼 소리와 진공청소 소리를 들을 수 있었다. 그녀는 잠을 잘 잘 수가 없어서, 매우 짜증이 났다. 그녀는 아파트 관리자에게 개입해서 그 짜증나는 소음을 처리해 달라고 요청했다. 하지만 어떤 것도 변하지 않았다. 따라서, 그녀는 이 문제를 직접 다루기로 결심했다. 이런 상황에서, Cameron이 그녀의 이웃에게 뭐라고 말할 가능성이 가장 높을까?

Cameron 실례합니다만, 밤에 더 조용히 해주실 수 있나요?

해설

Cameron이 통근시간을 줄이기 위해서 시설이 좋은 새로운 아파트로 이사했는데, 퇴근 후 매일 저녁 위층에서 소음이 나서 잠을 제대로 자지 못하는 상황이다. 따라서, Cameron이 이웃에게 할 말로 가장 적절한 것은 ② '밤에 더 조용히 해주실 수 있나요?'이다.
① 전에 만나지 않았나요?
③ 당신의 진공청소기를 빌리고 싶어요.
④ 가구 옮기는 것 좀 도와주실 수 있나요?
⑤ 드럼 치는 법을 가르쳐 줄 수 있나요?

어휘

reduce	줄이다
commuting time	통근시간

furnished	가구가 비치된
access	접근(성); 접근하다
vacuum	진공 청소하다
irritated	짜증이 난, 화난
annoying	짜증나는, 귀찮은
intervene	개입하다
take care of	처리하다, 돌보다
handle	다루다; 손잡이
in person	직접, 몸소

[16~17]

M Hello. I'm Larry Donovan. Welcome to Nature and Outdoors. When you go to an outdoor store, you see a variety of products with **numerous** functions. As an outdoor **expert**, I'm often asked if we need that many items. Well, my answer is no. It's painful to look **through** lots of items in a bag to find a simple tool. When it comes to **packing** items for a camping trip, the **ground** rule is to keep things simple. Write down the items that you're going to carry and **arrange** them into five groups. The first group is cutting tools, such as **axes** and knives. The second one is **shelter** items, such as sleeping bags and tents. Then come the tools to make fires, like lighters and fuel. The last two groups are containers and food. If there are items that have the same **function**, choose just one. Again, remember that more items mean more weight and more effort. Pack **lightly** and have fun with your camping trip!

해석

남 안녕하세요? 저는 Larry Donovan입니다. Nature and Outdoors(자연과 야외)에 오신 것을 환영합니다. 야외용품가게에 갈 때, 여러분은 엄청 나게 많은 기능이 있는 다양한 제품을 봅니다. 야외활동 전문가로서, 우리가 그렇게 많은 품목이 필요한지 저는 종종 질문을 받습니다. 음, 제 대답은 '아니오'입니다. 단순한 도구를 찾기 위해 가방 속에서 많은 품목을 살펴보는 것은 괴롭습니다. 캠핑여행을 위해서 품목을 꾸리는 것에 관해서, 기본적인 원칙은 물건들을 단순하게 하는 것입니다. 여러분이 운반할 품목들을 적고, 그것들을 5개의 묶음으로 정리하세요. 첫 번째 묶음은 도끼나 칼 같은 자르는 도구입니다. 두 번째 것은 침낭과 텐트 같은 대피 품목입니다. 그리고 라이터나 연료와 같은 불을 만드는 품목입니다. 마지막 두 묶음은 용기와 식량입니다. 만약 똑같은 기능을 가진 품목이 있다면, 하나만 고르세요. 다시 말씀드립니다만, 더 많은 품목은 더 많은 무게와 더 많은 수고를 의미한다는 것을 기억하세요. 가볍게 꾸리고, 여러분의 캠핑여행을 즐기세요.

16 ②
91% 고2 03월 모의고사 변형

해설

대화의 중반부에 When it comes to packing items for a camping trip, the ground rule is to keep things simple. (캠핑여행을 위해서 품목을 꾸

리는 것에 관한 기본 원칙은 물건들을 단순하게 하는 것입니다)이라고 말하고 이에 대한 구체적 예시가 이어지고 있으므로, 남자가 하는 말의 주제로 가장 적절한 것은 ② '캠핑 여행을 위한 물품 꾸리기에 대한 조언'이다.
① 안전한 야영지를 선택하는 방법
③ 어린이들을 위한 야외활동의 이점
④ 야영 도구 사용을 배우는 것의 필요성
⑤ 점점 늘어나는 가족 캠핑 여행의 인기

17 ⑤
87% 고2 03월 모의고사 변형

해설

캠핑 품목의 예로 knives(칼), sleeping bag(침낭), tent(텐트), lighters(라이터)가 차례로 언급되고 있다. 언급되지 않은 것은 ⑤ '손전등'이다.

어휘

outdoors	야외에서, 옥외에서
a variety of	다양한
numerous	엄청나게 많은
function	기능
expert	전문가
painful	괴로운, 고통스러운
when it comes to	~에 관해서
pack	(짐을) 꾸리다
ground rule	기본 원칙
arrange	정리하다, 마련하다
ax	도끼
container	그릇, 용기
effort	수고, 노력

18 ⑤
91% 고2 03월 모의고사 변형

학생회에게

우리는 11학년 밴드부 회원들입니다. 현재, 우리를 위한 연습실이 없어서, 우리는 다목적실에서 일주일에 두 번 연습해야 합니다. 지난 2주 동안, 다른 그룹들이 다목적실을 사용해야 해서, 밴드 연습이 취소되었습니다. 밴드 경연 대회가 한 달밖에 남지 않아서, 이번 달 동안 방과 후에 다목적실을 사용하게 될 유일한 그룹이 되길 요청합니다. Cooper 교장 선생님께서는 우리의 제안에 대해 전체 학생회가 투표를 해야 한다고 말씀하셨습니다. 우리의 상황을 이해하고 우리를 위해서 투표해 주길 희망합니다.
11학년 밴드부 올림

해설

11학년 밴드부가 경연대회를 1개월 앞두고 연습을 하기 위해서 다목적실을 한 달 동안 사용하고자 학생회에 요청하는 내용이다. 따라서, 글의 목적으로 가장 적절한 것은 ⑤ '다목적실 단독 사용에 대한 학생회의 협조를 구하려고'이다.

어휘

student council	학생회
grade	학년, 등급, 점수
currently	현재, 지금
practice	연습, 실행, 관습; 연습하다
multipurpose	다목적의

cancel	취소하다
tournament	경기, 시합
principal	교장 선생님, 원금; 주요한
entire	전체의
vote	투표하다
proposal	제안
sincerely	…올림

19 ②
84% 고2 09월 모의고사 변형

할아버지께서 말씀하셨다. "Viola, 한잔 하지 않을래?" Viola는 엄마를 쳐다보고, "아니요, 아니요, Tate씨, 할 수 없어요."라고 말했다. 그는 그녀를 무시하고 그녀의 두 손에 잔을 주고, 또 한잔을 SanJuanna의 두 손에 주었다. 그들은 모두 일어서서 축하의 잔을 들어 올렸다. 우리는 우유가 든 잔으로 그들을 따라하며 웃었다. 아버지가 말했다. "우리의 건강을 위해, 우리의 연속적인 번영을 위해, 그리고 할아버지와 그의 과학적 업적을 위하여, 나는 당신이 시간을 보냈던 방식에 대해 의아해 했던 적이 있었다고 말해야겠습니다. 하지만 당신은 그것이 가치 있는 것임을 증명해 왔습니다. 오늘 밤 우리는 자랑스러운 가족입니다!" 건배를 말한 후, Harry는 'For He's a Jolly Good Fellow (그는 참으로 좋은 친구)'라는 노래를 부르기 시작했다.

해설

축하의 잔을 들고, 가족을 위한 건배사를 하며, 노래를 부르는 상황으로 보아 글의 상황에 나타난 분위기로 가장 적절한 것은 ② festive and exciting(흥겹고 신나는)이다.
① 고요하고 평화로운
③ 슬프고 비통한
④ 위험하고 긴급한
⑤ 엄숙하고 신성한

어휘

ignore	무시하다
raise	올리다, 제기하다, 모금하다
celebration	축하, 기념 (행사)
copy	모방하다; 복사, 사본
prosperity	번영
accomplishment	업적, 성취
wonder	궁금해 하다
prove	~임이 판명되다, 입증하다
worthwhile	가치 있는
sorrowful	비통한
urgent	긴급한
solemn	엄숙한
sacred	신성한

20 ②
89% 고2 03월 모의고사 변형

여러분은 아이였던 때를 기억하는가? 어떻게 놀았는가? 상상력을 사용하는 것이 어떻게 느껴졌는가? 상상력이 풍부한 것은 우리에게 행복감을 주고 우리의 삶에 흥분을 더 한다. 이제 그런 감정들로 돌아갈 때이다. 여러분이 놀이를 통해서 가졌던 기쁜 감정들로 돌아가라. 그러면 여러분은 자신에 대해 더 행복하다고 느끼는 것을 발견할 것이다. 여러분은 책을 쓰거나 무엇인가를 발명하기 위해 상상력을 이용할 수 있다. 여러분이 상상 속으로 들어갈 때, 여러분들이 얼마나 창의적일 수 있는지는 끝이 없다. 상상력은 일상의 과업을 더 흥미롭게 만들기 때문에, 그것은 여러분의 과업을 완료하는데 여러분을 집중된 상태로 유지하게 해줄 것이다.

해설

상상력을 발휘하며 놀았던 때처럼 어린 시절로 돌아가 창의적으로 과업을 흥미롭게 하라는 것이 글의 주된 내용이다. 따라서, 필자가 주장하는 바로 가장 적절한 것은 ② '어린 시절처럼 생활 속에서 상상력을 발휘하라'이다.

어휘

imaginative	상상력이 풍부한
add	더하다
excitement	흥분
emotion	감정
return	돌아가다, 반납하다; 회귀
joyful	기쁜
invent	발명하다, 만들어내다
end	끝, 종료; 끝나다
creative	창의적인
focus	집중하다; 초점
task	과업, 일

21 ⑤

87% 고2 09월 모의고사 변형

나는 코치와 부모들이 아이들에게 개념을 설명하는 잘못된 시간을 선택하는 것을 종종 보아왔다. 이것의 한 사례는 아이들이 경기 중일 때이다. 코치로서 나는 단지 타임아웃 때나 경기 후에 전략을 얘기했다. 그 이유는 어른들처럼 아이들이 경기하는 것과 듣는 것을 동시에 하는 것이 정말로 어렵기 때문이다. 여러분은 아마 경기 중인 자신의 아들에게 잘못을 지적하면서 그에게 소리를 지르는 아버지를 본 적이 있을 것이다. 아이가 자기의 아버지에게 주의를 기울이려고 노력하는 동안에도 경기는 계속된다. 아이들은 당면 과제에 집중할 수 있어야 한다. 아이들은 경기를 하거나 들을 수 있지만, 어른들처럼, 그들이 한 번에 두 가지를 하는 것은 거의 불가능하다.

해설

아이들은 경기를 하는 동안 잘못을 지적해주는 말에 주의를 기울이는 동시에 경기에 집중하는 것은 거의 불가능하므로, 경기에만 집중할 수 있도록 해야 한다는 것이 글의 주된 내용이다. 따라서 글의 요지로 가장 적절한 것은 ⑤ '경기중인 아이에게 설명을 하는 것은 효과적이지 않다'이다.

어휘

notice	보다, 알아채다; 공고
concept	개념
strategy	전략
timeout	타임아웃(경기 중 작전타임)
yell	소리 치다
point out	지적하다
pay attention to	~에 주의를 기울이다
concentrate on	~에 집중하다
at hand	당면한, 가까운
at once	동시에, 한번에

22 ⑤

88% 고2 03월 모의고사 변형

광고 전문가들은 우리가 기억하는 광고 방송들이 우리를 이야기 속으로 데려가는 것을 알았다. 인쇄된 종이 형태든 방송 프로그램 사이에 끼워 넣는 30초짜리 텔레비전 광고의 형태이든, 역대 가장 기억에 남을만한 몇몇 광고들에 대해 생각해 보자. 그것들은 인상적인 줄거리를 포함한다. Apple 컴퓨터의 명작인 'Think Different(다르게 생각하라)' 캠페인은 그것이 매우 극적으로 강력한 이야기를 들려주었기 때문에 역대 최고의 광고로 여겨진다. Coca Cola의 'Mean Joe Green' 광고 방송은 이야기의 또 다른 사례인데, 그 이야기에서 어린 소년은 자신의 영웅을 만난다. 이런 모든 시나리오의 목적은 상품과 긍정적이고 친숙한 밀접한 연상을 만들면서 사람들을 정서적으로 그리고 개인적으로 감동시키는 것이다.

해설

사람들을 광고방송의 이야기 속으로 끌어들여 그들을 감동시키는 광고가 가장 기억에 남을 만하다는 것이 글의 주된 내용으로, 글의 주제로 가장 적절한 것은 ⑤ '광고에서 이야기를 하는 것의 강력한 효과'이다.
① 광고 방송의 다양한 길이
② 매출 증대에 있어서의 광고의 역할
③ 광고와 캠페인의 차이점
④ 교육에서 개인적인 이야기를 하는 것의 효용

어휘

expert	전문가
commercial	광고 방송, 상업광고
memorable	기억에 남을 만한
of all time	역대[지금껏]
form	형태; 형성하다
include	포함하다
impressive	인상적인
classic	명작, 고전; 고전의, 일류의
dramatically	극적으로
move	감동시키다, 움직이다, 이동하다
emotionally	정서적으로, 감정적으로
association	연상, 연관
various	다양한

23 ②

87% 고2 09월 모의고사 변형

불안은 수천 년 동안 주변에 있어왔다. 진화 심리학자들에 따르면, 그것은 우리의 조상들이 위험한 상황을 피하는 것을 도와주는 정도로 적응력이 있다. 불안은 야생의 호랑이, 동굴의 곰, 배고픈 하이에나, 그리고 들판을 돌아다니는 다른 동물들뿐 아니라, 또한 적대적이고 경쟁적인 부족들로부터, 삶이 위험에 처할 때 사람들에게 경고를 했다. 경계를 유지하는 것은 고대 사람들이 포식 동물들과 싸우거나, 적으로부터 도망치거나, 꼼짝하지 않으면서, 마치 위장한 것처럼 주변 환경에 섞여서 그들이 눈에 띄지 않도록 도와주었다. 그것은 그들의 생존에 대한 진정한 위협에 반응하도록 만들었다. 그것은 그들이 계속해서 자신의 자손들을 위해가 없게 하도록 만들었다. 그래서 불안은 이롭고 목숨을 구해주는 특성이었기 때문에 인구 대다수의 진화를 통해서 지속되었다.

해설

불안이 위험한 상황으로부터 벗어나게 하는 역할을 하면서 우리 조상들의 생존을 도왔다는 내용으로, 글의 제목으로 가장 적절한 것은 ② '불안이 우리를 생존하도록 도운 방법'이다.
① 불안해하지 마라, 그냥 준비해라!
③ 불안한 세상에서 단순하게 살기
④ 인간과 동물: 친구인가 적인가?
⑤ 다양한 감정: 진화의 생산물

어휘

anxiety	불안
evolutionary	진화의
psychologist	심리학자
adaptive	적응력이 있는, 조정의
extent	정도, 범위
stalk	돌아다니다, 몰래 다가가다; 줄기
landscape	들판, 경치
hostile	적대적인
competing	경쟁적인
alert	경계(태세); 기민한
predator	포식동물, 포식자
flee	도망치다
blend in	섞이다, 조화를 이루다
threat	위협
keep ~ out of harm's way	~에게 위해가 없게 하다
evolution	진화
a majority of	(대)다수의
trait	특성
various	다양한

24 ③

87% 고2 03월 모의고사 변형

위 그래프는 11세 호주 소녀들과 소년들이 문제가 생겼을 경우 누구에게 조언을 구하는지를 보여 준다. 소녀들과 소년들은 문제가 생겼을 경우 어머니가 가장 많이 조언을 받는 원천이었다. 소년들의 경우, 아버지가 두 번째로 많은 조언을 받는 원천이었고 친구가 그 뒤를 이었다. 선생님에게 조언을 구한 소녀들의 비율은 아버지에게 조언을 구한 소녀들의 비율보다 20 퍼센트 포인트 더 높았다(→ 낮았다). 선생님에게 조언을 구한 소년의 비율은 소녀의 비율보다 4퍼센트 포인트 더 높았다. 자신들이 문제가 있었을 경우, 형제 또는 자매에게 간 것 보다 더 많은 소녀들이 친구에게 갔다.

해설

선생님께 조언을 구한 소녀들의 비율은 40%이고, 아버지께 조언을 구한 소녀들의 비율은 60%이므로, 그 비율은 더 높은 것이 아니라 20% 더 낮았다. 따라서 도표의 내용과 일치하지 않는 것은 ③이다.

어휘

above	~보다 위에[로]
aged	…세의
consult	조언을 구하다
source	원천, 출처
followed by	뒤이어, 잇달아
percentage point	퍼센트 포인트 (백분율로 나타낸 수치가 이전 수치에 비해 증가하거나 감소한 양)

25 ④

91% 고2 03월 모의고사 변형

Howard와 Theodore Lydecker 형제는 1930년대부터 1950년대까지 Republic Pictures에서 만든 연작 영화의 특수 효과를 담당했다. 그들은 아주 적은 예산으로 극도로 사실적인 효과를 만드는 것을 전문으로 했다. 자신들의 특수 효과를 아주 믿을 수 있게 만든 특징들 중에는 세심하게 만들어진 모형과 자신들의 효과가 "카메라에서" 만들어져야 한다는 고집이 있었다. 이것은 그것들이 원본 촬영 동안에 이루어졌다는 것을 의미한다. 그 효과가 영화 촬영용 필름에 동시에 촬영되었기 때문에 영상의 품질이 매우 뛰어났다. Lydecker 형제는 매우 사실적인 결과를 이루어낸 모형 비행기를 날릴 수 있는 기법을 개발했다. 그것은 그들에게 비행기의 움직임에 대한 완전한 통제력을 주었으며 오늘날에도 여전히 사용되고 있다.

해설

글의 후반부에 Because the effects were shot simultaneously on the same film stock (특수 효과가 영화 촬영용 필름에 (영화와) 동시에 촬영되었기 때문에)라고 했으므로, 글의 내용과 일치하지 않는 것은 ④이다.

어휘

be responsible for	~을 담당하다[책임지다]
special effect	특수 효과
specialize in	~을 전문으로 하다
extremely	극도로, 매우
budget	예산
quality	특징, 질
insistence	고집, 주장
original	원본의, 원래의
achieve	이루다, 성취하다
simultaneously	동시에
aircraft	비행기
complete	완전한; 완료하다
movement	움직임, 운동

26 ④

91% 고2 03월 모의고사 변형

Dudley 동물원 사육사 체험

동물원 사육사 체험을 하면서, 여러분은 동물을 돌보는 직업에 종사하는 데 무엇이 필요한지를 다음과 같은 활동에 참여하면서 알게 될 것입니다.

• 동물 먹이 준비하기
• 동물의 무게를 재고 돌보는 일 돕기
• 동물 훈련에 참여하기

대상: 9세에서 18세까지의 동물 애호가
시간: 오전 9:30 ~ 오전 11:30
 – 우리는 하루에 한 번 동물원 사육사 체험 활동을 운영합니다.
가격: 50달러
 – 동물원 입장료가 포함되어 있습니다.
가져올 것: 물병과 본인 카메라
 – 사진을 찍을 수 있는 기회가 제공됩니다.

예약을 위해 우리 홈페이지 www.dudleyzoo.com을 방문해 주십시오.

26 맨처음 수능 영어 완성

안내문의 후반부에 COST: $50 - Zoo admission is included. (가격: 50 달러 - 동물원 입장료가 포함되어 있습니다)라고 했으므로, 안내문의 내용과 일치하지 않는 것은 ④이다.

어휘

zookeeper	동물원 사육사
career	(전문적) 직업, 경력
participate in	~에 참여하다
diet	식사, 규정식
weigh	무게를 재다, 심사숙고하다
take part in	~에 참여하다
admission	입장료
include	포함하다
opportunity	기회
make a reservation	예약하다

27 ⑤

89% 고2 11월 모의고사 변형

지도 읽기와 길 찾기 과정

산행이 처음인가요? 저희의 1일 초급 길 찾기 과정으로 산에서 길을 찾아보십시오.

11월 일정: 매주 토요일

• 이 과정은 실내 수업으로 시작해서, 들판과 언덕을 지나 걷기로 이어집니다.
• 우리는 지도 기호 읽기, 나침반 사용하기, 경로 계획하기, 그리고 거리 추산하기를 다룹니다.
• 점심을 가져오는 것과 워킹화 신는 것을 잊지 마십시오.
• 18세 미만의 모든 참가자들은 성인을 동반해야 합니다.
• 모든 참가자들에게 나침반을 제공합니다!

더 많은 정보를 원하시면 www.hillwalking.com을 방문하십시오.

해설

안내문의 후반부에 All participants under 18 must be accompanied by an adult. (18세 미만의 모든 참가자들은 성인을 동반해야 합니다)라고 했으므로, 안내문의 내용과 일치하는 것은 ⑤이다.

어휘

navigation	길 찾기, 항해
course	과정, 강좌,
hill walking	산행
cover	다루다, 취재하다, 덮다; 표지
compass	나침반
route	경로
estimate	추산하다, 추정하다; 견적(서), 추산
participant	참가자
accompany	동반하다

28 ④

66% 고2 09월 모의고사 변형

Fish sampler(물고기 견본 검사자)들이 사용하는 구식의 방법은 댐 근처에서 물고기를 보고 물고기가 수로 위로 헤엄쳐 오를 때마다 버튼을 누르는 것이다. 또한 그들은 종종 물고기를 측정했는데, 이것은 산소가 없는 탱크 안에 물고기를 포획하고 그것이 움직임을 멈출 때까지 사로잡힌 상태로 유지하는 것을 포함한다. 일단 그것이 잠잠해지면, 그들은 회복 탱크에 그것을 되돌려 놓기 전에 줄자로 그것을 측정한다. 마지막으로, 물고기는 꼬리표가 붙여져서 그것의 여정을 계속하도록 풀려나게 된다. 점점 더 많은 sampler(견본 검사자)들은 전류 어로 법을 사용하는데, 이것은 휴대할 수 있는 발전기에 부착된 전선을 당기는 일을 포함한다. 그 물고기들은 기절하고 거의 마법처럼 전선으로 끌려온다. sampler(견본 검사자)들은 그것들을 그물로 잡아서 다시 시내로 되돌려 보내기 전에 그것들을 측정하고 무게를 달기 위해 축양 장소로 가져간다.

해설

④ which 이하 involves가 술어 동사인데, 접속사 없이 동사가 또 나오지 못하기 때문에, attaches를 수식할 수 있는 분사로 바꿔야 하는데 electric wire가 동작을 받는 대상이므로 수동의 의미를 지닌 과거분사인 attached로 고쳐야 한다.
① 주어의 핵심이 단수명사인 method이므로 단수동사인 is는 적절하다.
② 'A를 B의 상태로 유지하다'의 뜻을 지닌 「hold + 목적어 + 목적격보어」구조에서 목적격보어로 사용된 형용사 captive는 적절하다.
③ 단수명사인 the fish를 대신하여 쓰인 its의 쓰임은 적절하다.
⑤ and를 기준으로 measuring과 병렬구조를 이루는 전치사의 동명사로 사용된 weighing은 적절하다.

어휘

method	방법
ladder	수로, 사다리
measure	측정하다; 측정, 조치
capture	포획하다; 포획
oxygen	산소
captive	사로잡힌, 포획된; 포로
tape measure	줄자
tag	꼬리표를 달다; 꼬리표
release	풀어주다, 발매하다; 석방, 발매
electrofishing	전류 어로 법
electric wire	전선
attach	부착하다, 첨부하다
portable	휴대 가능한
generator	발전기
stun	기절시키다
holding place	축양 장소(蓄養場所)
stream	시내, 흐름

29 ⑤

82% 고2 03월 모의고사 변형

한때 에베레스트산 정상에 도달하는 것은 놀라운 업적으로 여겨졌었다. 그곳에서 국기를 흔드는 등반가를 갖는 것은 심지어 국가의 명예였다. 그러나 거의 4,000명이 그곳의 정상에 도달했기 때문에, 그 업적은 그것이 의미하곤 했던 것 보다 더 적은 것을 의미한다. 1963년에 6명이 정상에 도달했지만, 2012년 봄에는 정상이 500명 이상의 사람들로 붐볐다. 그러면 무엇이 매우 많은 사람들이 정상에 도달하는 것을 가능하게 하는가? 한 가지 중요한 요인은 향상된 일기 예보이다. 과거에 정보의 부족은 원정대들이 준비되어 있을 때마다 산 정상을 시도하도록 했다. 오늘날에는 초정밀 위성 예보로, 모든 팀들은 등반을 위한 날씨가 언제 완벽할지를 정확하게 알고 있다.

(A) 에베레스트산 정상에 오르는 것이 국가의 불명예가 아니라 명예라는 것이 흐름상 적절하므로, honor가 적절하다. *disgrace 불명예, 수치
(B) 1963년에는 단지 6명이 정상에 올랐으나, 2012은 봄에만 500명이 넘는 등반가들이 정상에 올랐으므로, possible이 적절하다. *difficult 어려운
(C) 과거에는 일기예보와 같은 정보가 없이 원정대들이 준비되면 정상 등반을 시도했다는 것이므로, lack이 적절하다. *presence 존재

[어휘]

achievement	업적, 성취
summit	정상
disgrace	불명예, 수치
honor	명예, 영광
crowded	붐비는
factor	요인, 요소
improve	향상시키다, 개선하다
forecast	예보하다; 예보
lack	부재, 결핍; 부족하다
presence	존재
expedition	원정대, 탐험
attempt	시도하다; 시도

30 ③

87% 고2 06월 모의고사 변형

Henri Matisse와 Auguste Renoir는 소중한 친구였다. Renoir가 인생의 마지막 10년 간 집에 갇혀 있었을 때, Matisse는 매일 그를 방문했다. 관절염으로 거의 마비가 된 Renoir는 그의 질병에도 불구하고 계속 그림을 그렸다. 어느 날, Matisse는 그 화가가 붓으로 붓놀림을 할 때마다 고통과 싸우며 그의 화실에서 작업을 하고 있는 것을 보았을 때, 그는 말했다. "그렇게 고통스러우면서도 당신은 왜 그림을 그리나요?" Renoir는 간단히 답했다. "아름다움은 남고, 고통은 지나가네." 그래서 거의 그가 죽는 날까지, Renoir는 캔버스에 그림을 그렸다. 그의 가장 유명한 그림 중 하나인 '목욕하는 사람들'은 그가 불구로 만드는 질병으로 시달린 지 14년 후인 그의 죽음 2년 전에야 완성되었다.

해설

①, ②, ④, ⑤는 Renoir를 가리키지만 ③은 Matisse를 가리킨다.

[어휘]

confine	가두다, 제한하다
despite	~에도 불구하고
studio	화실, 작업실
brush stroke	붓놀림
remain	남다, 계속 ~이다
complete	완성하다; 완료된
suffer from	고생하다
stricken	시달리는, 괴로움을 당한
disabling	불구로 만드는

31 ①

75% 고2 06월 모의고사 변형

스포츠에서 최고의 스타 선수들 중 많은 선수는 대하기 어렵고, 첫 만남 동안에 에이전트는 그들과 관계를 거의 발전시키지 못한다. 스포츠 에이전트로서 내가 배운 가장 중요한 교훈은 그것이 단지 백만 달러짜리 계약서에 서명하는 것만은 아니라는 것이다. 내가 한 고객과 일을 할 때 우리가 앉아서 협상할 준비가 되기 전까지 발생하는 수많은 작은 일들이 있다. 자그마한 일은 나의 고객들이 나와 나의 서비스에 얼마나 만족하고 편안해하는지에 있어서 중요한 역할을 한다. 나는 종종 그들의 최근 휴가나 그들의 아이들이 학교에서 어떻게 하고 있는지에 관심을 표현이다. 세세한 것에 관심을 보이는 것은 오늘날의 정상급 운동선수에 대한 커다란 존중의 표시이다.

해설

스포츠 에이전트로서 스타들과 계약을 성사시키는 것은 매우 어렵지만, 그들의 최근 휴가나 아이들의 학교생활에 대한 것까지 물어보며 그들에 대한 존중의 표시를 한다는 것이 글의 주된 내용이다. 따라서, 빈칸에 들어갈 말로 가장 적절한 것은 ① '세세한 것'이다.
② 거래
③ 결과
④ 보상
⑤ 일정

[어휘]

tough	힘든, 어려운, 거친
deal with	~를 대하다, 처리하다
agent	에이전트, 대리인, 동인
contract	계약; 계약하다, 수축하다, 병에 걸리다
client	고객
negotiate	협상하다
play a part	역할을 하다
recent	최근의
vacation	휴가, 방학
respect	존중, 존경; 존중하다, 존경하다

32 ③

82% 고2 06월 모의고사 변형

휴대전화는 모든 전자 제품 중 가장 짧은 수명을 갖는 지위를 획득해온 것 같다. 휴대전화가 평균적으로 10년 동안 지속될지라도 미국과 영국의 보통 사람들은 자신의 휴대전화를 구매한 지 18개월 이내에 버린다. 해마다 미국에서는 여전히 작동되는 1억 3천만 개가 넘는 휴대전화가 그리고 영국에서는 1,500만 개의 휴대전화가 폐기된다. 그것들 중 아주 소수만 재사용을 위해 재조립되거나 외국으로 수출된다. 이런 경향은 두 나라에 한정되어 있는 것은 아니다. 많은 다른 선진국들 또한 거의 매년 새로운 유형의 휴대전화가 오래된 것들을 대체하는 것을 보아왔다.

해설

휴대전화의 수명이 평균적으로 10년이지만, 미국과 영국의 보통사람들은 구매 후 18개월 이내에 버린다고 했으므로, 빈칸에 들어갈 말로 가장 적절한 것은 ③ '가장 짧은 수명을 갖는'이다.
① 가장 비싸지 않은
② 가장 긴 품질 보증을 보장해주는
④ 가장 전통적인 것이 되는
⑤ 최악의 품질평판을 얻는

achieve	획득하다, 성취하다
status	지위
electronic	전자의
purchase	구매; 구매하다
on average	평균적으로
still-working	여전히 작동되는
retire	폐기하다, 은퇴하다
reassemble	재조립하다
trend	경향
limit	한정하다, 제한하다; 한계
replace	대체하다
annually	해마다, 매년
insure	보증하다, 보험에 들다
warranty	품질 보증(서)
life cycle	(제품의) 생명, 생활주기
reputation	평판, 명성

33 ②

어느 정도의 성공을 성취한 적이 있는 사람은 누구든지 인생에서 소유할 가치가 있는 것은 어떤 것도 쉽게 오지 않는다는 것을 안다. 성공은 헌신, 절제, 끈기의 어깨 위에서 만들어진다. 그러나 우리의 대중문화는 매우 다른 메시지를 아이들에게 전달해 주는데, 성공은 어렵거나 시간 소모가 클 필요가 없다는 것이다. 대중문화는 하룻밤 사이의 성공, 빨리 체중을 줄여주는 알약 그리고 10년 더 젊어 보이게 만들어 주는 '획기적인' 제품들에 관한 이야기로 가득 차 있다. 아이들은 Hilary Duff와 Haley Joel Osment와 같은 젊은 배우들과 바이올리니스트 Sarah Chang과 같은 음악 천재들은 보지만, 그들의 전문직의 정상에 올려준 여러 해의 결심, 실천, 희생은 보지 않는다. 아이들은 대개 하룻밤 사이의 성공이 오랜 시간이 걸린다는 것을 깨닫지 못한다.

해설

성공은 겉으로 보기에 하룻밤 사이에 이루어진 것 같지만 오랜 시간이 헌신, 절제, 끈기가 필요한데, 대중문화는 아이들에게 이것을 보지 못하게 한다는 것이 글의 주된 내용으로, 빈칸에 들어갈 말로 가장 적절한 것은 ② '인생에서 소유할 가치가 있는 것은 어떤 것도 쉽게 오지 않는다'이다.
① 한 사람이 큰 변화를 가져오게 할 수 있다
③ 자녀를 있는 그대로 받아들여야 한다
④ 어떤 일을 하는 데는 항상 또 다른 방법이 있다
⑤ 성공한 사람들은 많은 다양한 분야에 재능이 있다

accomplish	성취하다
degree	정도, 도, 학위
commitment	헌신, 전념
discipline	절제, 규율, 학문
persistence	끈기, 고집
convey	전달하다
time consuming	시간 소모가 큰
pill	알약
breakthrough	획기적인; 획기적인 것
genius	천재(성)
determination	결심, 결의

practice	실천, 연습, 관습
sacrifice	희생
profession	전문 직업
accept	받아들이다, 인정하다
talented	재능 있는

34 ①

투자의 근본 원리들 중 하나는 위험과 수익 간의 관계를 기초로 한다. 투자와 연관된 위험은 기대이익을 얻을 가능성으로 정의될 수 있다. 예를 들어, 만약 여러분이 은행에 있는 보통 예금에 1,000달러를 예금한다면, 여러분은 이것을 위험이 낮은 투자라고 기대할 것이다. 은행은 일반적으로 보수적이고, 보통 예금은 특정한 달러 액수까지 연방 정부에 의해 보장받는다. 만약 그 은행이 여러분에게 2%의 연이율을 지급한다고 약속한다면, 연말에 여러분이 1,020달러를 가질 가능성은 크다. 따라서, 여러분이 2%의 연간 이익을 얻을 가능성이 높고, 이것은 위험이 낮은 투자로 여겨질 것이다.

해설

(A) 빈칸 앞에는 투자와 관련된 위험은 기대이익을 얻을 가능성이라는 이야기가 나오고, 빈칸 뒤에는 위험투자가 낮은 보통예금에 관한 예가 이어지므로, 빈칸에 들어갈 말로 가장 적절한 것은 For example이다.
(B) 빈칸 앞에는 1,000달러 예금에, 연이율 2%의 지급을 약속받으면 연말에 1,020달러를 받을 수 있다는 이야기가 나오고, 빈칸 뒤에는 결과적으로 위험이 낮은 투자로 2%의 연간수익을 얻게 되는 내용이 이어지므로, 빈칸에 들어갈 말로 가장 적절한 것은 Thus이다.
② 예를 들어 - 그러나
③ 게다가 - 결과적으로
④ 그럼에도 불구하고 - 유사하게
⑤ 그럼에도 불구하고 - 반대로

principle	원리, 신조
risk	위험; 무릅쓰다
associate	연관시키다, 연상시키다
investment	투자
define	정의하다, 규정하다
probability	가능성
profit	수익
deposit	예금하다
savings account	보통 예금[계좌]
conservative	보수적인
guarantee	보장하다
federal	연방의
annual	연간의
chance	가능성, 기회, 우연

35 ③

"명명하는 것은 존재를 생겨나게 하는 것, 즉 무(無)에서 불러내는 것이다."라고 프랑스 철학자 Georges Gusdorf가 썼다. 말은 당신이 경험하는 것에 이름을 붙이고 분류함으로써 당신이 세상을 인식하는 방법을 만들어 내는 도구를 당신에게 제공해준다. 당신은 의심할 여지없이 Isaac Newton 경이 중력을 발견했다고 초등학교 과학 수업에서 배웠다. 그가 그것을 발견했다기보다는 '범주화했다'고 말하는 것이 더 정확할 것이다. 몇몇 과학적 발견들은 종종 인류 역사에서 끔찍한 재앙을 초래했다. 그의 '중력'이라는 단어의 사용은 우리에게 인식 범주를 제공했다. 즉, 우리가 우주 속으로 날아가지 못하도록 막는 지구의 인력에 관해 우리는 이제 이야기를 한다. 말은 다른 사람들에게 우리의 창조물과 발견들을 전달하는 상징적인 수단을 우리에게 제공한다.

해설

말은 경험하는 것에 이름을 붙이고 분류함으로써 세상을 인식하는 방법을 만들어 내는 도구라는 것이 글의 주된 내용인데, 몇몇 과학적 발견들이 종종 인류 역사에서 끔찍한 재앙을 초래했다는 ③ 문장은 전체 흐름과 관계가 없다.

어휘

call into existence	존재를 생겨나게 하다, 창조하다
call out of	~에서 불러내다
nothingness	무(無)
philosopher	철학자
tool	도구, 수단
label	(라벨을 붙여) 분류하다; 라벨
undoubtedly	의심할 여지 없이
gravity	중력
lead to	초래하다, ~로 이어지다
disaster	재앙, 재난
category	범주
symbolic	상징적인
means	수단, 재산
communicate	전달하다, 의사소통하다

36 ②

고2 03월 모의고사 변형 · 73%

매일 나의 수업에서 나는 무작위로 '공식 질문자'의 칭호를 부여받는 두 명의 학생을 선정한다. 이 학생들은 그 수업 시간 동안 최소한 하나의 질문을 해야 한다.

(B) 그 날의 공식질문자가 된 후, 나의 학생 중 한 명인 Carrie가 사무실로 나를 찾아왔다. 나는 "이번 학기 첫 번째 '공식 질문자' 중 한 명으로 지명되어 영광이었니?"라고 물었다.

(A) 그녀는 수업이 시작할 때 선정되어서 매우 긴장했다고 말했다. 하지만 그 수업 동안에 그녀는 다른 강의에서 느꼈던 것과는 다르게 느꼈다.

(C) 그 강의는 다른 강의들과 같았지만, 하지만 이번에는 더욱 높은 의식 수준을 가져야 했고, 강의와 토론의 내용을 더 잘 알게 되었다고 말했다. 그녀는 또한 결과적으로 자기가 그 수업으로부터 더 많은 것을 얻게 되었다고 인정했다.

해설

수업에서 매일 '공식 질문자'를 선정한다는 주어진 문장에 이어서, 공식 질문자가 된 Carrie가 나를 찾아와서 내가 그녀의 기분을 묻고 있는 (B)가 오고, Carrie가 처음에는 긴장했지만 다른 강의와 다른 것을 느꼈다는 (A)가 이어지고, 그 강의가 더 높은 의식 수준을 요구하고, 결과적으로 더 많은 것을 알게 되었다고 Carrie가 이어서 말하는 (C)로 이어지는 것이 글의 순서로 가장 적절하다.

어휘

randomly	무작위로
at least	적어도
lecture	강의
honored	영광인, 명예로운
consciousness	의식
aware	알고 있는
content	내용, 목차
admit	인정하다

37 ⑤

고2 06월 모의고사 변형 · 63%

Yale 대학교수인 Keith Chen은 만약 그가 원숭이들에게 돈을 사용하도록 가르칠 수 있다면 어떤 일이 일어날지에 대해 궁금해 했다. Chen은 일곱 마리의 수컷원숭이를 데리고 실험실에서 연구를 했다.

(C) Chen이 원숭이에게 동전을 주었을 때, 그는 그것을 킁킁 냄새를 맡고 그가 그것을 먹을 수 없다는 것을 결정한 후에 그것을 던져버렸다. Chen이 이것을 반복했을 때, 그 원숭이는 그에게 동전을 던지기 시작했다.

(B) 그래서 Chen은 그 원숭이에게 동전을 주고 나서 먹을 것을 보여주었다. 원숭이가 동전을 Chen에게 돌려줄 때마다 원숭이는 먹을 것을 얻었다. 몇 개월 후에, 원숭이들은 결국 동전으로 먹을 것을 살 수 있다는 것을 배웠다.

(A) 일단 그들이 동전을 사용하는 법을 배우자, 원숭이들은 다양한 먹을 것에 대한 강한 선호도를 가졌다. 각 원숭이는 그가 선호하는 음식과 그의 동전을 교환했다.

해설

원숭이에게 돈의 사용법을 알려주면 어떤 일이 일어날지 궁금했다는 주어진 문장에 이어서, 원숭이에게 돈을 던져주자 냄새를 맡고 먹을 수 없다는 것을 깨닫자 동전을 던져버렸다는 (C)가 오고, 이번에는 원숭이에게 돈을 던져주고 나서 먹을 것을 보여주어서 결국 원숭이가 동전으로 먹을 것을 살 수 있다는 것을 알게 되었다는 (B)가 온 후, 원숭이들이 동전 사용법을 배우고 음식에 따른 선호도가 생겼다는 (A)로 이어지는 것이 글의 순서로 가장 적절하다.

어휘

lab	실험실 (= laboratory)
preference	선호
treat	대접, 한턱; 처리하다, 대접하다, 한턱내다
prefer	선호하다
eventually	결국, 마침내
determine	결정하다, 결심하다
toss ~ away	~을 던져 버리다

38 ②

고2 11월 모의고사 변형 · 75%

당신이 스트레스를 받을 때, 당신은 당신의 정신과 몸이 영향을 받고 있는 방식을 알아차리지 못할 수도 있다. 하지만, 당신이 지나치게 걱정해서 기억이 잘 나지 않았던 때를 생각해 보면, 당신은 긴장과 기억 사이의 이러한 관계를 쉽게 인식할 수 있다. 예를 들면, 당신의 상사가 중요한 회의 동안에 주요한 사실이나 숫자를 당신에게 갑자기 묻는다. 당신이 그 전날 밤에는 그것을 잘 알고 있었다 할지라도 당신은 얼어붙어서 그것을 기억할 수 없다. 하지만 동료가 당신에게 똑같은 질문을 하면, 당신은 쉽게 그 정보를 기억해 내고 그 것에 대답을 한다. 스트레스와 긴장을 줄이는 것은 당신이 당신의 기억을 극적으로 향상시키도록 도와줄 것이다. 침착하고, 집중된 태도를 유지함으로써, 당신은 극심한 불안의 부정적인 영향을 줄일 수 있을 것이다.

해설

회의 중에 상사가 갑자기 중요한 사실이나 수치를 묻는다는 주어진 문장은, 긴장과 기억 사이의 관계를 인식할 수 있다는 것에 대한 구체적인 예시가 시작되는 ②에 들어가는 것이 가장 적절하다.

어휘

fact	사실
affect	영향을 주다, 가장하다
recognize	인식하다, 인정하다
tension	긴장
overly	지나치게
freeze up	얼어붙다
co-worker	동료
recall	기억하다, 회상하다
reduce	줄이다
dramatically	극적으로
maintain	유지하다, 관리하다, 주장하다
focused	집중한, 초점을 맞춘
attitude	태도
effect	영향, 효과, 결과
intense	극심한, 강렬한
anxiety	불안

39 ④

79% 고2 06월 모의고사 변형

접촉의 필요성은 상식적인 것 같다. 그러나 1900년대 초기에 유럽 사람들은 신생아를 만지는 것은 그들에게 좋지 않다고 믿었고, 그들은 그것이 세균을 퍼트려서 신생아를 약하게 만든다고 생각했다. 그 당시에 고아원에서는 신생아를 껴안는 것이 허용되지 않았었다. 아기들이 잘 먹여지고 보살핌을 받았으나, 많은 아기들이 아프게 되었다. 그때 한 의사가 아기들은 매일 몇 번 안아주어야 한다고 제안했다. 아픈 아기들은 서서히 나아지기 시작했다. 아이들에 대한 접촉의 중요성을 확인해주었던 최근의 연구는 부모들과 간호사가 가능한 많이 아기들을 만지고 쓰다듬는 것을 권장한다.

해설

그때 한 의사가 아기들을 안아주어야 한다고 제안했다는 주어진 문장에서 '그때'는 ③ 문장의 아기들이 잘 먹고 보살핌을 받았으나 아프게 되었다는 것을 말하므로, 주어진 문장이 들어가기에 가장 적절한 곳은 ④이다.

어휘

suggest	제안하다, 암시하다
common sense	상식
newborn	신생아; 신생아의
spread	퍼뜨리다
germ	세균
orphanage	고아원
cuddle	껴안다
permit	허용하다, 허락하다

feed	먹이다, 먹다; 먹이
gradually	서서히
confirm	확인하다
encourage	권장하다, 격려하다
pat	쓰다듬다; 쓰다듬기

40 ①

79% 고2 11월 모의고사 변형

1982년에 Harvard Medical School의 Amos Tversky에 의해 한 실험에서, 일부 내과 의사들은 자신의 폐암 환자들에게 수술이나 방사선 치료 둘 중에서 하나를 권하는 것을 결정하도록 요청받았다. 그 내과 의사들의 절반은 "수술 후 한 달 생존율이 90%이다."라고 들었다. 이 정보를 받고, 그 내과 의사들의 84%가 방사선 치료보다 수술을 권하기로 선택했다. 나머지 내과 의사들은 수술 결과에 대해 "첫 한 달 안에 10%의 사망률이 있다."라는 정보를 받았다. 이 후자의 정보를 받고, 그 내과 의사들의 단 50%만이 수술을 권했다. 이 두 개의 진술은 똑같은 결과를 설명하고 있다. 하지만, 똑같은 결과의 통계자료가 '생존'이라는 관점에서 짜 맞춰지면, 상당히 더 많은 내과 의사들이 수술을 선택한다. 그러나 그 결과가 '사망'의 관점에서 짜 맞춰지면, 수술을 선택하는 내과 의사의 비율은 크게 하락한다.

→ 같은 정보를 제시하는 다른 방식이 그 정보에 기초한 결정들에 영향을 끼칠 수 있다.

해설

똑같은 정보도 진술을 제시하는 방식에 따라, 내과 의사들은 '생존'이냐 '사망'이냐의 관점에 따라 다른 결정을 했다는 것이 글의 주된 내용으로, 빈칸 (A)에는 presenting(제시하는)이 (B)에는 decisions(결정)가 들어가는 것이 가장 적절하다.

어휘

physician	내과 의사, 의사
surgery	수술
lung cancer	폐암
rate	비율, 속도, 요금; 평가하다
provide	제공하다
outcome	결과
latter	후자의
statement	진술
describe	설명하다, 묘사하다
statistics	통계, 통계학
frame	짜 맞추다; 틀, 액자
in terms of	~의 관점에서
considerably	상당히
drop	떨어지다; 방울
influence	영향을 미치다; 영향
present	제시하다, 발표하다
judgment	판단
deliver	배달하다, 분만하다
innovation	혁신
skill	기술

[41~42]

온갖 종류의 즉석 제과제빵 믹스가 1940년대 후반에 도입된 순간부터, 그것들은 미국의 식료품 카트와 궁극적으로 저녁상에서 강한 존재감을 가졌다. 하지만 모든 믹스가 똑같이 열광적으로 환영받지는 않았다. 가정주부들은 특히 즉석 케이크 믹스를 사용하려 하지 않았다. 일부 마케팅 담당자들은 케이크 믹스가 너무 달거나 인공적인 맛을 내는지 궁금해했다. 그러나 비스킷을 만드는 데 사용되는, 믹스가 매우 인기 있는 반면에, 케이크 믹스는 팔리지 않는 이유를 누구도 설명하지 못했다. 한 가지 설명은 케이크 믹스가 과정을 너무 많이 단순화시켜서, 자기들이 만드는 케이크가 '자신의 것'처럼 여자들이 느끼지 않았다는 것이다. 보통 비스킷은 그 자체로는 하나의 요리가 아니다. 가정주부는 죄책감을 느끼지 않고 구매한 재료를 포함하는 요리에 대한 칭찬을 행복하게 받을 수 있었다. 반면에, 케이크는 자주 그것 자체만으로 제공되고, 완전한 요리를 나타낸다. 더욱이 케이크는 특별한 행사를 상징하며 커다란 정서적 의미를 자주 지닌다. 제빵사가 되고자 하는 사람은 자신을 '단지 믹스'로 생일 케이크를 만드는 사람이라고 거의 생각하려 하지 않을 것이다. 그녀는 부끄러움이나 죄책감을 느낄 뿐만 아니라, 그녀 자신이 또한 그녀의 손님들을 실망시킬 수도 있다. 그들은 특별한 무언가를 대접받고 있지 않다고 느낄 것이다.

41 ①

해설

제과제빵 믹스가 인기를 얻었는데, 케이크는 자체적으로 가지는 상징성과 정서적 의미로 인해서 인기가 없었다는 것이 글의 주된 내용으로, 제목으로 가장 적절한 것은 ① '무엇이 케이크 믹스를 인기 없게 만드는가?'이다.
② 비스킷을 만드는데 있어서의 전율적인 순간들
③ 케이크 믹스의 편리성을 즐기세요!
④ 비스킷과 케이크: 어울리지 않는 친구들
⑤ 더 좋은 비스킷을 만들어라, 당신의 손님을 존중해라

42 ①

해설

케이크는 비스킷과는 달리 그 자체만으로 요리가 되기 때문에 단순히 믹스로 그것을 만들거나 제공받는 사람들에게 다른 의미를 지닌다는 내용상 흐름으로, 빈칸에 들어갈 말로 가장 적절한 것은 ① '정서적인'이다.
② 지역적인
③ 상업적인
④ 통계적인
⑤ 교육적인

어휘

baking mix	제과제빵 믹스
introduce	도입하다, 소개하다
presence	존재(감)
ultimately	궁극적으로
greet	환영하다, 인사하다
enthusiasm	열광, 열정
peculiarly	특히
unwilling	꺼리는
willing	기꺼이 하는
artificial-tasting	인공적인 맛을 내는
simplify	단순화하다
normally	보통, 일반적으로

compliment	칭찬
purchase	구입하다
ingredient	재료, 성분
guilty	죄책감이 드는, 유죄의
represent	나타내다, 대표하다
significance	의미, 중요성
symbolize	상징화하다
occasion	행사, 경우
would-be	~가 되려고 하는, 지망의
emotional	정서적인
regional	지역적인
commercial	상업적인; 광고 방송
statistical	통계적인

[43~45]

(A) Henry의 아버지는 가옥 페인트공이었다. 그의 평생 동안 그는 수백 채의 집을 칠했음에 틀림없다. 그는 친구들을 쉽게 사귀는 행복하고, 외향적인 사람이었다. 그는 또한 훌륭한 페인트공이었다. 누구도 그처럼 벽을 칠하지 못했기 때문에, 그의 서비스는 항상 수요가 많았다.

(C) 대학 시절에 언젠가 Henry는 그의 아버지가 집을 칠하는 것을 도우러 갔다. Henry는 안에서 일하며 그의 아버지가 얼마나 숙련되었는지를 알게 되었다. 사실, 그의 아버지는 내내 웃으며 집 주인과 이야기를 하면서 벽에 넉넉한 양의 페인트를 칠했다. 그는 Henry가 벽 하나를 칠하는 것에 비해 세 개의 벽을 칠했다.

(D) 어느 순간에, Henry의 아버지는 일을 멈추고 그를 쳐다보았다. 그는 Henry가 조금의 페인트도 낭비하지 않기 위해서 그가 붓의 양면을 조심스럽게 닦아내는지를 보았다. 그때 Henry는 한 방울도 떨어뜨리지 않고 벽에 얇은 페인트를 발랐다. 그 것은 느렸고, 지루한 과정이었지만, 그는 망칠 것 같고 아버지를 당황스럽게 할까 두려워 감히 웃거나 '농담도 하지' 않았다.

(B) 마침내, 그의 아버지는 "흘리거나 망칠 것에 대해 걱정하지 마라. 그것들은 언제나 깨끗하게 될 수 있어. 네가 사람들을 대하는 방식으로 벽을 대해라. (벽에게) 관대하고 즐겁게 대해라. 늘 붓에 충분한 페인트를 묻혀라." 그러고는 바로, 그는 돌아서서 벽에 넉넉한 페인트를 칠하며 집 주인과 대화를 다시 시작했다. 그의 아버지는 몇 방울을 흘렸지만, 즐겁게 하면서도 더 보기 좋은 벽을 만들었다.

43 ③

해설

평생 동안 페인트를 칠해온 Henry의 아버지는 실력이 뛰어나서 그의 서비스가 항상 수요가 많았다는 (A)에 이어서, 대학 시절에 Henry가 아버지를 도우러 가서, 아버지가 웃으며 넉넉한 양의 페인트를 여유롭고 빠르게 칠한다는 것을 알게 된 (C)가 오고, Henry는 페인트를 낭비하지 않기 위해서 조심스럽게 페인트칠을 하는 (D)가 오고, 이를 보고 아들에게 흘리거나 망칠 것에 걱정하지 말고 페인트 칠하는 것을 사람들에게 대하는 것처럼 관대하고 즐겁게 하라고 조언하는 (B)로 이어지는 것이 글의 순서로 가장 적절하다.

44 ⑤

76% 고2 11월 모의고사 변형

해설

(a), (b), (c), (d)는 Henry의 아버지를 가리키지만 (e)는 Henry를 가리킨다.

45 ③

82% 고2 11월 모의고사 변형

해설

(B)의 마지막 문장에서 His father did spill a few drops.(그의 아버지는 정말로 몇 방울을 흘렸다)고 했으므로, Henry의 아버지에 관한 내용과 일치하지 않는 것은 ③이다.

어휘

outgoing	외향적인
in demand	수요가 많은
spill	흘린[쏟은] 것; 흘리다
mess	망친 것, 엉망; 엉망으로 만들다
generous	관대한, 넉넉한
with that	그러고는 바로
apply	바르다, 응용하다, 신청하다, 적용하다
conversation	대화
amount	양, 총액
compared to	～에 비해, ～와 비교하여
wipe off	닦아 내다
tedious	지루한
process	과정, 처리; 처리하다
dare	감히 ～하다
kid around	농담하다
for fear of	～할까 두려워하여

제 3 회 실전 모의고사

본문 p.34

01 ②	02 ⑤	03 ⑤	04 ①	05 ④
06 ⑤	07 ③	08 ④	09 ④	10 ⑤
11 ④	12 ④	13 ④	14 ①	15 ②
16 ①	17 ③	18 ①	19 ③	20 ⑤
21 ④	22 ②	23 ⑤	24 ④	25 ④
26 ⑤	27 ④	28 ⑤	29 ③	30 ③
31 ③	32 ⑤	33 ③	34 ①	35 ④
36 ②	37 ④	38 ④	39 ④	40 ②
41 ③	42 ③	43 ⑤	44 ⑤	45 ②

01 ②

79% 고2 06월 모의고사 변형

W Kevin, you look **tired**. Are you okay?

M I didn't **get enough** sleep last night. I watched baseball on TV until 3 a.m.

W Oh, I didn't know you like baseball **that much**.

M Actually, I'm a huge fan of baseball.

해석

여 Kevin, 너 피곤해 보인다. 괜찮니?

남 어젯밤에 충분히 잠을 못 잤어. 새벽 3시까지 TV로 야구를 시청했거든.

여 오, 네가 야구를 그렇게 많이 좋아하는지 몰랐어.

남 사실, 나는 야구 광팬이야.

해설

Kevin이 야구를 그렇게 많이 좋아하는지 몰랐다는 여자의 대사에 어울리는 대답은 ② '사실, 나는 야구 광팬이야' 이다.

① 아니, 그 경기는 오후 7시에 시작해.

③ 글쎄, 나는 보통 이 시간대에 졸려.

④ 다음 경기에 참여해라.

⑤ 요즈음 수면부족은 심각한 문제야.

02 ⑤

72% 고2 09월 모의고사 변형

M Wow, your plants look great! I don't know **why** mine look so unhealthy.

W How **often** do you **water** your plants?

M I water them several times every day.

W Maybe that's why. Too much water can be harmful to the roots.

해석

남 와, 네 식물들 훌륭해 보이는구나. 내 식물들이 왜 그렇게 건강하지 못한 줄 모르겠어.

여 얼마나 자주 네 식물들에 물을 주니?

남 매일 여러 번 물을 줘.

여 어쩌면 그게 이유일지도 모르겠다. 너무 많은 물은 뿌리에 해로울 수 있어.

해설

남자가 물을 매일 여러 번 준다는 것에 대해 가장 적절한 여자의 응답은 ⑤ '어쩌면 그게 이유일지도 모르겠다. 너무 많은 물은 뿌리에 해로울 수 있어'이다.
① 그건 사실이야. 난 여러 해 동안 그것들을 키워왔는걸.
② 나는 우리 부모님으로부터 식물 키우는 방법을 배웠어.
③ 좋네. 너는 식물 키우는데 재능이 있는 게 틀림없어.
④ 네 방에 식물을 두는 것이 너를 기분 좋게 느끼는데 도움이 될 거야.

어휘

unhealthy	건강하지 않은
water	물을 주다

03 ⑤

W Good morning, students! This is **an announcement** from the student council. These days, **excessive** food waste has **become a problem** at our school. Our school is spending a huge **amount of** money getting rid of this waste. So, September to December, the student council will conduct a campaign to **reduce** food waste in our school cafeteria, and every Wednesday is now No Leftovers Day. Through this campaign, we expect to cut costs and will donate the money **saved** to charity. All students, please keep in mind that our small steps can make a big difference. We need your support and participation in our No Leftovers Day campaign. Thank you.

해석

여 학생 여러분, 좋은 아침이에요. 학생회로부터 안내해 드립니다. 요즈음, 과도한 음식쓰레기가 우리 학교에서 문제가 되어 왔습니다. 우리 학교는 이 폐기물을 제거하느라 많은 돈을 지출하고 있습니다. 그래서, 9월에서 12월까지, 학생회는 우리 학교 구내식당에서의 음식쓰레기를 줄이기 위한 운동을 수행할 것이고, 매주 수요일은 이제 '남은 음식 없는 날'입니다. 이 운동을 통해서 우리는 비용을 줄이기를 기대하고, 절약된 돈은 자선단체에 기부할 것입니다. 모든 학생 여러분, 우리의 작은 발걸음이 큰 차이를 이룰 수 있다는 것을 유념해 주세요. 우리의 '남은 음식 없는 날' 운동에 여러분의 지지와 참여가 필요합니다. 감사합니다.

해설

학생회에서 음식쓰레기를 줄이기 위한 운동을 수행하고 매주 수요일을 '남은 음식 없는 날'로 정하여 학생들의 지지와 참여를 부탁하는 내용이므로 여자가 하는 말의 목적으로 가장 적절한 것은 ⑤ '음식물 쓰레기 줄이기 행사를 홍보하려고'이다.

어휘

announcement	안내
council	위원회
excessive	과도한, 잉여의
waste	폐기물, 쓰레기

get rid of	~를 제거하다, ~를 버리다
campaign	운동
cafeteria	(간이)식당
leftover	남은 음식
donate	기부하다
charity	자선단체
keep in mind	~를 유념하다, ~를 명심하다
cost	비용
participation	참여

04 ①

M Hey, Judy. How **have you been**?
W I've been very busy these days **working** a part-time job and **learning** Chinese.
M Learning Chinese? Why?
W I'm going to Beijing **this summer**.
M Sounds great! Do you speak any Chinese?
W Not really. So I'm learning a little now.
M Do you have time to study Chinese?
W I'm taking an online course. It saves **both** time and money.
M Don't you think just doing online classes is boring?
W Well, some people might think so, but I think online classes have some advantages.
M Like what?
W I can do the lessons **whenever** I want to and **wherever** I am. In addition, I can review them over and over again.
M That makes sense. It'll surely help your learning.

해석

남 안녕 Judy. 어떻게 지냈니?
여 아르바이트하고 중국어를 배우느라 요즘 많이 바빴어.
남 중국어를 배운다고? 왜?
여 이번 여름에 베이징에 갈 예정이거든.
남 잘됐다! 중국어 조금이라도 하니?
여 그렇진 않아. 그래서 지금 좀 배우는 중이야.
남 중국어 공부할 시간이 있어?
여 온라인 강좌를 수강 중이야. 시간과 돈 둘 다 아껴주거든.
남 온라인 수업만 듣는 게 지루하다고 생각하니?
여 글쎄, 어떤 사람들은 그렇게 생각하겠지만 나는 온라인 수업에 이점들이 좀 있다고 생각해.
남 어떤 거?
여 내가 수업을 듣고 싶을 때마다 내가 어디에 있건 그렇게 할 수 있거든. 게다가, 계속 반복해서 복습할 수도 있어.
남 말이 되네. 너의 학습에 확실히 도움이 되겠다.

해설

온라인 강좌가 장소와 시간의 구애 없이 반복해서 복습이 가능하다고 이야기하므로 여자의 의견으로 가장 적절한 것은 ① '온라인 언어 학습은 이점이 있다'이다.

어휘

advantage	이점, 유리한 점

05 ④

W Oh, poor thing! What **happened to** this little dog?

M I'm not sure. He was found on the street and **was brought** to my center this morning.

W He seems to be in a bad condition.

M How could he survive on the street? I feel so sorry for him.

W Let me check. He has a broken leg, and he doesn't seem **to have eaten** for a while.

M Does he need to have surgery?

W I think so. It'll take a couple of hours.

M I see. Can I **bring** him **back** to my animal care center **right** after the surgery?

W I'm afraid not. He should stay here for a few days for special care.

M All right. I hope he gets well soon.

해석

여 오, 불쌍한 것! 이 작은 개에게 무슨 일이 벌어진 거죠?

남 잘 모르겠어요. 길거리에서 발견되어 오늘 아침에 우리 센터에 데려와 졌어요.

여 상태가 안 좋은 것처럼 보이네요.

남 어떻게 길거리에서 살아남았을까? 측은하게 느껴집니다.

여 확인해볼게요. 다리가 부러졌고, 얼마간 먹지 못해온 것처럼 보이네요.

남 수술을 받아야 할까요?

여 그렇게 생각합니다. 두어 시간 걸릴 거예요.

남 알겠습니다. 제가 수술 직후에 이 아이를 제 동물보호센터로 데려갈 수 있을까요?

여 유감스럽지만 안 될 것 같아요. 특별치료를 위해 며칠간 여기에 머물러야 합니다.

남 알겠습니다. 곧 건강해지기를 희망합니다.

해설

길거리에서 발견되어 남자의 동물보호센터로 데려온 개를 여자가 수술하고 특별치료를 위해 며칠간 그곳(동물병원)에서 머물 것이므로 두 사람의 관계는 ④ '수의사와 동물 보호소 직원'이다.

어휘

survive 살아남다
surgery 수술

06 ⑤

M How **are** the preparations for the play **going**?

W I'm decorating the stage. Can you take **a look at it**?

M Of course. That's what friends are for, isn't it?

W First, I put the piano in the front corner.

M The stage looks very **spacious**. You put the microphone in the middle near the front of the stage.

W Yeah, I placed it there so the audience can hear the actors' voices clearly.

M Aha! What are the umbrellas **in front of** the door for?

W When the actors dance, they will swing them cheerfully.

M That will be fantastic. Those two long swords on the wall look really nice, too.

W They are for the fight scene. And the bunch of flowers under the desk is for the proposal scene.

M Great! I hope your show is a great success.

해석

남 연극 준비는 어떻게 되어가니?

여 무대를 장식 중이야. 한번 봐줄래?

남 물론이지. 친구가 그 정도도 못 해주겠어?

여 우선, 앞쪽 구석에 피아노를 두었어.

남 무대가 매우 널찍해 보인다. 무대 앞쪽 근처 가운데에 마이크를 두었구나.

여 어. 관중이 배우들의 목소리를 분명하게 들을 수 있도록 거기에 두었어.

남 아하! 문 앞의 우산들은 무엇을 위한 거야?

여 배우들이 춤출 때, 그 우산들을 활기차게 흔들 거야.

남 환상적이겠군. 벽에 걸린 두 개의 긴 칼들도 정말 멋져 보인다.

여 전투장면을 위한 거야. 그리고 책상 아래의 꽃다발은 프러포즈 장면을 위한 거고.

남 훌륭해! 네 쇼가 크게 성공하기를 빈다.

해설

여자의 대사에서 프러포즈를 위한 꽃다발은 책상 아래에 있다고 했으므로 내용과 일치하지 않는 것은 ⑤이다.

어휘

decorate 장식하다
spacious 널찍한
bunch 다발

07 ③

W Dad, do you know it's Mom's birthday tomorrow?

M Of course. How could I forget?

W I thought you **had forgotten about it**.

M Come on. I'm thinking of throwing her a birthday party.

W How sweet! I have a good idea. Let's hide in the dark and jump out to surprise her when she gets home from work.

M Sounds fun! **Why don't you** work out a plan to give her a nice surprise?

W No problem. I'll **take care of** it. Dad, how about inviting Aunt Susan and Uncle Jack?

M Sure! And don't forget to decorate the living room with colorful balloons and flowers.

W Okay. Dad, we also need to buy a birthday cake. You know Mom loves cake.

M Don't worry. I've already ordered one. I'll go out to get it now.

여 아빠, 내일 엄마 생일인 거 아세요?

남 물론이지. 내가 어떻게 까먹겠냐?

여 까먹으신 줄 알았죠.

남 이거 왜 이래. 너희 엄마의 생일파티를 열어주려고 생각 중이야.

여 다정하셔라! 좋은 생각이 있어요. 엄마가 퇴근해서 집에 오실 때 어두운데 숨어 있다가 뛰어나와서 엄마를 깜짝 놀라게 해봐요.

남 재밌겠구나! 계획 잘 짜서 엄마 좀 제대로 놀라게 해보는 게 어때?

여 문제없죠. 제가 처리할게요. 아빠, Susan 이모랑 Jack 삼촌을 초대하는 건 어때요?

남 물론이지! 그리고 알록달록 풍선과 꽃으로 거실 장식도 꼭 하려무나.

여 알았어요. 아빠, 생일 케이크도 사야 해요. 엄마가 케이크 좋아하는 거 아시잖아요.

남 걱정 마라. 이미 하나 주문했다. 지금 나가서 가져오마.

해설

남자의 마지막 대사에서 이미 그가 케이크를 주문했고 지금 나가서 가져오겠다고 했으므로, 남자가 할 일로 가장 적절한 것은 ③ '케이크 찾으러 가기' 이다.

어휘

decorate   장식하다

08 ④

M Hey, Laura. What **are you doing** here in the office on Sunday?

W Hi. I've got something to do today. **What about** you, Mike?

M I am here to prepare for my presentation on our new products next Thursday.

W It's hard work, but I'm sure you'll do well.

M Thanks. By the way, you don't look so well. Is something wrong?

W No, not really. I just have a headache. The doctor told me **to get** some rest, but I can't.

M Yeah, I see. You have to get the advertisement poster done within a week, don't you?

W Right. That's why I'm here on the holiday. I **need to do** a good job to get promoted.

M Yeah, I understand. And I can help you if it's too much for you.

W No, thanks. I can take care of it by myself.

M Then I'll keep my fingers crossed for you!

해석

남 안녕, Laura. 일요일에 사무실에서 뭐 하는 거예요?

여 안녕. 오늘 해야 할 일이 있어요. 당신은요, Mike?

남 다음 주 목요일 우리 새 제품들에 관한 프레젠테이션을 준비하기 위해 왔어요.

여 힘든 일이지만, 당신이 잘 할 거라고 확신해요.

남 고마워요. 그런데, 그렇게 좋아 보이지 않는군요. 어디 안 좋아요?

여 아뇨, 꼭 그렇지는 않아요. 그냥 두통이 있어요. 의사가 휴식을 좀 취하라고 했지만, 그럴 수 없네요.

남 네, 그렇군요. 일주일 내에 그 광고 포스터를 끝내야 하죠?

여 그래요. 그게 제가 휴일에 여기 나온 이유죠. 승진하려면 잘 해야 해요.

남 네, 이해해요. 그리고 너무 많으면 제가 도울 수 있답니다.

여 고맙지만 괜찮아요. 저 혼자서 처리할 수 있어요.

남 그럼 행운을 빌어드릴게요.

해설

남자가 일주일 내에 그 광고 포스터를 끝마쳐야 하냐고 물었을 때 여자가 그렇다고 대답했으므로 여자가 회사에 출근한 이유는 ④ '광고 포스터를 만들기 위해서'이다.

어휘

get promoted   승진하다
keep my fingers crossed 행운을 빌다

09 ④

W Welcome to New York City Sightseeing. **How may** I help you?

M Hi. I'm here to purchase city tour package tickets for today.

W Okay. There are one-day and half-day package tours. Which one **would** you **like**?

M What's the difference?

W The one-day tour includes four routes and six attractions, and the half-day tour includes only two routes and three attractions.

M Umm. The one-day tour **sounds better** for my family. How much is it?

W It's $60 for adults and $40 for children.

M I see. I'd like tickets for two adults and two kids. Can I **get a discount** with a Metropolitan Membership Card?

W Yes. You'll get a 10% discount **off** the total price.

M Great. Here's my credit card.

해석

여 New York City Sightseeing에 오신 것을 환영합니다. 어떻게 도와드릴까요?

남 안녕하세요. 오늘 시티투어 패키지를 구매하고 싶습니다.

여 좋습니다. 종일 패키지와 반일패키지 투어가 있습니다. 어느 것을 원하세요?

남 차이가 뭔가요?

여 종일 투어는 네 개의 경로와 여섯 개의 관광명소를, 반일투어는 두 개의 경로와 세 개의 관광명소만을 포함합니다.

남 음. 우리 가족에게는 종일 투어가 더 나을 것 같네요. 얼마죠?

여 성인은 $60, 아동은 $40입니다.

남 알겠습니다. 성인 두 명과 아동 두 명 표를 주세요. Metropolitan 멤버십 카드로 할인 받을 수 있나요?

여 네, 전체금액에서 10% 할인 받으십니다.
남 좋아요. 제 신용카드 여기 있습니다.

해설

종일 투어 성인 둘($60*2=$120), 아동 둘($40*2=80)을 구입(총합 $200)하고 멤버십 카드로 10% 할인을 받게 되면 금액은 ④ $1800이다.

어휘

route	경로
attraction	(관광) 명소

10 ⑤

M Honey, **why don't we** take Diana to Sand Art Creations tomorrow?

W Great idea! I think I saw a banner for it at the City Art Center.

M That's what I'm talking about. The center hosts the activity every Saturday.

W Are you sure it **won't** be too difficult for Diana? She's only 4.

M No. It's for children from ages 3 to 7.

W All right. Is there anything we need for the activity?

M They asked us **to bring** extra clothes, towels, and a family picture.

W Oh, that's a lot of things to prepare. When should we leave?

M The activity **starts at** three p.m., so let's leave **around two**.

W Okay. Two is fine with me.

해석

남 자기야, 내일 Diana를 Sand Art Creations에 데려가는 거 어때?

여 좋은 생각이야! City Art Center에서 배너광고를 본 거 같아.

남 내가 말하는 게 그거야. 센터에서 토요일마다 그 활동을 개최하거든.

여 Diana에게 너무 어렵지 않을 거라고 확신해? 그녀는 겨우 4살이잖아.

남 너무 어렵지 않을 거야. 그 활동은 3살에서 7살까지 아동들을 위한 거야.

여 좋아. 그 활동을 위해 우리가 필요한 게 뭐 있어?

남 여분의 옷, 타월, 가족사진을 가져오래.

여 아, 준비할 게 많네. 언제 떠나야 되지?

남 그 활동이 오후 세시에 시작하니까, 두 시경에 떠나자.

여 좋아. 두시면 난 괜찮아.

해설

참가비가 얼마인지는 언급되지 않았으므로 정답은 ⑤이다.

어휘

extra	추가의, 여분의
clothes	옷, 의복
prepare	준비하다

11 ④

W Good morning, everyone! I'm Kate Smith, the organizer of the Puppies Photo Contest, **which is** for middle and high school students. There are two themes in our contest: "Cute Puppies" and "Unlikely Friends." For "Cute Puppies," submit the **best photo of** your puppies. And for "Unlikely Friends," send in the best photo of your puppies **hanging out with** their best animal friends of different species, such as cats or rabbits. For both themes, make sure people are not in the photo. We accept only digital images. Photocopies and computer printouts will not **be accepted**. Upload your entries on our website at www.puppiescontest.com by May 10. Good luck!

해석

여 안녕하세요, 여러분! 저는 Kate Smith이고, 중·고등학생들을 위한 Puppies Photo Contest (강아지 사진 경연대회)의 개최자입니다. 우리 경연에는 '귀여운 강아지들'과 '있음 법하지 않은 친구들'의 두 가지 주제가 있습니다. '귀여운 강아지들' 주제에 대해서는 당신의 강아지들의 최고의 사진을 제출해 주세요. 그리고 '있음 법하지 않은 친구들' 주제에 대해서는 고양이나 토끼와 같은 다른 종인 가장 친한 동물 친구들과 놀고 있는 여러분의 강아지들의 최고의 사진을 보내주세요. 두 주제 모두에 대해서, 사람들이 사진에 없도록 확인해 주세요. 우리는 디지털 이미지만 받습니다. 복사본과 컴퓨터 출력물은 받지 않습니다. 당신의 출품작들을 5월 10일까지 우리 웹사이트 www.puppiescontest.com에 업로드 시켜주세요. 행운을 빌어요!

해설

디지털 이미지만 받고 복사본과 컴퓨터 출력물은 받지 않는다고 했으므로, 일치하지 않는 것은 ④ '사진 출력물을 제출해야 한다'이다.

어휘

theme	주제
submit	제출하다
hang out with	~와 놀다, ~와 어울리다

12 ④

M Hello. How can I help you?

W **I'd like to** buy a badminton racket. What would you recommend?

M **Let me show** you our product list. What type of player are you, offensive or defensive?

W Well, I'm not sure. I think I play both styles.

M If so, the all-round racket **would be** the best choice for you.

W That sounds good. What frame should I choose, aluminum or carbon fiber?

M I'd recommend carbon fiber frames. They are much **lighter** and more flexible.

W Okay. I'll take a carbon frame. That leaves me with two

options. Why is this model more expensive?

M It's a brand-new one. It just **came out** last week.

W Well, I don't need the latest model. The cheaper one will do.

M I see. Let me show you the racket. Here you are.

W Hmm... It looks good. I'll take it.

남 안녕하세요. 어떻게 도와드릴까요?

여 배드민턴 라켓을 구입하고 싶습니다. 무엇을 추천해주시겠어요?

남 저희 제품 목록을 보여드리죠. 어떤 유형의 선수이신가요? 공격형? 아니면 수비형?

여 글쎄요, 잘 모르겠어요. 두 스타일 모두 치는 것 같아요.

남 만약 그러시다면, 만능(올라운드) 라켓이 당신에게 최고의 선택일 것입니다.

여 좋아요. 무슨 프레임을 선택해야 할까요? 알루미늄? 아니면 탄소섬유?

남 탄소섬유 프레임을 추천해 드리고 싶습니다. 훨씬 더 가볍고 유연하거든요.

여 좋아요. 탄소(섬유) 프레임으로 살게요. 그럼 두 가지 선택이 남는군요. 이 모델은 왜 더 비싸죠?

남 그건 신제품이거든요. 저번 주에 막 나왔어요.

여 글쎄요. 전 최신모델은 필요 없는데. 더 저렴한 것도 충분할 거에요.

남 알겠습니다. 라켓을 보여 드릴게요. 여기 있습니다.

여 음… 좋아 보이네요. 살게요.

해설

만능(올라운드) 라켓 중 탄소섬유 프레임이고 더 저렴한 것을 선택했으므로 정답은 ④이다.

어휘

recommend	추천하다
offensive	공격적인
defensive	수비적인
frame	틀, 뼈대
carbon fiber	탄소 섬유
option	선택(권)

13 ④   85% 고2 03월 모의고사 변형

W Harry, do you **have an extra** drawing pencil for art class?

M Yes, but it needs sharpening.

W Mrs. Wilson may have a pencil sharpener. I'll ask her.

M I did, but she **was not in** her office.

W If I had a knife, I could sharpen it.

M Can you do that? **Isn't it** dangerous?

W It's not that dangerous. It takes some skill though.

M I see. Where did you learn to sharpen pencils?

W My father taught me when I was very young.

M Wow! I wish I knew how to do it.

W In that case, I can teach you. It's not difficult.

해석

여 Harry, 미술 수업시간을 위한 여분의 미술 연필 있어?

남 어. 하지만 깎아야 해.

여 Wilson 선생님이 연필깎이를 가지고 계실지도 몰라. 내가 여쭤볼게.

남 내가 해봤지만, 사무실에 안 계셨어.

여 칼이 있으면 깎을 수 있을 텐데.

남 그렇게 할 수 있어? 위험하지 않아?

여 그렇게 위험하지 않아. 기술은 좀 필요하지만.

남 알겠어. 연필 깎는 법은 어디서 배웠어?

여 우리 아빠가 내가 아주 어렸을 때 가르쳐 주셨어.

남 와! 나도 깎는 방법 알면 좋겠다.

여 네가 원하면 가르쳐 줄 수 있어. 어렵지 않아.

해설

여자가 연필 깎는 방법을 어렸을 때 아빠로부터 배웠다는 말에 남자가 자신도 연필 깎는 방법을 알면 좋겠다고 했으므로, 남자의 마지막 말에 대한 여자의 응답으로 가장 적절한 것은 ④ '네가 원하면 가르쳐 줄 수 있어. 어렵지 않아'이다.

① 맞아. 나는 그림 그릴 때 연필 쓰는 것을 좋아해.

② 이 연필은 잘 써져. 정말 좋아.

③ 안 돼. 그 짧은 연필들을 아직 쓸 수 있어.

⑤ 그래. 이 연필깎이를 내가 어릴 때부터 썼어.

어휘

draw	그리다
sharpen	날카롭게 하다
pencil sharpener	연필깎이
though	하지만

14 ①   79% 고2 09월 모의고사 변형

M Melissa, **how are** your preparations for the flute audition for the school orchestra **going**?

W I've been practicing a lot. But there's one problem.

M What is it?

W I'm still **looking for** a person to play the piano for me.

M Did you ask Sarah? She's a good piano player.

W I already did, but she said the song is difficult for her, so she needs about a month **to practice** it.

M When is the audition?

W It's only two weeks away. Do you know anyone else who can play for me?

M Hmm, why don't you ask Aiden?

W Aiden? The one **who was in** our physics class last semester?

M Yeah, he's a good pianist, too. I heard he's going to **major in** piano in college.

W Great! I have to ask him if he can help me.

해석

남 Melissa, 학교 오케스트라의 플롯 오디션 준비 어떻게 되어가니?

여 많이 연습해왔어. 근데 한 가지 문제가 있어.

남 뭔데?

여 아직도 날 위해 피아노를 연주해 줄 사람을 찾고 있는 중이거든.

남 Sarah한테 물어봤어? 걔 피아노 잘 치는데.

여 이미 물어봤지만, 자기한테는 그 곡이 너무 어려워서 연습하는 데 한달 정도 걸린다고 하더라고.

남 오디션이 언젠데?

여 2주밖에 안 남았어. 날 위해 연주할 수 있는 누구 또 아니?

남 음, Aiden한테 물어보는 거 어때?

여 Aiden? 저번 학기에 화학 수업 같이 들었던 애?

남 어, 걔도 피아노 잘 쳐. 대학에서 피아노를 전공할 예정이라고 들었어.

여 <u>잘됐다! 날 도울 수 있을지 물어봐야겠다.</u>

해설

2주 밖에 남지 않은 학교 오케스트라 플롯 오디션에 반주자가 필요한 여자에게 남자가 Aiden이 피아노를 전공할 예정이라고 말했으므로, 남자의 마지막 말에 대한 여자의 응답으로 가장 적절한 것은 ① '잘됐다! 날 도울 수 있을지 물어봐야겠다'이다.
② 글쎄 나도 대학에서 피아노를 전공하고 싶어.
③ 괜찮아. 그를 위해 내가 일정을 바꿀 거야.
④ 그럼 난 이제 피아노를 연습할 거야.
⑤ 나랑 같이 오디션에 참여하는 거 어때?

어휘

physics　화학

---

15 ②

84% 고2 03월 모의고사 변형

W Recently, Julie **has become interested in** riding a bike. She wants to buy one, but as new ones cost too much, she decides to purchase a **used one**. She searches several websites to find a good one. She finally finds one she likes. Then, she calls the person selling the bike and arranges **to meet** him. However, after meeting the seller and examining the bike, she's very disappointed. The condition of the bike is **worse** than she thought when she saw it on the website. So she decides not to purchase it. In this situation, what would Julie **most** likely say to the man?

Julie　<u>I'm sorry, but I can't buy your bike.</u>

해석

여 최근에 Julie는 자전거 타는 것에 관심이 있어졌다. 그녀는 자전거를 사기를 원하지만, 새 자전거가 너무 비싸서, 그녀는 중고품을 사기로 결심한다. 그녀는 좋은 자전거를 찾기 위해 몇몇 웹사이트를 뒤진다. 그녀는 마침내 마음에 드는 자전거를 찾는다. 그때, 그녀는 그 자전거를 파는 사람에게 전화를 하고 그를 만나기로 약속한다. 그러나, 판매자를 만나서 자전거를 살펴본 후, 그녀는 매우 실망스럽다. 그 자전거의 상태는 웹사이트에서 보았을 때 생각했던 것 보다 더 나쁘다. 그래서 그녀는 구매하지 않기로 결심한다. 이러한 상황에서 Julie는 그 사람에게 아마도 무엇이라 말하겠는가?

Julie　죄송하지만, 당신의 자전거를 살 수 없습니다.

해설

웹사이트에서 보았을 때 생각했던 것보다 자전거의 상태가 더 나빠서 구매하지 않기로 결심했으므로, Julie가 남자에게 할 말로 가장 적절한 것은 ② '죄송하지만, 당신의 자전거를 살 수 없습니다'이다.
① 당신이 자전거 여행에 함께할 수 있다면 얼마나 좋을까요.
③ 이 자전거를 산다면 후회하지 않을 거예요.
④ 당신이 나타나지 않아 정말 화가 났어요.
⑤ 웹사이트를 주의해서 찾아보셨어야죠.

어휘

recently	최근에
become interested in	~에 관심을 갖게 되다
cost	비용이 들다
used	중고의
search	찾아보다, 뒤지다
arrange to	~할 약속을 하다
examine	(꼼꼼히) 조사하다
disappointed	실망한
condition	상태
worse	더 나쁜

[16~17]

M Hello, students! Have you **ever felt frustrated** when you want to get good grades but don't know what to do? Today, I'm going to tell you a few things to help you with your studies. First of all, you **should use** a study planner. It should include your study schedule and learning goals. It'll be helpful to draw up a timetable, and you should revise it when it is necessary. Another thing to consider is creating your own notebook. Take notes **using** charts, graphs, and mind maps so you can memorize the information systematically. Next, read your textbook until you can thoroughly understand what it says. **What** you **need to** know about a subject is in the textbook, and it's the best basic material for studying. Lastly, make sure you won't be disturbed by anything **while** you're studying. For example, smartphones are the biggest distraction to your studies. Just turn off yours when studying. Good luck!

해석

남 학생 여러분 안녕하세요! 여러분은 좋은 성적을 받고 싶지만 무엇을 할지 몰라서 좌절하였던 경험이 있나요? 오늘 저는 여러분께 여러분의 학습에 도움이 될 몇 가지를 말씀드릴 것입니다. 우선, 여러분은 학습 플래너를 사용해야 합니다. 그것은 여러분의 학습일정과 학습 목표를 포함해야 합니다. 일정표를 그리는 것이 도움이 될 것이고, 여러분은 필요할 때 그 시간표를 수정해야 합니다. 고려할 다른 것은 여러분 자신의 노트북을 만드는 것이에요. 차트, 그래프, 마인드맵을 이용하여 여러분이 정보를 체계적으로 암기할 수 있도록 노트를 필기하세요. 다음으로, 여러분이 교과서가 말하는 것을 철저하게 이해할 수 있을 때까지 여러분의 교과서를 읽으세요. 어떤 주제에 대해 여러분이 알아야 할 것은 그 교과서에 있고, 교과서는 학습을 위한 최고의 기본자료입니다. 마지막으로 여러분이 공부하는 동안에 어떠한 것에 의해서도 방해받지 않도록 확실히 하세요. 예를 들어, 스마트폰은 여러분의 공부에 대한 가장 큰 방해물입니다. 공부할 때에는 여러분의 전화를 그냥 꺼놓으세요. 행운을 빌어요!

16 ①

86% 고2 06월 모의고사 변형

해설

학습 플래너를 사용하고, 자신의 노트북을 만들고, 교과서를 철저하게 이해하도록 읽고, 공부하는 동안 스마트폰 등 주의력에 방해되는 것을 피하라는 몇 가지 학습에 도움이 될 것들을 말해주고 있으므로 남자가 하는 말의 목적으로 가장 적절한 것은 ① 효율적인 학습을 위한 조언을 하기 위해서(to give tips for effective studying)이다.
② 기억력을 향상시키는 방법을 설명하기 위해서
③ 학생들이 시험 불안을 줄이도록 돕기 위해서
④ 디지털 장비를 사용하는 방법을 소개하기 위해서
⑤ 노트필기의 중요성을 강조하기 위해서

17 ③

79% 고2 06월 모의고사 변형

해설

연필은 언급된 적이 없으므로 정답은 ③이다.

어휘

frustrated	좌절감을 느끼는
timetable	일정표, 시간표
revise	수정(변경)하다, 개정하다
systematically	체계적으로
thoroughly	철저하게
disturb	방해하다
distraction	(주의) 집중을 방해하는 것

18 ①

80% 고2 06월 모의고사 변형

저는 방송국이 채울 수 있는 한 아이디어가 있습니다. "집과 사무실에서 컴퓨터나 텔레비전보다 더 널리 발견되고 있는 것이 무엇인가?"라고 자신에게 질문해 보십시오. 답변은 바로 화분입니다. 하지만 이 화분의 식물이 건강하고 잘 자라고 있습니까? 많은 경우에는 그렇지 않습니다. 저는 기본적인 실내 화분 관리에 관해 매주 방송되는 저녁 프로그램이 생긴다면 시청자들 사이에서 큰 성공작이 될 것이라고 생각합니다. 농업 정보를 제공하여 시청자들에게 부담을 주기보다는 그 주제에 대해 가볍게 접근하십시오. 식물과 식물 관리에 대해서 설명하는데 흥미 요소를 가미하십시오. 그 프로그램에서는 식물에 대한 사무실 음악이나 전자기장의 영향과 같은 잘 알려지지 않은 화제를 다룰 수도 있을 것입니다. 사람들이 질문을 하고 자신의 경험을 공유할 수 있는 청취자 전화 참여 코너를 마련할 수도 있을 것입니다. 크게 히트칠 것처럼 들리지 않으시나요? 저는 그렇게 생각합니다.

해설

방송국에 실내 화분 관리에 관한 저녁 프로그램 신설을 제안하는 편지이다.

따라서 이 글의 목적으로 가장 적절한 것은 ① '화분 관리에 관한 프로그램 편성을 제안하려고'이다.

어휘

potted plant	화분
overwhelm	압도하다
agricultural	농업의
electromagnetic field	전자기장
call-in	청취자 전화 참여 코너

19 ③

83% 고2 11월 모의고사 변형

열 번째 프레임에, 나의 심장은 마구 뛰기 시작했다. Cory, Laura와 Gray는 나보다 앞서 있었지만, 겨우 몇 점 차이밖에 나지 않았다. 나머지 아이들은 우리보다 한참 뒤져 있었다. 나는 득점 기입표를 유심히 살펴봤다. 내가 만약 이번 프레임에서 스트라이크를 치면, 나는 이 게임에서 이길 것이다. 나의 손은 땀으로 흥건했다. 나는 수건에 손을 닦았다. 나는 레인에 올라섰다. 나는 심호흡을 깊게 했다. 공을 들어올렸다. 그것을 레인 가운데로 굴려 보냈다. 그리고 열 개의 핀을 모두 넘어뜨렸다. 나는 마지막 차례에 스트라이크를 쳐냈다. 나는 주먹을 허공에 흔들며 나의 자리로 의기양양하게 돌아왔다.

해설

글의 초반에는 아슬아슬한 볼링경기 상황에서 공을 치기 전에는 'I'의 손이 땀으로 흥건해서 수건에 손을 닦고, 심호흡을 하는 등 불안한 심정이 묘사되었고 후반에는 공을 굴려서 핀 열 개 모두를 넘어뜨린 후 의기양양하게 자리로 돌아오는 모습이 묘사되고 있으므로, 'I'의 심경 변화로 적절한 것은 ③ nervous → triumphant(불안한 → 의기양양한)이다.
① 겁먹은 → 짜증이 난
② 절망스러운 → 질투하는
④ 즐거운 → 실망스러운
⑤ 무관심한 → 흥분된

어휘

sweaty	땀에 젖은
pump	(아래위, 안팎으로) 빠르게 흔들다
victoriously	의기양양하게

20 ⑤

82% 고2 09월 모의고사 변형

만약 시간제한이 없을 경우 자신이 반응할 것과는 다르게 반응하고 있는 자신을 발견할 때마다, 여러분은 절박한 마음으로 행동을 하고 있는 것이며 사람들을 분명하게 이해하지 못할 것이다. 더 나아가기 전에 멈추고 대안적인 행동 방침을 고려해봐라. 우선적으로 임시방편을 찾고 영구적인 방편은 나중에 결정하는 것이 종종 최선이 된다. 아이를 돌볼 사람을 급하게 찾고 있는 부모는 한두 주 동안 도와달라고 친구나 가족을 설득하는 데 즉각적인 노력을 기울임으로써, 영구적인 도움을 찾을 수 있는 시간을 확보할 수 있다. 여유가 된다면 그들은 한동안 전문 보모를 고용할 수 있다. 임시방편은 단기적으로는 더 값비싸고 불편할지도 모르지만, 당신의 장기적인 선택에 관한 현명한 선택을 하는 데 필요한 시간을 가져다 줄 것이다.

먼저 임시방편을 이용하는 것이 비록 단기적으로 더 값비싸고 불편할 수도 있지만, 그를 통해 확보된 시간에 영구적인 방편을 찾을 수 있다는 내용이므로, 필자가 주장하는 바로 가장 적절한 것은 ⑤ '임시방편을 통해 현명한 선택을 할 시간을 확보하라.'이다.

어휘

neediness	곤궁, 궁핍, 절박함
alternative	대안
permanent	영구한, 불변의
afford	여유가 되다, 형편이 되다

21 ④
84% 고2 03월 모의고사 변형

역설적이게도, 우리가 무슨 일이든 잘 해보려 할 때 대개 무엇인가가 잘못된다. 그 이유는 더 많은 공을 저글링 할수록 공을 떨어뜨리기가 더 쉽다는 것이다. 당신은 많은 과외 활동들을 통해 첫 번째로 선택한 대학에 들어갈 수 있기를 희망한다. 그래서 축구 클럽 활동으로 시간을 보내고, 총학생회에 출마하고, 여유가 있는 오후에는 여러 시간 동안 자원봉사 활동을 한다. 동시에, 성적을 향상시키기 위해 따로 시간을 마련한다. 이런 종류의 압박감으로 당신은 과제를 잘못 읽을 수도 있고, 스케줄을 이중 예약할 수도 있고 그렇지 않으면 사람들을 실망시킬 수도 있다. 그러나 그것은 당신의 부모님이나 친구들의 잘못이 아니다. 그들은 당신의 바쁜 스케줄 속에 약간의 시간을 요구해서 당신에게 너무 많은 것을 바라지는 않는다. 당신의 한계를 인지하고, 지나치게 많은 과외 활동에 가입하지 않고, 당신이 공을 떨어뜨렸을 때 그것을 인정하는 것은 당신에게 달려 있다.

해설

너무 많은 과외활동을 하면 실수할 수 있고 시간을 많이 빼앗길 수 있으므로 한계를 인지하고 적절하게 과외활동을 하라는 내용이므로, 이 글의 요지로 가장 적절한 것은 ④ '자신의 능력 범위 내에서 과외 활동을 설계해야 한다'이다.

어휘

ironically	역설적으로
end up -ing	결국 ~으로 끝나다
extracurricular	과외의
meanwhile	그 동안에, 한편
assignment	과제, 임무

22 ②
79% 고2 09월 모의고사 변형

5천 년 전쯤 무언가를 적는 방법을 알아낸 최초의 인류는 본질적으로 그들의 기억력을 확장하려고 노력했다. 그들은 자신의 기억 일부를 점토판 그리고 동굴의 벽, 나중에는 파피루스와 양피지에 보존함으로써 효율적으로 인간의 기억력의 선천적인 한계를 확장했다. 이후에, 우리는 우리가 기록해 왔던 정보를 조직하고 저장하는 데 도움을 주는 달력, 서류 캐비닛, 컴퓨터, 그리고 스마트폰과 같은 다른 방법들을 발전시켰다. 우리의 컴퓨터나 스마트폰이 느리게 작동하기 시작할 때, 우리는 아마 더 큰 메모리 카드를 구매할 것이다. 그 메모리는 은유이면서도 물리적인 실체이다. 우리는 우리의 신경이 일반적으로 수행하는 많은 양의 정보 처리를 외부 장치에 옮긴다. 그러면 그것은 우리 뇌의 확장, 즉 신경적 개선장치가 된다.

인류는 파피루스와 양피지, 그리고 달력, 서류캐비닛, 컴퓨터, 스마트폰과 같은 외부 장치를 이용하여 기억력을 증진시키려 해왔다는 내용이므로, 이 글의 주제로 가장 적절한 것은 ② human efforts to extend memory capacity(기억력을 증진시키려는 인간의 노력)이다.

① 쓰여진 문서를 보존하는 방법들
③ 스마트 기술로부터 독립적으로 되려는 이유
④ 정신력에 대한 두뇌 운동의 필요성
⑤ 두뇌의 멀티태스킹 능력의 급속한 개선

어휘

in essence	본질적으로
metaphor	은유
neuron	신경
neural	신경(계통)의
enhancer	개선장치

23 ⑤
78% 고2 06월 모의고사 변형

환자의 상처의 드레싱을 제거할 때마다 세균이 침투할 수 있다. 이제 새로운 드레싱은 의무 종사자가 심지어 환자를 손대지도 않고서도 감염이 진행 중인지를 알 수 있게 해준다. 그들은 단지 드레싱 표면에 있는 색깔 띠(color strip)를 확인하면 된다. 비밀은 드레싱에 사용된 염료에 있는데, 그것은 피부에서 pH 수준 변화에 반응한다. 그 색깔 띠의 개발자인 Sabine Trupp 박사는 "건강한 피부와 치료된 상처는 대개 pH 5 미만의 값을 보입니다."라고 말한다. "만약 pH 값이 6.5에서 8.5 사이라면, 감염이 있으며 지표 색깔 띠는 자주색으로 변합니다."

해설

피부의 상태에 따라 변하는 pH값에 따라 변하는 색으로 감염여부를 알 수 있다는 드레싱(붕대)에 대한 소개가 글의 주된 내용이므로, 이 글의 제목으로 가장 적절한 것은 ⑤ A Dressing Showing Infections by Color(색으로 감염을 나타내는 드레싱)이다.

① 피부를 건강하게 유지하는 방법
② 새로운 색이 변하는 염료
③ 상처를 제거하기 위한 치료법
④ 드레싱을 자주 바꿔야 하는 필요성

어휘

germ	병균
infection	감염
strip	(좁고 가느다란) 띠, 줄무늬
dye	염료
indicator	지표

24 ④
81% 고2 03월 모의고사 변형

위의 그래프는 College World Series Games에서 최다 연장전 경기를 치른 네 개 학교와 그들의 승패의 숫자를 보여준다. 모든 팀들이 College World Series Games 연장전 경기에서 패배보다 승리가 더 많았다. 네 개 학교 중 세 개 학교가 연장전 경기를 치른 횟수가 열 번이 넘었다. Arizona State와 Texas는 일곱 번의 승리와 다섯 번의 패배로 기록이 정확하게 같았다. 네 개의 팀 중 Southern California는 최다 승리뿐만 아니라 최다 연장전 경기도 가졌다. Oklahoma State는 열 번이 안 되는 연장전 경기를 치렀다.

해설

Southern California가 최다 승리를 거뒀지만 최다 연장전 경기를 가지는 팀은 아니므로, ④가 도표의 내용과 일치하지 않는다.

어휘

win	승리
loss	패배
State	(미국의) 주(州)
record	기록; 기록하다

25 ④

85% 고2 09월 모의고사 변형

　Paul Klee는 1879년 12월 18일에 스위스의 Bern에서 태어났다. 그의 아버지는 음악 선생님이었고 그의 어머니는 가수이자 아마추어 화가였다. 어렸을 때 Paul은 끊임없이 그림을 그렸다. 그가 가장 좋아하는 그림의 대상은 고양이였다. 그리고 7세 때 그는 바이올린 연주법을 배웠고, 어른이 되어서도 연주하기를 계속했다. 사실 그는 한동안 Berlin Municipal Orchestra와 함께 연주하기까지 했었다. 비록 음악이 Paul에게 중요하긴 했지만, 그는 화가가 되었다. 1898년, 그는 Munich Academy에서 공부하며 자신의 화가 경력을 시작했다. 후에, 그는 1921년 1월부터 1931년 4월까지 Bauhaus에서 회화를 가르쳤다. Paul은 또한 그의 예술적 통찰과 아이디어를 계속 기록했고 미술에 관한 많은 책을 출판했다. 1940년에 사망에 이르기까지, 그는 일생 동안 만 점이 넘는 소묘와 오천 점에 가까운 회화 등 인상적인 양의 작품을 만들어냈다.

해설

Munich Academy에서 Paul Klee가 회화를 가르쳤다는 언급은 없으므로, 글의 내용과 일치하지 않는 것은 ④ '1898년에 Munich Academy에서 회화를 가르쳤다'이다.

어휘

insight	통찰

26 ⑤

87% 고2 11월 모의고사 변형

Bognar 도서관

　우리는 우리 지역사회에 공립 도서관이 드디어 완공되었음을 여러분에게 알리게 되어 매우 기쁩니다. 그것은 다음 달(12월 19일)에 개관합니다. 방문하셔서 다양한 책과 시설을 즐기십시오.

☞ **대출**

– 대출 기간: 10일

– 대출 제한: 최대 5권

* 늦게 책을 반납한 사람들은 연체 일수만큼 대출을 다시 할 수 없습니다.

☞ **시간**

– 월요일에서 금요일까지: 9 a.m. – 9 p.m.

– 토요일과 일요일: 9 a.m. – 5 p.m.

– 국경일에는 휴관

* 마감 10분 전에 도서관이 정리됨을 유의하십시오.

☞ **도서관 규칙**

1. 당신의 휴대전화를 반드시 무음 상태로 하십시오.
2. 모든 통화는 열람실 안에서 금지됩니다.
3. 음식물 또는 음료(물을 제외한)는 도서관 내에서 허용되지 않습니다.

해설

물을 제외한 음료의 반입을 금지하므로, 안내문의 내용과 일치하지 않는 것은 ⑤이다.

어휘

facilities	시설
clear out	정리하다
ensure	(반드시) ~하게 하다
prohibit	금지하다

27 ④

86% 고2 09월 모의고사 변형

Summer Youth Projects

The Crescent Theater에서

연기하라! 배우라! 성장하라!

　이번 여름, 청소년들은 Crescent Theater가 재미로 꽉 찬 청소년 연극 프로젝트 3개를 주관하기 때문에 배우들이 되어볼 기회를 가질 수 있습니다. 각 프로젝트는 5일(월요일~금요일) 동안 지속되고 참가하는 청소년들의 가족과 친구들을 위한 공연으로 마무리됩니다.

날짜 & 연령

프로젝트 1	8월 8일~12일	7세~11세
프로젝트 2	8월 15일~19일	12세~14세
프로젝트 3	8월 22일~26일	15세 이상

요금: 프로젝트 당 150달러

추가 정보

• 등록하기 위해서는, 우리 웹사이트에서 지원서 양식을 내려 받고 그것을 작성하여 application@crescent.com 이메일로 다시 보내 주십시오.

• 참가 취소는 30달러의 취소 비용을 필요합니다.

Crescent에서 이번 여름방학을 즐겁게 보내세요.

해설

프로젝트에 등록하기 위해서는 웹사이트에서 지원서 양식을 내려 받고 작성하여 이메일로 보내라고 했으므로, 글의 내용과 일치하는 것은 ④이다.

어휘

be subject to	~을 필요로 하다

28 ⑤

53% 고2 03월 모의고사 변형

　내가 어릴 때 부모님은 의사들이 마치 신과 같은 재능을 지닌 뛰어난 존재인 것처럼 우러러보았다. 그러나 나는 희소병으로 병원에 입원하고 나서야 의사가 될 것을 꿈꾸게 되었다. 나는 그 분야 최고의 몇몇 전문의들이 나를 방문하여 사례를 관찰하도록 이끄는 의학적 호기심의 대상이 되었다. 대학으로 돌아가기를 간절히 바라는 환자이자 십 대로서, 나는 나를 진찰하는 의사마다 물었다. "무엇이 제 병의 원인인가요?" "어떻게 저를 낫게 해주실 건가요?" 전형적인 반응은 비언어적인 것이었다. 그들은 머리를 가로저으며 내 방을 나갔다. 나는 "음, 내가 그쯤은 할 수 있을 거야."라고 속으로 생각했던 것이 기억난다. 어떤 의사도 나의 기본적인 질문에 대답할 수 없다는 것이 내게 분명해졌을 때, 나는 의학적 조언을 따르지 않고 병원을 나갔다. 대학에 돌아와서 나는 매우 열정적으로 의학을 추구하게 되었다.

해설

⑤ 뒤에 완벽한 절의 형태이므로 when 절의 진주어인 명사절 접속사 that으로 바꿔야 한다.
① exceptional beings를 후치 수식하는 현재분사의 사용은 적절하다.
② to visit과 병렬구조인 (to) review의 사용은 옳다.
③ 형용사 eager는 주격 관계대명사와 be동사 who was가 생략된 형태로 a patient and teenager를 수식하는 옳은 사용이다.
④ 속으로 생각했던 일을 기억한다는 의미로 remember의 목적어인 동명사 thinking의 사용은 적절하다.

어휘

worship	우러러보다, 숭배하다
exceptional	뛰어난, 특별한
possess	(자격, 능력을) 지니다, 가지다
godlike	신과 같은
rare	희귀한
specialist	전문가
look in on	~을 방문하다
review	관찰하다, 정밀 검사하다
eager	간절히 바라는
typical	전형적인
nonverbal	비언어적인, 말을 쓰지 않는
pursue	추구하다
medicine	의학, 의술
passion	열정

29 ③

선사 시대에는 자연을 이용하려는 어떤 시도도 자연이 자신의 의지를 거스르도록 강요하는 것을 의미했다. 자연은 보통 마술의 어떤 형태나 자연 이상의, 즉 초자연적인 수단에 의해 도전 받아야 했다. 과학은 그와 정반대의 일을 하며, 자연의 법칙 내에서 작용한다. 과학의 방법들은 대체로 초자연적인 것에 대한 의존을 없앴지만 완전히 그러지는 못했다. 옛 방식들이 원시적인 문화 속에 엄연히 지속되고 있다. 그것들은 심지어 과학기술이 발달한 문화에서도 때로 과학으로 위장하여 생존한다. 이것은 가짜 과학, 즉 사이비 과학이다. 사이비 과학의 특징은 과학의 핵심 요소인 증거와 오류 검증 실시가 결여되어 있다는 것이다. 사이비 과학에서는 의구심이 있을 수 있는 오류에 대한 검사가 단호하게 무시된다.

해설

(A) 자연이 초자연적인 수단에 의해 도전 받아야 했던 것과 다르게 과학은 자연의 법칙 내에서 작용하므로 opposite(정반대)가 적절하다.
*same: 똑같은
(B) 과학이 초자연적인 것에 대한 의존을 완전히 없애지 못했고, 심지어 과학 기술이 발달한 문화에서도 과학으로 위장하여 생존하므로 persist(지속된다)가 적절하다. *restrain: 억제하다
(C) 사이비 과학은 과학의 핵심 요소인 증거와 오류 검증 실시가 결여되어 있다고 언급했으므로 ignored(무시된다)가 적절하다.
*accepted(받아들여진다)

어휘

prehistoric	선사 시대의
supernatural	초자연적인
pseudoscience	사이비 과학
ingredient	재료, 요소

30 ③

내가 어렸을 때, 나는 power of observation (관찰력)이란 게임을 아버지와 함께 했었다. 처음에, 나는 잘하지 못했지만, 점점 나아졌다. 20분 후에 나는 내 머릿속에 스냅사진을 찍는 것 같은 기분이 들었다. 그는 나에게 기억 또는 적어도 관찰은, 근육이라고 가르쳤다. 나는 그 이후로 매일 그것을 사용하거나, 적어도 그렇게 하려고 노력하고 있다. 내가 그를 그리워할 때마다, 나는 때때로 나의 아버지 이름을 따서 지은 내 아들, 솔로몬과 함께 똑같은 게임을 한다. 그(아들)는 내가 했던 것보다 더 잘한다. 솔로몬은 열 살이 다 되어가며, 아버지께서 돌아가셨을 때 내 나이였다. 나는 솔로몬이 작가로 자랄 수 있을지 확신할 수 없다. 하지만 그가 무엇을 하든, 비록 그가 그것을 솔로몬에게 직접 주지 않았을지라도, 나의 아버지로부터 물려받은 것으로 그가 세상을 살아갈 것이라는 것을 아는 것이 나에게 위안이 된다.

해설

①, ②, ④, ⑤는 my father(나의 아버지)를 가리키지만, ③은 my own son(나의 아들)을 가리킨다.

어휘

snapshot	스냅사진
hand down	물려주다

31 ③

가족 정원을 가꾸는 많은 사람들은 너무 큰 정원을 만드는 함정에 빠진다. 비록 당신이 좋은 의도를 가질지라도, 시간이 지나면서 너무 큰 정원은 그 유지에 있어 악몽이 될 것이다. 다른 많은 사람들과 마찬가지로 우리 가족도 식물들을 심어 큰 정원을 열심히 만들어 나갔지만 결국에는 정원 가꾸기에 들이는 시간을 서서히 줄이게 되었다. 9월 언제쯤인가 마침내 우리의 정원은 너무 익은 과일과 통제할 수 없게 된 과도하게 자란 식물들로 가득 차게 되었다. 이 상황은 아이들은 말할 것도 없이 정원을 가꾸는 성인들에게도 즐겁지 않은 일이다. 대부분 아이들(그리고 많은 성인들)이 햇살이 비치는 더운 날을 (식물들이) 과도하게 자란 정원 밭뙈기를 돌보며 지내는 것을

즐기지 않을 것이다. 여러분의 가족 정원의 크기에 대해 생각할 때는 현실적이 되어라. 여러분의 가족이 정원에 들일 수 있는 시간에 맞추어 (정원의) 크기를 계획하라.

해설

가족 정원을 가꾸는 사람들이 정원 가꾸는 데에 들일 수 있는 시간을 고려하지 않고 너무 큰 정원을 만드는 것에 대한 조언이다. 따라서 빈칸에 들어갈 말로 가장 적절한 것은 ③ realistic(현실적인)이다.
① 부지런한
② 야심찬
④ 도전적인
⑤ 협조적인

어휘

trap	함정
intention	의도
maintenance	유지
nightmare	악몽
eagerly	열심히
cut back on	~을 줄이다
devote ~ to...	~을 …에 바치다
end up -ing	결국 ~에 이르게 되다
overripened	너무 익은
let alone	~은 말할 것도 없이
tend	돌보다, 보살피다
plot	밭뙈기, 작은 면적의 땅

32 ⑤

58% 고2 11월 모의고사 변형

일제히 움직이는 새의 무리나 물고기와 곤충무리의 수학적 모형은 같은 점을 보여준다. 즉 집단의 움직임의 중앙 통제는 없으나 그 집단은 그 집단 내 모두를 (포식자로부터) 도망치게 하거나 포식자를 저지하도록 돕는 일종의 집단 지성을 보여준다. 이러한 행동은 개별적 존재 내에 있는 것이 아니라 오히려 집단들의 한 특성이다. 새의 무리가 어디로 날아갈까를 결정하는 것에 대한 조사는 그것들이 모든 새의 의도를 보여주는 방식으로 움직인다는 것을 밝혀냈다. 게다가, 그 움직임의 방향이 대개 그 무리를 위한 최고의 선택이다. 각각의 새가 조금씩 기여를 하고, 합의된 그 무리의 선택은 각각의 새의 선택보다 더 낫다.

해설

무리 내의 중앙 통제는 없으나, 구성원들의 의사가 합의된 무리 전체의 선택은 개별 구성원의 선택보다 더 낫다는 내용의 글이므로 빈칸에 들어갈 말로 가장 적절한 것은 ⑤ group intelligence(집단 지성)이다.
① 경고하는 울음
② 사회적 압박
③ 도덕적 지도력
④ 절대적 권위

어휘

swarm	떼, 무리
in unison	일제히
predator	포식자, 포식동물
moral	도덕적인
absolute	절대적인
authority	권위

33 ③

59% 고2 03월 모의고사 변형

흐름을 조정하는 인간의 시스템은 기계적인 시스템보다 즉각적인 반응을 거의 항상 더 잘한다. 여러분이 적신호에 걸려 차 안에서 기다려야 하는데, 여러분의 차선에 많은 차량이 있고 교차하는 차선에는 차가 하나도 없을 때가 있었는가? 경찰이라면 즉시 그 상황을 보고 일시적인 필요에 맞게 (교통) 방향의 흐름을 조정할 것이다. 회의의 엄격한 규칙에도 같은 것이 적용된다. 참가자들을 정해진 순서로만 발언하게 하면 건설적인 대화가 진행되는 것이 어렵다. 섬세한 중재자인 인간의 시스템은 어느 누군가가 너무 오래 이야기하는 것을 막고 그 순서를 바꿀 수 있을 것이다. 분명 네다섯 명을 넘는 모든 회의는 균형 잡힌 대화의 흐름을 유지할 지도자를 필요로 한다.

해설

인간의 시스템이 즉각적인 반응을 더 잘하여 기계적인 시스템보다 좋다는 내용의 글이므로, 빈칸에 들어갈 말로 가장 적절한 것은 ③ keep a balanced conversational flow(균형 잡힌 대화의 흐름을 유지할)이다.
① 그 자신의 욕구를 희생할
② 정보의 출처로서 역할을 담당할
④ 그 집단의 고정된 규칙을 고수할
⑤ 구성원들의 노고를 인정할

어휘

regulate	조정하다
flow	흐름
responsive	반응을 잘 하는
mechanical	기계적인
immediately	즉시
directional	방향의
rigid	엄격한
constructive	건설적인
dialogue	대화
participant	참가자
fixed	정해진, 고정된
order	순서
sensitive	섬세한, 민감한
sacrifice	희생하다
balanced	균형 잡힌
stick to	~을 고수하다, ~에 집착하다
appreciate	감사해하다, 인정하다

34 ①

77% 고2 03월 모의고사 변형

누군가에게 스포츠 이름 세 가지를 말하라고 요청하면, 그 사람은 필시 쉽게 대답할 수 있을 것이다. 어쨌든, 거의 모든 사람이 어떤 유형의 활동이 스포츠로 여겨지고 어떤 것이 그렇지 않은지에 대한 생각을 가지고 있다. 우리 대부분은 무엇이 스포츠인지 안다고 생각한다. 하지만, 스포츠, 여가 활동, 놀이의 사례들 사이에 그어지는 선이 항상 분명한 것은 아니다. 사실, 그러한 활동들을 정의 내리는 분명하고 깔끔한 규정 요소들을 결정하기는 비교적 어려운 일이다. 오늘날 놀이로 여겨지는 활동이 미래에는 스포츠가 될 수도 있다. 예를 들면, 많은 사람이 예전에 자기 뒤뜰에서 배드민턴을 쳤지만 그것은 거의 스포츠로 여겨지지 않았다. 하지만 1992년 이래 배드민턴은 올림픽 스포츠가 되었다!

(A) 빈칸 앞에는 우리 대부분은 스포츠가 무엇인지 안다고 생각한다는 내용이 나오고, 빈칸 뒤에는 스포츠, 여가 활동, 놀이의 사례들 사이의 구별이 항상 분명한 것은 아니라는 내용이 이어지므로, 빈칸에 들어갈 말로 가장 적절한 것은 However(하지만)이다.

(B) 오늘날 놀이로 여겨지는 활동이 미래에는 스포츠가 될 수도 있다는 내용이 나온 뒤, 빈칸 뒤에 오늘날은 스포츠로 여겨지는 배드민턴이 예전에는 스포츠로 여겨지지 않았다는 내용이 나오므로, 빈칸에 들어갈 말로 가장 적절한 것은 For example(예를 들어)이다.

② 그러나 – 결론적으로
③ 게다가 – 결론적으로
④ 마찬가지로 – 예를 들어
⑤ 마찬가지로 – 즉

after all	어쨌든, (예상과는 달리) 결국에는
draw	(줄 등을) 긋다, 그리다
leisure	여가 활동, 여가 시간
define	정의하다
establish	규명하다, 확립하다
include	포함하다
exclude	제외하다
relatively	비교적, 상대적으로
backyard	뒤뜰

35 ④

당신은 껍질을 벗긴 감자를 쓰레기통에 던지고 껍질은 냄비에 던지는 것과 같은 얼빠진 일을 한 적이 있는가? 실제로 문서를 첨부하지 않고 첨부 문서가 있다는 이메일을 보내는 것은 어떤가? 우리의 뇌는 수천 가지 다양한 잠재적인 자극에 대해 수백 가지의 다양한 반응을 점검해야 하기 때문에 이와 같은 일상적인 실수들은 항상 일어난다. 비록 우리가 1초 전에 '문서 첨부'라고 썼다 하더라도, 바로 다음 순간에 뇌는 첨부 문서가 없는 이메일을 보내라고 손가락에 명령을 내린다. 모르는, 또는 신뢰할 수 없는 출처로부터 온 이메일의 첨부 문서들을 열지 않는 것이 현명하다. 때때로 심지어 우리는 수신인이 그것을 지적하는 이메일을 받을 때까지 우리의 실수를 깨닫지 못한다.

파일을 첨부하지 않고 이메일에는 첨부했다고 쓰는 것과 같이 일상적인 실수를 하는 이유가 글의 주된 내용이다. 그런데 ④ 문장은 출처가 불분명한 이메일을 열어보지 않는 것이 현명하다는 내용으로 글의 전체 흐름과 관계가 없다.

absentminded	얼빠진, 멍한
peel	껍질을 벗기다
bin	쓰레기통
peeling	껍질 벗기기 (pl. peelings 껍질)
pot	냄비
document	문서; 기록하다
attach	첨부하다, 붙이다
brain	두뇌

response	반응
potential	잠재적인; 잠재력
order	명령하다, 주문하다; 명령, 주문, 질서
attachmentless	첨부파일이 없는
attachment	첨부(파일), 애착
unknown	알려지지 않은
untrustworthy	신뢰할 수 없는
source	출처, 근원
realize	깨닫다, 실현하다
addressee	수신인
point out	지적하다

36 ②

여러분이 어떤 물품을 구매할 때, 여러분은 그 물품뿐만 아니라 그 물품이 당신에게 도달하기까지 드는 비용도 지급한다.

(B) 여러분이 한 농장을 방문하여 토마토 하나를 산다고 가정해 보자. 농부가 토마토 한 개를 재배하는 데 비용이 매우 적게 들 것이고, 그래서 그 농부는 아마도 슈퍼마켓에서 (토마토 하나에) 드는 돈보다 훨씬 더 저렴하게 토마토를 팔면서도 괜찮은 수익을 올릴 수 있을 것이다.

(A) 하지만 여러분이 그 토마토를 슈퍼마켓에서 살 때는 (농장을 방문했을 때) 그 농부에게 지급하는 것보다 훨씬 더 많은 돈을 여러분이 지급하게끔 하는 여러 비용이 존재한다.

(C) 그 토마토는 그 상점으로 운송되어야 하고, 그 상점은 임대료와 전기세, 직원의 임금을 지급해야 하며, 주간지 광고란에 토마토를 광고한다.

어떤 물품을 구매할 때 물품 자체의 비용 외에도 운송비용이 든다는 주어진 글 다음에, 한 농장에서 토마토를 산다는 예시인 (B)가 이어지고, '그러나'로 앞 예시와 상반되는 슈퍼마켓에서 토마토를 사는 문단 (A)가 온 후, 슈퍼마켓 예시에서의 운송비용을 포함한 추가 비용을 설명하는 (C)가 이어지는 것이 글의 순서로 가장 적절하다.

purchase	구매하다
profit	수익, 이익
transport	운송하다
rent	임대료
wages	임금
advertise	광고하다

37 ④

진화는 인간에게 축구를 할 수 있는 능력을 주지 않았다. 실제로, 그것은 찰 수 있는 다리와 반칙을 할 수 있는 팔꿈치를 생기게 했지만, 이것으로 우리가 할 수 있는 것은 아마도 혼자서 페널티 킥을 연습하는 것뿐일 것이다.

(C) 우리가 어느 날 오후에 학교 운동장에서 만난 낯선 사람들과 경기를 시작하기 위해서는, 전에 만난 적이 없는 열 명의 팀 구성원들과 조화를 이루어야 할 뿐만 아니라, 또한 상대편 열한 명의 선수들도 같은 규칙으로 경기를 하고 있다는 것을 알 필요가 있다.

(A) 의례화된 공격에 낯선 동물을 끌어들이는 다른 동물들은 주

로 본능에 의해 그렇게 한다. 전 세계의 강아지들은 그들의 유전자에 내재된 거친 놀이에 대한 규칙들을 가지고 있다.

(B) 그러나 십 대 아이들은 축구에 대한 그러한 유전자를 가지고 있지 않다. 그럼에도 불구하고 그들은 모두 축구에 대한 동일한 생각 체계를 배워 왔기 때문에 완전히 낯선 사람들과 경기를 할 수 있다. 이러한 생각들은 전적으로 가상이지만, 모두가 그러한 생각들을 공유한다면, 우리는 모두 경기를 할 수 있다.

해설

진화가 인간에게 신체적 능력은 주었지만 혼자서 할 수 있는 일은 페널티 킥 연습뿐이라는 주어진 글 다음에, 낯선 사람들과 경기를 위해서는 같은 팀과 상대 팀 선수들 모두 같은 규칙으로 경기를 하고 있다는 것을 알 필요가 있다는 (C)가 이어지고, 다른 동물들은 주로 본능에 의해서 유전자에 내재된 거친 놀이에 대한 규칙을 가지고 있다는 내용인 (A)가 온 후, 대조적으로 인간 아이들은 축구에 대한 유전자를 가지고 있지 않지만 동일한 생각 체계를 배웠기 때문에 낯선 사람들과 경기를 할 수 있다고 설명하는 (B)가 이어지는 것이 글의 순서로 가장 적절하다.

어휘

in concert with	~와 협력하여, ~와 조화를 이루어
engage A in B	A를 B로 끌어들이다
ritualized	의례화된
rough-and-tumble play	거친 (신체) 놀이
identical	동일한

38 ④

64% 고2 09월 모의고사 변형

과학적 발견들은 과거 어느 때보다 더 빠른 속도로 현실이 되고 있다. 예를 들어, 1836년에 (곡식을) 베고, 타작하고, 짚을 다발로 묶고, 낟알을 자루 안으로 쏟아 부어 주는 기계가 발명되었다. 그 기계는 심지어 그 당시에 20년이 된 기술에 기초하였지만, 1930년까지는 그러한 기계가 실제로 유통되지 않았다. 타자기에 대한 최초의 영국 특허권이 1714년에 발급되었지만, 150년이 더 지나서야 타자기는 상업적으로 판매되었다. 오늘날, 아이디어와 적용 사이의 그러한 지연은 거의 생각할 수 없다. 그것은 우리가 우리 조상들보다 더 간절하거나 열망이 더 강해서가 아니라, 시간이 지나면서 우리가 그 과정을 앞당기는 모든 종류의 사회적 장치들을 발명해 왔기 때문이다. 그러므로 혁신적인 순환의 첫 번째와 두 번째 단계 사이, 즉 아이디어와 적용 사이의 시간이 급격히 줄어들어 왔다는 것을 우리는 알게 된다.

해설

어떤 아이디어가 생겨난 후 오래 지나서야 실제로 사용되었다는 곡식 생산에 사용된 기계와 타자기의 예시가 나온 다음에, 그러한 지연은 오늘날 거의 생각할 수 없다는 주어진 문장의 내용이 나오고, 그 이유를 설명하는 내용으로 이어지는 것이 가장 자연스러운 글의 흐름이다. 따라서 주어진 문장은 ④에 들어가는 것이 가장 적절하다.

어휘

application	적용
mow	베다
pour	쏟아 붓다
patent	특허권[증]
hasten	서둘다, 재촉하다
radically	급격하게

39 ④

57% 고2 06월 모의고사 변형

독서는 도로에서 운전하는 것과 비슷하다. 당신은 속도를 내서 운전하는 것이 위험하기 때문에, 그것을 하지 않도록 배운다. 당신은 또한 고속도로에서 천천히 운전하는 것이 도시에서 경주하듯 달리는 것만큼이나 위험하다는 것을 배운다. 독서도 똑같은 방식으로 작용한다. 여러 가지 다른 유형의 책을 다루기 위해 똑같은 독서 속도를 이용하는 것은 위험하다. 독서할 때 당신의 읽기 속도가 당신이 읽고 있는 책의 유형에 맞지 않으면 충돌이 발생한다. 당신이 독서의 충돌을 경험할 때 짧은 시간에 잠이 오는 것을 느끼고, 큰 흐름 속에서 방향을 잃거나 정보를 서로 연결시킬 수 없다. 그러한 증상을 피하기 위해서 당신은 책의 유형과 밀도를 고려할 필요가 있다. 서로 다른 책의 유형은 서로 다른 기어와 속도를 요구한다. 올바른 책의 유형에 대한 올바른 기어를 적용하는 것이 당신이 책을 읽어가는 과정에서 안전을 유지시켜준다.

해설

도로에서 운전하는 것과 마찬가지로 책을 읽을 때에도 책의 종류에 알맞은 속도로 읽지 않으면 잠이 오거나 큰 흐름 속에서 방향을 잃거나 정보를 서로 연결시킬 수 없다는 내용이 나오고, 그러한 증상을 피하기 위해 책의 유형과 밀도를 고려할 필요가 있다는 주어진 문장으로 이어지는 것이 가장 자연스러운 글의 흐름이다. 따라서 주어진 문장은 ④에 들어가는 것이 가장 적절하다.

어휘

crash	충돌
appropriate	적절한
get lost	길을 잃다
apply	적용시키다

40 ②

67% 고2 06월 모의고사 변형

오늘날 마케팅과 광고로 가득한 세상에서, 사람들은 상표로부터 벗어날 수 없다. 사람들이 상표나 상품을 사용하기 시작하는 시기가 어리면 어릴수록, 그들은 미래에 그것을 계속 사용할 가능성이 커진다. 그러나 그러한 점은 회사들이 그들의 마케팅과 광고를 어린 소비자들에게 향하게 하는 유일한 이유가 아니다. James U. McNeal 교수가 말하듯이, "음식 구매의 75%는 부모에게 조르는 아이 때문일 수 있다. 그리고 엄마 중 두 명에 한 명이 단순히 아이가 원하기 때문에 먹을 것을 살 것이다. 아이에게 있는 욕구를 촉발시키는 것이 가족 전체의 욕구를 촉발시키는 것이다." 다시 말해서, 아이들은 가정에서의 소비에 대한 영향력을 지니며, 조부모에 대해 영향력을 지니며, 아이를 돌봐주는 사람에 대해서도 영향력을 지닌다. 바로 이것이 회사들이 아이들의 마음을 조종하기 위하여 책략을 사용하는 이유이다.

→ 어린이들은 그들의 부모의 구매를 총괄하는 능력 때문에 원래 그리고 자발적으로 마케팅에 있어서 영향력이 있을 수 있다.

해설

어린이들이 가정에서 어른들에 대해서 소비에 대한 영향력을 지니기 때문에 회사들이 아이들의 마음을 조종하기 위해 어린 소비자들을 향하여 광고한다는 것이 글의 요지이므로, 빈칸 (A)에는 influential(영향력 있는)과 (B)에는 direct(총괄하다, 지휘하다)가 들어가는 것이 가장 적절하다.
① 영향력 있는 – 예측하다
③ 분석되는 – 계산하다

맨처음 수능 영어 완성

④ 분석되는 – 과대평가하다
⑤ 가치 없는 – 과소평가하다

어휘

trace	추적하다
nag	성가시게 잔소리하다, 들볶다
trigger	촉발시키다
manipulate	조종하다

[41~42]

eye-blocking은 우리가 위협을 느끼거나 보는 것을 좋아하지 않을 때, 발생하는 비언어적 행동이다. 곁눈질하기, 눈을 감거나 가리기는 보고 싶지 않은 이미지를 보는 것으로부터 뇌를 보호하기 위해 진화된 행동이다. 조사관으로서, 나는 Puerto Rico의 비극적인 호텔 방화 사건의 조사를 돕기 위해 eye-blocking 행동을 활용했다. 보안 요원이 그가 배정받은 지역에서 화재가 발생했기 때문에 즉각적인 용의 선상에 올랐다. 그가 화재의 발생과 관련이 없다는 것을 결정하기 위한 방법 중 하나는 불이 나기 전과 화재 당시에 그가 어디에 있었는지, 그리고 그가 불을 질렀는지에 대한 몇 가지 구체적인 질문을 하는 것이었다. 각각의 질문을 할 때마다 나는 그의 얼굴에서 eye-blocking 행위가 드러나는 징후가 있는지를 관찰했다. 화재 당시에 어디에 있었는지에 대한 질문을 받을 때만 그는 eye-blocking을 사용했다. 이상하게 대조적으로, "당신이 불을 질렀습니까?"라는 질문에는 문제가 없는 것처럼 보였다. 이것은 중요한 이슈는 불이 났을 때 그의 위치였다는 것을 나에게 말해 주었다. 그는 조사관으로부터 심도 깊은 심문을 받았고 결국 여자 친구를 만나기 위해 그의 배정받은 지역을 떠났다고 인정했다. 불행하게도, 그가 떠났을 때, 방화범들이 그가 지켰어야 할 장소에 들어와 불을 질렀다. 이 경우에 보안 요원의 eye-blocking 행위가 결국 사건을 해결하기 위해 우리가 필요했던 통찰력을 우리에게 주었다.

41 ③

해설

한 호텔의 화재 원인을 조사하던 과정에서 범인의 눈을 깜빡이는 행위를 통해 범인을 밝혀낼 수 있었다는 내용의 글이므로, 이 글의 제목으로 가장 적절한 것은 ③ Eye-blocking Reveals Hidden Information. (Eye-blocking이 숨겨진 정보를 밝히다)이다.
① 왜 그가 불을 질렀는가?
② Eye-blocking을 방해하는 요인들
④ Eye-blocking 행동을 숨기는 전략
⑤ 건물을 보호하기 위해 보안요원을 고용하기

42 ③

해설

불을 질렀는지에 대한 질문에는 문제가 없는 것처럼 보였지만, 화재 당시에 어디에 있었는지에 대한 질문을 받을 때만 eye-blocking을 사용했다는 앞 내용으로 미루어보아, 빈칸에 들어갈 말로 가장 적절한 것은 ③ location(위치)이다.

① 감정
② 판단
④ 안전
⑤ 반응

어휘

squint	곁눈질하다
shield	보호하다
tragic	비극적인
assign	배정하다, 할당하다
telltale	감추려 해도 드러나는
insight	통찰력

[43~45]

(A) R H Bing은 미국의 유명한 수학자였다. 그의 전체 이름은 그의 출생증명서에 기재된 것처럼 R H Bing이었다. (이것은 머리글자가 아니었고 점이 없었다.) William Jaco는 1960년대 Wisconsin 대학교의 그의 학생 중 한 명이었다. 그 당시 Bing에게는 많은 학생들이 있었으며, 그는 Michigan에서 열리는 수학 행사에 가는 여행을 기획한 적이 있었다.

(D) 그들이 거기에 도착하자 방문하는 그 수학자들을 위해 마련해 놓았던 수학 문제를 누군가가 제시했다. Jaco는 그 문제를 정말 흥미로워 했다. 그는 환영회에 참석하지 않았고, 저녁 식사도 걸렀으며, 그 문제에 대해 생각하느라 밤을 새웠다. 그는 그 문제를 풀어서 Wisconsin 대학교를 자랑스럽게 만들기로 결심했다. 다음날 아침 6시에도 그는 그것을 풀지 못했고 그는 다소 의기소침한 상태로 아침 식사를 하러 갔다.

(C) 그가 식당에서 발견한 유일한 다른 사람은 바로 Bing이었고, Jaco는 패배감에 휩싸인 채로 그의 옆에 앉았다. Bing은 그에게 왜 그렇게 일찍 일어났느냐고 물었으며, Jaco는 이 수학 문제를 풀려고 시도했다고 고백했으며, 그 자리에서 Bing에게 그 문제를 말해주었다. Bing은 눈을 돌려 잠시 허공을 응시하고, 그의 머리를 긁적이고, 냅킨을 집어 들더니, 아름답고 우아하게 풀이를 써 냈다.

(B) Jaco는 압도되었다. 그는 유명한 R. H. Bing이 훌륭한 수학자라는 것은 알았지만, 이것은 너무 대단한 것이었다. 그는 Bing에게 자신이 얼마나 감명을 받았는지 말했다. "음, 나 역시 어제 그 문제를 들었다네. 나 역시 저녁 식사와 환영회를 건너뛰고 그것에 대해 생각하느라고 밤을 새웠다네. 나도 불과 30분 전에 그것을 풀었다네."라고 Bing이 말했다.

43 ⑤

해설

R H Bing과 William Jaco를 소개하고 그들이 Michigan에서 열리는 수학 행사에 가는 여행을 기획했다는 내용의 (A)에 이어, 그 행사에 도착하고 누군가가 제시한 수학 문제에 대해서 Jaco가 밤새워 풀려고 했으나 실패하고 의기소침한 상태로 아침 식사를 하러 갔다는 내용의 (D)가 이어진 다음, 식당에서 Bing을 만나서 자신이 해결하지 못한 문제를 Bing이 냅킨에 우아하게 풀었다는 내용의 (C)가 연결되고, 마지막으로 Jaco가 Bing의 수학실력에 압도되었지만 사실 Bing도 밤새워서 그 문제랑 씨름했다고 말해주는 내용의 (B)가 이어지는 것이 글의 순서로 가장 적절하다.

44 ⑤

74% 고2 03월 모의고사 변형

해설

(a), (b), (c), (d)는 R H Bing을 가리키지만, (e)는 William Jaco를 가리킨다.

45 ②

66% 고2 03월 모의고사 변형

해설

(B) 단락에서, Bing이 그 문제를 해결한 것은 불과 30분 전이라고 언급하므로 윗글의 내용으로 적절하지 않은 것은 ②이다.

어휘

mathematician	수학자
birth certificate	출생 증명서
period	점, 마침표
overwhelmed	압도된
defeat	패배
confess	고백하다
attack	착수하다, 공격하다
on the spot	그 자리에서
stare	응시하다
grab up	~을 집어 들다
elegant	우아한
pose	제기하다
determined	결심한

제 4 회 실전 모의고사
본문 p.46

01 ①	02 ②	03 ②	04 ①	05 ①
06 ⑤	07 ④	08 ②	09 ②	10 ③
11 ③	12 ③	13 ③	14 ①	15 ①
16 ①	17 ③	18 ④	19 ③	20 ②
21 ⑤	22 ④	23 ②	24 ⑤	25 ③
26 ③	27 ③	28 ④	29 ①	30 ③
31 ①	32 ④	33 ③	34 ①	35 ④
36 ②	37 ③	38 ③	39 ④	40 ①
41 ①	42 ①	43 ③	44 ②	45 ⑤

01 ①

71% 고2 03월 모의고사 변형

M Alicia, **did you** get the results of the English speech contest?
W Yes, Dad. You know what? I won first place!
M Congratulations! Did you tell Mom?
W I called her, but she didn't answer.

해석

남 Alicia, 영어 말하기대회 결과 나왔니?
여 네, 아빠. 있잖아요, 제가 일등 했어요!
남 축하한다! 엄마한테 말씀드렸니?
여 엄마에게 전화 드렸지만, 엄마가 받지 않으셨어요.

해설

남자가 엄마한테도 말씀드렸냐고 물었으므로, 남자의 마지막 말에 대한 여자의 응답으로 가장 적절한 것은 ① '엄마에게 전화 드렸지만, 엄마가 받지 않으셨다'이다.
② 알아요. 제가 1등 해서 기뻐요.
③ 대회를 위해 더 연습해야 해요.
④ 전적으로 동의해요. 그녀는 연설을 정말 잘해요.
⑤ 친절한 충고 고마워요. 정말 도움이 됐어요.

어휘

first place	1등
practice	연습하다
excellent	뛰어난
result	결과
speech contest	말하기 대회
congratulation	축하

02 ②

77% 고2 09월 모의고사 변형

W Oh, I completely **forgot** to return the books to the library. The due date is today.
M Why don't you **extend the** due date online?
W Do you mean **on the** library's website? Is that possible?
M Sure, there's a new service for that.

여 아, 나 도서관에 도서들 반납하기를 완전히 까먹었어. 마감날짜
　　가 오늘인데.

남 온라인으로 마감일자 연장하는 게 어때?

여 도서관 웹사이트에서 말이니? 그게 가능해?

남 **물론이지, 그걸 위한 새로운 서비스가 있어.**

해설

여자가 도서관 웹사이트에서 마감 일자 연장이 가능하냐고 물었으므로, 여자
의 마지막 말에 대한 남자의 응답으로 가장 적절한 것은 ② '물론이지, 그걸 위
한 새로운 서비스가 있어' 이다.

① 아니, 마감날짜를 바꿀 수는 없어.

③ 왜 안되겠어? 내가 그 책들을 너에게 빌려줄게.

④ 물론이지. 연체료를 내야 해.

⑤ 응, 도서관 안의 미팅룸을 예약했어.

어휘

completely	완전히
due date	마감 날짜
extend	연장하다

03 ②

W Good afternoon, listeners. This is Sophie Brown from
the Kingston Library. We always **try to provide** our
visitors with comfort and convenience. As part of this
effort, existing power transformers **are being** removed,
and new transformers are being installed. The whole
project will last from August 5 to 28. **Due to** the work,
we have to close the library on August 6, 13, 20, and
27, which are all Thursdays in August. The dates **were
chosen to** minimize the inconvenience to visitors. For
book returns on these days, use the drop box located
on the first floor. These Thursday closures are only in
August. Thank you.

해석

여 청취자 여러분, 안녕하세요. Kingston 도서관의 Sophie Brown
　　입니다. 우리는 방문객들에게 편안함과 편리함을 제공해드리기
　　위해 항상 노력합니다. 이 노력의 일환으로, 현재 있는 변압기들
　　이 제거되고, 새로운 변압기들이 설치될 것입니다. 그 모든 프로
　　젝트는 8월 5일에서 28일까지 지속될 것입니다. 그 작업 때문에,
　　우리는 8월 6일, 13일, 20일, 27일에 도서관을 폐쇄해야 하며, 이
　　날짜들은 모두 8월의 목요일들입니다. 그 날짜들은 방문객들에
　　대한 불편함을 최소화하기 위해서 선택되었습니다. 이 날짜들에
　　도서반납을 위해서는, 일 층에 위치된 드롭박스(우편물 투입함)
　　를 이용해주세요. 이 목요일 폐쇄(상황)는 8월에만 있습니다. 감
　　사합니다.

해설

새로운 변압기 설치를 위한 8월의 도서관 휴관일을 안내하고 있으므로 여자
가 하는 말의 목적으로 가장 적절한 것은 ② '도서관 임시 휴관 계획을 안내하
려고'이다.

어휘

provide A with B	A에게 B를 제공하다
power transformer	변압기
install	설치하다
last	지속되다
closure	폐쇄(일)

04 ①

M What are you doing, Dianne?

W I'm **looking at** the schedule for afterschool programs.

M Do you **have any** special program in mind?

W Yeah, **I'd like to** sign up for a sports program.

M Why don't you take some academic−related programs
instead? Didn't you say you got lower grades in general
last semester?

W Well, I need to study more, but I think I also need more
physical activities to improve my grades.

M What makes you think so?

W I read an article saying that students who do physical
exercise **tend to have** better grades at school.

M How come?

W It increases the oxygen flow to the brain and helps
improve memory.

M Hmm, that makes sense.

해석

남 Dianne, 뭐하고 있니?

여 방과후 프로그램 스케줄을 보고 있어.

남 염두에 둔 어떤 특별한 프로그램이라도 있니?

여 어, 스포츠 프로그램에 신청하고 싶어.

남 대신에 공부와 관련된 프로그램을 수강하는 게 어때? 저번 학기
　　에 전반적으로 낮은 성적을 받았다고 말하지 않았니?

여 글쎄, 내가 더 많이 공부해야 하긴 하지만, 내 성적을 향상시키기
　　위해서는 더 많은 신체활동도 필요하다고 생각해.

남 왜 그렇게 생각하는데?

여 신체 운동을 하는 학생들이 학교에서 더 좋은 성적을 받는 경향
　　이 있다고 말하는 기사를 읽었거든.

남 어떻게?

여 두뇌로 흘러가는 산소를 증가시키고 기억력을 향상시키기를 돕
　　는대.

남 음, 말이 되네.

해설

신체 운동을 하는 학생들이 학교에서 더 좋은 성적을 받는 경향이 있다는 기
사를 읽었다고 말하고 있으므로, 여자의 의견으로 가장 적절한 것은 ① '운동
은 성적 향상에 긍정적인 영향을 준다' 이다.

어휘

sign up for	~를 신청하다
physical	신체적인
oxygen	산소
make sense	말이 되다, 이치에 맞다

05 ①

W Andy, I want to discuss something with you.

M What is it, Stella?

W Well, Dr. Evans is a successful surgeon. He's ambitious, confident, and **full of** energy.

M Yes, I understand.

W The thing is, in this scene, when you get angry at his coworker for his mistake, you **don't seem** like that kind of person.

M Actually, I thought that I was doing okay.

W You seemed too calm and quiet. I **want you to** show more emotion in this scene.

M I see. I'll yell at the doctor and make bigger gestures.

W That's **exactly** what I want. Let's shoot the scene again.

M Okay. I'll **be ready** in a minute.

[해석]

여 Andy, 당신이랑 뭔가 좀 상의하고 싶군요.

남 뭔가요, Stella?

여 음, Evans 박사님은 성공적인 외과 의사입니다. 그는 야심 차고 에너지로 가득 차 있죠.

남 네, 이해합니다.

여 문제는, 이 장면에서 당신이 그의 동료직원에게 그의 실수 때문에 화를 낼 때, 당신은 그런 종류의 사람처럼 보이지 않는다는 겁니다.

남 사실, 전 제가 잘 하고 있었다고 생각했습니다만.

여 당신은 지나치게 침착하고 조용해 보여요. 저는 당신이 이 장면에서 좀 더 감정을 보여주길 원해요.

남 알겠습니다. 그 의사에게 고함치고 더 큰 몸짓을 할게요

여 그게 정확하게 제가 원하는 겁니다. 그 장면 다시 촬영해봅시다.

남 좋습니다. 곧 준비할게요.

[해설]

여자가 남자의 연기에 대해 조언을 하고 남자가 그 조언을 듣고 연기를 수정하겠다고 하자 여자가 다시 촬영하자고 하는 것으로 보아 두 사람의 관계를 가장 잘 나타낸 것은 ① '감독 – 배우'이다.

[어휘]

discuss	논의하다
surgeon	(외과) 의사
ambitious	야심 찬
confident	자신감 있는
scene	장면
coworker	동료, 함께 일하는 사람
calm	차분한
emotion	감정
shoot	촬영하다
in a minute	곧

06 ⑤

M How was the magic show last night?

W Fantastic! Let me show you a picture.

M The man **wearing the hat** must be the magician.

W Right. Look at the bird **sitting on** the branch. At the start of the show, the bird came out of the magician's hat.

M Wonderful! And who is the lady with glasses on beside the magician?

W She was a **member of** the audience.

M What did she do?

W She made sure that the box was empty and put it on the table.

M That box on the table?

W Yes, unbelievably, the magician pulled flowers **out of** the box. That's why the flowers are on the floor.

M Wow, it must have been **awesome**!

W Absolutely! I couldn't take my eyes off of the stage.

[해석]

남 어젯밤 마술쇼 어땠어?

여 환상적이었어! 사진 하나 보여줄게.

남 모자 쓰고 있는 그 남자가 마술사겠구나.

여 맞아. 나뭇가지에 앉아있는 그 새 좀 봐. 쇼가 시작할 때, 그 새가 마술사의 모자로부터 나왔어.

남 멋지네! 그리고 그 마술사 옆에서 안경을 쓰고 있는 여성분은 누구야?

여 그녀는 관객 중 한 명이었어.

남 그녀는 뭘 했어?

여 그녀는 그 상자가 비어있다는 것을 확인했고, 테이블 위에 두었어.

남 그 테이블 위의 저 상자 말이야?

여 응, 믿지 못하게도, 그 마술사가 그 상자로부터 꽃들을 꺼냈어. 그게 그 꽃들이 바닥 위에 있는 이유야.

남 오, 멋졌겠다!

여 당연하지! 난 무대에서 눈을 뗄 수가 없었다니까.

[해설]

꽃들이 바닥 위에 있다고 했으므로 대화의 내용과 일치하지 않는 것은 ⑤이다.

[어휘]

make sure	~를 확인하다
awesome	멋진

07 ④

W James, I heard that you're writing **an article** for the school newspaper.

M I am. The article is about social inequality, and it'll include a **survey of our** students.

W That's cool. When are you going to conduct the survey?

M This Friday. I'll have to analyze the results on the weekend.

W Can I help you to conduct the survey?

M Thanks. But I already **finished it** and printed the survey sheets.

W Is there anything that I can help you with?

M There is. You can staple the questionnaire sheets together. I need 100 sets **with each set** consisting of 2 sheets.

W No problem. I can do that.

M Thanks. I'll get the sheets and the stapler now.

여 James, 네가 학교신문에 기사를 쓰는 중이라고 들었어.

남 맞아. 그 기사는 사회적 불평등에 관한 건데, 우리 학생들의 설문조사도 들어갈 거야.

여 멋진데. 그 설문조사 언제 할 거니?

남 이번 주 금요일. 주말에 그 결과를 분석해야 할 거야.

여 설문조사 하는 거 도와줄까?

남 고마워. 하지만 벌써 다 했고 설문 조사지들도 인쇄했어.

여 내가 도와줄 일 뭐 없어?

남 있어. 설문지들을 합쳐서 스테이플러로 찍어줘. 난 한 세트가 2장으로 구성되는 100세트가 필요해.

여 문제없지. 내가 그렇게 할게.

남 고마워. 설문지들이랑 스테이플러를 지금 가져올게.

남자가 설문지들을 합쳐서 스테이플러로 찍어달라고 했고 여자가 그렇게 하겠다고 한 후 남자가 설문지들이랑 스테이플러를 가져오겠다고 했으므로, 여자가 남자를 위해 할 일로 가장 적절한 것은 ④ to fasten the survey sheets together(설문지를 (스테이플러로) 찍기)이다.

① 여론조사 결과를 분석하기
② 여론조사 질문을 작성하기
③ 그의 신문기사를 검토하기
⑤ 설문지를 인쇄하기

inequality	불평등
survey	(설문)조사
conduct	(활동을) 하다, 지휘하다, 안내하다
questionnaire	설문지
fasten	조이다, 고정시키다

08 ②

87% 고2 09월 모의고사 변형

M Christine, **check this out**. I got these bungee jump tickets for my birthday.

W Awesome! I heard they're very expensive.

M Tell me **about it**. I'm very excited.

W But isn't this place too far from here?

M My cousin Eric will give me a ride. Why don't you join us?

W Me? I've never gone bungee jumping before. I'm a little **scared of** heights.

M Don't worry. You'll **get over** it once you jump.

W All right, I'll give it a try. When are you guys going?

M This Saturday. The weather forecast said there will be no rain on that day.

W Saturday? Oh, no! I'm **scheduled** to go on a business trip this weekend.

M That's too bad. You should try it next time.

남 Christine, 이것 좀 봐. 내 생일선물로 이 번지점프 티켓 받았어.

여 멋진데! 되게 비싸다고 들었는데.

남 그러게 말이야. 나 정말 신나.

여 근데 여기 너무 멀지 않아?

남 내 사촌 Eric이 나를 태워줄 거야. 같이 갈래?

여 나? 번지점프 한 번도 안 가봤는데. 난 높은 곳이 좀 겁나.

남 걱정하지 마. 일단 뛰고 나면 극복할 거야.

여 좋아. 한번 해볼게. 너희 언제 갈 거야?

남 이번 주 토요일에. 일기예보에서 그날 비가 안 올 거라고 했어.

여 토요일이라고? 아, 안돼! 이번 주말에 출장 가야 해.

남 안됐다. 다음번에 꼭 해봐.

토요일에 번지점프를 하러 가려고 했지만 여자는 그 주말에 출장을 가야 한다고 했으므로, 여자가 번지점프를 하러 갈 수 없는 이유는 ② '출장을 가야 해서'이다.

get over	극복하다

09 ②

81% 고2 03월 모의고사 변형

[Cellphone rings.]

W Hello. This is Amanda Sanders speaking.

M Hello. I'd like to ask about the party costumes you posted online.

W Which one **are** you **looking at**? The prince costume or the superhero costume?

M I'm interested in **both of them**. How much are they?

W The prince is $50, and the superhero is $80.

M That's **more expensive than** I thought. Could you give me a discount?

W Sorry, but I think the prices are reasonable. My costumes are all handmade.

M Then I'll just take the prince costume. And I saw a sword with the costume in the photo. Is the sword **included**?

W No. You have to pay an extra $20 for the sword.

M All right. I'll take the sword, too. How much is the shipping fee?

W That'll be an additional $5.

M Okay. I'll send the money, including the shipping fee.

[핸드폰이 울린다.]

여 여보세요. Amanda Sanders입니다.

남 안녕하세요. 온라인으로 게시하신 파티 의상에 대해 여쭤보고 싶습니다.

여 어느 것을 보는 중이신가요? 왕자 의상? 아니면 슈퍼영웅 의상?

남 둘 다에 관심이 있습니다. 얼마인가요?

여 왕자는 $50, 슈퍼영웅은 $80입니다.

남 제가 생각했던 것 보다 더 비싸군요. 할인을 해주실 수 있나요?

여 죄송하지만, 그 가격들은 합리적이라고 생각합니다. 제 의상들은 모두 수제이거든요.

남 그럼 그냥 왕자 의상만 살게요. 그리고 그 사진에서 그 의상과 함께 칼을 보았어요. 그 칼이 포함되나요?

여 아니요. 칼은 추가의 $20를 내셔야 합니다.

남 좋습니다. 칼도 살게요. 운송료가 얼마인가요?

여 $5 추가될 겁니다.

남 네. 운송료 포함해서 송금하겠습니다.

[해설]

남자가 왕자 의상($50)과 칼($20)을 사기로 했고 운송료($5)도 함께 보내겠다고 했으므로 남자가 여자에게 송금할 금액은 ② $75 이다.

[어휘]

costume	복장, 의상
post	게시하다
discount	할인
reasonable	합리적인
shipping fee	운송료

10 ③

82% 고2 09월 모의고사 변형

M Sandra, my grandmother looks so **bored** these days. How can I help her?

W Why don't you tell her **to join** the Richmond Knitting Program at the senior center?

M The Richmond Knitting Program?

W Yes. She enjoys knitting, **doesn't** she? I think she can make some new friends there.

M Good idea! Do you know **how much** it costs to sign up?

W It's funded by the town, so it's free. Any resident **over** 60 can join.

M That sounds great!

W In the program, besides learning knitting, members can **take part in** social activities like bowling, day trips, and watching movies.

M Cool! How can she join?

W She just needs to submit an application to the senior center.

M Good, I'll ask her now.

[해석]

남 Sandra, 우리 할머니가 요즘 너무 지루해 보이셔서, 내가 그녀를 어떻게 도울 수 있을까?

여 노인복지회관의 Richmond Knitting Program에 가입하라고 말씀드리는 게 어떨까?

남 Richmond Knitting Program(리치몬드 뜨개질 프로그램)이라고?

여 응. 그녀가 뜨개질을 즐기시지 않니? 거기에서 새로운 친구들을 좀 사귀실 수 있을 것 같은데.

남 좋은 생각이야! 신청하는 데 얼마인지 알아?

여 그건 시에서 기금을 받아서 무료야. 60살 이상의 어떠한 주민도 가입할 수 있어.

남 훌륭한데!

여 그 프로그램에서, 뜨개질을 배우는 것 이외에도, 멤버들이 볼링, 당일 여행, 영화시청과 같은 사교활동들에 참여할 수 있어.

남 멋진데! 어떻게 가입하는 거야?

여 노인복지회관에 신청서만 제출하면 돼.

남 좋아, 지금 할머니께 여쭤볼게.

[해설]

활동 시간은 언급된 적이 없으므로 정답은 ③ '활동 시간'이다.

[어휘]

sign up	신청하다
take part in	~에 참여하다
submit	제출하다
application	지원서

11 ③

80% 고2 09월 모의고사 변형

W Hello, everyone. The Amazona Zoo will finally reopen this Saturday **after being** renovated. Now, our zoo has over 800 species of animals, making it **one of** the largest collections in North America. Our zoo is open every day **except** Christmas Day. And the operating hours **are** from 10 a.m. to 5 p.m. Remember that the last admission is one hour before **closing** time. Some animal exhibits may close up to 30 minutes before closing time. Children under 10 will **not be admitted** without an adult. You can enjoy a 5% discount when purchasing admission tickets online. Please visit the Amazona Zoo website for more information. Thank you.

[해석]

여 안녕하세요, 여러분. Amazona Zoo가 보수 후 마침내 이번 주 토요일에 다시 엽니다. 이제 우리 동물원은 800종이 넘는 동물들이 있어서, 북미에서 가장 큰 컬렉션 중 하나가 될 것입니다. 우리 동물원은 크리스마스를 제외하고 매일 엽니다. 그리고 운영 시간은 오전 10시에서 오후 5시입니다. 마지막 입장시간은 폐관 시간 한 시간 전이라는 것을 기억하세요. 어떤 동물 전시관들은 폐관시간 30분 전까지 닫을 수도 있습니다. 10살 이하의 어린이들은 성인 없이 입장되지 않을 것입니다. 온라인으로 입장권을 구매하시면 5%의 할인을 즐길 수 있습니다. 더 많은 정보를 위해 Amazona Zoo 웹사이트를 방문해 주세요. 감사합니다.

[해설]

마지막 입장시간은 폐관시간 한 시간 전이라고 했으므로, 일치하지 않는 것은 ③이다.

[어휘]

renovate	수리[보수]하다
collection	소장품, 수집품
admission	입장

exhibit   전시, 전시관
admit   입장하다, 인정하다

12 ③

81% 고2 09월 모의고사 변형

M Honey, **have** you **decided on** a bicycle for Jimmy?
W Not yet. Take a look at these five models. Which one do you think is good?
M Well, he's 145cm tall, so this one would be too small for him.
W That's right. And I'd like it to be **lighter than** 10kg.
M I agree. A heavy bicycle would be harder for Jimmy to ride.
W Yeah. And I think a folding bicycle would be better **so that** we could carry it in our car.
M You're right. We should choose one of **these** two. But I don't want to spend more than $300.
W Then I think this is the best option **for us**.
M Okay. Let's buy that one.

[해석]

남 자기야, Jimmy의 자전거 결정했어?
여 아직. 이 다섯 개의 모델들 좀 봐. 어느 것이 좋은 것 같아?
남 글쎄, 걔가 145cm니까, 이건 너무 작겠는데.
여 맞아. 그리고 10kg보다 가벼우면 좋겠어.
남 동의해. 무거운 자전거는 Jimmy가 타기 더 어려울 거야.
여 응. 그리고 우리가 차에 싣고 다닐 수 있도록 접는 자전거가 더 좋을 것 같아.
남 맞아. 이 두 개 중 하나를 선택해야겠다. 하지만 $300이상을 쓰고 싶지는 않아.
여 그럼 난 이게 최고의 선택이라고 생각해.
남 그래. 그거 사자.

[해설]

아이의 키는 145cm이고 10kg보다 가벼운 것 중에서 $300보다 저렴한 것은 ③이다.

13 ③

W The subway is crowded. Oh! There **is an empty** seat. Linus, sit down.
M Thank you. Actually, I'm so tired today.
W Oh, there is an old gentleman standing **over there**. Why don't you give him the seat?
M But I'm **exhausted**. Someone else may give up their seat.
W Look. No one's voluntarily standing up for him.
M I don't know **who he is**. And I was on the subway first.
W Linus, imagine he is your grandfather.
M Hmm... I would make room for my grandfather because he is sweet to me.

W Well, the gentleman over there could be **precious** to someone else.
M You are making me feel guilty.
W .Come on. Just do it! We're getting off in three stations anyway.
M Okay. Could you bring the gentleman here?

[해석]

여 지하철이 붐비네. 아! 빈 자리가 있다. Linus, 앉아.
남 고마워. 사실 나 오늘 너무 피곤하거든.
여 아, 저기 한 노신사가 서계시네. 좌석 양보해 드리는 게 어때?
남 하지만 난 기진맥진한걸. 다른 누군가가 자리를 양보하겠지 뭐.
여 봐봐. 아무도 그를 위해 자발적으로 일어서지 않잖아.
남 난 그가 누군지도 모르는걸. 그리고 내가 이 지하철에 먼저 탔어.
여 Linus, 그가 네 할아버지라고 상상해봐.
남 음… 할아버지나 나한테 다정하셨으니까 할아버지께 자리를 드렸을 거야.
여 음, 저기 저 신사분도 누군가에게 소중한 사람일 수 있잖아.
남 날 죄책감 느끼게 하는구나.
여 힘내. 그냥 그렇게 해! 우린 아무튼 세 정거장 후에 내릴 거잖아.
남 좋아. 저 신사분 여기로 데려와 줄래?

[해설]

지친 남자가 붐비는 지하철에서 자리에 앉았지만 여자가 서계시는 노신사가 자신의 할아버지라고 생각해보라고 하고 그들은 세 정류장 후에 내릴 거라고 그를 설득하였으므로, 여자의 마지막 말에 대한 남자의 응답으로 가장 적절한 것은 ③ '좋아. 저 신사분 여기로 데려와 줄래?'이다.
① 그가 너의 아버지라면 좋을 텐데.
② 나 늦었어. 빨리 내리자.
④ 우리 부모님께서 나를 교통규칙을 준수하라고 가르치셨어.
⑤ 다음 역에서 노란색 호선으로 갈아타.

[어휘]

exhausted   기진맥진한, 탈진한
voluntarily   자발적으로
sweet   다정한, 상냥한
obey   지키다, 순종하다

14 ①

77% 고2 06월 모의고사 변형

M Good morning. Where **are** you **heading**, ma'am?
W Would you take me to the Empire State Building?
M Okay. **Fasten** your seatbelt, please.
[Traffic noise]
W I have an important presentation. Can you go a little faster?
M Sorry. If I go any faster, I **might get** a speeding ticket.
W Don't you know any shortcuts?
M This is the best route, ma'am.
W Then I can't help it. I **should've left** home earlier.
[Honking]
M Oh, my! There's heavy traffic up ahead.
W Yes, I see. It's bumper to bumper. **What's going on**?

M You see? Over there, there's some construction going on.

W What bad luck! There are just three more blocks to go.

W Why don't you get out and run the rest of the way?

해석

남 안녕하세요. 어디로 가시나요, 손님?

여 Empire State Building으로 데려다 주시겠어요?

남 네. 안전벨트를 매주세요.

[교통소음]

여 중요한 발표가 있는데요. 조금 더 빨리 갈 수 있을까요?

남 죄송합니다. 더 빨리 가면, 과속딱지를 받을지도 몰라요.

여 혹시 지름길 모르시나요?

남 이게 최고의 경로입니다, 손님.

여 그럼 할 수 없군요. 제가 집을 더 일찍 떠났어야 했는데.

[경적소리]

남 오, 이런! 앞쪽에 교통체증이 심하군요.

여 네, 그렇군요. 차가 꽉 들어찼네요. 무슨 일일까요?

남 보이세요? 저기 너머에, 공사가 진행 중이네요.

여 참 운이 없네요! 세 블록만 더 가면 되는데.

남 내려서 나머지는 뛰어가시는 게 어떨까요?

해설

중요한 발표회에 늦을지도 모르는데 공사로 인해 교통체증이 심한 상황에서 도착지까지 세 블록밖에 남지 않았으므로, 여자의 마지막 말에 대한 남자의 응답으로 가장 적절한 것은 ① '내려서 나머지는 뛰어가시는 게 어떨까요?'이다.

② 택시를 타는 것이 버스보다 더 편하지요.

③ 조심하세요! 그 차에 치일 뻔하셨어요!

④ 당신은 경찰에게 딱지를 뗄 것 같네요.

⑤ 지름길을 찾도록 제게 지도 좀 사주시겠어요?

어휘

head	(특정방향으로) 향하다[가다]
fasten	조이다, (안전벨트를) 매다
shortcut	지름길
bumper to bumper	차가 꽉 들어찬
presentation	발표(회), 프레젠테이션

15 ①

81% 고2 11월 모의고사 변형

W Grace and Tony are high school classmates. They're preparing for a partner assignment for social studies. For the project, one student will give a presentation, and the other student will make visual materials. Grace is supposed to have the role of presenter. At first, she thinks that she can do it. However, Grace is getting worried about speaking in front of the whole class. Tony realizes her concern. He also knows she is good with computers, so she can make better visual materials. He wants to tell Grace that she can make the visual materials, and then he'll give the presentation instead of her. In this situation, what would Tony most likely say to Grace?

Tony Grace, how about exchanging roles with me?

해석

여 Grace와 Tony는 고등학교 반 친구이다. 그들은 사회과 수업의 파트너 과제를 준비하고 있다. 그 프로젝트에서, 한 학생은 프레젠테이션을 발표하고, 다른 학생은 시각자료를 만들 것이다. Grace는 발표자의 역할을 맡도록 되어있다. 처음에는 그녀는 할 수 있다고 생각한다. 그러나, Grace는 반 전체 앞에서 말하는 것에 대해 걱정된다. Tony는 그녀의 염려를 깨닫는다. 그도 그녀가 컴퓨터를 잘하기에 그녀가 더 나은 시각자료를 만들 수 있을 것 또한 알고 있다. 그는 Grace에게 그녀가 시각자료를 만들고 그가 그녀 대신 프레젠테이션을 발표할 수 있을 것이라고 말하길 원한다. 이런 상황에서 Tony는 Grace에게 무엇이라 말하겠는가?

Tony Grace, 나와 역할을 바꾸는 게 어때?

해설

파트너 수업 과제에서 Grace가 발표자의 역할을 맡기로 했지만 그녀가 발표에 대해 염려하고 컴퓨터로 더 나은 시각자료를 만들 수 있다고 알고 있기에, Tony가 Grace에게 할 말로 가장 적절한 것은 ① '나와 역할을 바꾸는 게 어때?'이다.

② 프로젝터(영사기)에 무슨 문제라도 있니?

③ 컴퓨터 수업 어떻게 진행되니?

④ 나한테 시각자료 슬라이드 만드는 것 좀 가르쳐 줄래?

⑤ 인쇄물 만드는 것 좀 도와줄래?

어휘

visual materials	시각자료
presenter	(특정 주제에 대한) 발표자
concern	염려

[16~17]

M Hello, everyone. I'm Benjamin Brown from Healthy Talk. These days, people are discovering **not only** the convenience of home remedies **but also** their health benefits for such things as mosquito bites. It's the season for mosquito bites, so today, I'd like to tell you about some of my favorite home remedies for treating them. First, found in **virtually** every kitchen, baking soda is a good remedy. Rub a **paste of** baking soda and water onto the affected area, and it'll provide relief. How about onions? They can also help soothe the itching. Simply place a fresh slice of onion onto a mosquito bite for several minutes, and then the itching will be gone. Lemons are your friends, too. By applying lemon juice to the bitten area, you can **help reduce** the chance of developing an infection. Lastly, honey is helpful since it has many antibacterial properties. I hope you find these cures **effective** this summer.

해석

M 안녕하세요, 여러분. Healthy Talk의 Benjamin Brown입니다. 요즈음, 사람들이 가정 치료법의 편리함 뿐만 아니라 모기

물린 데와 같은 것들에 대한 건강상의 이점 또한 알아내고 있습니다. 모기가 무는 계절인데요, 그래서 오늘 여러분께 모기 물린 곳을 치료하기 위해 제가 좋아하는 가정 치료법에 대해 말씀드리고 싶습니다. 먼저, 거의 모든 주방에 있는 베이킹소다는 훌륭한 치료법입니다. 물린 곳에 베이킹소다 반죽을 문지르고 물로 닦아내세요. 그러면 완화될 것입니다. 양파는 어떨까요? 양파도 가려움을 진정시키는 데에 도움이 될 수 있습니다. 그냥 신선한 양파 조각을 모기 물린 곳에 몇 분 두세요. 그러면 가려움이 사라질 것입니다. 레몬도 역시 여러분의 친구입니다. 물린 곳에 레몬주스를 바르면, 감염이 생길 가능성을 줄이도록 도움이 될 수 있습니다. 마지막으로 꿀은 많은 항박테리아 특성들이 있어서 유용합니다. 여러분이 이번 여름에 이 치료법들이 효과적이라는 것을 발견하기를 희망합니다.

16 ①

87% 고2 09월 모의고사 변형

해설

베이킹소다, 양파 레몬주스, 꿀을 이용해서 모기 물린 데에 대한 가정 치료법을 말하고 있으므로, 남자가 하는 말의 주제로 가장 적절한 것은 ① 모기물린 곳에 대한 가정 치료법(home remedies for mosquito bites)이다.
② 의료업무에 대한 문화적 영향
③ 모기관련 질병의 건강상 위험
④ 천연치료법의 증가하는 인기
⑤ 벌레 물린 곳 치료법에 대한 오해

17 ③

88% 고2 09월 모의고사 변형

해설

소금은 언급된 적이 없으므로 정답은 ③이다.

어휘

convenience	편리함, 편의
remedy	치료법
rub	문지르다
paste	반죽
relief	구제, 완화
sooth	진정시키다
itching	가려움
apply	바르다
infection	감염
property	특성

18 ④

80% 고2 09월 모의고사 변형

아마도 당신은 사랑하는 할머니로부터 채권을 상속받았거나 당신의 가장 친한 친구로부터 특정 뮤추얼 펀드에 대해 들었을지도 모른다. 당신의 새로운 직장이 매력적인 스톡옵션(자사 주식 매입권)을 제공하였는데 당신은 그것이 얼마나 매력적인지 궁금해할지도 모른다. 그러나 당신이 신문의 경제면을 펼쳤을 때, 그것이 다른 행성에서 온 외계어처럼 보일지 모른다. bear market(하락 장세), bull market(상승 장세), Dow Jones(다우존스) 같은 단어들은 무엇을 의미하는가? 여기에 그 암호를 해독해 주며, 신문들에서 당신이

찾아볼 수 있는 예시들을 제공하는 초급자용 특강이 있다. 그 강좌는 어려운 경제용어를 쉽게 설명한다. 일주일간 하루 30분씩 이 온라인 강좌를 듣는다면, 경제면 읽기가 훨씬 쉬워질 것이다.

해설

일상생활에서 접할 수 있는 경제 관련 지식이 부족한 사람들을 위한 온라인 강의를 소개하는 글이다. 따라서 이 글의 목적으로 가장 적절한 것은 ④이다.

어휘

inherit	상속받다, 물려받다
bond	채권
belove	~를 사랑하다
stock option	자사 주식 매입권
attractive	매력적인
financial	금융의, 재정의

19 ③

80% 고2 09월 모의고사 변형

내가 뒤를 돌아보았을 때, 그것은 나에게 거의 바싹 다가와 있었다. 심장은 미친 듯이 뛰는데, 나는 계속 달리지 않을 수 없었다. 하지만, 그것은 이전보다 나를 잡으려고 더욱 결의에 차서 계속해서 다가왔다. 나는 마을 끝 근처에 있는 작은 오두막에서 숨을 곳을 찾기를 바라면서 그곳으로 달려 들어갔다. 하지만, 그 오두막은 텅 비어 있었고, 그 끔찍하고 악몽 같은 생물체는 한 걸음 한 걸음 더 가까워졌다. 문간에 어렴풋이 비치는 그것의 그림자를 보았을 때, 나는 어느 벽 바로 옆으로 숨었다. 그것이 다가옴에 따라, 그것이 걸음을 뗄 때마다 도움을 요청하는 나의 비명은 점점 커져갔다. 마침내, 그것은 내 얼굴에서 몇 인치밖에 안 되는 거리로 다가왔다. 나는 눈을 감고, 빨리 죽게 해달라고 기도했다. 그것은 거대한 발톱을 나에게 향한 채로 천천히 다가와서, "잡았다!"하고 말했다.

해설

정체를 알 수 없는 끔찍하고 악몽 같은 생물체가 작은 오두막에 숨으러 들어온 'I'를 끝까지 쫓아오는 상황이므로, 'I'의 심정으로 적절한 것은 ③ frightened(겁먹은)이다.
① 만족스러운
② 수치스러운
④ 짜증이 난
⑤ 즐거운

어휘

nightmarish	악몽 같은
loom	어렴풋이 나타나다

20 ②

79% 고2 11월 모의고사 변형

당신이 슈퍼마켓에 있을 때, 당신은 각각의 모든 통로에서 무언가를 사는가? 물론 아니다. 당신은 당신이 사고 싶은 것이 있는 통로로 가고, 당신이 필요한 것이 없는 통로는 지나친다. 그러나 TV 시청에 있어서, 우리 중 다수는 모든 통로에서 물건을 구매하는 것 같다. 너무나 자주 우리는 우리가 실제로 보고 싶은 것이 있기 때문이 아니라 그것이 우리가 일상적으로 하는 것이기 때문에 TV를 시청한다. 당신이 TV를 보고 있을 때 스스로 "이것이 내가 보고 싶은 것인

가?"라고 물어보라. 단지 그것이 거기에 있고 그것이 당신이 일상적으로 하는 것이라는 이유만으로 TV를 켜지는 말라.

해설

우리가 실제로 TV를 보고 싶은 것이 아니라 단지 TV가 거기 있어서 일상적으로 켜는 경우가 많다는 내용이므로, 필자가 주장하는 바로 가장 적절한 것은 ②이다.

어휘

aisle   통로

---

21 ⑤
83% 고2 03월 모의고사 변형

인간이 정해진 식사나 간식 시간에 음식의 형태로 지나치게 많은 에너지를 섭취하면, 추가된 열량은 다음 식사나 간식 시간에 배고픔을 줄여 주는 경향이 있다. 그러나 이러한 작동 방식은 지나치게 많은 칼로리가 액체의 형태로 섭취될 때에는 발생하지 않는 것처럼 보인다. 예를 들어 샌드위치를 먹음으로써 하루에 200칼로리를 추가로 섭취하기 시작하면, 다음 식사 시간에 그와 똑같은 양만큼 칼로리 섭취를 줄이는 경향이 있다. 반면에 청량음료를 마심으로써 200칼로리를 추가로 섭취하면, 신체는 그와 똑같은 방식으로 작동하지 않을 것이다. 결국 체중이 늘게 될 것이다.

해설

액체 형태로 섭취되는 열량은 다음 식사 때에 배고픔을 줄여 주는 경향이 없어서 결국 체중이 늘게 될 것이라는 내용이므로, 이 글의 요지로 가장 적절한 것은 ⑤이다.

어휘

take in	섭취하다
reduce	줄이다
consume	섭취하다
liquid	액체
activate	작동시키다, 활성화하다
in the long run	결국
gain weight	체중이 늘다

---

22 ④
78% 고2 06월 모의고사 변형

우리는 우리의 두뇌와 신체가 흑백과 같으며, 그들 사이에 관계가 없다고 보통 생각한다. 운동은 신체를 발달시키는 반면에 읽기, 쓰기, 그리고 사고는 두뇌를 발달시킨다고 우리는 자주 듣는다. 이것은 정확하게 사실은 아니다. 읽기, 쓰기, 수학문제 풀기, 글자 맞추기 혹은 세미나에 참석하기 등과 같은 정신적인 활동들은 두뇌와 주로 연관이 있지만, 그것들은 또한 신체와 연관이 있고 신체에 영향을 미친다. 이러한 활동에 의해 만들어지는 감정과 감각의 반응들은, 화학적인 신호를 통해서, 신체와 건강에 영향을 미친다.

해설

정신적인 활동들이 두뇌와 주로 연관이 있지만 신체와도 연관이 있고 그 발달에 영향을 미친다는 내용이므로, 이 글의 주제로 가장 적절한 것은 ④ the effect of mental activities on the body(정신적 활동들의 신체에 대한 영향)이다.

---

① 학문적 능력을 향상시키는 조치들
② 효과적으로 두뇌기능을 개발하는 방법
③ 신체조건을 향상시키는 이점
⑤ 운동과 신체 사이의 상관관계

어휘

relevant	관련 있는
sensory	감각의
correlation	상관관계

---

23 ②
74% 고2 06월 모의고사 변형

많은 젊은이들에게, 또래는 아주 중요하고, 그들이 따르기를 원하는 규범을 제공할 수 있다. 그들 사이의 또래 압력은 그들이 운전하는 방식에 영향을 줄 수 있다. 젊은 운전자들이 나이 든 운전자들보다 과속, 음주 운전, 그리고 위험한 상황에서 다른 차를 앞지르는 것과 같은 교통위반을 저지르게 하는 더 높은 또래 압력을 경험한다. 동승자의 영향에 의해 직접적인 또래 압력이 젊은 운전자의 행동에 가해질 수 있다. 남녀 모두, 젊은 운전자들은 만약 그들의 차에 젊은 동승자가 타고 있으면, 교차로에서 더 좁은 차간 거리를 유지하고 더 빨리 운전한다.

해설

젊은이들이 또래 압력, 동승자의 영향 등으로 부주의한 운전을 하게 된다는 것이 글의 주된 내용이므로, 이 글의 제목으로 가장 적절한 것은 ② What Makes Young People Drive Carelessly? (왜 젊은이들은 부주의하게 운전하는가?)이다.
① 어려울 때 친구가 진정한 친구이다!
③ 교통신호 위반: 자기 파괴의 신호
④ 남성과 여성운전자 사이의 차이점들
⑤ 또래 압박으로부터 자식을 보호하는 방법

어휘

peer pressure	또래 압력
commit	(죄, 과실 등을) 저지르다
violation	위반
following distance	차간 거리
junction	교차로

---

24 ⑤
80% 고2 06월 모의고사 변형

위 그래프는 2002년부터 2007년까지 예상된 허리케인의 수와 실제 (발생한) 허리케인의 수를 보여준다. 첫 2년 동안 예상된 허리케인의 수는 실제 허리케인의 수보다 많았다. 그러나 2004년과 2005년에 실제 허리케인의 수는 예상된 허리케인의 수를 초과하였다. 그리고 2006년과 2007년에 그것은 다시 뒤바뀌었다. 즉 예상된 허리케인의 수는 실제 허리케인의 수보다 많았다. 가장 적은 허리케인이 발생할 것이라고 예상된 해에 가장 많은 허리케인이 있었다. 한편, 가장 많은 허리케인이 발생할 것이라고 예상된 해에는 가장 적은 수의 허리케인이 있었다.

해설

가장 많은 허리케인이 발생할 것이라고 예상된 2006년이 가장 적은 수의 허

리케인이 발생한 해는 아니므로, ⑤가 도표의 내용과 일치하지 않는다.

어휘

predict	예상하다
exceed	초과하다
reverse	뒤바꾸다
meanwhile	한편, 그러는 동안

25 ③

turkey vulture는 아메리카에서 가장 널리 퍼진 독수리다. 그것은 캐나다 남부 지역에서 남아메리카의 남쪽 끝까지 분포하며, 아열대 숲, 목초지, 사막에서 서식한다. turkey vulture는 주로 죽은 동물만을 먹는다. 그것은 예리한 눈과 후각을 이용하여 먹이를 찾고, 부패하는 동물 사체에서 생겨나는 가스를 감지할 만큼 낮게 난다. 그것은 동굴이나 빈 나무에서 둥지를 튼다. turkey vulture는 매년 일반적으로 두 마리의 새끼를 기른다. 그것은 천적이 거의 없으며 1918년에 만들어진 철새보호조약에 의해 미국에서 법적 보호를 받고 있다.

해설

turkey vulture는 예리한 눈과 후각을 이용하여 먹이를 찾으므로, 글의 내용과 일치하지 않는 것은 ③이다.

어휘

subtropical	아열대
pasture	목초지
keen	예리한
decay	썩다
nest	둥지를 틀다
natural predator	천적

26 ③

과학 박물관 선물 회원권

사랑하는 사람에게 특별한 것을 선물하세요.
▪ 회원들은 무료 박물관 입장권, Omnitheater 무료 입장권, 그리고 특별 전시회 할인을 받게 됩니다.

요금 안내
다음의 등급 중에서 선물용 회원권을 구매하실 수 있습니다.
• Dual (69달러): 성인 2명 포함
• Household (99달러): 성인 2명과 9세 미만의 모든 어린이 포함
• Darwin (150달러): 가족 회원권에 성인 2명 추가 및 다른 혜택 포함
▪ 선물용 회원권은 온라인(www.smm.org)이나 전화 (651) 221-9444로(화요일~토요일), 혹은 매표소에서(화요일~일요일) 구매하실 수 있습니다.
▪ 전화 또는 온라인으로 구매하시면 회원 카드가 3일 이내에 우편으로 발송될 것입니다.
▪ 수령인은 전화로 회원 등록을 할 수 있는데, 등록될 때까지는 회원자격이 발생하지 않습니다.

해설

전화로 구매하는 것은 화요일부터 토요일까지 가능하므로, 안내문의 내용과 일치하지 않는 것은 ③이다.

어휘

extraordinary	특별한, 비범한

27 ③

2015 무상 의료 치료

2015 무상 의료 치료가 치료비를 감당할 수 없는 사람들에게 다음 날짜와 장소에서 제공됩니다:
▪ 7월 31일과 8월 1일 – Mrauk ○○ 호텔
▪ 8월 4일 – Sittwe Alodawpyei 수도원

치료 받기를 원하는 사람은 그들의 이름과 연락처를 제출해야 합니다:
▪ 늦어도 7월 24일까지
▪ 각 마을에 있는 주민센터로
이 프로그램은 Rakhine 국립사회복지기관에 의해서 후원을 받습니다.

더 많은 정보는:
▪ 이메일: contact@alodawpyei.org 혹은 ☎ (095) 014-5002

해설

늦어도 7월 24일까지 이름과 연락처를 제출해야 한다고 했으므로, 글의 내용과 일치하는 것은 ③이다.

어휘

afford	비용을 감당하다
submit	제출하다
respective	각자의, 각각의

28 ④

우리가 정해진 절차를 만들어 두면, 매일 모든 일에 우선순위를 정하는 데 소중한 에너지를 쏟을 필요가 없다. 우리는 정해진 절차를 만들어 내기 위해 단지 적은 양의 에너지만 먼저 쓰면 되고, 그러고 나서 해야 할 남은 일이라고는 그것을 따르는 것이다. 어떻게 정해진 절차가 어려운 일들이 쉬워지는 것을 가능케 하는지를 설명하는 방대한 양의 과학적 연구가 있다. 간단히 설명하자면 우리가 반복적으로 어떤 과제를 수행할 때 신경세포인 뉴런이 '시냅스'라고 부르는 전달 관문을 통해 새로운 연결을 만들어 낸다. 반복을 통해, 그 연결이 강력해지고 뇌가 그 연결을 활성화시키는 것이 좀 더 쉬워진다. 예를 들어, 당신이 새로운 단어 하나를 배울 때 그 단어가 숙달되기 위해서는 다양한 간격으로 여러 번 반복하는 것이 필요하다. 나중에 그 단어를 기억해내기 위해서 당신은 그 단어에 대해 의식적으로 생각하지 않고도 결국 그 단어를 알게 될 때까지 똑같은 시냅스를 활성화시킬 필요가 있을 것이다.

해설

④ 부정사의 의미상 주어인 the word가 숙달하는 동작을 하는 것이 아니고 숙달 되는 수동의 의미이므로 to be mastered의 형태로 바꾸어야 한다.
① 주어 we의 상황을 서술하는 보어로서 현재분사 deciding의 사용은 자연

스럽다.

② '어떻게'라는 의미의 의문사 how가 explain의 목적어인 명사절을 이끄는 것은 적절한 사용이다.

③ 주어인 the neurons의 동사 make를 쓰는 것은 적절하다.

⑤ the word를 의미하는 대명사가 필요하므로 단수형태인 it을 쓴 것은 옳다.

어휘

routine   정해진 절차, 일상

29 ①

수백만의 사람들이 골관절염 때문에 무릎이 뻣뻣해지고 통증으로 고생한다. 치료법은 열심히 몸을 움직이거나 과도한 체중을 줄이는 것부터 스테로이드 주사를 맞거나 수술하는 것까지 다양하다. 하지만 연구에 따르면, 환자들이 증상 개선을 위해 좀 더 맛있는 방법을 사용할 수 있다고 한다. Oklahoma 주립대학에서 수행된 한 연구에 따르면, 무릎 통증을 가지고 있는 사람들이 석 달 동안 매일 콩 단백질을 섭취한 후 덜 한 불편감을 호소했고 통증 진통제도 덜 사용했다. 이 연구에 참여한 실험대상자들은 40그램의 단백질이 들어 있는 콩 분말 음료수를 섭취하였다. 연구 저자인 Bahram H. Arjmandi 박사는 "여러분들은 향이 첨가된 두유와 콩버거로부터도 똑같은 이득을 볼 수 있다"고 말한다.

해설

(A) 다음 문장부터 콩 단백질을 섭취하는 방법으로 골관절염으로 인한 불편감 진통제의 사용이 줄어든다는 내용이 나온다. 따라서 tasty(맛있는)가 적절하다. *bitter 쓴맛이 나는

(B) 불편감이 줄어든 것과 등위접속사 and로 연결되는 내용이므로 긍정적인 내용이 적절하다. 따라서 fewer(더 적은)가 적절하다. *more 더 많은

(C) 콩 단백질 섭취의 방법으로 골관절염의 증상을 개선시키는 내용의 글이므로, 향이 첨가된 두유나 콩버거로부터도 똑같은 이득을 볼 수 있다고 하는 것이 글의 흐름상 자연스럽다. 따라서 benefit(이득)이 적절하다. *harm 손상

어휘

stiff   경직된
remedy   치료
injection   주사(제)
discomfort   불안, 불편
protein   단백질

30 ③

Jake 자신의 비행하는 꿈은 어떤 마을 축제에서 시작됐다. 그는 4살이었다. 그의 삼촌은 키 크고 과묵한 비행기 조종사로, 자선 행사에서 빨간 파티 풍선을 그에게 사 주고 그것을 Jake의 셔츠 맨 위 단추에 묶었다. 풍선은 그것 스스로 의지를 가진 것처럼 보였다. Jake는 그 당시 이것을 이해하지 못했지만, 그것은 공기보다 네 배 가벼운 헬륨으로 채워져 있었다. 신기하게 그것은 그의 단추를 위로 잡아당겼다. "아마 너는 날게 될 거야." Jake의 삼촌이 말했다. 그는 그들이 축제 전체를 살펴볼 수 있도록 그(삼촌)의 조카를 풀이 무성한 강둑으로 데리고 갔다. Jake 아래에 작은 텐트들과 가판대들이 펼쳐져 있었다. 그의 머리 위로 큰 빨간 풍선이 까닥까닥 움직였다. 그것은 계속 하늘 쪽으로 그를 잡아당겼고, 그는 자기 발이 불안정하다

고 느끼기 시작했다. 그때 그의 삼촌은 그의 손을 놓았고, Jake의 꿈이 시작되었다.

해설

①, ②, ④, ⑤는 Jake를 가리키지만, ③은 Jake의 삼촌을 가리킨다.

어휘

village   마을
charity   자선
button   단추
helium   헬륨
mysteriously   신기하게
nephew   조카
grassy   풀이 무성한
bank   강둑
stretch   펼쳐지다, 뻗어있다
let go of   ~을 놓다

31 ①

스스로에게 긍정적으로 이야기하고 그런 다음 여러분이 되고 싶어 하는 그 사람이 이미 된 것처럼 행동함으로써 실제로 여러분이 자기 자신의 치어리더가 될 수 있다. 마치 여러분이 긍정적이고, 쾌활하고, 행복한 것처럼 행동하라. 이미 그 사람인 것처럼 걷고, 이야기하고 행동하라. 여러분의 업계 최고의 사람에게 주는 상을 받았거나 복권에 당첨된 것처럼 만나는 사람을 대하라. 단 몇 분 만의 역할 흉내 내기로 여러분이 자신에 대해 얼마나 더 좋게 느끼는지에 대해 놀랄 것이다.

해설

스스로에게 긍정적으로 독려하고 자신의 목표인 그 역할을 해보는 것은 목표를 이루도록 영향을 미칠 수 있다는 내용의 글이므로, 빈칸에 들어갈 말로 가장 적절한 것은 ① pretending(흉내 내기)이다.

② 경쟁하기
③ 구매하기
④ 불평하기
⑤ 사과하기

어휘

actually   실제로
cheerleader   치어리더
positively   긍정적으로
cheerful   쾌활한
treat   대하다
lottery   복권
amaze   놀라게 하다

32 ④

이 장면을 상상해 보라. 여섯 명의 사람이 연구원들에 의해 고용된 연기자와 함께 엘리베이터에 있다. 배우가 한 움큼의 동전과 연필을 떨어뜨린다. 그것들은 땡그랑 소리와 함께 바닥에 떨어진다. 그 후, 엘리베이터가 한 층 한 층 내려가는 동안 아무도 조금도 도우

려고 움직이지 않는다. 그들은 물론 이 연기자가 바닥에서 동전과 연필을 줍는 것을 알아차린다. 몇몇 사람들은 불편하게 느꼈을 것이고, 그 상황을 도울지 무시할지를 조용히 고민하는지도 모른다. 그러나 사람들은 각각 아무것도 하지 않는 사람 다섯 명에게 둘러싸여 있다. 만약 사람들이 자신이 실험 대상이라는 것을 안다면 모두 즉시 그 낯선 사람을 도와줄 것이다. 그러나 타인이 자기에게 어떻게 영향을 미치는지에 대해 일부러 생각하지 않는 일상의 상황 속에서 사람들은 집단의 다른 사람들과 같은 일을 하는 것이 그냥 자연스러운 것이라고 느낀다.

해설

사람들이 집단 속 다른 사람들의 행동으로부터 그들의 행동에 영향을 받는다는 내용이므로, 빈칸에 들어갈 말로 가장 적절한 것은 ④ doing the same as the rest of the group(집단의 다른 사람들과 같은 일을 하는 것)이다.
① 다른 사람들의 흠을 잡는 것
② 물질적 이득을 최대화 하는 것
③ 얼굴을 기억하려고 애쓰는 것
⑤ 다른 사람들의 호의를 거절하는 것

어휘

scene	장면
hire	고용하다
floor	(건물의) 층
notice	알아차리다
surround	둘러싸다
instantly	즉시
stranger	낯선 사람
context	상황
deliberately	일부러
influence	영향을 미치다
maximize	최대화하다
decline	거절하다
favor	호의

33 ③ 60% 고2 11월 모의고사 변형

고위도에 있는 지역에서, 네안데르탈인들은 거기에서는 빛의 질이 훨씬 나쁘기 때문에 어떤 문제에 직면했을 것이다. 그들은 멀리에서는 사물을 잘 볼 수 없었다. 사냥꾼에게 이것은 심각한 문제였는데 왜냐하면 새끼를 창으로 찌르려고 할 때 엄마 코뿔소가 어두운 곳에 숨어 있는 것을 알아채지 못하는 실수를 하기 정말로 원치 않기 때문이다. 어두운 빛의 환경에서 사는 것은 대부분 연구자들이 상상하는 것보다 시력을 훨씬 더 중요하게 만든다. 어두운 빛의 정도에 대한 진화적인 반응은 시각 처리 기관의 크기를 증가시키는 것이다. 그것은 별을 관측하는 일반적인 망원경과 비슷한 원리이다. 즉, 밤하늘의 흐릿한 빛 아래에서 더 큰 거울은 당신이 더 많은 빛을 모으게 해준다. 같은 이유로, 더 큰 망막은 빈약한 빛의 수준을 보완하고자 더 많은 빛을 받아들이게 해준다.

해설

빈칸 뒤는 빈칸의 내용과 비슷한 원리로 별을 관측하는 망원경이 밤하늘의 흐릿한 빛 아래에서 더 큰 거울을 통해 더 많은 빛을 모으게 해준다는 내용이 이어진다. 따라서 빈칸에 들어갈 말로 가장 적절한 것은 ③ to increase the size of the visual processing system(시각 처리 기관의 크기를 증가시키기

는 것)이다.
① 동물들에게 겁을 줄 만큼 충분히 커지기
② 그들의 거주지를 더 낮은 위도로 옮기기
④ 시각 보다는 청각을 발달시키기
⑤ 우리가 위협으로 지각하는 것에 관심을 집중시키기

어휘

latitude	위도
rhinoceros	코뿔소
retina	망막
frighten	겁먹게 하다, 겁주다

34 ① 66% 고2 09월 모의고사 변형

우리가 개별적 행동과 그 행동에 인지가 미치는 영향을 고찰할 때, 사람들은 그들이 보고 싶어 하거나 보도록 훈련받은 것을 본다는 것을 기억하는 것이 중요하다. 그러므로, 인간관계의 측면에서 관리자는 직원의 현실 인식을 이해하려고 노력해야 한다. 직원들은 오로지 경영진의 방식들이 그들에게 이롭다고 인식될 때만 그러한 방식들을 기쁘게 받아들인다. 그렇지 않으면, 그들은 선택적 지각과 고정 관념과 같은 지각적 함정에 빠질 것이다. 예를 들어, 신입 사원인 Harvey Lester는 자신의 새로운 업무를 숙련하는 데 어려움을 겪는 중이다. 그의 상사인 Lois는 만약 그가 개선되지 않는다면, 자신이 그를 해고해야 할 것이라고 그에게 말한다. 자신이 해고될 상황에 직면했다고 느껴서 Harvey는 회사를 그만둔다. Lois가 성과 향상을 위한 가벼운 경고라고 간주했던 것이 위협으로 해석된 것이다. 각자 그 행동을 다르게 해석한 것이다.

해설

(A) 빈칸 앞에는 사람들이 개별적 행동과 인지가 그 행동에 미치는 영향을 고려할 때 자신들이 보고 싶거나 보도록 훈련받은 것을 본다는 내용이 나오고, 빈칸 뒤에는 관리자가 인간관계의 측면에서 직원의 현실 인식을 이해하려고 노력해야 한다는 내용이 이어지므로, 빈칸에 들어갈 말로 가장 적절한 것은 Therefore(그러므로)이다.
(B) 빈칸 앞에는 직원들이 자신에게 이롭다고 인식될 때에만 경영진의 방식을 기쁘게 받아들이고 그렇지 않으면 지각적 함정에 빠진다는 내용이 나오고, 빈칸 뒤에는 상사인 Lois와 신입 사원인 Harvey의 예시가 나오므로, 빈칸에 들어갈 말로 가장 적절한 것은 For example(예를 들어)이다.
② 그러므로 – 대신에
③ 마찬가지로 – 대조적으로
④ 그러나 – 대조적으로
⑤ 그러나 – 예를 들어

어휘

perception	인지
perceptive	인지적인
selective	선택적인
stereotype	고정 관념, 정형화된 생각
interpret	해석하다

35 ④ 70% 고2 09월 모의고사 변형

유리가 없는 현대 도시를 상상하기란 불가능하다. 한편으로 우리

는 우리의 건물이 날씨로부터 우리를 보호하기를 기대하는데, 이것이 어쨌든 건물이 있는 이유이다. 그럼에도 불구하고 새로운 집이나 직장이 될 수 있는 곳을 마주하게 되면, 사람들이 묻는 첫 번째 질문 중 하나는 '자연광이 거기에 얼마나 들어오는가?'이다. 현대 도시에서 매일 솟아오르는 유리 건물들은 바람, 추위, 비로부터 동시에 보호를 받는 것, 침입이나 도둑으로부터 안전한 것, 하지만 어둠 속에서 살지는 않는 것이라는 이러한 상충하는 욕구에 대한 공학적 해답이다. 비록 유리는 비싸지 않지만, 유리 공학은 비싼데, 그것이 유리 건물들을 비싸게 유발한다. 우리 상당수에게 대부분 시간인 실내에서 보내는 삶은 유리에 의해서 밝고 유쾌해진다.

해설

현대 도시에서 우리가 건물에 기대하는 보호의 기능과 자연광을 제공하는 기능을 유리가 충족시킨다는 내용의 글이다. 따라서 유리, 유리 공학, 유리 건물의 가격은 글의 전체 흐름과 관계가 없으므로 정답은 ④이다.

어휘

intrusion   침입

36 ②

63% 고2 09월 모의고사 변형

붐비는 세상에서 관리되지 않은 공동 자원은 아마도 제대로 기능하지 못할 것이다. 반면에 만약 세상이 혼잡하지 않다면, 공동 자원은 아마도 사실상 최선의 분배 방식일지도 모른다.
(B) 예를 들어, 개척자들이 미국 전역에 흩어져 있었을 때, 가장 효율적인 방법은 모든 야생 사냥감을 관리되지 않은 공동 자원으로 다루는 것이었는데, 왜냐하면 오랫동안 인간은 어떤 실질적인 피해를 입힐 수 없었기 때문이다.
(A) 평원에서 사는 한 사람은 아메리카들소를 죽여서 저녁 식사로 오로지 혀만을 잘라내고 그 동물의 나머지 부분은 버릴 수 있었다. 그는 외로운 미국인 개척자가 어떻게 자신의 쓰레기를 처리하는지가 그리 중요하지 않았기에, 그 어떤 중요한 점에서도 낭비하고 있던 것이 아니었다.
(C) 오늘날, 오직 몇천 마리의 들소만이 남은 상황에서, 우리는 그러한 부주의한 행동에 격분할 것이다. 미국의 인구가 증가하면서 땅의 자연적인 화학적, 생물학적 재활용 과정에 과부하가 걸렸다. 들소에서부터 석유와 물에 이르는, 이런 자원에 대한 주의 깊은 관리가 필요해졌다.

해설

지금처럼 혼잡하지 않은 세상에서는 공동 자원이 최선의 분배 방식일지도 모른다는 주어진 글 다음에, 개척시대 미국의 야생 사냥감으로 예시를 시작하는 (B)가 이어지고, 그 야생동물의 한 예로 아메리카들소와 개척자의 처신을 보여주는 (A)가 온 후, 오늘날의 혼잡하고 붐비는 상황에서는 공동자원에 대한 주의 깊은 관리가 필요하다고 설명하는 (C)가 이어지는 것이 글의 순서로 가장 적절하다.

어휘

distribution   분배
pioneer   개척자
bison   들소
outrage   격분시키다

37 ③

52% 고2 06월 모의고사 변형

확률에 대한 주관적인 접근법은 대체로 사람들의 의견, 감정, 희망을 기초로 한다. 따라서, 우리는 일반적으로 실제 과학적인 시도에서는 이러한 접근법을 사용하지 않는다.
(B) 아무도 Ohio주 미식축구팀이 전국선수권대회에서 우승하리라는 실제 확률을 정확하게 알지는 못한다. 몇몇 팬들은 그들이 Ohio주 팀을 얼마나 좋아하거나 싫어하느냐에 기초해서 그 확률을 추측할 것이다.
(C) 다른 사람들은 약간 더 과학적인 접근법을 사용할 것이다. 선수들의 개인 기록을 측정하거나, 지난 100년간의 Ohio주 팀의 통계치를 분석하거나, 경쟁력 팀들을 보는 것 등과 같이.
(A) 하지만, 두 가지 경우 모두, 사건에 대한 확률은 거의 주관적이다. 아무튼 이러한 접근법은 과학적이지 않을지라도 팬들 사이에서 확실히 재미있는 이야깃거리가 된다.

해설

일반적으로 과학적인 시도에서는 확률에 대한 주관적 접근법을 사용하지 않는다는 주어진 글 다음에, 사람들이 특정 팀에 대한 선호도에 기초해서 우승의 확률을 추측한다는 주관적 접근법의 예시인 (B)가 이어지고, 기록의 측정과 통계의 분석과 같은 좀 더 과학적인 접근법을 사용하는 다른 사람들의 예시인 (C)가 온 후, 두 경우 모두 결국 확률은 거의 주관적이라 과학적이지는 않겠지만 재미있는 이야깃거리가 된다고 마무리하는 (A)가 이어지는 것이 글의 순서로 가장 적절하다.

어휘

subjective   주관적인
evaluate   평가하다
analyze   분석하다
statistics   통계

38 ③

64% 고2 09월 모의고사 변형

아일랜드인의 감자에 대한 과잉 의존은 19세기 초반의 특정한 경제적 경향에 의해 악화되었다. 예를 들어, 영국 직물 산업의 발달이 전통 수공예 부문을 쓸모없게 만들었고, 아일랜드의 시골 빈곤층이 음식을 확보하게 해주는 주요 기제를 망가뜨렸다. 두 번째 부정적 경향은 하락하는 실질 임금과 상승하는 임대료였는데, 그것은 임금에 의존하는 아일랜드인의 상대적 생활 수준을 점차 떨어뜨렸다. 필사적으로 많은 아일랜드 농부들은 습지나 바위투성이의 산비탈을 경작하는 것에 의존하게 되었다. 그러나 그러한 시도들은 생산적이지 않았고, 그러한 농부들을 만성적인 기아의 위험에 빠트렸다. 아일랜드 빈곤의 또 다른 징후는 물기 많고 맛은 없었지만, 표준 이하의 토양에서도 상당한 수확량을 낼 수 있었던 '럼퍼' 품종의 감자에 대한 빈곤층의 늘어나는 의존이었다. 불행히도 이 감자는 1845~52년의 감자 마름병에 특히나 취약했던 것으로 드러났다.

해설

영국 직물 산업 발달로 인한 전통 수공예 부문의 쇠퇴와 실질 임금의 하락, 임대료의 상승으로 인해 아일랜드인의 생활 수준이 떨어졌다는 내용이 나온 후, 아일랜드 농부들이 습지나 바위투성이의 산비탈을 경작하는 것에 의존하게 되었다는 주어진 문장이 나오고, 그러한 시도들이 생산적이지 않았다는 내용으로 이어지는 것이 가장 자연스러운 글의 흐름이다. 따라서 주어진 문장은 ③에 들어가는 것이 가장 적절하다.

39 ④ 58% 고2 09월 모의고사 변형

대부분 우리들은 우리에게 제기되어 온 문제들(예를 들어, 우리의 상사들이 준 과제들)을 가지고 있다. 하지만 우리는 또한 우리 자신의 문제(예를 들어, 여러분이 일하고 있는 도시에서의 추가적인 주차 공간에 대한 필요)를 인식한다. 문제의 존재를 확인한 후에 우리는 그 문제의 범위와 목적들을 정의해야 한다. 주차 공간의 문제는 종종 더 많은 주차장에 대한 필요로 간주된다. 하지만 이 문제를 창의적으로 해결하기 위해서는, 근무일 동안 주차할 공간을 필요로 하는 차량이 너무 많다는 문제로 그것을 재정의하는 것이 유용할지도 모른다. 그러한 경우에, 여러분은 도심 주차장을 사용하는 사람들 사이에서 카풀을 조직하기로 결정을 내릴 수도 있다. 그리하여, 여러분은 여러분이 그 문제를 원래 제기했던 방식이 아닌 나중에 새롭게 생각했던 대로 문제를 해결한다.

해설

우리에게 제기되어 온 문제들 중 주차 공간의 문제는 종종 더 많은 주차장에 대한 필요로 간주된다는 내용이 나온 다음에, 창의적으로 문제를 해결하기 위해서는 근무일 동안 주차 공간이 필요한 차량이 너무 많다는 것으로 이 문제를 재정의하는 것이 유용할지도 모른다는 주어진 문장이 나오고, 그러한 경우에 사람들 사이에서 카풀을 조직하기로 결정을 내리는 것과 같이 새롭게 문제를 해결한다는 내용이 이어지는 것이 가장 자연스러운 글의 흐름이다. 따라서 주어진 문장은 ④에 들어가는 것이 가장 적절하다.

40 ① 67% 고2 09월 모의고사 변형

Paul Slovic과 Oregon 대학의 연구는 보통은 동정심이 있고 기꺼이 다른 사람들을 돕는 사람들이 일반 대중의 고통에 대해서는 무관심해진다는 것을 보여주고 있다. 한 실험에서 사람들은 해외의 기

아를 줄이는 데 세 가지 선택 중 한 가지로 기부하도록 5달러를 받았다. 첫 번째 선택은 Mali의 일곱 살짜리 Rokia라는 특정 아동에게 돈을 주는 것이었다. 두 번째 선택은 이천 백만의 굶주린 아프리카 사람들을 도와주는 것이었다. 세 번째 선택은 기아에 허덕이는 많은 사람 중의 그저 한 사람으로서의 Rokia를 돕는 것이었다. 어떤 선택을 가장 많이 할 것으로 생각하는가? Slovic은 Rokia라는 개인에게 하는 기부가 기아 위기를 통계적 묘사인 두 번째 선택에 하는 기부보다 훨씬 더 컸음을 보여주었다. 그것은 특별히 놀랍지는 않다. 그러나 놀랍고 일부 사람들이 절망적이라고 말할 것 같은 것은 Rokia의 이야기에 더 커다란 기아 문제에 대한 통계적 현실을 추가했을 때 Rokia에 대한 기부가 상당히 줄어들었다는 것이다.

→ 한 실험은 사람들이 도움이 필요한 개인을 더 기꺼이 도와주는 반면, 기아에 대한 더 큰 관점이 주어지면 무관심하게 된다는 것을 보여준다.

해설

사람들이 개인으로서의 타인은 기꺼이 돕지만 집단으로서의 타인에 대해서는 무관심해진다는 실험에 관한 지문이므로, 빈칸 (A)에는 an individual(개인)과 (B)에는 larger(더 큰)가 들어가는 것이 가장 적절하다.

② 개인 – 더 큰
③ 군중 – 더 넓은
④ 군중 – 더 공정한
⑤ 국가 – 더 분명한

[41~42]

수년 전에 G.E. 회사는 Charles Steinmetz를 한 부서의 부장에서 직위 해제를 시켜야 하는 미묘한 문제에 직면했다. 전기에 관한 천재였던 Steinmetz는 회계부서의 부장으로서는 실패자였다. 그러나 그 회사에서는 그의 기분을 상하게 할 수는 없었다. 그는 없어서는 안 되는 사람이고 상당히 예민했다. 회사에서는 그에게 새로운 직함을 주었다. 그들은 그를 G.E.의 고문 엔지니어로 임명했는데, 그가 이미 하고 있던 일에 대한 새로운 직함이었고, 다른 사람에게 그가 맡던 부서를 이끌도록 했다. Steinmetz는 행복했다. G.E.의 임원들 또한 행복했다. 그들은 큰 파장 없이 그의 체면을 세워주었다.

이러한 일은 얼마나 중요한 일인가! 우리 중 그런 일을 생각하는 사람은 얼마나 적은가! 우리는 다른 사람의 감정에 대해 생각하지 않는다. 우리는 그냥 우리의 방식대로 살아가며, 다른 사람의 결점을 찾고, 직원을 다른 사람들 앞에서 비판하기도 한다. 우리는 그 과정에서 상대방의 자존심에 대한 상처는 절대로 고려하지 않는다. 이와는 반대로, 잠깐의 생각이나, 사려 깊은 한 두 마디의 말, 다른 사람의 태도에 대한 진정한 이해는 그러한 상처를 덜어줄 것이다. 비록 우리가 옳고 다른 사람이 명백히 틀렸다 하더라도 우리는 다른 사람들의 체면을 구김으로써 그들의 자아를 파괴한다. 프랑스의 전설적인 한 작가는 "나는 그의 눈앞에서 그 사람을 깎아 내리는 말이나 행동을 할 자격이 전혀 없다"고 글을 쓴 적이 있다. 중요한 것은

우리가 그를 어떻게 생각하느냐가 아니라 그가 자신에 대해 어떤 생각을 하느냐이다. 한 사람의 존엄성에 상처를 주는 것은 범죄이다.

41 ①

해설

직위 해제시켜야 하는 직원을 그의 체면과 자존심을 해치지 않는 방식으로 직원과 회사 모두 행복한 방식으로 다른 직함을 주었다는 예시를 통해 한 사람의 존엄성에 대한 상처를 고려하지 않고 체면을 구기게 하는 것은 바람직하지 않다는 내용을 말하고 있는 글이다. 따라서 이 글의 제목으로 가장 적절한 것은 ① Saving Face: A Way of Saving Pride(체면을 지켜주기: 자존심을 지켜주는 방법)이다.
② 고속승진을 위한 전략
③ 믿을만한 고용주가 되기를 원하는가?
④ 불신: 관계를 해치는 이유
⑤ 관계를 맺고 좋은 관계를 유지하기

42 ①

해설

자존심에 대한 상처를 고려하지 않고 체면을 구기게 하는 것은 그들의 자아를 파괴한다는 앞 내용으로 미루어보아 빈칸에 들어갈 말로 가장 적절한 것은 ① dignity(존엄성)이다.
② 상상력
③ 우정
④ 꿈
⑤ 독립성

어휘

be faced with	(어떤 상황에) 직면하다
delicate	미묘한, 연약한
indispensable	없어서는 안 될
save face	체면을 세우다
considerate	사려 깊은
genuine	참된
promotion	승진

[43~45]

(A) 2002년 크리스마스이브에 Texas Cleburne에 있는 W-Mart는 붐볐고 복잡했다. 누군가의 나무 아래에 다음 날 아침 보물로 걸릴 선물을 구입하기 위해 수십 명의 사람들이 계산대에 긴 줄을 서서 기다리고 있었다. 계산원 Melissa의 줄에 Emily가 서 있었다. Emily는 정부 보조로 생활했다. 그녀의 옷은 낡았고, 그녀의 손은 많은 고생을 경험한 사람의 손이었다.

(C) 그녀는 한 물건을 팔에 안고서 끈기 있게 줄 앞으로 이동하기를 기다렸다. 그녀의 아들은 그가 요구했던 단 하나의 선물인 비디오 게임기를 갖게 될 것이다. 그녀는 이것을 위해 일 년 내내 저축했고, 총액은 세금을 포함해서 약 220달러에 달했다. Melissa가 그 게임기의 바코드를 계산대에서 읽었을 때, 그 여자는 아주 당황했다. 그녀의 돈이 어디에 있지? 그것은 그녀가 그날 일찍 넣어두었다고 기억한 곳에 없었다. 그녀의 두려움은 그녀의 뒷줄에 있던 손님들에게 뚜렷이 보였고 그녀는 울

기 시작했다.

(D) '하필 왜 내 줄일까?' 제정신이 아닌 그 여성이 그녀의 옷을 뒤지는 것을 보면서 Melissa는 생각했다. 그 판매를 무효로 돌리고 그 게임기를 선반에 되돌려 놓기 위해 매니저를 호출하려고 했다. 그녀는 자기 계산대 줄을 닫고 매니저가 복잡한 가게의 다른 구역에서 오기를 기다리려고 했다. 이것은 크리스마스이브에 어떤 가게 매니저나 계산원도 원하는 일이 아니었다.

(B) 그리고 나서 놀라운 일이 일어났다. 그 줄의 뒤에서 한 여성이 그녀의 핸드백에서 100달러를 꺼내어 그것을 앞으로 건네었다. 그 돈이 그 줄 앞으로 이동하자, 20달러 지폐 한 장이 보태어졌고, 10달러 지폐 한 장도 보태어졌다. 누군가는 여러 장의 1달러를 던져 넣었다. 모은 돈이 마침내 계산대에 도달했을 때, Melissa는 220달러를 세었다. 낯선 사람들이 그녀의 아들에게 그가 꿈꿔오던 선물을 주고자 하는 한 가난한 여성의 크리스마스 소망을 이루어주었다. 그 크리스마스이브에 Texas Cleburne의 W-Mart에서의 Melissa의 줄에 있던 사람들은 모두 하나가 되었다.

43 ③

해설

크리스마스이브의 어느 마트의 계산대에 줄을 서서 기다리는 사람 중 Emily를 소개하는 내용의 (A)에 이어, Emily가 계산할 때 돈이 없어서 당황하는 내용의 (C)가 이어진 다음, 계산원 Melissa가 매니저를 호출 하고 기다리는 상황을 보여주는 (D)가 연결되고, 마지막으로 줄 뒤에 서 있던 다른 사람들이 조금씩 돈을 모아서 앞으로 전달하여 훈훈한 크리스마스이브의 모습을 보여주는 내용의 (B)가 이어지는 것이 글의 순서로 가장 적절하다.

44 ②

해설

(a), (c), (d), (e)는 Emily를 가리키지만, (b)는 처음으로 $100를 꺼내서 앞으로 전달한 어느 여성을 가리킨다.

45 ⑤

해설

(B) 단락에서, 아들에게 선물을 주고자 하는 Emily의 크리스마스 소망을 이루어주었다는 것은 게임기를 사람들의 도움으로 구매했다는 내용이므로 윗글의 내용과 일치하지 않는 것은 ⑤이다.

어휘

cashier	수납원
register	계산대, (금전 등의) 등록기
fulfill	실현하다, 성취하다

01 ②	02 ②	03 ②	04 ③	05 ①
06 ④	07 ①	08 ①	09 ③	10 ④
11 ④	12 ②	13 ③	14 ①	15 ⑤
16 ③	17 ④	18 ③	19 ②	20 ④
21 ⑤	22 ③	23 ②	24 ④	25 ④
26 ④	27 ④	28 ④	29 ③	30 ④
31 ②	32 ①	33 ①	34 ②	35 ②
36 ②	37 ④	38 ③	39 ④	40 ①
41 ①	42 ②	43 ④	44 ④	45 ③

01 ②

96% 수능 기출

M Mom, I want to **send** this book to Grandma. Do you have a **box**?
W Yeah. I've got this one to put photo albums in, but it's a **bit** small.
M The box looks big **enough** for the book. Can I use it?
W Of course. You can have it.

[해석]

남 엄마, 이 책을 할머니께 보내고 싶어요. 상자가 있나요?
여 응. 사진첩을 넣을 이 상자가 있는데, 좀 작네.
남 그 상자는 책을 넣을 만큼 충분히 커 보이네요. 제가 사용해도 될까요?
여 물론이지. 가져도 돼.

[해설]

할머니께 보낼 책을 넣을 상자를 찾고 있는 아들에게 엄마가 사진첩을 넣을 상자를 사용하라고 말하는 상황으로, 남자의 응답으로 가장 적절한 것은 ② '물론이지. 가져도 돼.'이다.
① 아직 아니. 그걸 보내는 것을 잊었어.
③ 미안해. 사진이 다 팔렸어.
④ 맞아. 넌 책을 사면 안 돼.
⑤ 사양할게. 난 앨범을 원하지 않아.

[어휘]

put in	집어 넣다
a bit	약간
photo album	사진첩
enough	충분히

02 ②

96% 수능 기출

W Charlie, where did you get these apples? They look so **fresh**!
M My grandpa sent them from his **farm**. He sent me **quite a lot**.
W Wow, I envy you. They look so **delicious**. Can I have one?

M Sure. Take as many as you want.

[해석]

여 Charlie, 이 사과들 어디서 났니? 아주 신선해 보인다!
남 내 할아버지께서 농장에서 그것들을 보내 주셨어. 나에게 아주 많이 보내 주셨어.
여 와, 부럽다. 정말 맛있어 보인다. 하나 가져도 되니?
남 물론이지. 원하는 만큼 많이 가져가.

[해설]

남자는 할아버지께서 농장에서 보내주신 많은 사과가 있는데, 이를 보고 여자가 부럽다며, 하나 가져도 되는지 묻는 상황이다. 따라서 남자의 응답으로 가장 적절한 것은 ② '물론이지. 원하는 만큼 많이 가져가.'이다.
① 아냐, 됐어, 나중에 하나 가지게.
③ 음, 그는 꽤 부지런한 농부시구나.
④ 미안하지만, 사과는 내가 가장 좋아하는 게 아냐.
⑤ 좋은 생각이야. 그것들을 시장에서 사자.

[어휘]

fresh	신선한
farm	농장
quite a lot	아주 많은 수[양]
envy	부러워하다
delicious	맛있는

03 ②

97% 수능 기출

W May I have your attention please? This is principal Carolyn. **As you know**, this Friday is the last day of our month−long item **donation** event. Thank you to those who have already **participated**. However, our **involvement** in the event has not met expectations yet, so we need to do more. The items we are still looking for are children's clothes, toys, school **supplies,** and books. If you have any of these items, please **drop** them off in the school **cafeteria** by Friday. Any donation, even just a single pencil, will be a great **help**. Don't forget that your small actions can make a big **difference**. I really **encourage** you to participate in this event. Thank you for listening.

[해석]

여 주목해 주세요. 저는 교장 Carolyn입니다. 여러분이 아시다피 이번 금요일은 우리의 한 달 동안의 물품 기부 행사의 마지막 날입니다. 이미 참석한 사람들에게 감사드립니다. 하지만 그 행사에서 우리의 참여가 아직 기대에 미치지 못해서, 우리는 더 많은 것을 해야 합니다. 우리가 아직도 찾고 있는 물품은 어린이 옷, 장난감, 학용품 그리고 책입니다. 여러분이 이 물품들을 어느 것이라도 갖고 있다면, 금요일까지 학교 식당으로 가져다 놓아주세요. 어떤 기부도, 심지어 단 하나의 연필도 커다란 도움이 될 것입니다. 여러분의 작은 행동이 큰 차이를 만들 수 있다는 것을 잊지 마세요. 저는 여러분이 이 행사에 참여하기를 정말로 권장합니다. 들어주어서 감사합니다.

물품 기부 행사의 마감일이 다가왔는데, 참여가 아직 기대에 미치지 못해서 학생들에게 행사 참여를 권장하고 있다. 따라서 여자가 하는 말의 목적으로 가장 적절한 것은 ② '기부 행사 참여를 독려하려고'이다.

principal	교장, 원금; 주요한
item	물품
donation	기부, 기증
participate	참여하다
involvement	참여, 관여
meet	충족시키다
expectation	기대, 예상
school supplies	학용품
drop off	(물건을 어떤 장소로) 가져다 놓다
cafeteria	구내식당
single	단 하나의
make a big difference	큰 차이를 만들다, 큰 영향을 미치다
encourage	권장하다, 격려하다

04 ③

96% 수능 기출

M Ms. Robinson, what was your **opinion** of Mr. Brown's open class today?

W It looked interesting.

M Yes, it did. I was **impressed** by how active it was.

W But honestly, the class seemed a bit **noisy** to me.

M Yeah, I know. But that's because today's class was **based** on games.

W Don't you think games can be a **waste** of class time?

M Well, actually I think that games can help students.

W I know students love games, but how do they help?

M Games make students want to **participate** more actively in class.

W Do you really think so?

M Yeah. Today I saw all of the students **laughing** and enjoying themselves during the class. I think the games **motivated** everyone to learn.

W That makes **sense**. I even saw shy students asking questions.

M Right. If students enjoy themselves in class, it'll certainly help their **learning**.

남 Robinson 선생님, 오늘 Brown 선생님의 공개 수업에 대한 선생님의 의견은 무엇이었나요?

여 흥미로워 보였어요.

남 네, 그랬죠. 저는 그것이 정말로 활기차서 깊은 인상을 받았어요.

여 그런데 솔직히, 그 수업이 저한테는 약간 시끄러워 보였어요.

남 네, 알아요. 하지만 그건 오늘 수업이 게임에 기초를 뒀기 때문이지요.

여 게임이 수업 시간의 낭비가 될 수 있다고 생각하지 않으세요?

남 음, 사실 저는 게임이 학생들을 도울 수 있다고 생각해요.

여 학생들이 게임을 좋아한다는 것은 저도 알지만, 그것들이 어떻

게 도움이 되나요?

남 게임은 학생들이 수업에 더 활발히 참여하고 싶도록 만들지요.

여 정말 그렇게 생각하세요?

남 네. 오늘 저는 모든 학생들이 수업 중에 소리 내어 웃고 즐기는 것을 봤어요. 저는 그 게임이 모두가 배우도록 동기를 부여했다고 생각해요.

여 일리 있네요. 저는 심지어 부끄럼을 타는 학생들도 질문을 하는 것을 봤어요.

남 맞아요. 만약 학생들이 수업 시간에 즐기면, 그것은 분명히 그들의 학습을 도와줄 거예요.

대화의 중반부에서 Games make students want to participate more actively in class. (게임은 학생들이 수업에 더 활발히 참여하고 싶도록 만들지요)와 I think the games motivated everyone to learn. (저는 그 게임이 모두가 배우도록 동기를 부여했다고 생각해요)으로 미루어 보아, 남자의 의견으로 가장 적절한 것은 ③ '게임을 이용한 수업은 학습에 도움이 된다.'이다.

opinion	의견
open class	공개 수업
impress	깊은 인상을 주다
active	활기찬
based on	~을 기초로 한
waste	낭비, 쓰레기; 낭비하다
participate	참여하다
actively	활동적으로
motivate	동기를 부여하다
make sense	말이 되다[타당하다]
shy	부끄럼을 타는, 수줍어하는

05 ①

97% 수능 기출

W Welcome back! Next, we're very excited to have today's **special** guest. Will you please welcome Jack Wilson?

M Hi, Laura. Thanks for **having** me. I watch your TV show every morning.

W I'm **flattered**, Jack. So, I saw your magic performance at the theater a few days ago. It was **amazing**!

M Yeah. More than 500 people came to see it. I had a wonderful time.

W Now, we all know making things disappear is your **specialty**.

M That's right.

W Can you tell us how you make **huge** things like cars disappear?

M Well, I can't **reveal** my secrets, but it's not as easy as pulling a rabbit out of a hat.

W Come on! Can't you **share** just one little trick with us?

M Alright, then. Just one. I'll show you a magic trick with coins.

W Great! When we come back from the **break**, we'll learn a coin trick from Jack Wilson. Stay **tuned**!

여 돌아오신 것을 환영합니다! 다음으로, 저희는 오늘의 특별 손님을 맞이하게 되어 매우 흥분됩니다. Jack Wilson 씨를 환영해 주시겠습니까?

남 안녕하세요, Laura. 저를 불러주셔서 감사합니다. 저는 매일 아침 당신의 TV 쇼를 봅니다.

여 과찬이십니다, Jack 씨. 자, 저는 며칠 전 극장에서 당신의 마술 공연을 봤습니다. 그것은 정말 놀라웠어요!

남 네. 500명도 넘는 분들이 그것을 보러 오셨죠. 저는 즐거운 시간을 가졌습니다.

여 자, 저희 모두는 물건을 사라지게 하는 것이 당신의 특기라는 것을 알고 있습니다.

남 맞습니다.

여 자동차와 같이 거대한 것을 어떻게 사라지게 하는지 저희에게 말씀해 주실 수 있으신지요?

남 음, 여러분에게 저의 비결을 드러낼 수는 없지만, 그것은 모자에서 토끼를 꺼내는 것만큼 쉽지는 않습니다.

여 자! 저희에게 딱 한 가지 작은 비법을 공유해주실 수 없으신지요?

남 그럼, 좋아요. 딱 한 가지만요. 제가 동전을 가지고 하는 마술 비법을 보여 드리겠습니다.

여 좋아요! 잠시 쉬었다가 돌아오면, 저희는 Jack Wilson 씨로부터 동전으로 하는 비법을 배우게 될 겁니다. 채널 고정해 주세요!

해설

대화의 초반부에 여자가 I saw your magic performance at the theater a few days ago. (며칠 전 극장에서 당신의 마술 공연을 봤습니다)라고 한 것과, 마지막에 When we come back from the break, we'll learn a coin trick from Jack Wilson. Stay tuned! (잠시 쉬었다가 돌아오면, 저희는 Jack Wilson 씨로부터 동전 마술을 배우게 될 겁니다. 채널 고정해 주세요!)라고 한 것으로 미루어 보아, 두 사람의 관계를 가장 잘 나타낸 것은 ① '사회자 - 마술사'이다.

어휘

special guest	특별손님
I'm flattered.	과찬입니다.
performance	공연, 수행
theater	극장
disappear	사라지다
specialty	특기, 장기, 전공
huge	거대한
reveal	드러내다
secret	비결
share ~ with ...	~을 …와 공유하다, 나누다
trick	비법, 속임수, 기술
break	휴식시간
stay tuned	채널을 고정하다

06 ④　　　　　97% 수능 기출

M Hello, Ms. Miller. I'm Joshua's father.

W Hi, Mr. Smith. Thanks for coming to our **parent-teacher** meeting.

M It's nice to meet you. This room looks great. Wow! Look at the wall.

W You know, Joshua loves the elephant **between** the lion and the panda.

M Does he like the **mobile** hanging from the ceiling, too?

W He does. The children made it **together**.

M They did a wonderful job. That toy dinosaur next to the **bookshelf** looks good.

W Oh, I put it there because the children have been learning about **dinosaurs**.

M That sounds fun. There are two boxes **under** the Christmas tree. What are they for?

W They're **presents** for the class. We've got some candies for the kids.

M Aha. The Christmas tree is **decorated** so nicely. The star on top of the tree looks very pretty.

W Thanks. The meeting will start soon. Let's go **upstairs**, Mr. Smith.

해석

남 안녕하세요, Miller 선생님. 저는 Joshua의 아버지입니다.

여 안녕하세요, Smith 씨. 학부모와 교사의 모임에 와주셔서 감사드립니다.

남 만나서 반갑습니다. 이 교실은 멋져 보입니다. 와! 저 벽을 보세요.

여 아시다시피, Joshua는 사자와 판다 사이에 있는 코끼리를 매우 좋아해요.

남 그 애는 천장에 매달려 있는 모빌도 좋아하나요?

여 그럼요. 아이들이 그것을 함께 만들었어요.

남 아이들이 멋진 일을 했군요. 책꽂이 옆에 있는 저 장난감 공룡이 멋져 보이는군요.

여 아, 아이들이 공룡에 대해 배워 오고 있기 때문에 제가 그것을 거기에 뒀어요.

남 재밌을 것 같아요. 크리스마스 나무 아래에 두 개의 상자가 있네요. 그것들은 무엇을 위한 거죠?

여 그것들은 학급을 위한 선물입니다. 저희가 아이들을 위해 캔디를 좀 샀어요.

남 아하. 크리스마스 나무가 정말 멋지게 장식되었네요. 나무 꼭대기의 별은 아주 예뻐 보이네요.

여 감사합니다. 모임이 곧 시작됩니다. 위층으로 올라가시죠, Smith 씨.

해설

대화의 후반부에서 남자가 There are two boxes under the Christmas tree. (크리스마스 나무 아래에 두 개의 상자가 있네요)라고 말했는데, 그림에는 크리스마스 나무 아래에 상자가 세 개 있으므로, 대화의 내용과 일치하지 않는 것은 ④이다.

어휘

parent-teacher	학부모와 교사의
mobile	모빌(움직이는 조각), 휴대폰; 이동식의
hang	매달리다
ceiling	천장
dinosaur	공룡

bookshelf	책꽂이
present	선물, 현재; 출석한; 제공하다, 발표하다
decorate	장식하다
upstairs	위층으로

figure out	알아내다, 계산하다
the other day	며칠 전에

07 ①

94% 수능 기출

W Charlie, our department workshop in Jeju is only two weeks **away**.

M That's right. Let's check if everything is **prepared**.

W Okay. I've already **booked** the flight for everyone. Did you take care of the **accommodations?**

M I did. I called **several** possible hotels and made a **reservation** at the one that gave us the best group price.

W Excellent. Then what else do we need to do?

M We need to **figure** out where to eat and also order the T-shirts with the company logo.

W I heard there're many good places to eat in Jeju. I'll find restaurants **online**.

M Sounds good. Then I'll **order** the T-shirts.

W You have everybody's sizes, right?

M Of course. I got them the **other** day.

W That's perfect.

해석

여 Charlie, 제주에서의 우리 부서 워크숍이 딱 2주 남았어요.

남 맞아요. 우리 모든 것이 준비됐는지 확인해 봐요.

여 좋아요. 저는 이미 모든 사람을 위한 항공편을 예약했어요. 숙박 시설은 처리했나요?

남 (처리)했어요. 가능한 호텔 몇 곳에 전화해서 가장 좋은 단체 가격을 우리에게 준 한 곳에 예약했어요.

여 훌륭해요. 그럼 그 밖에 우리가 무엇을 해야 하죠?

남 먹을 곳을 알아 내야 하고, 회사 로고가 있는 티셔츠를 주문해야 해요.

여 제주에는 먹기 좋은 곳이 많다고 들었어요. 제가 온라인으로 식당을 찾아볼게요.

남 좋아요. 그럼 제가 티셔츠를 주문할게요.

여 모든 사람의 치수를 갖고 있죠, 그렇죠?

남 물론이죠. 며칠 전에 그것들을 받았어요.

여 완벽해요.

해설

대화의 후반부에 남자가 Then I'll order the T-shirts. (그럼 내가 티셔츠를 주문할게요.)라고 했으므로, 남자가 할 일로 가장 적절한 것은 ① '티셔츠 주문 하기'이다.

어휘

department	부서
prepared	준비된
book	예약하다
flight	항공편
take care of	처리하다, 돌보다
accommodations	숙박 시설
make a reservation	예약하다

08 ①

96% 수능 기출

M Whew! What a **long** day!

W Yeah. It has **been**, Paul. But I'm glad everyone loved our team project. You did a nice job.

M You, too, Jenny. Your **part** was great.

W Thanks. I'm glad we're all done. Don't **forget** the team dinner at 7 o'clock.

M Oh, I'm sorry, but I can't go.

W That's a **shame**. Why not?

M I need to go home early to see my father.

W Oh, really? Is his back **bothering** him again?

M No. He's been feeling much better **since** he came back from the hospital.

W That's good. Is today a special day then? His birthday?

M No. Actually, my mother went on a business trip to Canada this week. So I'm going to have dinner with him **while** she's gone.

W That's **thoughtful** of you, Paul. I hope you have a nice dinner with him.

M Thanks, Jenny. I'll **join** the next team dinner.

해석

남 휴! 참 긴 하루였어요!

여 네. 긴 하루였어요, Paul. 하지만 모든 사람들이 우리의 팀 프로 젝트를 좋아해서 저는 기뻐요. 당신이 잘 했어요.

남 당신도요, Jenny. 당신이 맡은 부분은 훌륭했어요.

여 고마워요. 우리가 모두 끝나서 기뻐요. 7시에 팀 회식 잊지 마 세요.

남 아, 미안하지만 나는 갈 수 없어요.

여 유감이네요. 왜 안 돼죠?

남 아버지를 뵈러 집에 일찍 가야 해요.

여 아, 정말요? 그의 허리가 다시 그를 괴롭히고 있나요?

남 아니요. 아버지는 병원에서 돌아오신 후로 훨씬 더 좋아지고 있 어요.

여 다행이네요. 그러면 오늘이 특별한 날인가요? 그의 생일인가요?

남 아니요. 사실은, 어머니가 이번 주에 캐나다로 출장을 가셨어요. 그래서 어머니가 없는 동안 아버지와 저녁 식사를 할 거예요.

여 당신은 생각이 깊네요, Paul. 아버지와 멋진 저녁 하기를 바라요.

남 고마워요, Jenny. 다음 팀 회식에는 함께 할게요.

해설

대화의 후반부에 Actually, my mother went on a business trip to Canada this week. So I'm going to have dinner with him while she's gone. (사실은, 어머니가 이번 주에 캐나다로 출장을 가셨어요. 그래서 어머니가 없는 동안 아버지와 저녁 식사를 할 거예요.)라고 했으므로, 남자가 팀 회식에 참여할 수 없는 이유로 가장 적절한 것은 ① '아버지와 저녁 식사를 해야 해서'이다.

be done	끝나다
That's a shame.	그것 참 안됐다.
forget	잊다
back	허리, 등, 뒤쪽
bother	괴롭히다, 귀찮게 하다
business trip	출장
thoughtful	생각이 깊은, 사려 깊은

09 ③

W Hello. Can I help you?

M Yes. I need a winter **blanket**.

W How about this one? It's **lightweight** but it'll keep you warm.

M Oh, it's soft, too. How much is it?

W It was **originally** $50, but it's on sale. Now it's only $40.

M Great. I'll take one. Do you also have pillows?

W Of course. What kind of pillow are you looking for?

M I'm looking for a **supportive** pillow because my neck hurts sometimes.

W This one will keep your head **slightly** raised. The price is also **reasonable**. It's $10.

M That's exactly what I need. I'll take two.

W Okay. You're **getting** one blanket and two pillows, right?

M Right. And can I use this **coupon** I got from your website?

W Sure. You'll get 10% **off** the total price.

M Great. I'll use the coupon and pay by **credit** card.

해석

여 안녕하세요. 도와드릴까요?

남 네. 겨울 담요가 필요해요.

여 이것은 어떤가요? 가볍지만, 따뜻하게 해 줄 겁니다.

남 아, 부드럽기도 하네요. 얼마죠?

여 원래는 50달러였지만, 세일 중입니다. 지금은 겨우 40달러입니다.

남 좋아요. 하나 살게요. 베개도 있나요?

여 물론이죠. 어떤 종류의 베개를 찾고 계시죠?

남 목이 가끔 아파서 받쳐주는 베개를 찾고 있습니다.

여 이것이 당신의 머리를 살짝 올라간 상태로 유지해 줄 것입니다. 가격도 또한 적절해요. 10달러입니다.

남 그게 정확히 제가 원하는 거예요. 두 개 살게요.

여 좋습니다. 담요 하나와 베개 두 개 사시는 거죠, 맞죠?

남 맞아요. 그리고 웹사이트에서 구한 이 쿠폰을 사용할 수 있을까요?

여 물론이죠. 총액에서 10%를 할인 받으실 거예요.

남 좋아요. 이 쿠폰을 사용하고 신용카드로 지불할게요.

해설

겨울용 담요는 세일해서 1개에 40달러이고, 베개는 1개에 10달러이다. 남자는 베개 두 개와 담요 하나를 사기로 해서 총 60달러인데, 웹사이트에서 구한 쿠폰을 사용하여 총액의 10%를 할인 받을 것이므로, 할인 금액은 6달러이다. 따라서, 남자가 지불할 금액은 ③ '54달러'이다.

어휘

blanket	담요
lightweight	가벼운
originally	원래
pillow	베개
supportive	받쳐주는, 지지하는
slightly	살짝, 약간
reasonable	적절한, 합리적인
exactly	정확히
pay	지불하다

10 ④

M Hey, Jennifer. There's something **different** about you today.

W Yeah. I got my hair **cut** yesterday. How do I look?

M That style really **suits** you. What's the name of the hair salon? I need a haircut, too.

W It's called "Beautiful Hair, Wonderful Day."

M Hmm, I think **I've** seen it before. Can you tell me where it is?

W Sure. It's **located** on Main Street, near the Central Shopping Mall.

M Oh yeah, now I remember where it is. Do you know how much a man's haircut **costs** there?

W I think it's about 15 dollars, but you can check the price on the salon's website to make **sure**.

M I'll **check** online later.

W I can **recommend** a stylist if you want. She does a great job with **men's** hair.

M Okay. What's her name?

W Alice Moore. She's really good.

M Great. Thanks.

해석

남 이봐, Jennifer. 오늘 뭔가 달라 보이는데요.

여 네. 어제 머리를 잘랐어요. 어때 보여요?

남 그 스타일이 정말 어울리네요. 미용실 이름이 뭐죠? 저도 머리를 잘라야 하거든요.

여 "Beautiful Hair, Wonderful Day"예요.

남 음, 전에 본 것 같은데요. 그 미용실이 어디 있는지 말해주실래요?

여 물론이죠. Main Street의 Central Shopping Mall 근처에 있어요.

남 오 그래요, 이제야 그게 어디에 있는 지 기억나네요. 거기 남자머리 자르는데 얼마인지 아세요?

여 약 15달러인 것 같은데, 확실히 하려면 그 미용실의 웹사이트에서 가격을 확인할 수 있어요.

남 나중에 온라인으로 확인해 볼게요.

여 원한다면 미용사를 추천해 드릴 수 있어요. 그녀는 남자 머리를 정말 잘하거든요.

남 좋아요. 그녀의 이름이 뭐죠?
여 Alice Moore예요. 그녀는 정말 잘해요.
남 좋아요. 고마워요.

해설

가게 이름은 Beautiful Hair, Wonderful Day이고, 위치는 Main Street에 있는 Central Shopping Mall 근처이고, 남자 이발 비용은 약 15달러이고, 여자가 추천하는 미용사 이름은 Alice Moore이다. 하지만, 영업시간에 대해서는 언급을 하지 않았으므로, 미용실에 관해 두 사람이 언급하지 않은 것은 ④ '영업시간'이다.

어휘

suit	어울리다, 잘 맞다; 정장
hair salon	미용실
locate	위치하다
cost	비용이 들다; 비용
make sure	확실히 하다, 꼭 ~하다
recommend	추천하다
stylist	미용사

11 ④ 96% 수능 기출

W Good morning, everyone. I'm Jillian Wyatt, **president** of Creative Minds Science Club. I'd like to invite you to join our club. **Creative** Minds is open to first- and second-year students. We meet in the science **lab** every Tuesday after school. We have a **variety** of interesting activities, like doing fun **experiments** and making inventions as a team. In fact, last year our club won prizes at a number of **invention** contests. We're very proud of our **achievements**. This year's advising teacher is Ms. Williams, who is a **chemistry** teacher at our school. This is a great **opportunity** to learn more about science and to put your creative mind into action. If you're interested, you can find more information on our school's **bulletin** board. Come and join us!

해석

여 좋은 아침입니다, 여러분. 저는 Creative Minds Science Club의 회장인 Jillian Wyatt입니다. 저는 여러분을 우리 동아리에 가입하도록 초대하고 싶습니다. Creative Minds는 1학년생과 2학년생에게 열려 있습니다. 우리는 매주 화요일 방과 후에 과학 실험실에서 모입니다. 우리는 팀으로 재미난 실험을 하고 발명품을 만드는 것과 같은 다양한 흥미로운 활동을 가지고 있습니다. 사실 작년에 우리 동아리는 많은 발명 대회에서 상을 받았습니다. 우리는 우리의 업적이 매우 자랑스럽습니다. 올해의 지도 교사는 Williams 선생님이며, 그녀는 우리 학교의 화학 선생님입니다. 이것은 과학에 대해 더 많이 배우고 여러분의 창의적 정신을 실행에 옮길 수 있는 훌륭한 기회입니다. 관심이 있다면, 교내 게시판에서 더 많은 정보를 찾을 수 있습니다. 와서 우리와 함께해주세요!

해설

담화의 후반부에 This year's advising teacher is Ms. Williams, who is a chemistry teacher at our school. (올해의 지도 교사는 Williams 선생님이며, 그녀는 우리 학교의 화학 선생님입니다)라고 했으므로, Creative Minds Science Club에 관한 내용과 일치하지 않은 것은 ④ '올해의 지도 교사는 물리 선생님이다'이다.

어휘

president	회장, 대통령
creative	창의적인
lab	실험실 (= laboratory)
a variety of	다양한
experiment	실험; 실험하다
invention	발명품, 발명
a number of	많은, 다수의
contest	대회
achievement	업적, 성취
advising teacher	지도 교수
chemistry	화학
opportunity	기회
put ~ into action	~을 실행하다
bulletin board	게시판

12 ② 97% 수능 기출

M Honey. Here's a pamphlet for the **attraction** packages at Grandlife Amusement Park. Let's choose one of them.
W Okay. How much do you think we should **spend**?
M Well, I don't want to spend more than 50 dollars **per** person.
W All right. For the 3D movie, would you **rather** watch Amazing Sea or Jungle Safari?
M **Either** one sounds fine, but I'd prefer Amazing Sea because it would look really cool in 3D.
W Good. Let's watch that movie then.
M Okay. How about the **aquarium**? I've heard that there're some **fantastic** dolphins.
W Well, if we're seeing a movie about the sea, I don't think we need to go to the aquarium, too.
M Yeah, I agree. Should we **include** the lunch box option?
W Sure. That way, we can **save** some time.
M Then, that **leaves** this package.
W Perfect! Let's choose that one.

해석

여 여보. 여기에 Grandlife Amusement Park의 명소 패키지를 위한 소책자가 있어요. 그것들 중 하나를 골라요.
남 좋아요. 우리가 얼마나 써야 한다고 생각해요?
여 음, 나는 1인당 50달러 이상 쓰고 싶지 않아요.
남 좋아요. 3D 영화에서, Amazing Sea 또는 Jungle Safari 중 어떤 것을 보겠어요?
여 둘 중 어떤 것도 좋은데, Amazing Sea가 3D로 보면 정말 멋질 거 같아서 Amazing Sea가 더 좋아요.

남 좋아요. 그러면 그 영화를 봐요.

여 그래요. 수족관은요? 환상적인 돌고래들이 좀 있다고 들었어요.

남 음, 만약 우리가 바다에 관한 영화를 본다면, 수족관도 갈 필요는 없다고 생각해요.

여 네, 동의해요. 점심 도시락 선택을 포함시켜야 할까요?

남 물론이죠. 그런 식으로, 우리는 약간의 시간을 절약할 수 있을 거예요.

여 그러면, 이 패키지가 남네요.

남 완벽해요! 그것을 선택해요.

1인당 50달러 이상 쓰고 싶지 않다고 했고, 3D영화로 Amazing Sea를 보기로 했으며, 바다에 관한 영화이므로 수족관은 갈 필요가 없고, 점심 도시락을 선택하여 시간을 절약할 수 있다고 했으므로, 두 사람이 선택할 패키지 상품은 ②이다.

[어휘]

pamphlet	소책자, 팸플릿
attraction	명소, 매력
amusement park	놀이 공원
spend	소비하다, 쓰다
prefer	더 좋아하다
aquarium	수족관
include	포함하다
option	선택
leave	남기다, 떠나다

13 ③

93% 수능 기출

W Richard, this is a great place to spend **vacation**, isn't it?

M Yes. I really love this city, Mom.

W So what do you want to do today?

M Why don't we take a walking **tour** downtown? I heard it's a **must-do**.

W I don't think a walking tour is a good idea.

M Why not?

W It's very cold and windy today. We might **catch** a cold if we walk **outside** too long.

M But I want to see the famous tourist **attractions** downtown.

W Then we can take a bus tour, **instead**.

M A bus tour? I didn't think about that.

W The bus goes around downtown and **visits** all the famous places.

M Well, I guess we could see all the places and stay **warm** on the bus.

W **Definitely**. And we can save time, too.

M All right. Let's go on a bus tour then.

[해석]

여 Richard, 여기는 휴가를 보내기에 멋진 곳이구나, 그렇지 않니?

남 네. 이 도시가 정말 마음에 들어요, 엄마.

여 그런데 너는 오늘 무엇을 하고 싶니?

남 시내 도보 관광을 하는 것이 어때요? 그게 꼭 해야 하는 것이라고 들었어요.

여 도보 관광은 좋은 생각 같지는 않구나.

남 왜 아니죠?

여 오늘은 매우 춥고 바람이 불잖아. 밖에서 너무 오래 걸으면 감기에 걸릴지도 몰라.

남 하지만 시내에 있는 유명 관광 명소를 보고 싶어요.

여 그러면 대신에 버스 관광을 할 수 있어.

남 버스 관광이요? 그것에 대해서는 생각하지 못했어요.

여 버스가 시내를 돌며 모든 유명 장소를 방문해.

남 음, 버스를 타고 모든 곳을 보며 따뜻하게 있을 수 있겠네요.

여 그렇고말고. 그리고 우리는 시간도 절약할 수 있어.

남 좋아요. 그러면 우리 버스 관광을 가요.

밖의 날씨가 춥고 바람이 불어 시내 관광은 도보 대신에 버스로 하자는 엄마의 말에 아들이 동감하는 상황이다. 따라서, 여자의 마지막 말에 대한 남자의 응답으로 가장 적절한 것은 ③ '좋아요. 그러면 우리 버스 관광을 가요.'이다.

① 동의해요. 그 장소는 너무 붐볐어요.

② 물론이죠. 시내는 매우 따뜻해요.

④ 물론이죠. 지난 번 우리 휴가는 지금까지 중에 최고였어요.

⑤ 네, 호텔은 걸어서 갈 수 있는 거리예요.

[어휘]

vacation	휴가, 방학
must-do	꼭 해야 하는 것
catch a cold	감기에 걸리다
tourist attraction	관광 명소
instead	대신에
definitely	그렇고말고, 확실히
save	절약하다, 저축하다, 저장하다
crowded	붐비는
walking distance	걸어서 갈 수 있는 거리

14 ①

95% 수능 기출

[Cell phone rings.]

M Hey, Rebecca? What's up? You're **calling** early in the morning.

W Sorry, Daniel. I need to tell you something. Do you remember I **applied** for the school orchestra?

M Of course. Did you hear anything from the director?

W Yes. I got a text message from him last night. I got **accepted**.

M Congratulations! I'm really happy for you.

W Thank you. But **there's** a problem.

M What is it?

W You know I was going to help you write a speech for the school **election**.

M Yes. I need to finish it by tomorrow.

W But I have to **attend** the orchestra practice tomorrow.

M Then can you help me today?

W Well, there's an **orientation** for new members today. I'm **terribly** sorry, but I don't think I can help you.

M Don't worry about it. I know you really wanted to join the **orchestra**.

W **Thanks for understanding. I hope it won't cause any trouble.**

해석

[휴대 전화가 울린다.]

남 이봐, Rebecca? 무슨 일이니? 아침 일찍 전화를 했네.

여 미안해, Daniel. 너한테 할 말이 있어. 내가 학교 오케스트라에 지원했던 거 기억하니?

남 물론이지. 감독님한테서 무슨 말을 들었니?

여 어. 지난밤에 그에게서 문자 메시지를 받았어. 나 입단 허가를 받았어.

남 축하해! 정말 기쁘다.

여 고마워. 근데 문제가 있어.

남 뭔데?

여 네가 학교 선거를 위한 연설문을 쓰는 것을 내가 도우려고 했었잖아.

남 어. 내일까지 그것을 끝내야 해.

여 그런데, 나 내일 오케스트라 연습에 참석해야 해.

남 그럼 오늘 도와줄 수 있니?

여 음, 오늘 신입 단원들을 위한 예비 교육이 있어. 정말 미안하지만, 너를 도울 수 없을 것 같아.

남 그것에 대해 걱정하지 마. 네가 그 오케스트라에 정말로 입단하고 싶어 했다는 것을 알고 있어.

여 이해해줘서 고마워. 그것이 어떤 문제도 일으키지 않았으면 해.

해설

여자가 남자의 학교 선거를 위한 연설문 쓰는 것을 돕기로 했는데, 오케스트라를 위한 예비교육을 받게 되어서 돕지 못한다는 말에, 남자가 걱정하지 말라고 하는 상황이다. 따라서, 남자의 마지막 말에 대한 여자의 응답으로 가장 적절한 것은 ① '이해해줘서 고마워. 그것이 어떤 문제도 일으키지 않길 바라.'가 여자의 응답으로 가장 적절하다.

② 물론이지. 네가 메시지를 보냈을 때 깊이 감동했어.

③ 좋은 소식이네. 그 오케스트라는 여전히 신입 단원들을 구하고 있어.

④ 천만에. 나는 그 예비 교육을 위해 해야 했던 일을 했어.

⑤ 맞아. 네가 없었다면 그 선거에서 이길 수 없었을 거야.

어휘

apply for	~에 지원하다
text message	문자 메시지
director	감독
get accepted	입단[입학] 허가를 받다
Congratulations	축하해
speech	연설문, 연설
election	선거
attend	참석하다
practice	연습
orientation	예비 교육
terribly	정말, 지독히
deeply	깊이
touch	감동을 주다, 만지다

15 ⑤ 　　　　　89% 수능 기출

W Sarah and Brian are university classmates. Sarah wants to be a teacher and is **interested** in helping others. She plans on finding volunteer work to **contribute** to the community while getting teaching **experience**. However, she's not sure what kind of **volunteer** work she can do. Brian is a volunteer mentor at a **local** community center. He feels that his students are learning a lot, and that he's **benefitting** from the experience as well. Sarah tells Brian about her plan and asks him to **recommend** some volunteer work for her. Since Brian finds his volunteer work **rewarding**, he wants to suggest to Sarah that she be a **mentor** at the **community** center. In this situation, what would Brian most likely say to Sarah?

해석

여 Sarah와 Brian은 대학 동급생입니다. Sarah는 선생님이 되기를 원하고 다른 사람들을 돕는 데 관심이 있습니다. 그녀는 가르치는 경험을 하는 동안 지역 사회에 기여할 수 있는 자원봉사를 찾을 계획입니다. 하지만 그녀는 어떤 종류의 자원봉사를 할 수 있는지를 확신하지 못합니다. Brian은 지역 주민회관의 자원봉사 조언자입니다. 그는 자신의 학생들이 많이 배우고 있고, 자신도 그 경험으로부터 혜택을 입고 있다고 느낍니다. Sarah는 Brian에게 자신의 계획에 대해 말하고 자신을 위한 자원봉사를 추천해 달라고 요청합니다. Brian은 자신의 자원봉사가 보람차다고 여기기 때문에, Sarah에게 그녀가 주민회관에서 조언자가 될 것을 추천하고 싶어 합니다. 이런 상황에서, Brian은 Sarah에게 뭐라고 말할 가능성이 가장 높을까요?

해설

Sarah가 다른 사람들을 돕는 데 관심이 있어서 지역사회에 기여할 수 있는 자원봉사를 찾고 있고, Brian은 주민회관 자원봉사 조언자로 그의 학생들이 많이 배우고 있고, 자신도 혜택을 입고 있다고 여겨서 Sarah도 주민회관 조언자가 추천하기를 원하고 있는 상황이다. 따라서 Brian이 Sarah에게 할 말로 가장 적절한 것은 ⑤ '주민회관에서 지도자로서 자원봉사하는 게 어떠니?'이다.

① 지도자로서 조언을 내게 좀 해 주겠니?

② 동급생들과 친밀한 관계를 유지하려고 노력해.

③ 너는 지역 주민회관에서 노래 수업을 들을 수 있어.

④ 너는 추천서에 관한 도움을 받아야겠다.

어휘

volunteer work	자원봉사
contribute to	기여하다
community	지역사회, 공동체
mentor	지도자
local	지역의; 지역민
benefit from	~에서 혜택을 입다
experience	경험; 경험하다
as well	또한
recommend	추천하다
rewarding	보람찬
be likely to	~할 가능성이 있다, ~하기 쉽다

[16~17]

M Hello, class. Last time we learned about **insects**, their life cycles and what they eat. As you know, many insects get food from flowers, but they aren't the only **creatures** that do. Today, we'll learn about a variety of animals that use flowers as a food source. First are hummingbirds. These birds use their long narrow **beaks** to get the flower's sweet **liquid** called nectar. Mysteriously, they only **feed** from upside down flowers. We still don't know why. Next are bats. Although most bats eat insects, some get their food from flowers. These bats have a strong sense of smell and **sight** compared to insect-eating bats. There are also lizards that drink nectar. These lizards are found on **tropical** islands that have few natural enemies. Finally, there is a type of squirrel that feeds from flowers. Most **nectar-drinking** animals help flowers grow in numbers, but these squirrels often harm the plant. When drinking nectar, they **bite** through the flower, which causes damage. Interesting, huh? What other animals use flowers in their **diet**? Take a minute to think, and then we'll talk about it.

[해석]

남 안녕하세요, 여러분. 지난 시간에 우리는 곤충과 그것들의 생활 주기, 그리고 그것들이 무엇을 먹는지를 배웠습니다. 여러분도 알다시피, 많은 곤충이 꽃에서 먹이를 얻지만, 그것들이 그렇게 하는 유일한 생물은 아닙니다. 오늘, 우리는 먹이 공급원으로 꽃을 이용하는 다양한 동물들에 대해서 배울 것입니다. 첫째는 벌새입니다. 이 새는 넥타(꿀)라고 불리는 꽃의 달콤한 액체를 얻기 위해 길고 좁은 부리를 이용합니다. 신비하게도, 그것은 거꾸로 된 꽃에서만 먹이를 먹습니다. 우리는 아직도 이유를 알지 못합니다. 다음은 박쥐입니다. 대부분 박쥐는 곤충을 먹지만, 어떤 것은 꽃에서 먹이를 얻습니다. 이 박쥐는 곤충을 먹는 박쥐에 비해 강한 후각과 시각을 지니고 있습니다. 꿀을 마시는 도마뱀도 있습니다. 이 도마뱀은 천적이 거의 없는 열대 섬에서 발견됩니다. 마지막으로 꽃에서 먹이를 얻는 다람쥐 종이 있습니다. 대부분의 꿀을 마시는 동물들은 꽃이 수가 불어나는 것을 돕지만, 이 다람쥐는 종종 식물에 피해를 줍니다. 꿀을 마실 때, 그것들은 꽃을 물어뜯는데, 이것이 피해를 일으킵니다. 흥미롭지요, 그렇지 않나요? 어떤 다른 동물들이 먹이로 꽃을 이용합니까? 잠시 생각해 보고 나서 그것에 관해 이야기해 보겠습니다.

16 ③

95% **수능 기출**

[해설]

담화의 초반부에 Today, we'll learn about a variety of animals that use flowers as a food source. (오늘, 우리는 먹이 공급원으로 꽃을 이용하는 다양한 동물들에 대해서 배울 것입니다)라고 말하고 먹이로 꽃을 이용하는 동물들의 구체적인 예가 이어지고 있으므로, 남자가 하는 말의 주제로 가장 적절한 것은 ③ '꽃에서 먹이를 얻는 다양한 동물들'이다.

① 꽃이 동물들을 끌어들이는 몇 가지 방법
② 동물들과 관련된 인기 있는 직업
④ 동물들에게 위험이 되는 주요 요인
⑤ 열대 섬에서 사는 멸종 위기에 처한 동물들

17 ④

95% **수능 기출**

[해설]

먹이로 꽃을 이용하는 다양한 동물들의 예로 hummingbirds(벌새), bats(박쥐), lizards(도마뱀), 그리고 squirrels(다람쥐)가 차례대로 언급되었다. 따라서 언급된 동물이 아닌 것은 ④ 'parrots(앵무새)'이다.

[어휘]

life cycle	생활 주기
creature	생명체
a variety of	다양한 (= various)
food source	먹이공급원, 식량원
hummingbird	벌새
beak	부리
liquid	액체
nectar	(꽃의) 꿀, 과일즙
feed	먹이를 먹다, 먹이다; 먹이
upside down	거꾸로
compared to	~에 비해
tropical	열대의
natural enemy	천적
grow in numbers	수가 늘어나다
profession	직업
related to	~와 관련된
factor	요인, 요소
pose a threat	위협이 되다
endangered	멸종 위기에 처한

18 ③

95% **수능 기출**

Diane Edwards 귀하,

저는 East End 고등학교에서 근무하고 있는 선생님입니다. 저는 귀하의 공고에서 East End 항구 박물관이 지금 '2017 Bug Light-house Experience(버그 등대 체험)'라는 특별한 체험을 제공하고 있다고 읽었습니다. 그 프로그램은 우리 학생들이 즐거운 시간을 보내고 새로운 것을 경험할 훌륭한 기회가 될 것입니다. 저는 우리 학교의 50명의 학생들과 선생님들이 그 프로그램에 참여하고 싶을 것이라고 추정합니다. 11월 18일 토요일에 그 프로그램에 대한 단체 예약을 하는 것이 가능한지 저에게 알려주시겠습니까? 우리는 이 훌륭한 기회를 놓치기를 원하지 않습니다. 곧 귀하로부터 소식듣기를 고대합니다.

안부를 전하며

Joseph Loach 보냄

[해설]

고등학교 선생님이 박물관에서 제공하는 체험 프로그램에 50명의 학생들과 선생님들의 단체 예약이 특정한 날에 가능한지 담당자에게 묻고 있는 내용이다. 따라서 이 글의 목적으로 가장 적절한 것은 ③ '프로그램 단체 예약이 가능한지를 문의하려고'이다.

notice	공고; 알아차리다
seaport	항구
offer	제공하다, 제안하다
lighthouse	등대
experience	체험, 경험; 경험하다
opportunity	기회
estimate	추정하다; 추정
participate	참여하다
group reservation	단체 예약
miss	놓치다, 그리워하다
look forward to -ing	고대하다
Best regards	(편지 맺음말) 안부를 전하며

19 ②

95% 수능 기출

보트여행의 시작은 내가 기대했었던 것과는 거리가 멀었다. 내가 본 야생생물 중 하나도 이국적이지 않았다. 나는 단지 칙칙한 회색 바위만 볼 수 있었다. 또한 매우 더웠고 습해서 나는 그 여행을 완전히 즐길 수가 없었다. 하지만 그 배가 Bay Park Canal로 미끄러져 들어가자, 갑자기 나의 엄마가 외쳤다. "저 맹그로브를 봐!" 완전히 새로운 세계가 시야에 들어왔다. 우리가 맹그로브 숲의 시원한 그늘에 들어갔을 때, 운하를 따라있는 맹그로브 숲은 나를 전율시켰다. 나는 맹그로브의 아름다운 잎과 꽃에 매료되었다. 그러나 무엇보다도, 나는 나뭇가지 사이에서 움직이는 토종새, 원숭이 그리고 도마뱀에 매혹되었다. "정말 멋진 모험이다!"라고 나는 소리쳤다.

해설

처음에는 보트 여행에서 칙칙한 회색 바위만 봤고, 날씨 또한 덥고 습해서 기대했던 것과는 거리가 멀었지만 맹그로브 숲으로 들어가자 새로운 세계에 매료되었다는 내용이다. 따라서, 글에 드러난 'I'의 심경변화로 가장 적절한 것은 ② '실망한 → 흥분한'이다.
① 부끄러운 → 편안한
③ 매우 기쁜 → 혼란스러운
④ 즐거운 → 외로운
⑤ 무서워하는 → 안도하는

어휘

none	하나도[아무도] ~아닌
wildlife	야생생물
exotic	이국적인
dull	칙칙한, 지루한
humid	습한
fully	완전히
slide into	~로 미끄러져 들어가다
canal	운하, 수로
all of a sudden	갑자기
whole	완전히; 완전한
come into sight	시야에 들어오다
alongside	~을 따라
thrill	전율시키다; 전율
shade	그늘
fascinate	매료시키다
best of all	무엇보다도
charm	매혹시키다; 매력, 부적

native	토종의; 원주민
adventure	모험
exclaim	소리치다
ashamed	부끄러운
relaxed	편안한
delighted	매우 기쁜
pleased	기쁜
relieved	안도하는

20 ④

93% 수능 기출

2015년 Fortune의 가장 영향력 있는 여성들의 정상회담에서, Ginnie Rometty는 이러한 조언을 했다. "여러분의 인생에서 가장 많이 배운 것은 언제인가요? 어떤 경험이었나요? 그것이 여러분들이 위험에 처해 있었을 때라고 저에게 말할 것이라고 저는 장담합니다." 더 좋은 지도자가 되기 위해서, 여러분은 당신의 쾌적지대에서 걸어 나와야 합니다. 여러분은 일을 하는 틀에 박힌 방식에 도전하고, 혁신할 수 있는 기회를 찾아야 합니다. 지도력을 발휘하는 것은 여러분에게 조직의 현재 상태뿐만 아니라 내부의 현재 상태에도 도전할 것을 요구합니다. 여러분은 자신에게 도전해야 합니다. 여러분은 위험을 무릅쓰고 현재 경험의 한계를 넘어가서 새로운 영역을 탐험해야 합니다. 그러한 것들은 개선하고, 혁신하고, 실험하고 그리고 성장할 기회가 있는 곳입니다. 성장은 언제나 가장자리, 즉 여러분이 바로 지금 있는 곳의 한계의 바로 바깥에 있습니다.

해설

훌륭한 지도력을 발휘하기 위해서는 쾌적 지대를 벗어나, 자신에게 도전하여 새로운 영역을 탐험해야 한다는 것이 글의 주된 내용으로, 필자가 주장하는 바로 가장 적절한 것은 ④ '지도자는 현재의 자신을 넘어서는 도전을 해야 한다'이다.

어휘

Fortune	포춘(미국의 경제 잡지의 이름)
summit	정상 회담, 수뇌부 회담
offer	제안하다, 제공하다
advice	조언
guarantee	장담하다, 보장하다
at risk	위험에 처한
comfort zone	쾌적 지대
conventional	틀에 박힌, 전통적인
opportunity	기회
innovate	혁신하다
exercise	발휘하다, 운동하다
require	요구하다, 필요로 하다
organizational	조직의
internal	내부의
venture	위험을 무릅쓰고 가다; 모험
boundary	한계, 경계
current	현재의, 기류의; 기류, 해류
explore	탐험하다, 탐구하다
territory	영역
growth	성장
edge	가장자리, 테두리, 우위

21 ⑤

승자와 패자 사이의 한 차이점은 어떻게 그들이 패배를 다루느냐이다. 최고의 회사나 가장 기량이 뛰어난 전문가들에게조차도, 성공의 긴 실적은 작은 실수, 저하, 그리고 작은 변경에 의해 중단된다. 심지어 경기에서 이기는 팀조차도 실수를 하고 그 경기의 일부 동안은 뒤처질 수 있다. 그래서 신속하게 회복하는 능력이 매우 중요하다. 골칫거리는 어디에나 있다. 놀람은 화산재처럼 하늘에서 떨어질 수도 있고 모든 것을 바꾸는 것처럼 보일 수도 있다. 그래서 한 저명한 학자가 "도중에는 어떤 것이든 실패처럼 보일 수 있다."고 말했다. 그러므로, 대성공에서 주요한 요인은 최악의 상태(낮은 점수)에서 회복하는(되 뛰어 오르는) 것이다.

해설

최고의 회사나 기량이 뛰어난 전문가들에게도 성공으로 가는 도중에 실수, 저하, 변경 등의 실패 요인이 있는데, 이것을 신속하게 회복하는 능력이 중요하다는 내용으로, 글의 요지로 가장 적절한 것은 ⑤ '실패를 빨리 극복하는 것이 성공의 열쇠이다.'이다.

어휘

handle	다루다
accomplished	기량이 뛰어난
professional	전문가
track record	실적
punctuate	중단하다, 구두점을 찍다
slip	작은 실수, 조각, 미끄러짐; 미끄러지다
slide	저하, 미끄럼틀; 미끄러지다
turnaround	변경, 선회, 방향 전환
lag behind	뒤처지다
ability	능력
recover	회복하다
ubiquitous	어디에나 있는
volcanic	화산의
ash	(타고 남은) 재, 화산재
prominent	저명한
scholar	학자
failure	실패
in the middle	도중에
factor	요인
high achievement	대성공
bounce back from	~에서 회복하다, ~에서 되 튀어 오르다
low point	최악의 상태, 낮은 점수

22 ③

많은 교과가 단순한 추상적인 공부에 의한 것보다 행함으로써 더 잘 학습된다. 이것은 표면적으로 더 실용적인 교과뿐만 아니라 가장 추상적인 교과에도 종종 그러하다. 예를 들어, 철학적 교과 내에서, 논리는 사례의 사용과 실제 문제 해결을 통하여 학습되어야 한다. 약간의 시간과 노력이 있은 후에야 학습자는 이런 사고방식의 중요성과 타당성을 볼 수 있게 해주는 통찰력과 직관력을 발달시키기 시작한다. 행함에 의한 이런 학습은 과학의 많은 교과에서 필수적이다. 예를 들어, 매우 많은 관찰이 있은 후에야 거품 상자 안의 불꽃이 확인 가능한 미립자의 구체적 움직임으로써 알아볼 수 있게 된다.

해설

실용적인 교과뿐만 아니라 추상적인 교과에서도 실제로 행하는 것이 학습을 더 잘되게 하고, 필수적이라는 것이 글의 주된 내용이므로, 글의 주제로는 ③ '행함으로써 배우는 학습의 중요성'이 가장 적절하다.

① 과학 교육의 역사
② 학습 전략의 한계
④ 과학적 발견에 관한 직관력의 영향
⑤ 철학과 과학의 차이점

어휘

discipline	교과(목), 학문 분야, 훈육
enter into	시작하다
mere	단순한
abstract	추상적인
seemingly	표면상으로, 겉보기에
practical	실용적인
philosophical	철학적인
logic	논리
actual	실제의
struggle	노력, 분투; 투쟁하다
insight	통찰력
intuition	직관력
enable	가능하게 하다
centrality	중요성
relevance	타당성
mode	방식, 유형
essential	필수적인
a good deal of	매우 많은 양의
observation	관찰
spark	불꽃
bubble chamber	거품 상자(방사선의 궤적(軌跡)을 측정하기 위한 원자핵 실험 장치)
recognizable	알아볼 수 있는
specific	특정한
identifiable	확인 가능한
particle	미립자, 입자
limitation	한계
strategy	전략
effect	영향, 효과, 결과

23 ②

성공적인 위험 감수의 열쇠는 여러분이 취하고 있는 행동이 자연적인 다음 단계라는 것을 이해하는 것이다. 위험한 상황에 직면할 때 우리가 종종 하는 실수 중 하나는 마지막 결과에 초점을 맞추는 우리의 경향이다. 자신들을 확신하지 않는 스키 타는 사람들이 종종 이것을 한다. 그들은 급경사면의 가장자리로 가서 바닥으로 내려가는 길을 보고 나서 그 경사가 자신들이 시도하기에는 너무 가파르다고 결정을 한다. 해내기로 결정한 사람들은 언덕 위의 첫 번째 모굴을 가로지르는 것과 같이 첫 단계를 숙달하기 위해서 자신들이 무엇을 필요로 하는지 분석함으로써 자신들의 초점을 변경한다. 일단 그들이 거기에 도달하면, 그들은 다음 모굴에 집중하고, (스키를 타고) 내려가는 과정 동안에, 그들은 다른 사람들이 생각하기에 불가능한 산이라는 것의 밑바닥에서 도달한다.

스키 타는 사람이 모굴을 지나 다음 모굴에 집중하는 것처럼, 위험한 상황을 직면할 때 마지막 결과가 아니라 다음 결과에 집중하라는 것이 글의 주된 내용으로, 제목으로 가장 적절한 것은 ② '마지막 결과가 아니라 다음 단계에 집중하라'이다.

① 불가능한 것에서 가능한 것을 분리하기
③ 궁극적인 목표를 염두에 두고 시작해라!
④ 헌신적인 노력의 경이로움
⑤ 위험 회피를 통한 성공

어휘

risk	위험; 무릅쓰다
confront	직면하다, 맞닥뜨리다
situation	상황
tendency	경향
focus on	~에 초점을 맞추다
result	결과; 결과로 생기다
unsure	확신하지 않는
edge	가장자리, 우위
difficult slope	(스포츠) 급경사면
determine	결정하다
steep	가파른
make it	해내다, 성공하다
analyze	분석하다
master	숙달하다; 주인
concentrate on	~에 집중하다
end up	결국 ~하게 되다
separate	분리하다; 분리된
ultimate	궁극적인
in mind	염두에 둔, 마음에 둔
wonder	경이로움; 궁금해 하다
committed	헌신한
effort	노력
avoidance	회피

24 ④

96% 수능 기출

위 그래프는 2010년과 2015년에 영국에서의 네 가지 유형의 윤리적 농산물의 판매를 보여 준다. 2015년에 네 가지 유형의 윤리적 농산물 각각의 판매는 2010년의 각각에 해당하는 유형의 판매로부터 증가를 보여 주었다. 네 가지 유형의 윤리적 농산물 중에서 유기농의 판매는 2010년에 가장 높은 위치를 차지했으나, 2015년에는 두 번째로 높은 위치를 차지했다. 네 가지 유형의 윤리적 농산물 중에서 열대우림 연합은 2010년에 두 번째로 높은 판매를 기록했고, 2015년에는 가장 높은 판매를 기록했다. 2015년에 공정무역의 판매는 2010년의 판매보다 두 배 더 높았다. 2010년과 2015년 두 해 모두 채식주의자 고기 대용품 판매는 네 가지 유형의 윤리적 농산물 중에서 가장 낮았다.

해설

공정무역의 판매는 2010년에는 10억 6,400만 파운드였고, 2015에는 15억 7,200만 파운드이므로, 2015년의 판매가 2010년 판매의 두 배가 되지 않는다. 따라서 도표의 내용과 일치하지 않는 것은 ④이다.

어휘

ethical produce	윤리적 농산물
increase	증가; 증가하다
corresponding	해당[상응]하는
organic	유기농의
rank	위치(순위)를 차지하다; 순위
alliance	연합, 동맹
fair-trade	공정무역
vegetarian	채식주의자
alternative	대용품, 대안

25 ④

97% 수능 기출

작고한 사진작가 Jim Marshall은 20세기의 가장 유명한 사진작가들 중 한 명으로 간주된다. 그는 Grammy Trustees Award를 수여 받은 처음이자 유일한 사진작가라는 명예를 보유하고 있다. 그는 1959년에 전문 사진작가로서 시작했다. 그는 Rolling Stones, Bob Dylan과 Ray Charles를 포함한 록 음악의 가장 큰 예술가들에게 비길 데 없는 접근을 할 수 있었다. 그는 Beatles의 마지막 콘서트 전체를 위한 무대 뒤에서의 접근을 허락받은 유일한 사진작가였고, 또한 Rolling Stones의 역사적인 1972년 투어에서 그들을 찍었다. 그는 그가 함께 일했던 예술가들과 특별한 유대관계를 형성했고, 그러한 관계는 그가 가장 생생하고 상징적인 이미지를 포획하는 것을 도와주었다. 50년의 경력 동안, 그가 촬영한 사진들은 500개가 넘는 앨범 커버에 나타났다. 그는 마지막까지 자신의 일에 대해 열정적이었다. "저는 아이들이 없습니다. 제 사진이 제 아이들입니다." 라고 말하곤 했다.

해설

글의 후반부에서 He formed special bonds with the artists he worked with. (그는 그가 함께 일했던 예술가들과 특별한 유대관계를 형성했다)라고 하였으므로, Jim Marshall에 관한 글의 내용과 일치하지 않는 것은 ④이다

어휘

late	작고한, 고(故), 늦은; 늦게
regard ~ as ...	~를 …로 간주하다
celebrated	유명한
distinction	명예, 영예
present	수여하다, 발표하다
unrivaled	비길 데가 없는
access	접근; 접근하다
grant	허락하다, 인정하다; 보조금
shoot	(사진·영화를) 찍다, 촬영하다
form	형성하다; 형태
bond	유대감, 접착제
capture	포착하다, 포획하다
vivid	생생한
iconic	상징적인
imagery	이미지, 형상화
passionate	열정적인

26 ④

방과후 프로그램

2014년 12월 1일~2015년 1월 30일

당신은 재미있고 흥미진진한 수업을 찾고 있나요? Green Hills Community Center로 오셔서 지역의 십 대들을 위한 무료 프로그램을 점검해 보시기 바랍니다!

수업
- 미술, 음악, 태권도
- 20명 미만인 신청자의 수업은 취소될 예정입니다.

시간과 장소
- 프로그램은 월요일에서 금요일까지 운영될 예정입니다. (오후 5시~오후 7시)
- 모든 수업은 Simpson Building에서 실시될 예정입니다.

신청하는 법
- 등록 신청서는 아래의 주소로 11월 28일 오후 6시까지 이메일로 보내져야 합니다. 저희 웹사이트 www.greenhills.org에서 양식을 내려받으세요.

추가 정보를 알고 싶으시면, 저희 웹사이트를 방문하시거나 bill@greenhills.org로 이메일을 보내주세요.

해설

안내문의 후반부에 Registration forms must be sent by email. (신청서는 이메일로 보내져야 합니다)라고 했으므로 안내문의 내용과 일치하지 않는 것은 ④이다.

어휘

local	지역의; 지역민
applicant	신청자
cancel	취소하다
run	운영하다, 흐르다
take place	실시되다, 일어나다
sign up	등록하다
registration form	등록 신청서
additional	추가적인

27 ④

2015 십 대 프로그래머 연례 회의

11월 21일과 22일, 오전 10시부터 오후 5시까지
십 대 프로그래머 협회에 의해 주최됨.

컴퓨터 화면이 여러분의 우주입니까? 그렇다면 West State University의 Brilliance Hall에서 개최되는 저희 회의에 참여하여, 자신에게 도전해 보십시오! 여기서 여러분은 현대 컴퓨터 과학의 선도자들을 만나게 될 것입니다.

회의는 (다음을) 포함합니다.
- Warwick Meade를 포함한, 유명한 업계 인물들의 강연
- 하드웨어와 소프트웨어, 프로그래밍, 그리고 새로운 응용 프로그램에 관한 10개의 개별 세미나
- 12개 주요 회사들의 최신 제품 전시회

입장료:
- Total Pass(전체 행사 입장권): 25달러(점심 뷔페를 포함)
- 강연과 세미나만: 15달러
- 전시회만: 10달러

예약은 필수입니다.
www.tiinprogrammers.org에서 여러분의 입장권을 예약하세요.

해설

안내문의 후반부에서 Total Pass: $25 (includes buffet lunch) (전체 행사 입장권: 점심 뷔페가 포함된다)고 언급되어 있으므로, 안내문의 내용과 일치하는 것은 ④이다.

어휘

annual	연례의
conference	회의
host	주최하다; 주인
association	협회
universe	우주
modern	현대의
renowned	유명한
industry figure	업계 인물
separate	별개의; 분리하다
application	응용 프로그램, 신청, 적용
exhibition	전시회, 전시
latest	최신의
book	예약하다
essential	필수의
reserve	예약하다

28 ④

그리스인은 두드러진 물체와 그것의 속성에 대한 초점은 인과관계의 근본적인 성질을 이해하지 못하는 실패로 이어졌다. 아리스토텔레스는 공중에서 떨어지는 것은 돌이 '중력'이라는 속성을 가지고 있기 때문이라고 설명했다. 그러나 물론 물속으로 던져진 나무 조각은 가라앉는 대신 뜬다. 이 현상을 아리스토텔레스는 나무가 '가벼움'이라는 속성을 가지고 있기 때문이라고 설명했다. 두 경우 모두, 그 물체 밖에 있는 어떤 힘이 관련 있을지도 모른다는 가능성에는 주의를 기울이지 않고, 초점은 오로지 그 물체에 있다. 그러나 중국인은 세계를 계속적으로 상호 작용하는 물질로 구성된 것으로 보아서, 그것을 이해하고자 하는 그들의 시도는 그들이 전체적인 '장(場)', 즉 전체로서의 맥락이나 환경의 복잡성을 지향하도록 했다. 사건은 언제나 여러 힘이 (작용하는) 장에서 발생한다는 개념은 중국인에게 완전히 직관적이었을 것이다.

해설

④ 등위접속사 so 다음의 주어는 their attempts to understand it인데 이에 따르는 술어동사가 필요하므로 causing을 caused로 고쳐야 한다.

① 복수명사인 the Greeks를 가리키므로 소유격 대명사로 사용된 their는 적절하다.

② 수식을 받는 명사구인 a piece of wood가 동작의 행위자가 아닌 대상이므로 수동의 의미를 지닌 과거분사 tossed는 적절하다.

③ 전치사구인 on the object를 수식하는 부사 exclusively는 적절하다.

⑤ that이 완전한 구조의 문장을 유도하면서 앞의 the notion과 동격 관계에 있으므로, 동격의 접속사로 사용된 that은 적절하다.

어휘 (왼쪽)

focus	초점
object	물체, 대상, 목적; 반대하다
attribute	속성, 자질; ~의 결과[탓]으로 돌리다
fundamental	근본적인
nature	본성, 자연
causality	인과 관계
property	속성, 성질
gravity	중력
toss	(가볍게) 던지다
float	뜨다, 부유하다
sink	가라앉다
phenomenon	현상
exclusively	오로지, 배타적으로
pay attention to	~에 주의를 기울이다
possibility	가능성
relevant	관련 있는
substance	물질
oriented toward	~을 지향하는, ~에 중점을 둔
complexity	복잡성
context	맥락, 전후 사정
as a whole	전체로서
notion	개념, 관념
completely	완전히, 전적으로
intuitive	직관적인

29 ③ 82% 수능 기출

Atitlán Giant Grebe는 훨씬 더 널리 퍼져 있고 더 작은 Pied-billed Grebe(얼룩부리논병아리)에서 진화했던 날지 못하는 큰 새였다. 1965년경에는 Atitlán 호수에 약 80마리만 남아 있었다. 한 가지 직접적인 원인은 알아내기 아주 쉬웠는데, 현지 주민들이 맹렬한 속도로 갈대밭을 베어버리는 것이었다. 이런 파괴는 빠르게 성장하는 매트 제조 산업의 필요에 의해 추진되었다. 그러나 다른 문제들이 있었다. 한 미국 항공사가 그 호수를 낚시꾼들을 위한 관광지로 개발하는 데 강한 관심을 보였다. 하지만 이 생각에 중대한 문제가 있었는데, 그 호수에는 적절한 스포츠용[낚시용] 물고기가 없었다! 이런 약간 분명한 결함을 보충하기 위해, Large-mouthed Bass(큰입농어)라 불리는 특별히 선택된 물고기 종이 도입되었다. 그 도입된 개체는 즉시 그 호수에 사는 게와 작은 물고기에게 관심을 돌렸고, 따라서 몇 마리 안 남은 grebes(논병아리)와 먹이를 위해서 경쟁하였다. 또한, 그들(큰입농어들)이 이따금 얼룩말 줄무늬가 있는 Atitlán Giant Grebe 새끼들을 게걸스럽게 먹었다는 데 이신이 여지가 거의 없다.

해설

(A) 현지 주민들이 갈대밭을 놀라운 속도로 베어버리는 것을 의미하므로 destruction(파괴)이 적절하다. *accommodation: 적응, 수용, 숙소
(B) 낚시꾼들을 위한 관광지를 개발하려는데, 호수에는 낚시용 물고기가 없어서 Large-mouthed Bass(큰입농어)를 도입했다고 했으므로, lack(없다)이 적절하다. *support: 부양하다, 지지하다
(C) 낚시용 고기로 도입된 Large-mouthed Bass(큰입농어)가 Grebes(논병아리)가 잡아먹는 게와 작은 고기를 두고 경쟁을 하였다는 흐름으로, competing(경쟁하다)가 적절하다. *cooperate: 협력하다

어휘 (오른쪽)

flightless	날지 못하는
evolve	진화하다, 발달하다
widespread	널리 퍼진
immediate	직접적인, 즉각적인
spot	알아내다, 발견하다
local	지역의
bed	밭, 화단, 모판
furious	맹렬한
rate	속도, 요금; 평가하다
accommodation	적응, 수용, 숙소
destruction	파괴
drive	추진하다, 몰다; 추진력
intent	강한 관심을 보이는
tourist destination	관광지
fishermen	낚시꾼
lack	~가 없다, 부족하다; 결핍
support	부양하다, 지지하다
suitable	적절한
compensate for	~을 보충하다
rather	약간, 다소
obvious	명백한
defect	결함
species	종
individual	개체, 개인
attention	관심, 주의
crab	게
compete	경쟁하다
cooperate	협력하다
zebra-striped	얼룩말 줄무늬가 있는
chick	새끼 새, 병아리

30 ④ 95% 수능 기출

Nancy는 그녀의 십 대 딸아이가 자신의 생활과 능력에 대한 부정적인 관점을 경험하고 있었을 때, 긍정적인 면을 찾아보려고 애쓰고 있었다. 의도적으로 부모 역할을 하려는 바람에서, 그녀는 딸의 방에 들어갔고 그녀가 목격했었던 하나의 긍정적인 성과를 언급했다. "나는 네가 최근에 힘든 시간을 보내고 있고, 네가 너의 생활에 대해 정말로 좋거나 긍정적으로 느끼지 않고 있다는 것을 알고 있단다. 하지만 너는 오늘 네 방 청소를 훌륭하게 해냈고, 나는 그 일이 네게 큰 노력이었음에 틀림없다는 것을 안단다." 다음 날, Nancy가 놀랍게도, 그 십 대 소녀는 다소 쾌활해 보였다. 지나가는 말로, 그녀는 "엄마, 어제 저에 대해서 긍정적인 것을 말씀해 주셔서 감사해요. 저는 매우 우울했고, 저 자신에 대해 어떤 좋은 것도 생각할 수가 없었어요. 엄마가 그 긍정적인 것을 말씀해주신 후, 그것은 제가 제 자신에게서 한 가지 좋은 자질을 보는 것을 도와주었고, 저는 그 말씀을 붙들어오고(생각해오고) 있어요."라고 말했다.

해설

①, ②, ③, ⑤는 Nancy를 가리키고 ④는 Nancy의 딸을 가리키므로, 가리키는 대상이 다른 하나는 ④이다.

어휘

struggle	애쓰다, 분투하다

positive	긍정적인, 적극적인
negative	부정적인
perspective	관점, 시각
ability	능력
desire	바람; 바라다
parent	부모 역할을 하다, 양육하다
intentionally	의도적으로
note	언급하다, 주목하다; 쪽지
accomplishment	성과, 업적
observe	목격하다, 관찰하다, 준수하다
effort	노력
to one's surprise	~가 놀랍게도
somewhat	어느 정도, 다소
cheerful	쾌활한
in passing	지나가는 말로
down	우울한
quality	자질, 특질
hold onto	붙들다, 매달리다

31 ②

61% 수능 기출

두 문화가 접촉할 때, 그것들은 모든 문화 항목을 교환하지 않는다. 만약 그런 경우라면, 오늘날 세계에는 문화적 차이가 없을 것이다. 대신에, 단지 소수의 문화적 요소들만 언제나 한 문화에서 다른 문화로 퍼진다. 어떤 문화 항목이 받아들여지는가는 주로 그 항목의 용도 및 이미 존재하는 문화적 특성과의 양립 가능성에 달려있다. 예를 들어, '흰머리를 피하기 위해' 고안된 남성용 머리 염색약은 나이가 들어감에 따라 사람의 지위가 올라가는 아프리카의 시골 지역으로 퍼질 것 같지는 않다. 심지어 어떤 혁신적인 것이 어떤 사회의 필요와 일치할 때조차도, 여전히 그것이 받아들여질 것이라는 보장은 없다. 예를 들어, 미국의 관습적 단위(예를 들어, 인치, 피트, 야드, 마일 등)를 사용하는 미국 내의 대부분의 사람들은, 그러한 변화를 하는 것이 미국인들이 세계의 다른 나라들(나머지)과 더 효율적으로 상호작용할 수 있게 해 줄지라도, 미터법 채택에 저항해 왔다.

해설

예시를 통해 빈칸을 완성해야 하는데, 문맥상 예시에서 빈칸의 내용에 해당하는 것이 자신들의 관습적 단위를 버리고 미터법을 채택하는 것이므로 빈칸에 들어갈 말로 가장 적절한 것은 ② '혁신적인 것'이다.
① 범주화
③ 조사
④ 관찰
⑤ 설명서

어휘

come into contact	접촉하다
item	항목, 품목
element	요소
spread	퍼지다
accept	받아들이다, 인정하다
compatibility	양립 가능성
trait	특징
likely	~할 것 같은
dye	염색약; 염색하다
design	고안하다, 설계하다; 디자인

rural	시골의
status	지위
elevate	올리다, 높이다
with advancing years	나이가 들어감에 따라
consistent	일치하는, 일관된
guarantee	보장; 보장하다
customary	관습적인
unit	단위, 단원, 부서
resist	저항하다
adopt	채택하다, 입양하다
enable	가능하게 하다
interface with	~와 상호작용하다, 접속하다
efficiently	효율적으로

32 ①

63% 수능 기출

Francis Ford Coppola가 제작하고 감독한 영화 Apocalypse Now(지옥의 묵시록)는 폭넓은 인기를 얻었는데, 충분한 이유가 있었다. 그 영화는 19세기 말에 아프리카의 콩고를 배경으로 한 Joseph Conrad의 소설 Heart of Darkness(암흑의 핵심)의 각색한 것이다. 원작 소설과는 달리 Apocalypse Now는 베트남 전쟁 동안의 베트남과 캄보디아를 배경으로 한다. 배경, 시기, 대화, 그리고 다른 부수적 세부사항은 변경되었지만, Apocalypse Now의 기본적인 이야기와 주제는 Heart of Darkness의 그것들과 같다. 둘 다 문명의 최악의 측면을 나타내는 제 정신이 아닌 Kurtz 인물에 맞서기 위해 강을 따라 내려가는, 주인공의 정신적 그리고 영적인 여정을 반영하는, 물리적 여정을 묘사한다. Apocalypse Now에 그것의 개봉 시기와 동시대적인 배경을 제공함으로써, 관객들은 영화가 소설의 원문에 충실한 각색이었다면 그들이 그랬을 것보다 더 쉽게 그것의 주제를 경험하고 동질감을 느낄 수 있었다.

해설

소설 Heart of Darkness(암흑의 핵심)를 기본으로 한 영화 Apocalypse Now(지옥의 묵시록)는 기본적인 이야기와 주제는 소설과 같도록 유지하면서, 영화가 개봉될 당시의 시대적 배경으로 각색을 함으로써 관객들이 영화의 주제를 경험하고 동질감을 느낄 수 있었다는 내용으로, 빈칸에 들어갈 말로 가장 적절한 것은 ① '소설의 원문에 충실한 각색'이다.
② 그 소설을 위한 영감의 원천
③ 베트남 전쟁에 관한 충실한 묘사
④ 심리적 여정을 생생하게 극대화한 것
⑤ 같은 시대의 문명에 대한 비판적 해석

어휘

gain	얻다
widespread	폭넓은, 널리 퍼진
adaptation	각색
set	배경으로 하다, 세우다; 정해진; 세트
incidental	부수적인
fundamental	기본적인
narrative	이야기
describe	묘사하다
spiritual	영적인
reflect	반영하다, 반사하다
confront	맞서다, 직면하다
represent	나타내다, 대표하다

aspect	측면, 양상
civilization	문명
contemporary	동시대의
release	개봉, 출시, 풀어줌; 발표하다, 풀어주다
identify with	~와 동질감을 느끼다, ~와 동일시하다
literal	원작에 충실한, 글자 그대로의
inspiration	영감
faithful	충실한
depiction	묘사
vivid	생생한
critical	비판적인, 중대한
interpretation	해석

33 ①

64% 수능 기출

때때로 고객들이 한 부분에서 성취하려고 노력하고 있는 모든 결과는 다른 결과들에 부정적인 영향을 미친다. 이것은 일은 회사가 "고객의 소리"에 귀를 기울이느라 바쁠 때 매우 흔하다. 예를 들어, 순회 판매원들은 그들이 더 작은 휴대전화기를 원한다고 말할 수도 있지만, 그들은 그러한 작은 전화기가 사용하기 얼마나 어려울지에 관해서는 생각해보지 않았을지도 모른다. 목수들은 더 어려운 작업들의 일부를 해낼 힘이 더 이상 없을 것이라는 사실은 생각해보지도 않고 가벼운 원형 톱을 요청할 수도 있다. 고객들이 새로운 상품의 특징을 요구할 때, 그들은 대개 단지 한 가지 문제를 해결하는 데에만 초점을 맞추고, 자신들이 요구한 해결책이 어떻게 다른 상품이나 서비스의 기능에 영향을 줄지는 생각하지 않는다. 이러한 상황에서 고객들은 새로운 특징을 요구하지만, 자신들의 제안에서 파생된 문제를 깨닫게 되면 결과적으로 생긴 상품을 거부한다. 즉, 추가된 특징은 그것이 일으킨 문제들 때문에 결국에는 쓸모없다고 밝혀지게 된다.

해설

고객들의 새로운 상품의 특징에 대한 요구는 한 가지 문제를 해결하는 데에만 초점을 맞추고 있어서 다른 상품이나 서비스에 또 다른 문제를 일으킬 수도 있다는 생각을 못한다는 내용으로, 빈칸에 들어갈 말로 가장 적절한 것은 ① '다른 상품이나 서비스의 기능에 영향을 줄지'이다.
② 획기적인 상품의 도입을 늦춘다
③ 다른 고객들이 추가적인 요구를 하도록 유도한다
④ 회사들 사이에 과도한 경쟁을 유발한다
⑤ 회사가 고객들의 소리를 듣지 못하도록 한다

어휘

outcome	결과
achieve	성취하다
tiny	아주 작은
request	요청[요구]하다; 요청, 신청
lightweight	가벼운
get through	~을 하다[끝내다]
feature	특징, 특집기사, 이목구비; 특징을 이루다
solution	해결책, 용액
reject	거부하다, 거절하다
resulting	결과로 생기는[초래된]
suggestion	제안
turn out	~로 밝혀지다, ~로 판명되다
worthless	쓸모없는, 가치없는

impact	영향을 주다; 영향
function	기능; 기능하다
delay	늦추다, 지연시키다
innovative	혁신적인
induce	유도하다
bring about	유발하다, 초래하다
excessive	과도한
competition	경쟁
discourage	못하게 하다, 좌절시키다

34 ②

77% 수능 기출

석유와 가스 자원은 그것들이 수백만 년이 걸리는 과정에 의한 결과로 생기고 지질학적으로 묻혀 있기 때문에 기후 변화에 영향을 받을 것 같지 않다. 반면에, 기후 변화는 석유와 가스를 생산하는 지역들을 폐쇄하게 할 뿐만 아니라, 얼음으로 덮여 있는 지역을 감소시킴으로써 북극 지역의 탐사 가능성을 증가시킬 수도 있다. 따라서 기후 변화가 이러한 자원들에 영향을 주지는 않을지라도, 기후 변화가 이러한 자원에 대한 접근성에 영향을 줄 수도 있기 때문에, 석유와 가스매장량과 알려지거나 잠재적인 자원들은 새로운 기후 조건에 의해 영향을 받을 수도 있다. 예를 들면, 시베리아에서 현실적인 탐사의 어려운 문제는 1월에 기온이 영하 20°C에서 영하 35°C에 이르는 극한의 환경 조건 하에서 석유에 접근하여, 생산하고, 배송하는 데 필요한 시간이다. 온난화는 생산 경계를 확장하면서 극한의 환경 조건을 완화시킬지도 모른다.

해설

(A) 빈칸 앞에는 석유와 가스자원이 기후 변화에 영향을 받을 것 같지 않다는 내용이고, 빈칸 뒤에는 기후 변화가 이러한 자원에 대한 접근성에 영향을 줄 수도 있다는 반대의 경우가 이어지므로, 빈칸에 들어갈 말로 가장 적절한 것은 '반면에(On the other hand)'이다.
(B) 빈칸 앞에는 기후 변화로 인해 석유와 가스 매장량과 이미 알려지거나 잠재적 자원이 영향을 받을 수도 있다는 내용이고, 빈칸 뒤에는 이에 대한 구체적인 사례로 시베리아의 탐사 문제의 어려움이 이어지므로 빈칸에 들어갈 말로 가장 적절한 것은 '예를 들면(For instance)'이다.
① 반면에 – 하지만
③ 그 결과 – 예를 들면
④ 그 결과 – 하지만
⑤ 다시 말해서 – 따라서

어휘

impact	영향을 주다
result from	~의 결과로 생기다
process	과정, 처리; 처리하다
geologically	지질학적으로
trap	가두다; 덫
shutting down	폐쇄
exploration	탐사, 탐험
reduction	감소
ice cover	얼음으로 뒤덮인 지역
reserve	매장량, 예약; 예약하다
potential	잠재적인, 가능성 있는; 잠재력
affect	영향을 주다
access	접근; 접근하다
require	필요하다, 요구하다

temperature	온도
range from ~ to ...	(범위가) ~에서 …에 이르다
expand	확장시키다
frontier	경계, 국경

35 ②

88% 수능 기출

현재 대중적인 태도는 오늘날 우리가 직면하는 환경 문제들을 초래했던 것에 대해 기술 또는 기술자들을 비난하고, 따라서 경제 성장을 차단함으로써 기술적 진보를 늦추려고 하는 것이다. 우리는 이러한 관점이 철저하게 잘못 인도된 것으로 믿는다. 만약 기술이 공기를 오염시키는 자동차를 생산했다면, 그것은 공학자들이 그들의 설계에서 고려해야 했던 문제로 인식되지 않았기 때문이다. 태양에너지는 가까운 미래에 우리를 위한 실용적인 대체 에너지원이 될 수도 있다. 명백히, 오염을 일으키는 기술은 일반적으로 더 싸지만, 더 깨끗한(오염을 덜 시키는) 자동차가 원해진다고 결정되었으므로, 덜 오염시키는 차들이 생산될 것이며, 심지어 오염을 거의 시키지 않는 차들이 만들어질 수도 있다. 하지만, 이 마지막 선택은 몇 년간의 시간과 많은 투자를 필요로 할 것이다. 비록 기술이 사람들의 의지에 반응할지라도, 좀처럼 즉각적으로 반응할 수 없고 절대 무료가 아니다.

해설

기술적 진보가 환경문제를 초래한다고 기술과 기술자들을 비난하는 것은 오도된 것이라는 것이 글의 주된 흐름이다. 그런데, ②는 태양에너지가 가까운 미래에 대체 에너지원이 될 수 있다는 내용으로, 글의 전체 흐름과 관계가 없다.

어휘

currently	현재
popular	대중적인, 인기 있는
attitude	태도
blame	비난하다
bring on	초래하다, 야기하다
advance	진보, 발달
thoroughly	철저히
misguided	잘못 인도된, 오도된
recognize	인식하다, 인정하다, 알아보다
solar	태양의
practical	실행적인
alternative	대체의; 대체, 대안
foreseeable	가까운, 예측 가능한
obviously	명백히
now that	~이므로, ~이니까
scarcely	거의 ~않는
require	필요하다, 요구하다
responsive	반응하는
will	의지, 유언
seldom	좀처럼 ~않는
instantaneously	즉각적으로

36 ②

84% 수능 기출

어떤 사람들은 살면서 의도적인 변화를 거의 하지 않는다. 물론, 시간이 지나면서 그들은 더 살이 찌고, 주름살이 늘어나고, 그리고 머리가 셀 것이다.

(B) 그러나 그들은 편안하고 예측 가능한 삶이 쉽다는 이유만으로, 똑같은 방식으로 머리를 하고, 똑같은 상표의 신발을 사고, 똑같은 아침을 먹고, 판에 박힌 일상을 고수한다. 하지만 연구와 실제 삶이 모두 보여 주다시피, 다른 많은 사람들은 정말로 중요한 변화를 한다.

(A) 그들은 마라톤을 위해 훈련을 하고, 담배를 끊고, 분야를 바꾸고, 희곡을 쓰고, 기타를 시작하고, 또는 살면서 전에 결코 춤을 춰본 적이 없었을지라도 탱고를 배운다. 이 두 집단의 사람들 사이의 차이점은 무엇인가?

(C) 그것은 그들의 관점이다. 변화하는 사람들은 변화할 수 있는지 묻지 않거나 또는 그들이 변화할 수 없는 이유를 찾지 않는다. 그들은 단순히 자신이 원하는 변화를 결정하고, 그것을 성취하는 데 필요한 것을 한다. 언제나 확고한 결단력에서 생겨나는 변화는 가장 중요한 것이 된다.

해설

어떤 사람들은 의도적인 변화를 하지 않을지라도 시간이 지나면서 살이 찌고, 주름살이 늘어나고, 머리가 셀 것이라는 뜻의 주어진 문장에 이어서, 그들은 편안한 삶이 쉽다는 이유만으로 일상을 고수하지만, 변화하는 많은 다른 사람들이 있다는 (B)가 오고, 이러한 변화를 하는 사람들의 예시와 함께 두 집단의 차이점이 무엇인지 묻는 (A)가 온 후, 그 차이점은 사람들의 관점이며, 변화하는 사람들은 자신이 원하는 변화를 정하고, 그것을 성취하는데 필요한 것을 한다는 (C)로 이어지는 것이 글의 순서로 가장 적절하다.

어휘

intentional	의도적인
line	주름살, 선, 줄
go gray	머리가 세다
switch	바꾸다, 전환하다
field	분야, 들판, 경기장
take up	시작하다
stick to	~을 고수하다
routine	판에 박힌 일상
for no reason other than	~라는 이유만으로
ease	쉬움, 용이함
perspective	관점, 시각, 원근법
accomplish	성취하다
stem from	~에서 생겨나다
firm	확고한; 회사
job number one	가장 중요한 것

37 ④

84% 수능 기출

색깔의 영향은 수십 년 동안 연구되어 왔다. 예를 들어, 한 공장에서, 온도가 72°F(22.2℃)로 유지되었고, 벽들은 시원한 청록색으로 칠해졌다. 직원들은 그 추위에 대해 불평했다.

(C) 온도는 동일한 수준으로 유지되었지만, 벽들이 따뜻한 산호색으로 칠해졌다. 직원들은 온도에 대한 불평을 멈췄고 그들은 아주 편안하다고 보고했다.

(A) 따뜻하고 시원한 색조의 심리적 효과는 Notre Dame 미식축

구 팀 코치들에 의해서 효과적으로 사용되는 것처럼 보인다. 전하는 바에 의하면, 중간 휴식 시간을 위해 사용되는 라커룸들이 특정한 색조의 감정적 영향을 이용하기 위해서 칠해졌다고 한다.

(B) 홈 팀의 라커룸은 밝은 빨간색으로 칠해졌는데, 이것은 팀원들을 흥분하거나 심지어 화가 나 있게 했다. 방문 팀의 라커룸은 청록색으로 칠해졌는데, 이것은 팀원들을 차분하게 하는 효과가 있었다. 이런 색깔 적용의 성공은 Notre Dame 미식축구팀이 세운 기록에서 발견될 수 있다.

해설

한 공장에서 온도를 72°F로 유지하고, 벽을 청록색으로 칠했는데, 직원들이 추위에 불평했다는 뜻의 주어진 문장에 이어서, 온도는 그대로 유지하고 벽을 따뜻한 느낌의 산호색으로 칠하자 온도에 대한 불평을 멈췄다는 (C)가 오고, 이러한 색조의 심리적 효과를 이용하는 Notre Dame 미식축구팀에서 라커룸을 특정한 색으로 칠했다는 (A)가 이어지고, 홈팀의 라커룸은 밝은 빨간색으로 칠해서 흥분하거나 화난 상태에 있게 하고, 방문팀의 라커룸은 청록색으로 칠해서 차분하게 했다는 (B)로 이어지는 것이 글의 순서로 가장 적절하다.

어휘

impact	영향, 충격
decade	십 년
temperature	온도
maintain	유지하다, 관리하다, 주장하다
psychological	심리적인
effect	효과, 영양, 결과
effectively	효과적으로
break	쉬는 시간
reportedly	들리는 바에 의하면, 소문에 따르면
take advantage of	이용하다
hue	색조
angered	화가 난
calming	차분하게 하는
application	적용, 신청, 응용
coral	산호색, 산호

38 ③

82% 수능 기출

정확히 매미가 어떻게 시간을 추적하는지는 항상 연구자들의 호기심을 불러일으켰으며, 그 곤충은 체내 시계에 의존하는 것이 틀림없다고 항상 여겨져 왔다. 하지만 최근에 California에서 17년 매미를 연구하는 한 과학자 집단은 애벌레들이 외부의 신호를 사용하며 그것들이 수를 셀 수 있음을 시사했다. 실험을 위해 그들은 15년 묵은 애벌레들을 잡아서 실험용 울타리로 그것들을 옮겼다. 이 애벌레들은 성체로 나타나려면 2년이 더 필요했어야 했지만, 사실은 단지 1년만 걸렸다. 연구자들은 그 뿌리를 곤충들이 먹는 복숭아나무가 햇빛에 노출되는 기간을 늘려서 이 일이 일어나게 했다. 이 일을 함으로써, 나무들은 '속아서' 그 해에 평소의 한 번이 아닌 두 번 꽃을 피웠다. 나무에 꽃이 피는 것은 그 곤충들이 먹는 수액의 아미노산 농도의 최고점과 일치한다. 그래서 매미는 그 최고점의 수를 세어 시간을 추적하는 것처럼 보인다.

해설

연구자들은 곤충들이 먹는 복숭아나무의 뿌리가 햇빛에 노출되는 기간을 늘려서 이 일이 일어나게 했다는 주어진 문장에서 이 일(this)은 ② 문장의 애벌

레가 성체로 나타나는데 대개 2년이 걸리지만 1년이 걸리게 했다는 것을 의미한다. 따라서 주어진 문장이 들어가기에 가장 적절한 곳은 ③이다.

어휘

lengthen	늘이다
expose	노출시키다
cicada	매미
keep track of	~을 추적하다
intrigue	호기심을 불러일으키다
assume	여기다, 추정하다, 가정하다
rely on	~에 의존하다
internal	내부의
suggest	시사하다, 제안하다
external	외부의
cue	신호, 단서
enclosure	울타리
emerge	나타나다
trick	속이다; 기술, 속임수
coincide with	~와 일치하다, ~와 동시에 일어나다
peak	최고점, 봉오리
concentration	농도, 집중
feed	먹다, 먹이다; 먹이

39 ④

76% 수능 기출

Tom이 버스를 기다리고 있었을 때, 그는 한 맹인이 도로를 건너려고 하는 것을 알아차렸다. 교통은 혼잡했고 그 맹인은 치일 것 같았는데, 그것은 그가 횡단보도에서 건너고 있지 않았기 때문이었다. Tom은 주위를 돌아보고 도와줄 다른 사람이 없다는 것을 알았기에 그는 그 맹인에게 도로를 건너는 데 도움을 원하는지 물었다. 그 맹인은 선뜻 예라고 말한 뒤 Tom의 팔에 달라 붙었고 그들은 빨리 달려가는 자동차들을 피하며 도로를 가로질러 걷기를 시작했다. Tom이 그 맹인이 도로를 건너도록 도와주었을 때, 그는 자신의 책가방을 버스 정류장 벤치에 놓아두었다는 것을 깨달았다. Tom이 버스 정류장 벤치를 돌아보았을 때, 그는 다른 사람이 그의 책가방 옆에 앉아 있는 것을 보았다. 그리고 Tom이 버스 정류장 벤치에 도달했을 때, 그 남자는 "나는 당신이 하고 있는 일을 보아서, 여기 앉아서 당신의 책가방을 지키기로 결심 했어요."라고 말했다.

해설

Tom은 맹인이 도로를 건너도록 도와주었을 때, 자신의 가방을 버스 정류장 벤치에 놓아두었다는 것을 깨달았다는 주어진 문장 다음에 ④문장의 버스 정류장 벤치를 돌아보고 어떤 사람이 자신의 책가방 옆에 앉아 있었다는 것을 발견하는 것이 글의 흐름으로 적절하다. 따라서 주어진 문장이 들어가기에 가장 적절한 곳은 ④이다.

어휘

realize	깨닫다, 실현하다
notice	알아차리다, 주목하다; 공지
likely	~할 것 같은
crosswalk	횡단보도
readily	선뜻, 손쉽게
avoid	피하다
decide	결심하다

40 ①

플라톤과 톨스토이는 둘 다 특정 작품이 특정한 영향을 끼치는 것이 확고히 확립될 수 있다고 생각한다. 플라톤은 비열한 사람들의 표현은 우리를 비열하게 만들기 때문에, 이러한 영향을 막는 유일한 방법은 그러한 표현들을 억누르는 것이라고 확신한다. 톨스토이는 진정으로 자부심의 감정을 표현하는 예술가가 우리에게 그 감정을 전달하기 때문에, 우리가 전염병을 피할 수 없는 것처럼 예술가가 진정으로 자부심의 감정을 표현 하는 것을 피할 수가 없다고 확신한다. 하지만 사실, 예술의 영향은 그렇게 확실하지도 않고 그렇게 직접적이지도 않다. 사람들은 예술에 대한 반응의 강도와 그 반응이 취하는 형식에서 둘 다 매우 다양하다. 일부 사람들은 실제 삶에서 폭력에 대한 공상을 실행에 옮기는 대신에 영화를 봄으로써 폭력에 대한 공상을 충족시킬 수도 있다. 다른 사람들은 심지어 폭력의 화려한 표현에 혐오감을 느낄 수도 있다. 또 다른 사람들은 매력을 느끼거나 혐오감을 느끼지 않으면서, 미동을 하지 않은 채로 남아 있을 수도 있다.

→ 플라톤과 톨스토이가 예술 작품이 사람들이 감정에 피할 수 없는 영향을 끼친다고 주장할지라도, 사람들의 실제 반응의 정도와 형식은 크게 다르다.

해설

플라톤은 비열한 사람들의 표현이 우리를 비열하게 만들고, 톨스토이는 자부심의 감정을 표현하는 예술가의 감정을 피할 수 없다고 확신하지만, 예술에 대한 반응의 강도와 이를 취하는 형식은 매우 다양하다는 것이 글의 주된 내용으로, 빈칸 (A)와 (B)에 들어갈 말로 가장 적절한 것은 ① '피할 수 없는 - 다르다'이다.
② 직접적인 - 모여든다
③ 일시적인 - 변동한다
④ 예상치 못한 - 모여든다
⑤ 호의적인 - 다르다

어휘

assume	생각하다, 추정하다, 가장하다
firmly	확고히
establish	확립하다, 실립하나
effect	영향, 효과, 결과
representation	표현, 대표
cowardly	비열한, 겁이 많은
suppress	억누르다, 진압하다
sincerely	진심으로
pass ~ on to ...	~을 …에 전달하다
no more ~ than ...	…가 아닌 것처럼 ~가 아니다
escape	피하다, 탈출하다
infectious	전염성의
vary	다양하다, 다르다
intensity	강도, 강렬함
indulge	충족시키다, 탐닉하다
work out	실행하다, 해결하다
disgust	혐오감을 주다; 혐오
glamorous	화려한, 매력이 넘치는
unmoved	미동도 하지 않는
degree	정도
form	형식; 형성하다
unavoidable	피할 수 없는
converge	모여들다, 수렴하다
temporary	일시적인
fluctuate	변동하다
favorable	호의적인

[41~42]

우리는 아무런 알려진 실용적 가치를 가지고 있지 않은 과학을 기초 과학 혹은 기초 연구로 묘사할 수도 있다. 목성과 같은 세계에 대한 우리의 탐험은 기초 과학으로 불릴 것이고, 아무런 알려진 실용적 용도를 가지고 있지 않기 때문에 기초 과학은 노력과 비용을 들일만 한 가치가 없다고 주장하기 쉽다. 물론, 문제는 어떤 지식을 습득할 때까지 우리가 어떤 지식이 쓸모가 있을 것인지를 알 방법이 없다는 것이다. 19세기 중반에, Victoria 여왕이 물리학자인 Michael Faraday에게 전기와 자성에 관한 그의 실험이 무슨 소용이 있는지 물었다고 한다. 그는 "여왕님, 아기는 무슨 소용이 있습니까?"라고 대답했다. 물론 Faraday의 실험은 전자 시대의 시작이었다. 우리의 세상을 채우고 있는 많은 과학적 지식의 실용적 사용—트랜지스터, 백신, 플라스틱—은 기초 연구로 시작되었다. 기초 과학 연구는 기술과 공학이 문제를 해결하기 위해서 사용하는 원료를 제공한다. 기초 과학 연구는 또 다른 한 가지 중요한 용도를 가지고 있는데, 그것은 매우 귀중해서 그것을 단순히 기능적인 것으로 언급하는 것은 모욕인 것 같다. 과학은 자연을 연구하는 학문이고, 우리가 자연이 어떻게 작용하는지를 더 많이 배울수록, 우리는 이 우주 안에서의 우리 존재가 우리에게 무엇을 의미하는지를 더 많이 배운다. 다른 세계에 대한 우주 탐사기로부터 우리가 얻는 것으로 보이게 비현실적인 지식은 우리의 행성에 대해 우리에게 말해주고 자연의 체계 안에서의 우리 자신의 역할에 대해 말해준다. 과학은 우리가 어디에 있으며 우리가 무엇인지 우리에게 말해주고, 그러한 지식은 가치를 넘어선다.

41 ①

해설

기초과학은 기술과 공학이 문제를 해결하기 위한 원료를 제공하고, 자연을 연구하는 학문이며 우주 속에서 우리 존재의 의미를 배우는 학문이라는 것이 글의 주된 내용이다. 따라서 글의 제목으로 가장 적절한 것은 ① '기초 과학이 우리에게 무엇을 가져다 주는가?'이다.
② 기초 과학 연구자들의 위기
③ 과학과 기술의 공동 목표
④ 기술: 기초 과학의 궁극적인 목표
⑤ Michael Faraday, 전자 시대의 개척자!

42 ②

해설

우주탐사로부터 얻는 지식이 겉으로 보기에 실용적으로 보이지 않을 수도 있지만, 기초과학으로부터 얻는 그러한 지식은 우리의 행성에 대해 말해주고, 자연 체계 안에서 인간의 역할에 대해 말해준다고 하는 것이 글의 흐름상 자연스럽다. 그러므로 빈칸에 들어갈 말로 가장 적절한 것은 ② '비현실적인'이다.
① 적용되는
③ 부정확한

④ 값을 매길 수 없는
⑤ 지략이 풍부한

[어휘]

describe	묘사하다, 설명하다
practical	실용적인
exploration	탐험, 탐사
expense	비용, 경비
acquire	습득하다, 얻다
be supposed to	~라고 하다, ~해야 한다, ~하기로 되어 있다
good	소용, 선(善)
experiment	실험
magnetism	자성(磁性), 자력
electronic	전자의
transistor	트랜지스터 (진공관 대신 게르마늄을 이용한 증폭(增幅) 장치)
raw material	원료, 원자재
valuable	귀중한, 가치 있는
insult	모욕
refer to ~ as ...	~을 ...로 언급하다
merely	단순히
functional	기능적인
existence	존재
means	수단, 재산
seemingly	겉으로 보기에
scheme	체계, 계획
crisis	위기
ultimate	궁극적인
aim	목표; 겨냥하다
frontiersman	개척자
applicable	적용되는
impractical	비현실적인
inaccurate	부정확한
priceless	값을 매길 수 없는
resourceful	지략 있는

[43~45]

(A) 새 학기의 첫날이었다. Steve와 Dave는 다시 학교에 가게 되어 신이 나 있었다. 그날 아침 그들은 대개 그랬던 것처럼 자전거를 타고 함께 학교에 갔다. Dave는 일층에서 수학 수업이 있었고 Steve는 이층에서 역사 수업이 있었다. 교실로 가는 도중에 Steve의 선생님이 그에게 다가와 그가 학생회장에 출마하기를 원하는지 물었다. Steve는 잠시 생각하고 "물론이죠, 그것은 커다란 경험이 될 겁니다."라고 대답했다.

(C) 수업이 끝난 후에 Steve는 복도에서 Dave를 발견하고 그에게 신나게 달려가 말했다. "좋은 소식이 있어! 내가 학생회장에 출마할 거고 내 생각으로는 나의 추천(나의 것)이 유일한 추천이 될 것 같아." Dave는 목을 가다듬고 놀라면서 응답했다. "사실은, 나도 막 내 이름을 등록했어." 그는 계속해서 뚜렷이 말했다. "음, 행운을 빌어! 그러나 네가 선거에서 이길 거라고 생각하지 마, Steve." Dave는 재빨리 떠나버렸고 그 순간부터 계속해서 두 친구 사이에는 불편한 긴장의 기색이 있었다. Steve는 Dave에게 친근하게 하려고 했지만 그는 전혀 신경을 쓰는 것처럼 보이지 않았다.

(D) 선거일이 왔을 때, Steve는 자신의 자전거가 펑크가 난 것을

발견해서, 학교로 뛰어가기 시작했다. 그가 막 도로의 끝에 이르렀을 때 Dave를 학교로 태워다 주고 있던 Dave의 아버지가 그를 태워주기 위해 차를 길가에 세웠다. 차 안의 죽은듯한 침묵은 차를 타고 가는 것을 고통스럽게 만들었다. 좋지 않은 분위기를 알아차리고 Dave의 아버지가 말했다. "너희도 알겠지만 너희 중 단지 한 명만 이길 수 있단다. 너희는 태어날 때부터 서로 알고 지냈잖아. 이 선거가 너희의 우정을 망치게 하지 말거라. 서로에 대해 기뻐해줘라." 그의 말은 Dave를 강타했다. Steve를 보면서 Dave는 그날 늦게 그에게 사과를 해야 할 필요를 느꼈다.

(B) Steve는 선거에서 이겼다. 결과를 듣자마자 Dave는 Steve에게 가서 악수를 하면서 그를 축하했다. Steve는 여전히 그의 눈에서 불타고 있는 실망감을 볼 수 있었다. 그날 저녁 늦게 집으로 가는 길에서야 비로소 Dave는 사과를 하면서 "정말 미안해, Steve! 이번 선거가 우리의 우정을 해치진 않았지, 그렇지?"라고 말했다. "물론 아니지, Dave. 우린 늘 그렇듯 친구야!" Steve는 미소로 대답했다. Steve가 집에 도착했을 때 그의 아버지는 자랑스럽게 그를 기다리다가 말했다. "승리를 축하해! Dave는 그것을 어떻게 받아들였니?" Steve는 "우린 이제 괜찮아요, 평생을 할 최고의 친구잖아요!"라고 응답했다. 그의 아버지는 "넌 오늘 두 번의 싸움에서 이긴 것처럼 들리는구나!"라고 웃으며 말했다.

43 ④ 92% 수능 기출

[해설]

새 학기 첫날 Steve의 선생님이 Steve에게 학생회장에 출마할 것인지를 묻자 그가 출마하겠다는 주어진 글 (A)에 이어서, Dave도 학생회장에 출마하게 되어서 두 친구 사이에 불편한 기색이 있었다는 (C)가 온 후, 선거 당일에 Dave의 아버지가 Steve를 차로 태워다 주면서 둘 사이의 우정에 금 가지 말고 서로에게 기뻐해 주라는 (D)가 이어지고, 선거에서 이긴 Steve에게 Dave가 악수를 청하며 축하하며 사과하는 (B)로 이어지는 것이 글의 순서로 가장 적절하다.

44 ④ 88% 수능 기출

[해설]

(a), (b), (c), (e)는 Steve를 가리키지만 (d)는 Dave를 가리킨다. 따라서 가리키는 대상이 다른 하나는 (d)이다.

45 ③ 92% 수능 기출

[해설]

(C)의 중반부에 Steve가 Actually, I've just registered my name, too! (사실은, 나도 막 내 이름을 등록했어!)라고 말했으므로, 글에 관한 내용으로 적절하지 않은 것은 ③이다

[어휘]

semester	학기
run for	출마하다
election	선거
upon -ing	~하자마자

apologetically	사과하면서
damage	해치다, 손상시키다; 피해, 손상
respond	대답하다, 응답하다
battle	전투
spot	발견하다; 점, 얼룩, 장소
hallway	복도
nomination	추천, 지명
clear one's throat	목을 가다듬다
register	등록하다
sharply	뚜렷이, 날카롭게
air	기색, 대기, 방송
tension	긴장
flat tire	펑크 난 타이어
pull over	차를 길가에 대다
atmosphere	분위기, 대기
ruin	망치다, 파멸시키다; 파멸, 유적
apologize	사과하다

MEMO